美を感じ取る豊かな心をもつ日本人は，紙や絹《きぬ》にえがかれた美しい絵巻物《えまきもの》や掛《か》け軸《じく》を大切に保管し，漆《うるし》や粘土《ねんど》，木でつくられたこわれやすい彫刻《ちょうこく》を，長きにわたって守りぬいてきました。今《こん》日《にち》に伝わる多数の芸術作品は，昔《むかし》の人から託《たく》されたかけがえのない文化遺産《いさん》です。私たちは，日本の美を愛する心をもって，これらを次の世代に伝えていきましょう。

法隆寺金堂壁画《こんどうへきが》

金堂には７世紀末のすぐれた壁画が残されていたが，1949(昭和《しょうわ》24)年の火災で一部を残して焼失した。これは焼失前にとられた写真。(奈良県)

法隆寺《ほうりゅうじ》五重塔《ごじゅうのとう》

日本に残る最古の五重塔であり，最も美しい塔といわれている。(奈良県)

奈良《なら》時代

〈８世紀〉

奈良の平城京《へいじょうきょう》で朝廷《ちょうてい》を中心に花開いた深い精神性をもった文化

仏教に関わるものが多いのはなぜ。

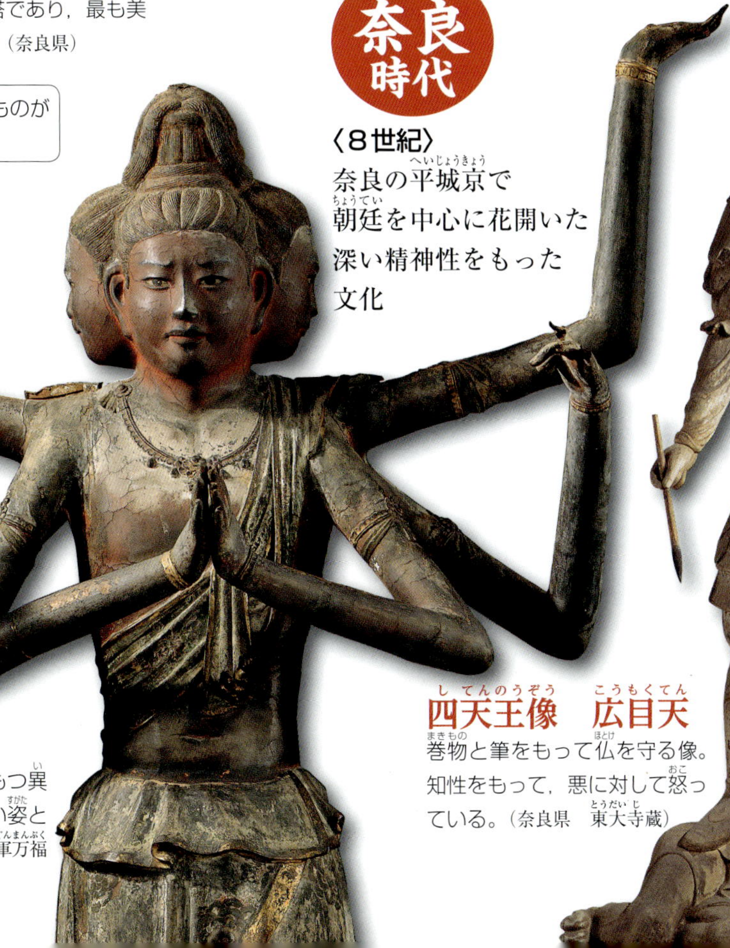

阿修羅像《あしゅらぞう》

３つの顔と６本の腕《うで》をもつ異《い》教《きょう》の神を，少年の気高《けだか》い姿《すがた》として表現している。(将軍万福《しょうぐんまんぷく》作　奈良県　興福寺《こうふくじ》蔵)

四天王像《してんのうぞう》　広目天《こうもくてん》

巻物《まきもの》と筆をもって仏《ほとけ》を守る像。知性をもって，悪に対して怒《おこ》っている。(奈良県　東大寺《とうだいじ》蔵)

平安《へいあん》時代

〈8世紀末～ 12世紀末〉

平安京《へいあんきょう》の貴族《きぞく》たちを中心とした，
宮廷風《きゅうてい》の洗練《せんれん》された文化

源氏物語絵巻《げんじものがたりえまき》

高価な絵の具が使われ，金銀の華麗《かれい》な装飾《そうしょく》がほどこされている。
（五島《ごとう》美術館蔵）

雲中供養菩薩像《うんちゅうくようぼさつぞう》

平等院鳳凰堂《びょうどういんほうおうどう》の中につくられた菩薩像の一つ。浄土《じょうど》を飛翔《ひしょう》する優美《ゆうび》な姿《すがた》に，貴族の洗練された美意識が感じられる。
（定朝《じょうちょう》の工房《こうぼう》　作　京都《きょうと》府　平等院蔵）

すごい迫力《はくりょく》だね。今までと何が変わったのかな。

鎌倉《かまくら》時代

〈12世紀末～ 14世紀前半〉

武士《ぶし》の気風を反映した，
写実的で力強い文化

金剛力士像《こんごうりきしぞう》　阿形《あぎょう》

写実的に，生き生きと表された，力強い裸体《らたい》像。
（定慶《じょうけい》　作　奈良県　興福寺《こうふくじ》蔵）

無著像《むちゃくぞう》

４世紀のインドの高僧《こうそう》の姿を，人生の苦難《くなん》を知った日本人の顔として写実的に表現している。（運慶《うんけい》　作　奈良県　興福寺蔵）

平治物語絵巻《へいじものがたりえまき》

平治の乱《らん》を主題に，これまでの絵巻物《えまきもの》の表現を総合した，みごとな構図と人物描写《びょうしゃ》が見られる。（東京《とうきょう》国立博物館蔵）

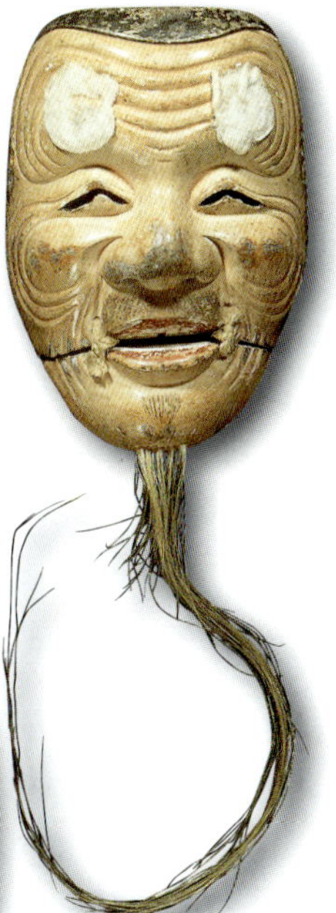

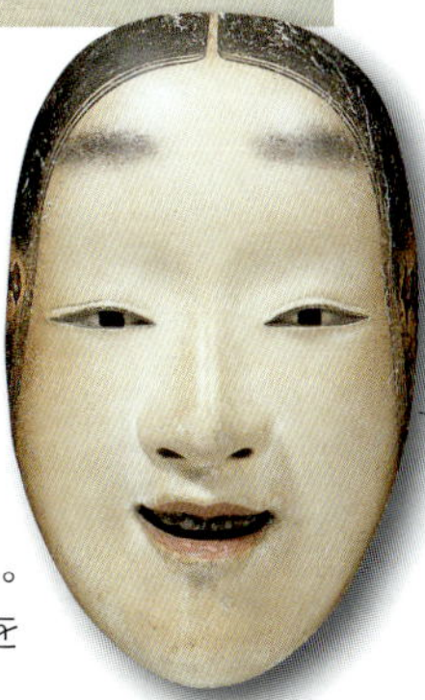

室町《むろまち》時代

山水長巻《さんすいちょうかん》

雪舟《せっしゅう》は，中国で発展《はってん》した山水画《さんすいが》を明《みん》に渡《わた》って学び，力強い筆さばきで，独自《どくじ》の世界をつくりあげた。（雪舟　作　毛利《もうり》博物館蔵）

〈14世紀前半～ 16世紀後半〉

中国からの影響《えいきょう》の色濃《こ》い，足利将軍家《あしかがしょうぐんけ》の文化

落ち着いた感じがするわ。

能面《のうめん》

翁《おきな》（右）と孫次郎《まごじろう》（左）

能の主役であるシテは面をつける。面は，役に応じてさまざまな表情を見せる。（三井《みつい》記念美術館蔵）

安土《あづち》・桃山《ももやま》時代

〈16世紀後半〉

天下人《てんかびと》の気風《きふう》を示《しめ》す，豪壮《ごうそう》で華《はな》やかな文化

松林図《しょうりんず》

初冬の深い霧《きり》の中にしずむ松林をえがいている。中国の模《も》倣《ほう》から脱《だっ》した，日本山水画の秀作《しゅうさく》。（長谷川等伯《はせがわとうはく》　作　東京国立博物館蔵）

風神《ふうじん》雷神《らいじん》図《ず》屏風《びょうぶ》

風神と雷神が，まるで金色の空に浮《う》かんでいるように，生き生きとえがかれている。
（俵屋宗達《たわらやそうたつ》　作　京都府　建仁寺《けんにんじ》蔵）

江戸《えど》時代

〈17世紀～ 19世紀後半〉
町人たちの活気あふれる文化

どんな人たちがこれらの作品をつくったんだろう。

婦女人相十品
相観
歌麿考画

ポッピンを吹《ふ》く女

浮世絵師《うきよえし》・歌麿《うたまろ》は，繊細《せんさい》な線で女性たちの表情や内面をえがいた。（喜多川《きたがわ》歌麿　作　東京国立博物館蔵）

不動明王及二童子像《ふどうみょうおうおよびにどうじぞう》

修行僧《しゅぎょうそう》・円空《えんくう》は，全国をめぐり，のみで一気に彫《ほ》りあげた木製の仏像《ぶつぞう》を5000体以上残した。
（円空　作　栃木《とちぎ》県　清滝寺《せいりゅうじ》蔵）

富嶽三十六景《ふがくさんじゅうろっけい》　凱風快晴《がいふうかいせい》

単純な構図で富士山《ふじさん》の雄大《ゆうだい》さを表した浮世絵の傑作《けっさく》。
（葛飾北斎《かつしかほくさい》　作　江戸《えど》東京博物館蔵）

「歴史」を学ぶということ

『新しい日本の歴史』編集会議座長
東京大学名誉教授
伊藤 隆

伊藤隆（いとう・たかし）
昭和７年東京生まれ。東京大学文学部国史学科卒。東京大学教授，政策研究大学院大学教授を経て現職。『牧野伸顕日記』『木戸幸一日記』など数多くの近現代史史料を編纂。著書に『昭和初期政治史研究』（東京大学出版会），『近代日本の人物と史料』（青史出版），『昭和期の政治』（山川出版社）ほか多数。

◎遠い祖先《そせん》から継承《けいしょう》されてきた歴史◎

それぞれの民族・国家にはそれぞれの歴史がある。

歴史を失ったとき，それは民族・国家の消《しょう》滅《めつ》である。むろん，私たち日本民族・日本国家も歴史を持っている。私たちは，その祖先《そせん》を少なくとも１万数千年前まで遡《さかのぼ》ることができる。

今日《こんにち》のわれわれは，そうした遠い昔の祖先から営々《えいえい》と命を繋《つな》いできた末裔《まつえい》である。われわれの象徴《しょうちょう》である天皇家が連綿《れんめん》として継承《けいしょう》されただけではなく，われわれそれぞれが同じように遠い祖先からの継承である。

◎歴史の連続性が育《はぐく》んだ独特《どくとく》の日本文明◎

私たちの今日はそうした祖先の営《いとな》みの結果を受けついでいる。東アジアの東端に連なる日本列島に縄文《じょうもん》人が住んで，そこに豊かな文明を築き，やがて大陸文明を取り入れ，それをより豊かなものにし，さらに欧米《おうべい》文明をも取り入れて，それらを咀嚼《そしゃく》して独特《どくとく》な日本文明を育て上げてきたのである。

東アジアの大陸文明を取り入れることによって，文字でわれわれの日本語を表記する方法を確立し，語彙《ごい》を豊かにし，旧《ふる》い記憶を歴史書として編纂《へんさん》し，地理書をも編纂し，和《わ》歌集《かしゅう》を作り，やがて多くの物語を作ることができるようになった。

欧米文明を取り入れたことによって，全世界を俯瞰《ふかん》し，その中で近代政治経済社会を形成し，植民地になることなく，今日まで，伝統を受けつぎながら世界の中で名誉《めいよ》ある地位を築き上げてきた。

この間の，無数のわれわれの先祖《せんぞ》の営みを深く知り，自分の立っている場を理解し，先祖から受けついだものを，次の世代に伝えていく――われわれはまさに，そうした連続の中にあるのである。

先人《せんじん》の労苦《ろうく》を理解し，その延長《えんちょう》線上の現在を理解すること，過去の歴史を学び，同時に歴史上を生きていく自分と家族，日本，そして世界を理解すること，それが「歴史」を学ぶということなのである。

◎教育基本法の精神に最も適《かな》った教科書◎

本書は上述のような視点《してん》でまとめられたものである。

平成18年に改正された教育基本法は，「個人の尊厳《そんげん》」を重んじつつ，「公共の精神」の尊重《そんちょう》，「豊かな人間性と創造性」や「伝統と文化の尊重」を規定《きてい》して一層妥当《いっそうだとう》なものになった。

本書は，その教育基本法に基《もと》づく文部科学省の「学習指導要領《ようりょう》」の趣旨《しゅし》を踏《ふ》まえ，生徒と教師が使いやすく，読みやすい教科書をめざした。また，世界史との関わりを念頭《ねんとう》に置きながら，生徒が主体的に歴史を学ぶことができるように配慮《はいりょ》した。

本書が一人でも多くの中学生の手に届《とど》くことを願うとともに，ご両親や一般読書人にも，本書を手にとってご覧《らん》くださるように願っている。

育鵬社の教科書に期待します（順不同）

世界が賛嘆《さんたん》する日本の姿を教えてくれる

屋山太郎
政治評論家

自虐史観《じぎゃくしかん》の教育で染まった私は，その後長く外国に駐在し，自らの認識を矯正《きょうせい》していった。日本は誇《ほこ》るに足る長い文明を持ち，国民の道徳も極めて高い。世界に賛嘆されているのも知った。育鵬社の教科書は初めてそういう日本や日本人を知らしめてくれる。

過去への感謝と報恩が未来への責任感を育てる

鍵山秀三郎
日本を美しくする会
相談役

日本人は過去への感謝と報恩の心を失ったことから，未来への責任感まで喪失《そうしつ》してしまった。日本人が未来に向けて良き歴史を紡《つむ》いでいくためには，正しい歴史を学んで，日本人としての自信と誇りを取り戻すことである。育鵬社への国民の期待は大きい。

世の中をよくする「利他《りた》奉仕」の教育理念

石井公一郎
元東京都教育委員

利他奉仕は，自己実現の究極目標です。他人に尽《つく》す分が，自分に尽してもらえる分より多くなれば，それだけ世の中はよくなります。

そうした教育理念を，しっかりと踏まえているのが，育鵬社の教科書です。

家族・社会・国家への感謝と愛情を伝えよ

金　美齢
JET日本語学校理事長

教師が保護者を訴《うった》えるという前代未聞《ぜんだいみもん》のことが起こった。戦後この方の偏向《へんこう》教育のつけが，象徴《しょうちょう》的に具現した事件である。家族・社会・国家への感謝と愛情をしっかり子どもたちに伝えなければ，子どもたちは幸せになれない。新しい教科書に期待する所以《ゆえん》である。

国家再生の礎《いしずえ》となる教科書

小田村四郎
前拓殖大学総長

60年ぶりに改正された新教育基本法に基づく新学習指導要領《ようりょう》による最初の中学校教科書である。光輝《こうき》ある父祖の偉業を否定する自虐的歴史教科書と，国家意識を欠如《けつじょ》し家族解体を推進する公民教科書に代る，改正法に忠実に則《そく》した育鵬社教科書こそ国家再生の礎となろう。

祖先の夢や理想，努力や闘《たたか》いを知ってほしい

櫻井よしこ
ジャーナリスト

かつて日本列島で一生を全《まっと》うした幾百世代の日本人は，何を大切にし，何を守って生きたのか。祖先の夢や理想，努力や闘いを知ることで，私たちは，歴史と自身のつながりを実感できます。この教科書で，そうした祖先の姿や，奥深い日本の文化・文明を学んでほしいと思います。

教育正常化へ歴史的な意義ある年に

小沼　隆
前栃木県大田原市
教育長

新教育基本法による初めての教科書採択《さいたく》の年である。教科書は指導要領の目標を具現《ぐげん》化する主たる教材であり，指導要領に最も準拠《じゅんきょ》した教科書を採択しなければならない。子供達を自虐史観の桎梏《しっこく》から解放する教育正常化への歴史的な意義ある年であることを切望している。

国家百年の大計は教育にあり

千　玄室
茶道裏千家第15代家元

「国家百年の大計は教育にあり」と申します。国家にとって教育は大変重要な施策であり，過《あやま》ちは決して許されません。私もかつて中央教育審議《しんぎ》会委員等を務《つと》め，教科書についての問題等も議論しました。本書が正しい日本の歴史を伝えてくれることを期待します。

伝え育《はぐく》みたい食文化と家族の価値

服部幸應
学校法人服部学園
理事長

社会性や道徳規範《きはん》に欠ける子供が問題になっています。昔は家族から，箸《はし》の上げ下ろしから一般常識まで食卓で教わりましたが，今や家族の団欒《だんらん》は失われ「孤食《こしょく》」が増えました。食文化や家族の役割など，日本の伝統と文化の価値を伝える本書に期待します。

正しい歴史教科書を

三浦朱門
日本藝術院院長

日本の学校の教科書が中国や韓国に遠慮《えんりょ》することは無意味だ。彼の国々の教科書を一読すれば判《わか》ることだが，真実を記載《きさい》しているとは言い難《がた》い。自国の現体制を肯定《こうてい》するためのものだ。日本はむしろ，両国の手本となる，史実に基づく教科書を作るべきである。

「互敬《ごけい》」の心を育む日本人としての誇りと信念

廣池幹堂
公益財団法人
モラロジー研究所理事長

「心を育てる道徳教育」そして「魂を育てる歴史教育」が充実した教科書に期待します。若者には日本の歴史，伝統，文化に学び，国づくりに邁進《まいしん》した先達《せんだつ》の魂にふれることが重要です。日本人としての誇りと信念を持ってこそ，他を尊重できる「互敬」の心が育ちます。

後生《こうせい》に語り継ぐ教科書

村上和雄
筑波大学名誉教授

「いま，一番幸せに生きられると思う国は，どの国だと思いますか」という最新の世界世論調査によると，日本の評価は極めて高い。これは，祖先の方々の努力の結果であり，それを後生に語り継ぐ必要がある。そのような教科書が，いま，ぜひ必要である。

「尊敬される日本」創造への第一歩

福井正興
公益社団法人
日本青年会議所第60代会頭

責任転嫁《てんか》や非難ばかりが繰《く》り返される社会。我々ができる「尊敬される日本」創造への第一歩は，教育の再生であると考えます。そのために，高い精神性や美意識といった日本人の尊い特質をさらに高めていく教科書が，日本のすべての子ども達に届くことを期待しています。

子供たちの健全な自尊《じそん》感情を育む教科書

三好祐司
元全日本教職員連盟
委員長

子供たちに必要なもの，それは自尊感情です。この教科書は，偉人の実績をふんだんに取り入れ，子供たちによりよい価値を形成させます。そのことが健全な自尊感情を育んでいきます。未来の日本人が誇りある民族であり続けるために，なくてはならない教科書です。

偏《かたよ》らない歴史と，公民として必須《ひっす》の知識良識を

丸山敏秋
社団法人倫理研究所
理事長

教育とは立派な国民を育てることである。それには偏らない歴史を教え，公民として必須の知識良識を授《さず》けることが不可欠だ。そのための立派な教科書が育鵬社から誕生した。よく整理され，味わい深く，眺《なが》めても楽しい。この教科書で学ぶ生徒たちは幸せである。

母親として安心して任せられる教科書

渡邉綾子
元全国高等学校
PTA 連合会会長

次代を担《にな》う子供達が学ぶ教科書の現実を知り愕然《がくぜん》としました。人としての素地《そじ》が出来る小・中学校でこれほど偏った教育が行われていたのかと。世界に類のない日本の歴史・伝統を学び国家観・世界観を養う上で，母親として安心して任せられる教科書に出会いました。

執筆者・監修者からのメッセージ（順不同）

教育の新たな地平を開く

石井昌浩
元東京都国立市教育長

驕《おご》ることなく卑屈《ひくつ》にもならず，日本人としての自信を取り戻し，一本筋の通った人生の座標軸を指し示しつつ，日本の風土が育《はぐく》んだ伝統と文化の奥深い流れが息づき，教育の新たな地平を開く，中学生の歴史・公民の教科書が，ようやく完成しました。

豊かな日本の伝統と文化を学ぼう

田中英道
東北大学名誉教授

日本には至《いた》る所に神社仏閣《ぶっかく》があり，元旦《がんたん》ともなれば殆《ほとん》どの日本人が参詣《さんけい》する。これは日本人の伝統的精神を如実《にょじつ》に物語っているが，戦後は一時そうした伝統と文化が否定された。育鵬社の教科書は，長い歴史に育まれた豊かな日本の伝統と文化の実相《じっそう》を伝えている。

我が国を見つめ直し，日本の強みを学ぶ

磯前秀二
名城大学教授

グローバル化の下で強い存在感をもつ商品やサービスを次々と開発するためには，自国や企業の流儀《りゅうぎ》・文化を活かした成長戦略が必要です。自国を凝《ぎょう》視《し》し，日本の強みを学ぶ事を通して日本経済の再生について真剣に考えてほしい，そんな思いを込めて書きました。

教科書とは真・善・美を教えるもの

中山　理
麗澤大学学長

イギリスの文豪シェイクスピアは，自国を「白銀の海に象嵌《ぞうがん》された貴重なる宝石」と形容した。美しい祖国《そこく》への誇《ほこ》りと愛情が伝わってくる言葉だ。「貴重なる宝石」が，同じ島国日本の共同表象《ひょうしょう》になるような教科書がほしい。そのような願いが込められている。

日本の伝統文化の「魅力」と「気品」

岩崎正彌
皇學館大学准教授

日本人が四季折々に神仏《しんぶつ》にささげてきた「祈り」をはじめ，芸道や武道・美術・工芸・芸能など，日本の多彩な伝統文化を紹介しました。ひとつひとつの写真から，それぞれの道の「魅力」と「気品」を，それらを貫《つらぬ》く「精神」を感得《かんとく》していただければ幸いです。

日本の国や歴史への誇りと自信が芽生《めば》える

新田　均
皇學館大学教授

学び終えた後に，日本の国や歴史に対する誇りと自信，自分達の先祖に対する感謝の気持ちが残る。そして，公《おおやけ》のために自分も何かしたいという気持ちが芽生える。そんな教科書があったらいいなとずっと思っていました。これが，その教科書です。

公正客観的な日本史を後世《こうせい》に

岡崎久彦
元駐タイ大使

日本の歴史は，明治の薩長《さっちょう》史観，戦前の皇国《こうこく》史観，米国の占領《せんりょう》史観，戦後のマルクス史観，全共闘《ぜんきょうとう》時代の反体制史観によってズタズタにされている。この教科書は，それを乗り越えて公正客観的な日本史を後世に遺《のこ》すという作業に満足すべき成果を達成している。

正しい国家意識の涵養《かんよう》を

百地　章
日本大学教授

公民教育の要諦《ようてい》は，正しい国家意識の涵養にある。わが国では未《いま》だに国家への誤解がみられるが，国家とは単なる権力機構ではなく，歴史的・伝統的な国民の共同体である。本書がこのような国家意識を養い，公民としての自覚と責任感を培《つちか》う縁《よすが》となればと思う。

「優しさ」と「強さ」のバランス

島田洋一
福井県立大学教授

「強くなければ生きていけない。だが優しくなければ生きている価値がない」――伝統的価値を守りつつ正義を実現できる力をもった国家の確立が，現代日本にとっての大きな政治課題である。「強くなければ～」の部分にも力を入れた本教科書に期待をかけたい。

「日本文明」の独自性を伝えたい

八木秀次
高崎経済大学教授

我が国は極めて古い歴史を持ち，西洋や中国とは異なる独自の「日本文明」を構成する唯一《ゆいいつ》の国だ。歴史教科書は日本文明の確立過程を描《えが》き，公民教科書は政治経済の知識だけでなく，国家を継承発展させ，貢献《こうけん》する姿勢を身につけさせることに主眼《しゅがん》を置いた。

徳行《とっこう》への招待

渡部昇一
上智大学名誉教授

子供には，美を示されれば美を，善行を示されれば善を感ずる能力がある。徳のある人物の行為を示せばそれに感動し，それに倣《なら》おうとする天性《てんせい》がある。育鵬社の教科書は，子供の持つ徳行への天性を引き出してくれるような内容になっていると思う。

「公の精神」の涵養こそ教育の核心

渡辺利夫
拓殖大学学長

私的利益はこれをいくら追求しても，得られるのは小さな自己満足だけです。心の底から湧《わ》き出るような幸せは，自分以外の何者かのために生き，共同体や国家に献身《けんしん》することによって初めて得られるのです。「公の精神」の涵養こそが教育の核心だと私は考えます。

中学校の先生方からのメッセージ

「根」を育てる願いを込めて

飯嶋　治
栃木県小山市立
小山第二中学校教頭

古来，「良樹細根《りょうじゅさいこん》・高樹深根《こうじゅしんこん》」と言われます。良木や高木は根をしっかり育てているという意味です。中学生は人生の根にあたる時期であり，国家・社会にとって根にあたるのが歴史であり，道徳であると私は考えています。根を育てる願いを込め執筆しました。

くせになります！　歴史教科書

大津寄章三
愛媛県松前町立
岡田中学校教諭

四国に住む私のコンセプトは「讃岐《さぬき》うどんのような歴史教科書」。あっさりした風味の中にもコシと歯ごたえがあり，滋養《じよう》に優《すぐ》れ何杯でも食べたくなる。世に阿《おもね》らない骨太の本文，先人の思いに迫る人物描写，そして豪華なトッピングのようなコラムをご賞味《しょうみ》あれ。

子供に迎合《げいごう》せず入試に強い，品格ある教科書

江澤博水
元千葉県市川市立
第七中学校教頭

歴史・公民教科書の存在は，過去の事実を後世に伝えるという重要な使命に満ちている。子供に迎合せず教科書としての品格を高め，揺《ゆる》ぎ無い史実を示し，また，入試に強い点も評価できる。現場で中学生の社会科を指導してきた者として，本書の完成度は高い。

人権問題についての多角的な視点

鎌田　隆
甲子園学院中学校
教諭

この教科書の重要な特長の一つとして，日本の国内外の人権問題について，従来の教科書には記載されなかった話題や視点を詳しく取り上げていることが挙げられます。生徒が多角的な視点から人権問題を深く掘り下げて考えることができます。

発行者からのメッセージ

“勉強すればするほど日本が好きになる”教科書

久保田榮一
㈱育鵬社
代表取締役社長

今年の夏は，中学校教科書において，教育基本法が全面改正され，新しい学習指導要領に基づく初めての採択を迎えます。

教育基本法では，公共の精神，伝統と文化，国を愛する視点が重視され，この内容が直接的に反映される歴史・公民教科書への関心が高まっています。

当社・育鵬社は，フジサンケイグループの出版社・扶桑社の教科書事業部門を分離して設立し，「教育から日本を良くしていきたい」という願いのもと，このページに登場する執筆者・監修者の先生方と30回を超える編集会議を重ね，今春，文部科学省の検定に合格いたしました。

当社からの中学校歴史・公民教科書の発行は，扶桑社時代を含め３度目となります。教材としての完成度も格段に向上し，「勉強すればするほど日本が好きになり，そして，公の精神に目覚め，国際理解も深まる教科書」になったと自負しております。何《なに》卒《とぞ》，ご理解，お力添えを賜《たまわ》りますようお願い申し上げます。

当社教科書の執筆者・監修者は，このページに記されている方と冒頭ページの伊藤隆，川上和久両氏のほか笠谷和比古氏（国際日本文化研究センター教授）などです。

中学校 歴史 教科書 11のポイント その1

歴史の連続性の重視

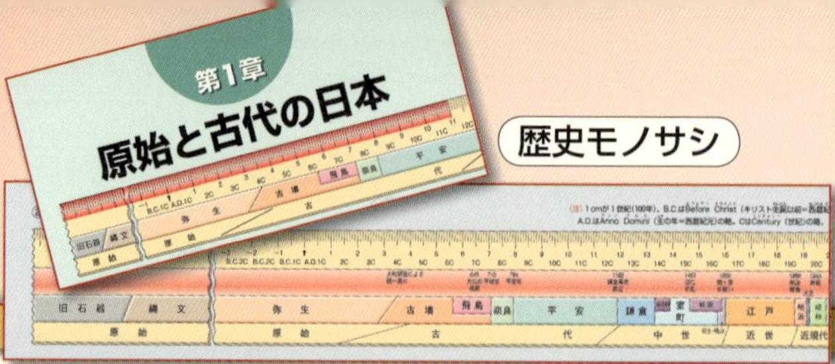

第1章
原始と古代の日本

歴史モノサシ

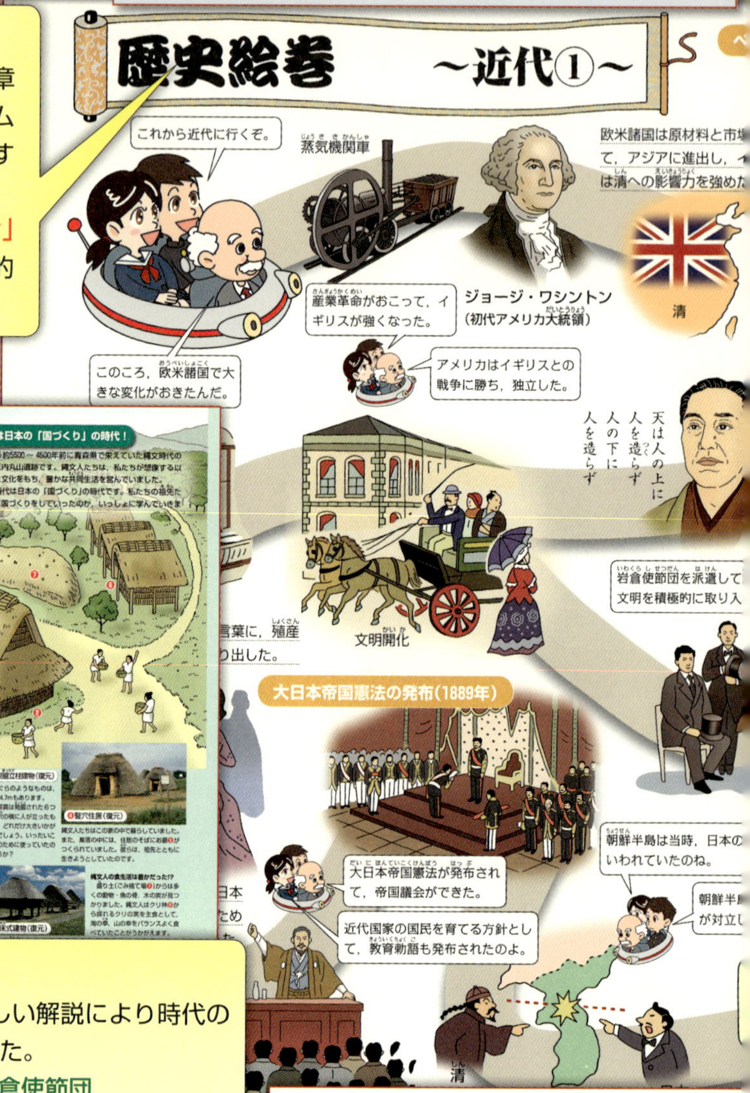

歴史絵巻 ～近代①～
これから近代に行くぞ。
蒸気機関車《じょうききかんしゃ》
ジョージ・ワシントン
(初代アメリカ大統領《だいとうりょう》)
欧米諸国は原材料と市
て，アジアに進出し，イ
は清《しん》への影響力《えいきょうりょく》を強めた
清
産業革命《さんぎょうかくめい》がおこって，イギリスが強くなった。
このころ，欧米諸国《おうべいしょこく》で大きな変化がおきたんだ。
アメリカはイギリスとの戦争に勝ち，独立した。
天は人の上に人を造《つく》らず人の下に人を造らず
岩倉使節団《いわくらしせつだん》を派遣《はけん》して
文明を積極的に取り入
文明開化《かいか》
大日本帝国憲法の発布(1889年)
大日本帝国憲法《だいにほんていこくけんぽう》が発布《はっぷ》されて，帝国議会ができた。
近代国家の国民を育てる方針として，教育勅語《きょういくちょくご》も発布されたのよ。
朝鮮《ちょうせん》半島は当時，日本の
いわれていたのね。
清《しん》

ポイント1 **“鳥の目”で歴史の流れを大観**

歴史の大きな流れを理解させるために，各章の冒頭には，本書のキャラクターたちがタイムマシンに乗り，“鳥の目”になって各時代を旅する「歴史絵巻」を設けました。

また，100年を1cmで表した「歴史モノサシ」(右上参照，実物大約30cm）を提示し，視覚的に時間の流れがとらえられる工夫をしました。

原始・古代の世界へようこそ！
三内丸山遺跡《さんないまるやまいせき》(青森《あおもり》県)
縄文人《じょうもんじん》の巨大《きょだい》集落
原始・古代は日本の「国づくり」の時代！
これは，今から約5500～4500年前に青森県で栄えていた縄文時代の人々の集落跡・三内丸山遺跡です。縄文人たちは，私たちが想像する以上に高度な技術と文化をもち，豊かな共同生活を営んでいました。
原始・古代の時代は日本の「国づくり」の時代です。私たちの祖先たちが，どのように国づくりをしていったのか，いっしょに学んでいきましょう。

ポイント2 **“虫の目”で時代の特色をつかむ**

各時代を代表する事柄をズームアップ。詳しい解説により時代の特色が“虫の目”によってつかめる工夫をしました。

第1章 三内丸山遺跡	第4章 岩倉使節団
第2章 武士の生活	第5章 都市の発展と大衆文化
第3章 新興都市・江戸の町づくり	第6章 新幹線の歴史

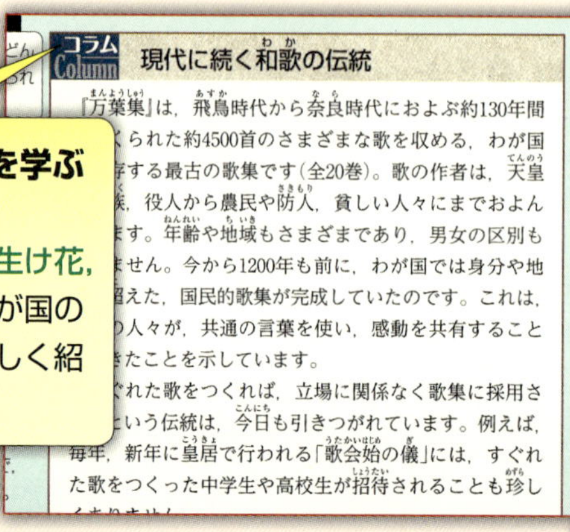

コラム Column 現代に続く和歌《わか》の伝統

『万葉集《まんようしゅう》』は，飛鳥《あすか》時代から奈良《なら》時代におよぶ約130年間
くられた約4500首のさまざまな歌を収める，わが国
存する最古の歌集です(全20巻)。歌の作者は，天皇《てんのう》
族，役人から農民や防人《さきもり》，貧しい人々にまでおよん
ます。年齢《ねんれい》や地域《ちいき》もさまざまであり，男女の区別も
ません。今から1200年も前に，わが国では身分や地
超えた，国民的歌集が完成していたのです。これは，
の人々が，共通の言葉を使い，感動を共有すること
きたことを示しています。
ぐれた歌をつくれば，立場に関係なく歌集に採用さ
という伝統は，今日《こんにち》も引きつがれています。例えば，
毎年，新年に皇居《こうきょ》で行われる「歌会始《うたかいはじめ》の儀《ぎ》」には，すぐれた歌をつくった中学生や高校生が招待《しょうたい》されることも珍《めずら》し

ポイント3 **伝統と文化を学ぶコラムの充実**

神話や和歌，茶の湯，生け花，武士道，浮世絵など，わが国の伝統と文化をコラムで詳しく紹介しています。

読み物コラム

茶《ちゃ》の湯《ゆ》と生《い》け花《ばな》

●日本人の精神性と美意識を代表する文化●

12世紀末，臨済宗《りんざいしゅう》の僧《そう》・栄西《えいさい》が宋《そう》から伝えた抹茶《まっちゃ》は，その後，茶《ちゃ》の湯《ゆ》として一般《いっぱん》に広まりました。それはやがて，禅《ぜん》の精神を取り入れた作法により，わび茶として整えられ，千利休《せんのりきゅう》(1522～91)がこれを大成しました。

その後，茶の湯は茶道《さどう》とよばれるようになりますが，日本人の精神性や美意識を代表する文化として，今日《こんにち》に受けつがれています。

千利休(長谷川等伯 作 京都府 不審菴蔵)

●茶室の奥深さ●

日本人にとって，茶は単なる飲み物ではなく，宗教的な深さをもつ文化としてとらえられています。また，茶の湯は人の心を結ぶ交わりの場でもあります。

千利休が設計した茶室はわずか二畳《にじょう》。その入り口は低い位置に置かれていました。茶室に入るためには，刀をはずし，頭を下げて戸をく

逆に，そこに運ばれる季節の花や美術品で，無限の変化を見せる創造の場でもありました。

さらに，あえて質素につくられた茶室は，家とは仮の宿であるという，禅の教えに通じるはかなさを織りこんでいました。あるがままの心で，人とものとに接する茶の湯の奥深さは，その後も多くの人々に愛好されてきました。

●茶室に咲く一輪の花●

茶の湯とともに，生《い》け花《ばな》も急速な発展《はってん》をとげました。

茶室に飾《かざ》られる簡素《かんそ》で小さな花は茶花《ちゃばな》とよばれ，中でも晩冬の椿《つばき》は趣《おもむき》のある茶花とされました。椿は開花したものではなく，これから咲こうとするつぼみに露《つゆ》を含《ふく》ませたものを用います。

これと野桜《のざくら》の小枝を取り合わせれば，冬のなごりと春の予告を表すことができます。

千利休は，早朝の茶席に秀吉《ひでよし》を招待するに当たって，茶室のまわりの庭に咲く朝顔の中から一輪を選び，それを茶室に生け，残りす

ポイント4 “文化の宝庫”の視点

巻頭グラビア「日本の美の形」では，代表的な文化遺産を紹介しています。美の変遷《へんせん》をビジュアルでたどることにより，わが国の**豊かな伝統と文化の結晶を実感**することができます。

日本の美の形
美を感じ取る豊かな心をもつ日本人は，紙や絹にえがかれた美しい絵巻物や掛け軸を大切に管し，漆や粘土，木でつくられたこわれやすい彫刻を，長きにわたって守りぬいてきました。日に伝わる多数の芸術作品は，昔の人から託されたかけがえのない文化遺産です。私たちは，本の美を愛する心をもって，これらを次の世代に伝えていきましょう。
縄文時代
〈1万数千年前～紀元前4世紀〉
自然と神への祈りをこめた文化
火炎土器
古墳時代
〈3世紀～6世紀末〉
古墳と副葬品に代表される王と豪族たちの文化
琴をひく埴輪
飛鳥時代
〈7世紀〉
聖徳太子のもとで発展した日本で最初の仏教文化
百済観音像
法隆寺五重塔
法隆寺金堂壁画
奈良時代
〈8世紀〉
奈良の平城京で朝廷を中心に花開いた深い精神性をもった文化
阿修羅像
四天王像　広目天

(1853年)
泰平《たいへい》の
ねむりをさます
上喜撰《じょうきせん》
たった四はいで
アメリカからペリーが黒船《くろふね》でやってきて，日本に開国をせまった。
この対応をめぐり，国論が二分してしまったんだね。
尊王攘夷運動《そんのうじょういうんどう》は，天皇《てんのう》を中心に日本の独立を守ろうとする方向に向かった。
攘夷だ！
VS
開国だ！
坂本龍馬《さかもとりょうま》の仲介《ちゅうかい》で，薩長同盟《さっちょうどうめい》が結ばれ倒幕《とうばく》運動が加速された。
明治維新《めいじいしん》
明治天皇は国づくりの方針として五箇条《ごかじょう》の御誓文《ごせいもん》を発表した。
新政府の改革《かいかく》
廃藩置県《はいはんちけん》
地租改正《ちそかいせい》
徴兵令《ちょうへいれい》
大政奉還《たいせいほうかん》(186
約260年続いた江戸幕府《えどばくふ》は終わりを告げる。
四民平等《しみんびょうどう》がうたわれ，義務教育も実施《じっし》された。
ロシアはポーツマス条約で日本による韓国《かんこく》の保護権を認《みと》めた。
朝鮮総督府《ちょうせんそうとくふ》
皇国《こうこく》の興廃《こうはい》この一戦にあり
日本は日露戦争に勝利して，国際的地位が急速に高まった。
日露《にちろ》戦争(1904～05年)
韓国併合《かんこくへいごう》(1910年)
本と清の利害
こったんだ。
臥薪嘗胆
ロシア
満州
ウラジオストク
日英同盟《にちえいどうめい》(1902年)
このころ，条約改正の悲願も達成された。この後，日本はどうなっていくのかな。
下関《しものせき》条約を結んだが，ロシ
ランスが干渉してきた。
ロシアが満州《まんしゅう》を支配しようとして，南下してきた。危機《きき》を感じた日本は，日英同盟を締結《ていけつ》した。

ポイント5 船でたどる“海洋国家日本” の歴史

各章の扉ページには船を掲載しました。わが国が海を通じ，**世界の国々とさまざまな交流を行ってきた歴史**を紹介し，世界の歴史との密接な関わりに気づかせます。

や日本の技術を　　構造となっています。図には，船上でカルタを行う者，航海を指導する南蛮人の姿も見えます。
朱印船貿易って，もうかったのかしら。
大名や大商人は，朱印状をもらうかわりに収入の一部を幕府に納めたから，幕府ももうかったらしいね。
この貿易で莫大《ばくだい》な利益を上げる大名も出てくるようになると，幕府も脅威《きょうい》を感じたんだろうね。キリスト教の問題もあって，朱印船貿易は長続きしなかったのだよ。

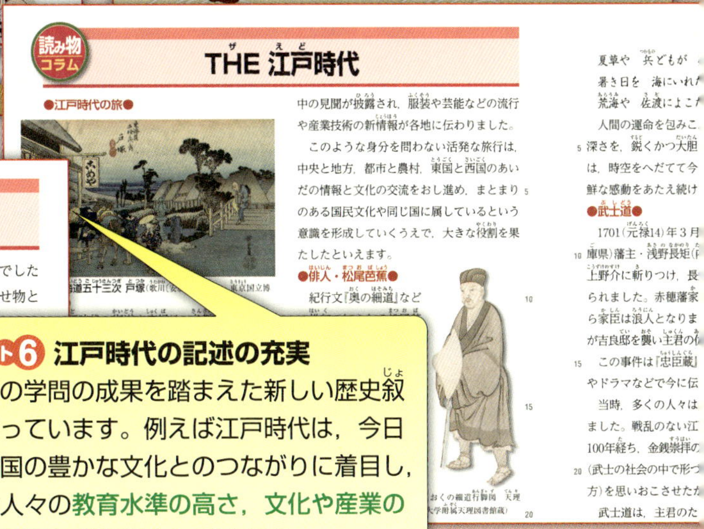

読み物コラム
THE《ザ》 江戸《えど》時代
●江戸時代の旅●
道五十三次 戸塚
中の見聞が披露《ひろう》され，服装《ふくそう》や芸能などの流行や産業技術の新情報《じょうほう》が各地に伝わりました。
このような身分を問わない活発な旅行は，中央と地方，都市と農村，東国《とうごく》と西国《さいごく》のあいだの情報と文化の交流をおし進め，まとまりのある国民文化や同じ国に属しているという意識を形成していくうえで，大きな役割《やくわり》を果たしたといえます。
●俳人《はいじん》・松尾芭蕉《まつおばしょう》●
紀行文『奥《おく》の細道《ほそみち》』など
おくの細道行脚図　天理大学附属天理図書館蔵
夏草や　兵《つわもの》どもが
暑き日を　海にいれ
荒海《あらうみ》や　佐渡《さど》によこ
人間の運命を包みこ
深さを，鋭《するど》くかつ大胆《だいたん》
は，時空をへだてて今
鮮な感動をあたえ続け
●武士道《ぶしどう》●
1701(元禄《げんろく》14)年3月
庫県)藩主・浅野長矩
上野介に斬りつけ，長
られました。赤穂藩家
ら家臣《かしん》は浪人《ろうにん》となりま
が吉良邸を襲い主君の
この事件は『忠臣蔵《ちゅうしんぐら》』
やドラマなどで今に伝
当時，多くの人々は
ました。戦乱のない江
100年経ち，金銭崇拝《すうはい》の
(武士の社会の中で形
方)を思いおこさせたか
武士道は，主君のた

読み物コラム
江戸《えど》の技術
●人々を驚《おどろ》かせた「エレキテル」～平賀源内《ひらがげんない》●
平賀源内《ひらがげんない》は植物学・蘭学《らんがく》・絵画・著作《ちょさく》・商品宣伝《せんでん》など，多くの分野で多彩《たさい》な活躍《かつやく》をした才人として知られます。源内の業績の中でもとりわけ有名なのがエレキテルの実験です。
平賀源内(1728～79)
(平賀源内先生顕彰会蔵)
エレキテルは静電気発生装置《そうち》のことで，18世紀半ばにオランダからわが国に伝えられました。故障《こしょう》したエレキテルを手に入れた源内
ともと医療《いりょう》器具として発明されたものでしたが，江戸《えど》の人々のあいだでは珍《めずら》しい見せ物としてたいへんな評判《ひょうばん》を
源内の旺盛《おうせい》な好奇心《こうきしん》
国《こく》下にあったわが国の
りを告げるものでした。
●江戸のハイテク科学
を発揮していた久重
は，当時，流行して

ポイント6 江戸時代の記述の充実

最新の学問の成果を踏まえた新しい歴史叙《じょ》述《じゅつ》になっています。例えば江戸時代は，今日のわが国の豊かな文化とのつながりに着目し，当時の人々の**教育水準の高さ，文化や産業の発達の側面**などを紹介しています。

“人物が創る歴史”の視点

ポイント8 女性たちの活躍に注目

各時代を代表する15人の女性たちにスポットライトを当てたコラム「なでしこ日本史」を設けました。

原始・古代
推古天皇，光明皇后，紫式部

中　　世
池禅尼，北条政子，日野富子

近　　世
高台院(北政所)，春日局，加賀千代

近　代　①
天璋院（篤姫），津田梅子，樋口一葉

近　代　②
クーデンホーフ光子，平塚らいてう
与謝野晶子

人物コラム 5度の失敗を乗り越《こ》え来日《らいにち》した鑑真《がんじん》

鑑真(688？～763)が大きな危険《きけん》をおかして，わが国への渡航《とこう》に挑《いど》んだ理由の一つに，長屋王《ながやおう》の存在があったといわれています。

天武《てんむ》天皇の孫の長屋王は，当時，左大臣《さだいじん》として大きな権勢《けんせい》を誇《ほこ》っていました。仏教《ぶっきょう》をあつく信仰《しんこう》しており，唐《とう》の高僧《こうそう》に願文《がんもん》を刺繍《ししゅう》した袈裟《けさ》(法衣《ほうえ》)千枚を贈《おく》ったといわれます。その願文は「国が異《こと》なるとはいえ，私たちは同じ天《あま》の下に住んでいます。仏教を信仰する者どうし，ぜひ良い縁《えん》を結びたいものです」というものでした。はるばる海を渡《わた》って仏教を学びにきた日本の僧たちの説得や，長屋王の言葉に動かされ，鑑真

「まことに日本という国は仏教を興隆《こうりゅう》させるべき縁をもった国である」

鑑真は，5度の渡航の失敗を乗り越《こ》えて来日を果たしました。たび重なる苦難《くなん》の中で，奈良《なら》についた鑑真はすでに失明していました。しかし，鑑真がわが国に伝えた仏教の戒律《かいりつ》は，その後，多くの人々を導く信仰

↑鑑真和上像《がんじんわじょうぞう》(奈良県　唐招《とうしょう》提寺《だいじ》蔵)

人物コラム 明治《めいじ》を築いた二人――伊藤博文《いとうひろぶみ》と渋沢栄一《しぶさわえいいち》

●政治の基礎《きそ》を築いた伊藤博文●

伊藤博文《いとうひろぶみ》(1841～1909)は，明治《めいじ》政府の骨格をつくりあげた代表的な人物です。

長州藩《ちょうしゅうはん》(山口《やまぐち》県)の下級武士《ぶし》の家に生まれた伊藤は，17歳《さい》で松下村塾《しょうかそんじゅく》に入門します。吉田松陰《よしだしょういん》が「俊輔《しゅんすけ》(伊藤のかつての名)，周旋《しゅうせん》の才あり」と評したように，初めは人のあいだをとりもつ気が利《き》く若者，といった程度の役回りでした。

しかし，幕末の風雲の中で，高杉晋作《たかすぎしんさく》や桂《かつら》小五郎《こごろう》など，すぐれた人…と行動をともにするなかで，政治家と…の資質を磨《みが》き上げていきました。

暗殺という突然《とつぜん》の死をむかえるまで，内閣《ないかく》総理大臣《そうりだいじん》や枢密院《すうみついん》議長など，多くの要職をこなした伊藤でしたが，その胸の中には常に国への思いが波うっていました。

●経済《けいざい》の土台を築いた渋沢栄一●

渋沢栄一《しぶさわえいいち》(1840～1931)は，わが国の近代化を経済《けいざい》面から支えた第一人者であり，日本資本主義《しほんしゅぎ》の父とよばれる人物です。

現在の埼玉《さいたま》県深谷《ふかや》市に生まれた渋沢は，27歳のとき，幕臣《ばくしん》としてフランスを訪《おとず》れます。パリの大博覧会を目《ま》の当たりにして，その進んだ文化や技術，すぐれた社会制度に強い衝撃《しょうげき》を受けました。渋沢は身なりを…工場などの…と，留学で得…銀行をはじめ

ポイント7 歴史学習が楽しくなる「人物コラム」の充実

“人物が創る歴史”の視点から数多くの人物を取り上げ，特に重要な人物は「人物コラム」でその活躍を詳しく紹介しています。

・菅原道真　・最澄と空海　・藤原定家
・上杉鷹山　・伊能忠敬　・二宮尊徳
・吉田松陰と松下村塾
・西郷隆盛と大久保利通　・陸奥宗光
・新渡戸稲造　・杉原千畝と樋口季一郎
……など。

また，肖像画（写真）と略歴による数多くの人物紹介が，歴史人物に対する興味・関心を高めます。

↑坂本龍馬《さかもとりょうま》(1835～67)
土佐《とさ》藩士。土佐を脱藩《だっぱん》した後，航海技術を学ぶ。浪士《ろうし》集団の海援隊《かいえんたい》を結成し，これを率いて倒幕《とうばく》運動に活躍《かつやく》した。

なでしこ日本史～その

推古天皇《すいこてんのう》(554～628)
日本最初の女性天皇

(大阪《おおさか》府　叡福寺《えいふくじ》蔵)

6世紀，朝廷《ちょうてい》では豪《ごう》
族《ぞく》どうしの争いから，
命を落とす天皇《てんのう》や皇子《おうじ》
もいたような時代でし
た。
欽明《きんめい》天皇の皇女《こうじょ》，
田部皇女《たべのひめみこ》は18歳《さい》で
達《だつ》天皇の后《きさき》となり，皇后《こうごう》として生涯《しょうがい》を終え
はずでした。
しかし，敏達天皇が病死し，その後，
崇峻《すしゅん》天皇も殺され，皇位《こうい》が空《あ》く事態《じたい》とな
ため，有力豪族らの求めに応じて即位《そくい》し
です。この皇女が日本最初の女帝《じょてい》・推古《すいこ》
でした。
推古天皇は，聡明《そうめい》な甥《おい》の聖徳太子《しょうとくたいし》を
任じて国政をゆだね，多くの改革《かいかく》を行
明《めい》天皇が即位するまでの36年間，中継《つ》
女帝として，その大任《たいにん》を果たしました

光明皇后《こうみょうこうごう》(701～760)
聖武《しょうむ》天皇と人々への無限の愛

(信濃《しなの》美術館蔵)

光明皇后《こうみょうこうごう》
の娘《むすめ》として生
族以外の臣下《しんか》
となった初め
です。
夫の聖武
もに熱心
者だった皇后は，めぐまれない人
施薬院《せやくいん》や，孤児《こじ》，

【歴史人物Q&Aカード】(ある生徒がつくった一例)

福沢諭吉《ふくざわゆきち》(時代区分=近代)

【生没年《せいぼつ》】1835(天保《てんぽう》5)年～1901(明治34)年

【この人物に興味をもった理由】

『学問のすゝ《(す)》め』を書き,明治の人たちに大きな影

【福沢諭吉さんへの質問】

なぜ,『学問のすゝめ』を書いた

【福沢諭吉さんからの答え】

私は,江戸時代の後期に,下級藩士《はんし》の子として生まれましたが,2歳《さい》のときに父を亡《な》くし,母は苦労しながら私たちを育ててくれました。子供のころは,勉強に興味がもてなかったのですが,皆さんと同じ中学生の年ごろに漢学《かんがく》を学び,たちまち勉強が好きになりました。20歳ごろからは蘭学《らんがく》,その後は英語などを学びました。

この語学の勉強が役に立ち,幕末《ばくまつ》の1860～67年のあいだに,幕…に3度加わり,アメ…きました。その体験…

して早く欧米諸国《しょこく》に追い…ったのです。そのために…強しなければなりません…

そこで明治に入り,…(1872年)を書き出版《しゅっぱん》し…人を造《つく》らず,人の下に…が今でも有名…たのは,…な人同…勉強…かどうか…万円札に私…

第1章のまとめ 古代で重要な役割を果たした人物ベスト5

ポイント9 言語活動の充実

「課題学習　歴史人物Q&Aカードをつくろう」や「各章のまとめ」などでは,歴史人物やおもな出来事について,学んできたことを自分の言葉で表現する訓練を行い,言語力を育成します。

ポイント10 外国人が見た日本の視点

日本に来た外国人がどんな活躍をし,日本という国や日本人についてどう思っていたのかを知ることで,歴史に対する複眼的な見方が養われ,また,日本人の国民性について考察することができます。

…,皇后は東大寺《とうだいじ》や国分寺《こくぶんじ》の建立《こんりゅう》を発願《ほつがん》※…ほか,書家としても知られ,多くのすぐ…書を残しています。聖武天皇の没後《ぼつご》,皇…多くの御物《ぎょぶつ》とともに天皇の遺品《いひん》を一つの…に納《おさ》めました。これが東大寺正倉院《しょうそういん》で,…クロードを経て日本に伝えられた宝物《ほうもつ》な…当時の文化を反映《はんえい》した国際色あふれる…々が今日《こんにち》まで保存《ほぞん》されています。

…願をおこすこと

読み物コラム 外国人が見た日本

●考古学者シュリーマンが見た日本●

●女性旅行家バードが見た日本●

●動物学者モースが見た日本●

課題学習 お雇い外国人

…式部(生没年不明《せいぼつねん》)

大和《やまと》言葉で世界に誇《ほこ》る長編小説を書いた女流作家

(滋賀《しが》県　石山《いしやま》寺蔵)

『源氏物語《げんじものがたり》』は300人もの人物が登場する世界に誇《ほこ》る長編小説です。宮廷《きゅうてい》を舞台《ぶたい》に,光り輝《かがや》く皇子《おうじ》の光源《ひかるげん》…性たちとのさ…愛をえがいた…貴族《きぞく》たちの評判となりました。作者…は,藤原道長《ふじわらのみちなが》の娘《むすめ》・彰子《しょうし》の女房《にょうぼう》とし…

←p.51

勤めており,その体験をもとに小説…のです。

『源氏物語』はイギリス人アーサ…リーの英訳により,第一次世界大…に知られるようになり,世界文学…一つとされるようになりました。…心理描写《びょうしゃ》とすぐれた個性のえが…近代文学に通じる長編小説が,…小説が書かれる数百年も前に,…

コラム 刀を捨て,茶畑づくりに精魂《せいこん》を傾《かたむ》けた武士《ぶし》のエリート――静岡《しずおか》県牧之原《まきのはら》お茶物語

静岡県牧之原市は,日本有数のお茶の産地で…期に江戸《えど》で活躍《かつやく》して…を開拓《かいたく》して始まりま…茨城《いばらき》県)に謹慎《きんしん》中だっ…岡市)に隠居《いんきょ》します。…勤めた武士たちも同…の達人である中條景《ちゅうじょうかげ》…昭がいました…還で,警護の…その職を解かれ…長をしていた中條ほ…て,牧之原台地での…の開墾を行うのが農業の素人《しろうと》集団だったため,当初は苦労と失敗の連続でした。

このようなきびしい状況《じょうきょう》の中で,中條たちは粘《ねば》り強く着々と開拓を進めました。

そして,開墾開始から4年後の1873(明治6)年,ようやく牧之…初めての茶摘《つ》みが…

中條景昭像(牧之原の茶畑を一望する。静岡県島田《しまだ》市)

読み物コラム 戦国大名《せんごくだいみょう》の富国策《ふこくさく》――信玄堤《しんげんづつみ》

●洪水《こうずい》から領国《りょうごく》と領民を守るために●

16世紀に入ると,各地の戦国大名《せんごくだいみょう》は,軍事力の増強だけではなく,領国《りょうごく》を豊かにするためのさまざまな事業を行うようになりました。その一つに,甲斐国《かいのくに》(山梨《やまなし》県)の武田信玄《たけだしんげん》が治《ち》水《すい》のために築いた信玄堤《しんげんづつみ》があります。

古来,「水を治める者は天下を治める」といわれるほど,領主にとって治水事業は重要な政策《せいさく》でした。甲斐国も例外ではなく,当時の釜無川《かまなしがわ》(富士川《ふじがわ》)は,盆地《ぼんち》という地形のために,毎年のように氾濫《はんらん》をくり返していました。

釜無川《かまなしがわ》と高岩

父・信虎《のぶとら》の代までは,いったん洪水《こうずい》に見舞《みま》われると,なすすべもなく,屋敷《やしき》に逃げこむ…

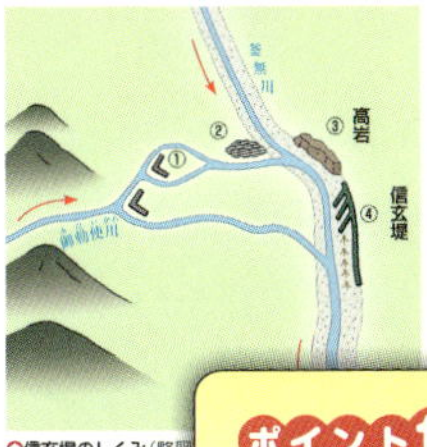

信玄堤のしくみ(略図…

水があふれないよう…と考えがちです。し…たくちがっていまし…

まず,釜無川に合…二分し,水の力をゆ…石を置いて,2つの…の下となるようにし…あふれないようにするとともに,その勢いを弱めるくふうでした。こうしたくふうを行ったうえで,信玄堤を築きました。

このように,無理なく水の力をコントロー…

ポイント11 郷土への興味・関心を高める

身近な地域への関心を高める工夫として,地方で活躍した歴史上の人物や文化遺産を取り上げて紹介しています。

歴史を真の鏡とするために

元駐タイ大使　岡崎 久彦

岡崎久彦(おかざき・ひさひこ)
昭和5年大連生まれ。東京大学法学部在学中に外交官試験に合格し外務省入省。英国ケンブリッジ大学経済学部学士・修士課程修了。駐サウジアラビア大使，駐タイ大使などを歴任。著書に『陸奥宗光とその時代』(PHP研究所)，『百年の遺産』(扶桑社)ほか多数。

◎正統史観《せいとうしかん》とは何か◎

私が偏向史観《へんこうしかん》に問題意識を持ったのは，戦後初めての日本人留学生としてケンブリッジに留学して以来である。

当時の英国で目に入る出版物は戦時中または戦争直後のものが多かった。

近代戦は総力戦である。国民全部が戦争に協力してくれなければ戦えない。そのためには，味方《みかた》は100％正義，敵は悪の権化《ごんげ》のように言わなければ戦争はできない。そして，戦争が終われば負けた方の戦時プロパガンダは消滅《しょうめつ》するが，勝った方のは，正統《せいとう》史観として残ることになる。

◎戦後も温存された戦時プロパガンダ◎

実は戦時プロパガンダでは，植民地を解放した日本の方が，旧植民地帝国《ていこく》諸国より強かった。

そこで連合国側は日本軍の残虐《ざんぎゃく》さを強調するしかなかった。それも実質に乏《とぼ》しいので，「身の毛もよだつ」とか形容詞ばかりエスカレートしていた。日本人と言えば残虐というのが当時のイメージだった。

ちなみに数字だけエスカレートした南京《ナンキン》の30万人虐殺《ぎゃくさつ》も，同じような戦争の後遺症《こういしょう》である。ただ，中国の場合は，戦後時間が経《た》っても，政治的理由で，とくに天安門《てんあんもん》事件の際の民主化の欲望《よくぼう》を愛国主義に転じさせるためにも，それが温存《おんぞん》されているところが違う。

◎公正《こうせい》客観的な日本史の不在◎

何とかして，公正《こうせい》客観的な歴史を後世《こうせい》に伝えたい，それが年来の私の願望だった。ところが，公正客観的な日本史なるものが，存在しないのである。

とくに，近代日本史の場合は，明治の薩長《さっちょう》史観，戦前の皇国《こうこく》史観，軍国主義史観，米国の占領《せんりょう》史観，戦後のマルクス史観，全共闘《ぜんきょうとう》時代の反体制史観などによってズタズタにされている。

それを修正しようとした史観が新たな偏向を産《う》んだ例もある。

『坂の上の雲』が初めて新聞に連載《れんさい》された時は，戦前は全《すべ》て暗黒だったという占領史観，マルクス史観の屈辱《くつじょく》に堪《た》えかねていた私ども以上の世代は，涙を流してこれを迎《むか》えた。

しかし，その作者の司馬遼太郎《しばりょうたろう》氏自身，右《う》翼《よく》反動の誹《そし》りを免《まぬが》れるためか，「明治は良かったが，昭和は悪かった」という，今に至《いた》る新たな偏向した通俗的《つうぞくてき》史観を導入《どうにゅう》してしまった。

また，その後マルキシズムでなくナショナリズムによる反米《はんべい》史観も生まれている。

◎曇《くも》りのない歴史を後世に◎

歴史が真の鏡であるためには，いかなる曇《くも》りがあってもいけない。徹底的《てっていてき》に公正客観的な史実《しじつ》にのみ即《そく》してなければならない。

その作業は言うべくして容易ではない。しかし，この教科書は，ようやく戦後半世紀を経《へ》て，全ての困難《こんなん》を乗り越えて公正客観的な日本史を後世に遺《のこ》すという努力が結実《けつじつ》したものと言えると思う。

日本の歴史の「美しい虹《にじ》」を見せてくれる教科書

上智大学名誉教授　渡部 昇一

渡部昇一(わたなべ・しょういち)　昭和5年山形県生まれ。上智大学大学院修士課程修了。独国ミュンスター大学,英国オックスフォード大学留学。Dr.phil.,Dr.phil.h.c.上智大学教授を経て現職。著書に英語学・言語学の専門書のほか『渡部昇一「日本の歴史」(全7巻)』(WAC),『なでしこ日本史』(育鵬社)ほか多数。

◎国史《こくし》とは何か◎

幼年者《ようねんしゃ》や少年・少女に与《あた》える自国の歴史,つまり国史《こくし》は,自分の国に誇《ほこ》りを持たせるようでなければならない。国史の教科書は単なる歴史事実の研究であってはならない。このことを私は,オーエン・バーフィールドの比《ひ》喩《ゆ》によって教えられた。彼はこう述べている。

「歴史上の個々の事実は,雨後の空中にある水滴《すいてき》のようなもので,無数にある。しかし,美しい虹《にじ》は,それらの水滴からある距離《きょり》をおき,一定の方向から眺《なが》めなければ見ることはできない。そうして見えた虹が,その国民の共通意識になる時,それが国史なのである」

個々の水滴に相当《そうとう》する歴史的事実を扱《あつか》うだけのことは,歴史研究ではあっても,国史という虹を示してはくれないのである。

◎誇《ほこ》りある国民を創《つく》るアメリカの国史教育◎

わかりやすい例を挙《あ》げてみよう。アメリカでは,子供たちにアメリカ独立宣言《せんげん》の理想,独立戦争の成功,最古の成文憲法《せいぶんけんぽう》とされるアメリカ憲法,第二次大戦の勝利などがまず教えられる。そして,子供たちは幼稚園《ようちえん》・小学校の時から毎日そういう立派《りっぱ》な国の国旗《こっき》に忠《ちゅう》誠《せい》を誓《ちか》う。これがアメリカの国史教育である。

しかし,アメリカの暗黒《あんこく》面を指摘《してき》するのは容易《ようい》である。「すべての人間は平等に創造された」と独立宣言で言っても,その「すべての人間」の中にインディアン,黒人,その他の有色人種,さらには白人でも女性は含《ふく》まれていなかった。インディアンを殺し,その土地を奪《うば》い,黒人奴隷《どれい》を持ち込《こ》み,ハワイ王朝を滅《ほろ》ぼし,スペインに戦争を仕掛《しか》けてフィリピンをも植民地にし,抵抗《ていこう》する者数十万人を虐《ぎゃく》殺《さつ》し……などという暗黒史は最初は教えない。大学で「研究」するのは構わない(それも難《むずか》しい時代もあった)。それでアメリカは自国に誇《ほこ》りを持つ国民を創《つく》り続けてきているのだ。

◎占領《せんりょう》され続けてきた戦後日本の国史教育◎

アメリカ占領《せんりょう》軍は自分の国でやっていることと反対のことを日本の国史教育に持ち込んだ。それが占領終結後も続いているのは,約7年間の占領期間に,日本の敗戦によって極《きわ》めて有利な地位につき,その立場を利用した人たちが,アメリカ占領軍の日本の歴史教育方針《ほうしん》を堅持《けんじ》してきたからである。そして教科書会社も,その売上《うりあげ》のためには教育界を支配している占領軍の方針への迎合《げいごう》者の集団である教員組織の方針に盲従《もうじゅう》してきたからである。

◎日本の歴史の「虹を見る視点《してん》」◎

自国民の「安全と生存」まで他国に任《まか》せるという憲法がおかしいことに多くの人も気がつきだした。日本の若者が教えられてきた日本史も,この憲法前文にも劣《おと》らぬおかしなものだったと気づくべき時がきたと思われる。この時に当たり,日本の若者に,日本の歴史という美しい虹を見せてくれる国史教科書が出たことを心から歓迎《かんげい》したいと思う。占領政策によって暴力的に奪われた日本の歴史の「虹を見る視点《してん》」を,われわれは子孫《しそん》のために大切にすべきであり,その奪還《だっかん》を喜びたい。

「歴史力」こそ，国際社会を生きる力

京都大学教授　中西 輝政

中西輝政（なかにし・てるまさ）
昭和22年大阪府生まれ。京都大学大学院修士課程，英国ケンブリッジ大学歴史学部大学院修了。米国スタンフォード大学客員研究員，静岡県立大学教授を経て現職。著書に『大英帝国衰亡史』（PHP研究所），『国民の文明史』（扶桑社）ほか多数。

◎グローバル化の中で失われた日本人の元気◎

21世紀の世界は「グローバル化」の時代です。そこでは，国境を超《こ》えてヒト，モノ，カネ，情報が大量に行きかうことになるといわれ，現に世界はそうなっています。では，そこから生まれてくる新しい世界はどんな姿になるのか。それは，かつてなく激しい競争が，技術，情報，教育，文化などの分野で，各国間に繰《く》り広げられるという世界です。つまり，グローバル化の流れは，必然的《ひつぜんてき》に各国の個性を際立《きわだ》たせる方向へと収れんしてゆくのです。「世界が一つになる」ということは，そこに集まってくる各国の個性やユニークさが一層《いっそう》目立ち，それがその国民の活力につながることになるのです。この点で，日本人はこれまでグローバル化の意味を少々取り違えてきたところがあります。そしてそのことが，過去20年ほどの間の，この国の大きな不調の原因でもあったのです。

グローバル化が叫《さけ》ばれるようになってから，急に日本人の元気がなくなったように見えるのは，自国の個性に対する自信や誇《ほこ》りが，他の国と比べ，大いに欠けるところがあったからではないでしょうか。

◎「歴史力」こそ国力の柱◎

一国の個性は，何よりもその国の歴史の中に表現されます。海外へ行けば，しっかりとした歴史教育を受けている国の人々が，生き生きと飛び回っている姿を目にします。私はそのたびに，21世紀の世界における最も重要な国際競争力とは，「歴史力」というものではないか，と繰り返し感じてきました。

考えてみると，戦後の日本においても，経済の高度成長を達成し，平和で繁栄《はんえい》した社会を築く担《にな》い手となった世代は，自国の歴史や文化に対するゆるぎない自信を，学校教育を通じて身につけていた世代だったのです。つまり，国民の心の中に培《つちか》われる「歴史力」こそ，国力の最も重要な柱であり，またそれが，世界に貢献《こうけん》する志《こころざし》を育《はぐく》むことにもなるのです。

◎偏向《へんこう》した歴史教育の正常化へ◎

ところが，戦後の日本の歴史教育は，占領《せんりょう》期から続く様々な要因により，国際的に見ても正常さを欠いたものでした。しかも，時代が下るにつれ，逆に社会全体の常識からますます懸《か》け離《はな》れたおかしなものになってゆきました。特に，冷戦後，世界のグローバル化が始まった頃から，一層奇妙《きみょう》な偏向《へんこう》を示すようにさえなりました。これは，過去二十数年間の歴史教科書を通読《つうどく》すれば一目瞭然《いちもくりょうぜん》です。次代の日本を担う子供たちが，どんな歴史教育を受けているのか，私たち大人は，もっとしっかりとした関心を向けるべきだったのです。

そうした中で，今般《こんぱん》，歴史教育の正常化による教育再生をめざす育鵬社の教科書『新しい日本の歴史』が刊行されたことは，日本の針路《しんろ》という観点から，たいへん重要な意義を持っていると考えます。同時に，それが市販《しはん》され，我々社会人の眼《め》に触《ふ》れる機会が与えられたことを，心から歓迎《かんげい》したいと思います。

平成24年度使用開始教科書の市販本

新しい日本の歴史

こんな教科書で学びたい

育鵬社

目次

【年数の表し方】

西暦《せいれき》＝欧米諸国《おうべいしょこく》を中心に，世界で広く使われる年数の表し方。キリストの生誕《せいたん》を紀元元年《きげんがんねん》とする。本書では，年数を示すにさいし，西暦を主とし，必要に応じて年号をかっこ書きした(西暦に関しては，p.7の下段《げだん》の注も参照)。

年号＝慶応《けいおう》・明治《めいじ》というような年号(元号《げんごう》ともいう)を定め，その年号の１年目を元年として，年数を表す方法。中国で始まり，日本では７世紀の中ごろより用いられた。

年号は，改元《かいげん》といって，しばしばかえられたが，明治以降は天皇《てんのう》一代につき一つの年号が用いられている(一世一元《いっせいいちげん》の制)。

干支《かんし》＝「えと」とも読む。十干《じっかん》・十二支《じゅうにし》という22の文字を「壬申《じんしん》」「壬午《じんご》」「甲申《こうしん》」などと60とおりに組み合わせ，61年目からふたたび同じものを使う方法。

【時代区分】(p.6～7の歴史モノサシを参照)

- 大きな時代区分＝原始《げんし》・古代《こだい》・中世《ちゅうせい》・近世《きんせい》・近代《きんだい》・現代《げんだい》(近代・現代を合わせて近現代ともいう)。これは，現代を基点にして，過去にさかのぼるいい方。
- 政治の中心地による時代区分＝平安《へいあん》時代・鎌倉《かまくら》時代・江戸《えど》時代など。
- 時代の特色による時代区分＝縄文《じょうもん》時代・南北朝《なんぼくちょう》時代・戦国《せんごく》時代など。
- 年号による時代区分＝明治《めいじ》時代・大正《たいしょう》時代など。

【重要事項】

文中，重要と思われる事項《じこう》は，ゴシック体で示した。

【外国の国名や地域《ちいき》名を漢字の略号であらわした例】

アメリカ＝米《べい》　イギリス＝英《えい》　イタリア＝伊《い》　オランダ＝蘭《らん》　ドイツ＝独《どく》
フランス＝仏《ふつ》　ヨーロッパ＝欧《おう》　ロシア＝露《ろ》　……など。

歴史の世界を旅してみよう

縄文《じょうもん》時代の丸《まる》木《き》舟《ぶね》（京都《きょうと》府舞鶴《まいづる》市蔵《ぞう》）　日本海に面した舞鶴湾《わん》の浦入《うらにゅう》遺跡《いせき》から出土《しゅつど》した約5300年前のもの。直径２mほどの杉の木を半割りにし，焼いた石を表面に置いて木材を焦《こ》がしながら磨製《ませい》の石斧《いしおの》でくりぬいてつくられました。全長８m，幅《はば》0.85mと推測され，当時としては大きな舟です。遺跡周辺からは，桟橋《さんばし》の杭《くい》の跡《あと》なども発見されたことから，外洋漁業やさまざまな交易に用いられたと考えられます。

浦入遺跡出土丸木舟

機械がない時代に，この舟をつくるのは大変だったろうな。
日本列島は海に囲まれていて，陸上交通より海上交通のほうが便利だったから，どうしても必要だったのね。
縄文時代の丸木舟は，日本各地で50以上も発見されているんだ。海をとおした交易が，このころから進んでいたことがわかるね。

歴史の旅を始めよう

これから皆《みな》さんは，歴史の旅を始めます。

この旅の途中で，いろいろな歴史の風景に出合うことでしょう。その際に，注目してほしいことがあります。

まず，私たちが何気なく使っている日本語にも長い歴史があるという点です。日本は，中国大陸から漢字を取り入れましたが，日本語を表記するものとして活用しました。そして，その漢字をもとにわが国独自《どくじ》のかな（ひらがな，カタカナ）をつくりあげ，日本語の表現を豊かにしました。

これは一例ですが，私たちの日本には，海外からさまざまな文化を取り入れながらも，それを独自のものにつくりあげてきた長い伝統があることに注目してください。

次に，この旅では，さまざまな文化遺産《いさん》と出合えるでしょう。穏《おだ》やかな仏像《ぶつぞう》や力強い仏像，華《はな》やかな絵巻や動きが伝わるような絵画，そして美しい庭園や建築物……。

このようなみごとな文化を築くことができたのはなぜでしょうか。そうした視点で日本列島にある各時代の「**文化の宝庫《ほうこ》**」を見ていけば，歴史の旅は数倍も楽しくなるでしょう。

ところで，私たちの国の歴史には，平和な日々も激動《げきどう》の時代もありました。豊かな文化が花開いた季節も，戦争や内乱《ないらん》で国土が荒《あ》れた時期もありました。

何百年，何千年という長い時間の中で，私たちの先人《せんじん》が積み重ねてきた分厚い地層《ちそう》のような歴史には，さまざまな「成功や失敗の教《きょう》訓《くん》」がぎっしりとつまっています。

この「**経験の宝庫**」を学んでいくと，歴史の登場人物の中に，数多くの尊敬《そんけい》できる人を見いだすことができるでしょう。皆さんがこれからの人生で，困難《こんなん》に直面し判断に迷ったとき，それらの人物の行動から，大きなヒントを得ることができればと思っています。

そして，歴史の旅を進めていくと，私たちが住んでいる日本という国は，古代に形づくられ，今日《こんにち》まで一貫《いっかん》して継続《けいぞく》していることに気づくと思います。その理由は何なのかを考えてみてください。

いよいよ歴史の旅が始まります。先人が築いてきた歴史のバトンを受けつぎ，これからの歴史をつくっていく，たくましいランナーになるための，旅の始まりです。

② 日本の歴史モノサシ

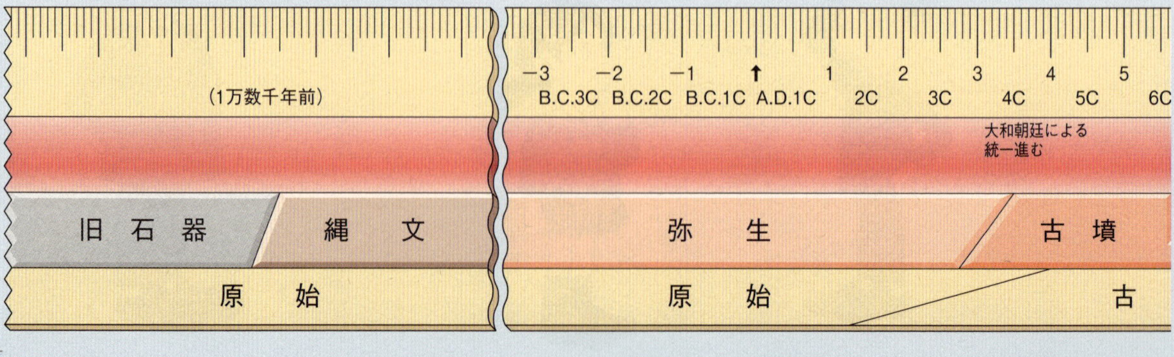

(1万数千年前)
−3 −2 −1 1 2 3 4 5
B.C.3C B.C.2C B.C.1C A.D.1C 2C 3C 4C 5C 6C
大和朝廷による
統一進む
旧 石 器
縄 文
弥 生
古 墳
原 始
原 始
古

①　宇宙《うちゅう》と人類の誕生《たんじょう》モノサシ

（注）1cmは10億年。

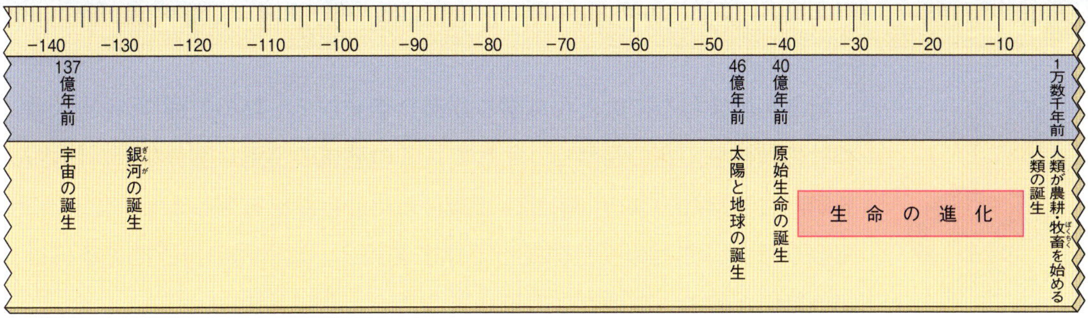

−140
−130
−120
−110
−100
−90
−80
−70
−60
−50
−40
−30
−20
−10
137億年前
宇宙の誕生
銀河《ぎんが》の誕生
46億年前
太陽と地球の誕生
40億年前
原始生命の誕生
生命の進化
1万数千年前
人類が農耕・牧畜《ぼくちく》を始める
人類の誕生

歴史モノサシについて

①　宇宙と人類の誕生モノサシ

夜空を見上げると，無数の星がまたたいています。この果てしない空間が宇宙です。その誕生は今から137億年前といわれていますが，くわしいことはよくわかっていません。

やがてその中に無数の銀河系《ぎんがけい》が生まれました。その一つの銀河系の片すみに，太陽系とよばれる地球を含《ふく》む星々が誕生しました。今から46億年前のことです。

そして太陽からほどよい位置にあった地球は，海の中に原始的な生命を育《はぐく》むようになりました。これが40億年前といわれています。その後，長い年月を経《へ》て人類が誕生し，農耕・牧畜《ぼくちく》を始めたのが今から１万数千年前に当たります。

上の①のモノサシは，１cmの目盛りを10億年の幅《はば》とした，気が遠くなるような長い期間を表したモノサシです。

②　日本の歴史モノサシ

下の②のモノサシは，農耕や牧畜が行われるようになったころから現在にいたる日本の歴史モノサシです。これは１cmの目盛りを100年の幅にしてあります。

波線の左側に縄文《じょうもん》時代といわれる時期があります。本当は１m50cmほどの長さが必要となりますが，このページには入りきれないので省略しています。

日本が国として形を整えていったのは，４世紀のあたりです。そして，平安《へいあん》時代……江《え》戸《ど》時代……，明治《めいじ》，大正《たいしょう》，昭和《しょうわ》という時代を経て，今日の平成《へいせい》の時代に私たちは生きています。

（注）1cmが１世紀(100年)。B.C.はBefore《ビフォアー》 Christ《クライスト》（キリスト生誕《せいたん》以前＝西暦紀元前《せいれききげん》）の略。A.D.はAnno《アンノ》 Domini《ドミニ》（主《しゅ》の年＝西暦紀元）の略。CはCentury《センチュリー》（世紀）の略。

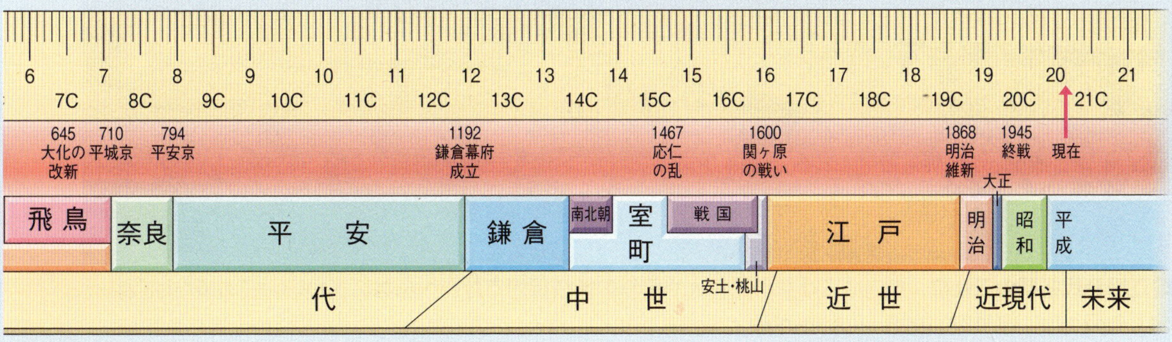

6
7
8
9
10
11
12
13
14
15
16
17
18
19
20
21
7C
8C
9C
10C
11C
12C
13C
14C
15C
16C
17C
18C
19C
20C
21C
645 大化の改新
710 平城京
794 平安京
1192 鎌倉幕府成立
1467 応仁の乱
1600 関ヶ原の戦い
1868 明治維新
1945 終戦
現在
飛鳥
奈良
平安
鎌倉
南北朝
室町
戦国
安土・桃山
江戸
明治
大正
昭和
平成
代
中世
近世
近現代
未来

課題学習　身近な祭りを調べてみよう

皆《みな》さんのまわりにはどんな祭りがありますか？　夏の盆踊《ぼんおど》り，花火大会，神社の秋祭り，冬の雪祭り，そして，その地域《ちいき》の特別な祭りなど。皆さんも町内会や神社の祭りに参加して楽しんだことがあるでしょう。でも，その祭りについてどのくらい知っていますか？　皆さんの身近にあるのは，いったいどのような祭りなのでしょう？

私たちの住む東京《とうきょう》・浅草《あさくさ》には三社祭《さんじゃまつり》があります。浅草《あさくさ》神社のお祭りだそうで，おじいさんがとても楽しみにしています。でも，考えてみると，どんなお祭りだかよくわからないわ。

浅草神社って，浅草寺《せんそうじ》とどうちがうのかな？　それにお祭りの歴史もよくわからないな。地元のことでも，意外と知らないよ。三社祭について調べてみよう！

2人が調べた三社祭

三社祭の歴史

七世紀の飛鳥《あすか》時代のこと。漁師の兄弟の網《あみ》に仏像《ぶつぞう》がかかった。兄弟が仏像を長《ちょう》者《じゃ》に見せたところ，長者は聖観世音菩薩《しょうかんぜおんぼさつ》像《ぞう》であることに驚《おどろ》き，寺を建てて手厚くまつった。それが浅草寺《せんそうじ》である。そして，この三人をまつったのが三社権現社《さんじゃごんげんしゃ》，今の浅草《あさくさ》神社である（このため三社祭とよばれる）。ということで，浅草寺と浅草神社は一体といってもよい関係にあった。

祭りは鎌倉《かまくら》時代の終わりごろの一三一二（正和《しょうわ》元）年から始まったと伝えられている。江戸《えど》時代までは浅草寺の祭りとして行われており，「観音祭《かんのんまつり》」「浅草祭《あさくさまつり》」などとよばれ，三月十七，十八日に行われていた。現在のように本社神輿《ほんじゃみこし》（浅草神社にある神輿のこと）をかつぎまわることよりも，それぞれの氏子《うじこ》の住む町から出す山《だ》車《し》が中心で，趣向《しゅこう》を凝《こ》らして，威勢《いせい》のよさや豪華《ごうか》さを競《きそ》い合ったという。

それが明治《めいじ》時代になると，寺と神社を分ける神仏分離《しんぶつぶんり》政策《せいさく》がとられ，祭りは浅草神社のみで行われるものとなった。

江戸時代初期の三社祭　境内《けいだい》は三社祭の見物人や祭りの練《ね》り行列でたいへんなにぎわい。この練りは仮装《かそう》行列でもあった。（江戸名所図屛風《ずびょうぶ》　出光《いでみつ》美術館蔵《ぞう》）

花やしき遊園地
花やしき
西浅草(三)
浅草(二)
浅草神社
木馬館
本堂
五重塔
浅草寺
馬道通り
浅草演芸ホール
宝蔵門
西浅草(二)
伝法院
こども図書館
弁天堂
浅草公会堂
新仲見世通り
仲見世通り
浅草(一)
緑泉寺
敬覚寺
運行寺
清光寺
雷門通り
雷門
至うえの
あさくさ
雷門(一)
西浅草(一)
浅草郵便局
田原小
NTT浅草
雷門(二)
東京メトロ銀座線
都営地下鉄浅草線
たわらまち
金竜寺
至おしあげ
寿(二)
国際通り
寿(四)
浅草通り
駒形堂
あさくさ
駒形橋
駒形(一)
至しんばし

浅草の地図と神輿が通るルート(ルートは本社神輿の一之宮《いちのみや》のもの)

浅草神社　東京都台東《たいとう》区浅草にある。神社の境内《けいだい》は浅草寺に接している。三社権現《ごんげん》，三社様などともいわれる。平《へい》安《あん》時代末期から鎌倉時代にかけて創建されたと考えられ，現在の本殿《ほんでん》は，江戸幕府《ばくふ》3代将軍徳川家光《しょうぐんとくがわいえみつ》が建てたもので，国の重要文化財《ぶんかざい》に指定されている。

三社祭(浅草神社例大祭《れいたいさい》)のスケジュール

日時： 5月17，18日に近い金曜日から3日間。

初　日： 大行列～お囃子《はやし》台，鳶頭《とびかしら》木《き》遣《や》り，びんざさら舞《まい》，芸子《げいこ》たちの手古舞《てこまい》，白鷺《しらさぎ》の舞などが登場する。

2日目： 各町神輿連合渡御《とぎょ》～各町内の神輿が浅草神社で順番にお祓《はら》いを受けて，その後，町内にくり出す。

最終日： 本社神輿の宮出《みやだ》し(神輿が神社から出ること)→本社神輿各町渡御(本社神輿が各町内を練り歩く)→本社神輿宮入り(神輿が神社にもどること)

備考：3日間で，毎年約150万人もの人出がある。神輿は山《だ》車《し》とはちがうので，乗ってはいけない。

神輿《みこし》の種類

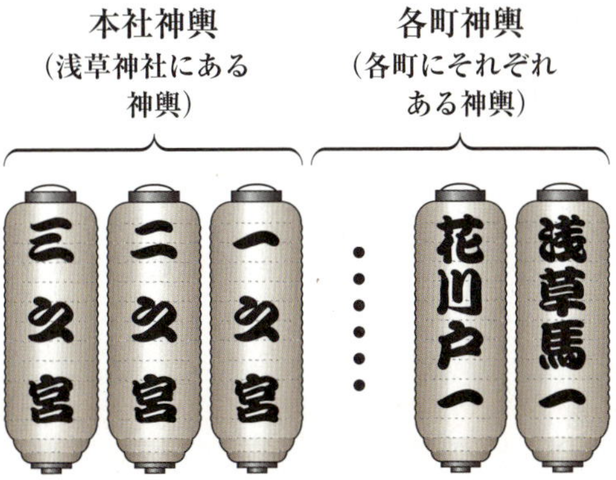
本社神輿
(浅草神社にある神輿)
各町神輿
(各町にそれぞれある神輿)
三之宮
二之宮
一之宮
花川戸一
浅草馬一

町内を練り歩く本社神輿　神輿をわざと荒々《あらあら》しくゆさぶることにより，神様の威厳《いげん》を高め，豊作・豊漁，疫病《えきびょう》の防止《ぼうし》などを願った。

大行列の白鷺《しらさぎ》の舞　京都《きょうと》・八坂《やさか》神社の鷺舞がルーツ。三社祭では1968(昭和《しょうわ》43)年の「東京百年祭」から行われている。

調べるポイント　三社祭《さんじゃまつり》を調べたAさんとBさんの場合

何を調べるか

お年寄りに昔《むかし》の祭りのようすを聞いて，今とのちがいを探《さが》してみよう。

- 祭りの名前のいわれは？
- いつごろから始まったのか？
- 祭りの目的は？
- 祭りではどんな催《もよお》しがあるのか？
- どんな衣装《いしょう》，音楽，踊《おど》りがあるのか？

お祭りWEB

どうやって調べるか

- 役所の観光課や地域《ちいき》の観光協会に聞く。
- 図書館・博物館などを利用する。
- お年寄りや地域にくわしい人から聞き取りをする。
- 実際の祭りを見る。

まとめよう

- クラスでの発表（プレゼンテーション）ができるような形にまとめる。

例）文章，イラスト，写真などでポスター風にまとめる。
　　ビデオ，パソコンなどを使って，映像にまとめる。

発表しよう（プレゼンテーション）

- 聞き手にとって，わかりやすい発表をくふうしよう。
- 調べるときに，苦労したことやおもしろいエピソードなどもあれば発表しよう。
- 調べる前と後での，自分の考え方の変化を伝えよう。

おじいさんたちにお話を聞いて，地域のお年寄りに，より親しみをもつようになりました。いつまでも元気でいてくださいね！
浅草《あさくさ》ってすごいところなんだなと誇《ほこ》りがもてました。ぼくも早く神輿《みこし》をかつぎたいと思いました！

評価をしよう

- グループごとに，たがいに評価カードに記入したり，質問や意見交換《こうかん》をして評価し合う。よりよいものをつくるために，建設的な意見交換をしよう。

日本のおもな祭り

↑ねぶた祭　青森《あおもり》市などで８月上旬に行われる東北の代表的な祭。武者《むしゃ》などの大きな飾《かざ》りを山車《だし》に乗せて練り歩く。

↑博多《はかた》どんたく　福岡《ふくおか》市で５月に行われる祭り。どんたくは，オランダ語の「ゾンターク（日曜日の意味）」がなまったもの。どんたく隊の行列が市中をめぐる。

↑祇園《ぎおん》祭　京都市の八坂神社の祭りで，京都三大祭りの一つ。７月に行われる。人形，鉾《ほこ》などで飾った山車が市中を練り歩く山鉾巡行《やまぼこじゅんこう》が知られる。

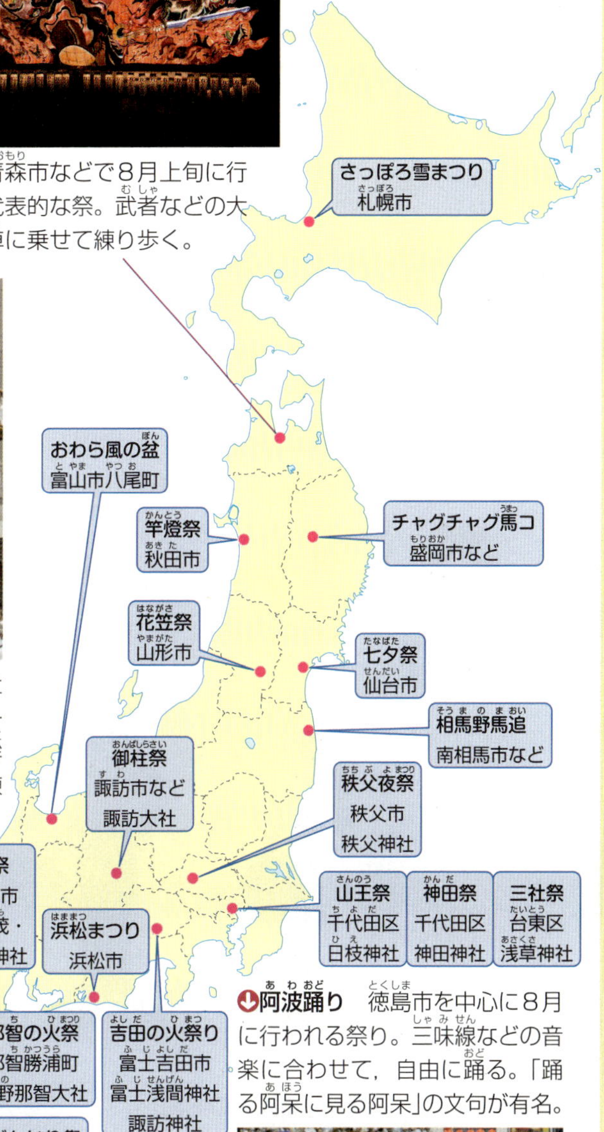
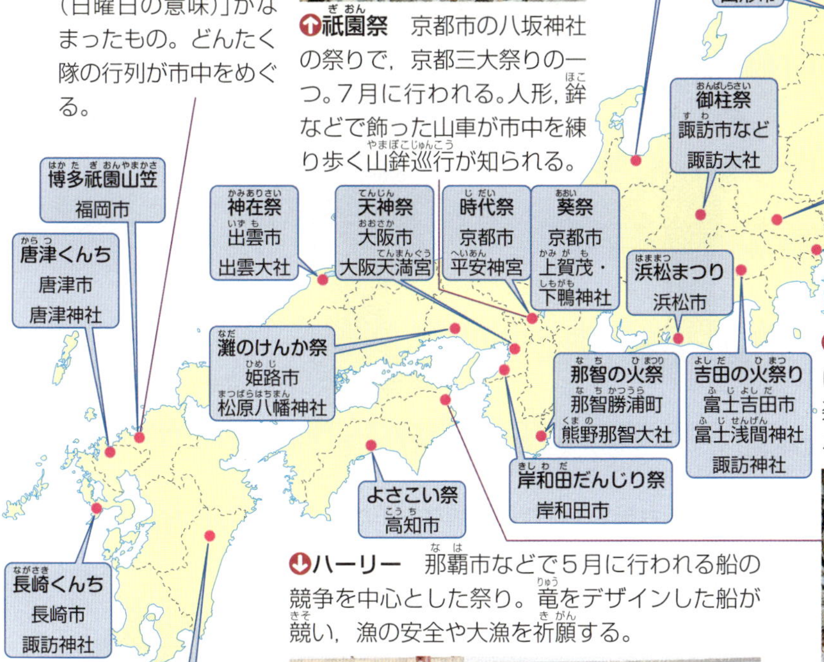
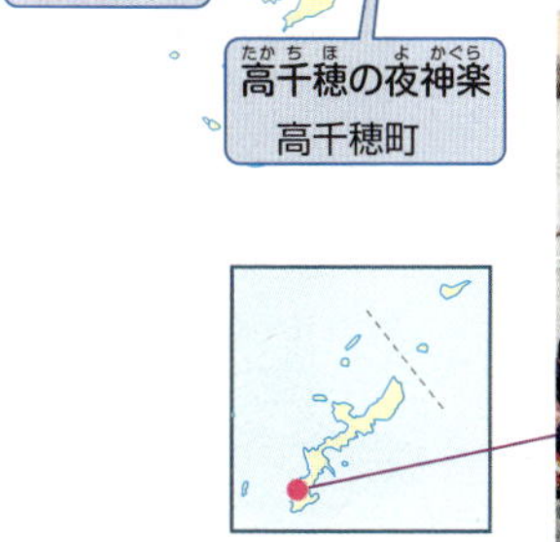

さっぽろ雪まつり
札幌《さっぽろ》市
おわら風の盆《ぼん》
富山《とやま》市八尾《やつお》町
竿燈《かんとう》祭
秋田《あきた》市
チャグチャグ馬《うま》コ
盛岡《もりおか》市など
花笠《はながさ》祭
山形《やまがた》市
七夕《たなばた》祭
仙台《せんだい》市
相馬野馬追《そうまのまおい》
南相馬市など
御柱祭《おんばしらさい》
諏訪《すわ》市など
諏訪大社
秩父夜祭《ちちぶよまつり》
秩父市
秩父神社
山王《さんのう》祭
千代田《ちよだ》区
日枝《ひえ》神社
神田《かんだ》祭
千代田区
神田神社
三社祭
台東《たいとう》区
浅草《あさくさ》神社
博多祇園山笠《はかたぎおんやまかさ》
福岡市
唐津《からつ》くんち
唐津市
唐津神社
神在祭《かみありさい》
出雲《いずも》市
出雲大社
天神《てんじん》祭
大阪《おおさか》市
大阪天満宮《てんまんぐう》
時代《じだい》祭
京都市
平安《へいあん》神宮
葵《あおい》祭
京都市
上賀茂《かみがも》・
下鴨《しもがも》神社
浜松《はままつ》まつり
浜松市
灘《なだ》のけんか祭
姫路《ひめじ》市
松原八幡《まつばらはちまん》神社
那智《なち》の火祭《ひまつり》
那智勝浦《なちかつうら》町
熊野《くまの》那智大社
吉田《よしだ》の火祭《ひまつ》り
富士吉田《ふじよしだ》市
富士浅間《ふじせんげん》神社
諏訪神社
岸和田《きしわだ》だんじり祭
岸和田市
よさこい祭
高知《こうち》市
長崎《ながさき》くんち
長崎市
諏訪神社
高千穂《たかちほ》の夜神楽《よかぐら》
高千穂町

↓ハーリー　那覇《なは》市などで５月に行われる船の競争を中心とした祭り。竜《りゅう》をデザインした船が競《きそ》い，漁の安全や大漁を祈願《きがん》する。

↓阿波踊《あわおど》り　徳島《とくしま》市を中心に８月に行われる祭り。三味線《しゃみせん》などの音楽に合わせて，自由に踊《おど》る。「踊る阿呆《あほう》に見る阿呆」の文句が有名。

課題学習 歴史人物Q&Aカードをつくろう

❶皆《みな》さんが興味をもった歴史上の人物は？

下の囲みの中の【おもな歴史人物】は，皆さんが小学校の社会科で学習した人の名前です。

【おもな歴史人物】
卑弥呼《ひみこ》，聖徳太子《しょうとくたいし》，聖武天皇《しょうむてんのう》，鑑真《がんじん》，藤原道長《ふじわらのみちなが》，紫式部《むらさきしきぶ》，平清盛《たいらのきよもり》，源頼朝《みなもとのよりとも》，足利義満《あしかがよしみつ》，ザビエル，織田信長《おだのぶなが》，豊臣秀《とよとみひで》吉《よし》，徳川家康《とくがわいえやす》，杉田玄白《すぎたげんぱく》，伊能忠敬《いのうただたか》，ペリー，西郷隆盛《さいごうたかもり》，大《おお》久保利通《くぼとしみち》，福沢諭吉《ふくざわゆきち》，伊藤博文《いとうひろぶみ》……

いろいろな時代に活《かつ》躍《やく》した人が交じっているね。

さて，この下の表には【大きな時代区分】が書かれています。おおむね，人類の誕生《たんじょう》から平安《へいあん》時代までを**原始《げんし》・古代《こだい》**，鎌倉《かまくら》時代から戦国《せんごく》時代までを**中世《ちゅうせい》**，江戸《えど》時代を**近世《きんせい》**，江戸時代の終わりから太平洋戦争《たいへいようせんそう》の終わりまでを**近代《きんだい》**，それ以降の時代を**現代《げんだい》**として分類しています。

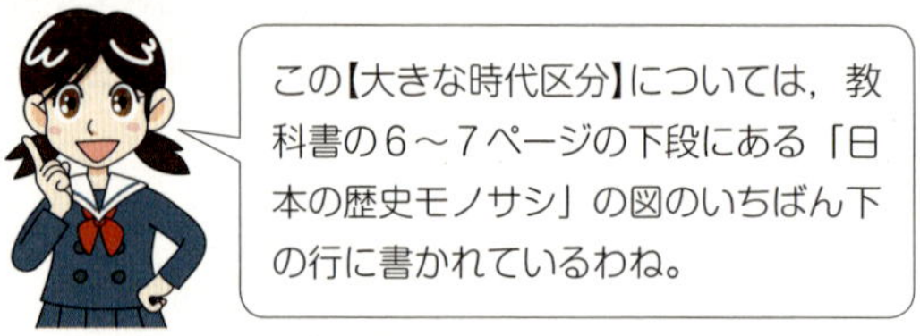
この【大きな時代区分】については，教科書の6～7ページの下段にある「日本の歴史モノサシ」の図のいちばん下の行に書かれているわね。

下の表の中に，皆さんが，これまでの学習で**興味をもった歴史人物の名前とその理由**を書いてみてください。

この教科書の巻末《かんまつ》にある「人名さくいん」からその人物を探《さが》し出し，手がかりにするといいわね。
各時代に，一人は入れていきたいね。
上にあげた人物以外でも，みんなが興味をもっている歴史人物がいれば，その人でもいいぞ。

【大きな時代区分】	【歴史人物の名前】	この人物に興味をもった理由
原始・古代	(例)卑弥呼	邪馬台国《やまたいこく》を治めた不思議《ふしぎ》な女王だから。
中　世		
近　世		
近　代	(例)福沢諭吉	『学問のす〻《(す)》め』を書き，明治《めいじ》の人たちに大きな影響《えいきょう》をあたえたから。
現　代		

この表に正しく当てはめることができたかな。班《はん》のみんなで確認《かくにん》し合おう。

❷【歴史人物Q&Aカード】をつくってみよう

同じ人物に集中しないように，人選はクラスや班で調整してみて。

次は，左ページの下の表に書きこんだ歴史人物の中から**だれか一人**を選び，**ぜひとも聞いておきたい質問(Question)**をして，皆さんが**その人物になりきって答え(Answer)**を書く【歴史人物Ｑ＆Ａカード】をつくってみましょう。

ある生徒は，左ページの表の「近代」の例にある「福沢諭吉」を取り上げ，福沢諭吉が，なぜ『学問のすゝ《(す)》め』を書いたのかを知りたくなりました。

そこで図書館に行き，その人物を日本史人物事典《じてん》などで調べ，また，伝記や評伝《ひょうでん》(評論を交じえた伝記)などを読み，そしてインターネットでの情報も活用しながら，次のような【歴史人物Ｑ＆Ａカード】をつくりました。

【歴史人物Q&Aカード】(ある生徒がつくった一例)

作成者
1年Ｃ組　○○太郎

福沢諭吉《ふくざわゆきち》(時代区分＝近代)

【生没年《せいぼつねん》】1835(天保《てんぽう》５)年〜1901(明治34)年

【この人物に興味をもった理由】

『学問のすゝ《(す)》め』を書き，明治の人たちに大きな影響をあたえたから。

【福沢諭吉さんへの質問】

なぜ，『学問のすゝめ』を書いたのですか？

【福沢諭吉さんからの答え】

私は，江戸時代の後期に，下級藩士《はんし》の子として生まれましたが，２歳《さい》のときに父を亡《な》くし，母は苦労しながら私たちを育ててくれました。子供のころは，勉強に興味がもてなかったのですが，皆さんと同じ中学生の年ごろに漢学《かんがく》を学び，たちまち勉強が好きになりました。20歳ごろからは蘭学《らんがく》，その後は英語などを学びました。

この語学の勉強が役に立ち，幕末《ばくまつ》の1860〜67年のあいだに，幕府《ばくふ》が派遣《はけん》する欧米使節団《おうべいしせつだん》に３度加わり，アメリカやヨーロッパを見てきました。その体験から，日本は文明開化《ぶんめいかいか》をして早く欧米諸国《しょこく》に追いつく必要があると思ったのです。そのためには，欧米の知識も勉強しなければなりません。

そこで明治に入り，私は『学問のすゝめ』(1872年)を書き出版《しゅっぱん》しました。「天は人の上に人を造《つく》らず，人の下に人を造らず」という言葉が今でも有名だそうですが，私がいいたかったのは，平等な人同士でなぜ差がつくかは，勉強をするかどうか——ということです。

今，１万円札に私の肖像画《しょうぞうが》がえがかれていますが，うれしいようなはずかしいような気がします。皆さんもしっかり勉強をして，世の中の役に立つ人になってほしいと思います。

この【歴史人物Q＆Aカード】，うまく書けたかな？
その人物になりきって答えを書くのは，少し苦労したな。
私は，楽しかったわ！

ほかの歴史人物を取り上げるときに，どんな質問がいいのかな？
そうじゃな。例えば，藤原道長だったら，どんな服を着ていたか，どんな食事をしていたかなど，貴族《きぞく》の生活についての質問でもいいね。その場合は，カードの中に貴族の生活がわかる絵をえがいてみるのもいいかもしれない。
これも，どこに住んでいたかなど，江戸時代の武士や将軍《しょうぐん》の生活についての質問でもいいし，江戸幕府をつくる上でのくふうなどの質問でもいいよ。みんななりに，いろいろ考えてみよう。
徳川家康だったら，どんな質問かしら？

❸できあがった【歴史人物Q&Aカード】を，【大きな時代区分】ごとに模造紙《もぞうし》にはろう。

学校の先生に指示してもらい，教室の黒板や，あるいは教室の壁《かべ》に，皆さんがつくった【歴史人物Q＆Aカード】を，【大きな時代区分】ごとに模造紙にはってみましょう。

歴史スター大集合
古代
中世
近世
卑弥呼
聖徳太子
北条政子
雪舟
織田信長
徳川家康
同じ時代の人物は，生まれた順番で並《なら》べよう。

みんながつくった【歴史人物Q＆Aカード】を読んでみましょう。そして「よくできているな」と思ったカードの感想と全部を読んで思ったことをノートに書き，先生に提出しましょう。

歴史絵巻 ～原始・古代～

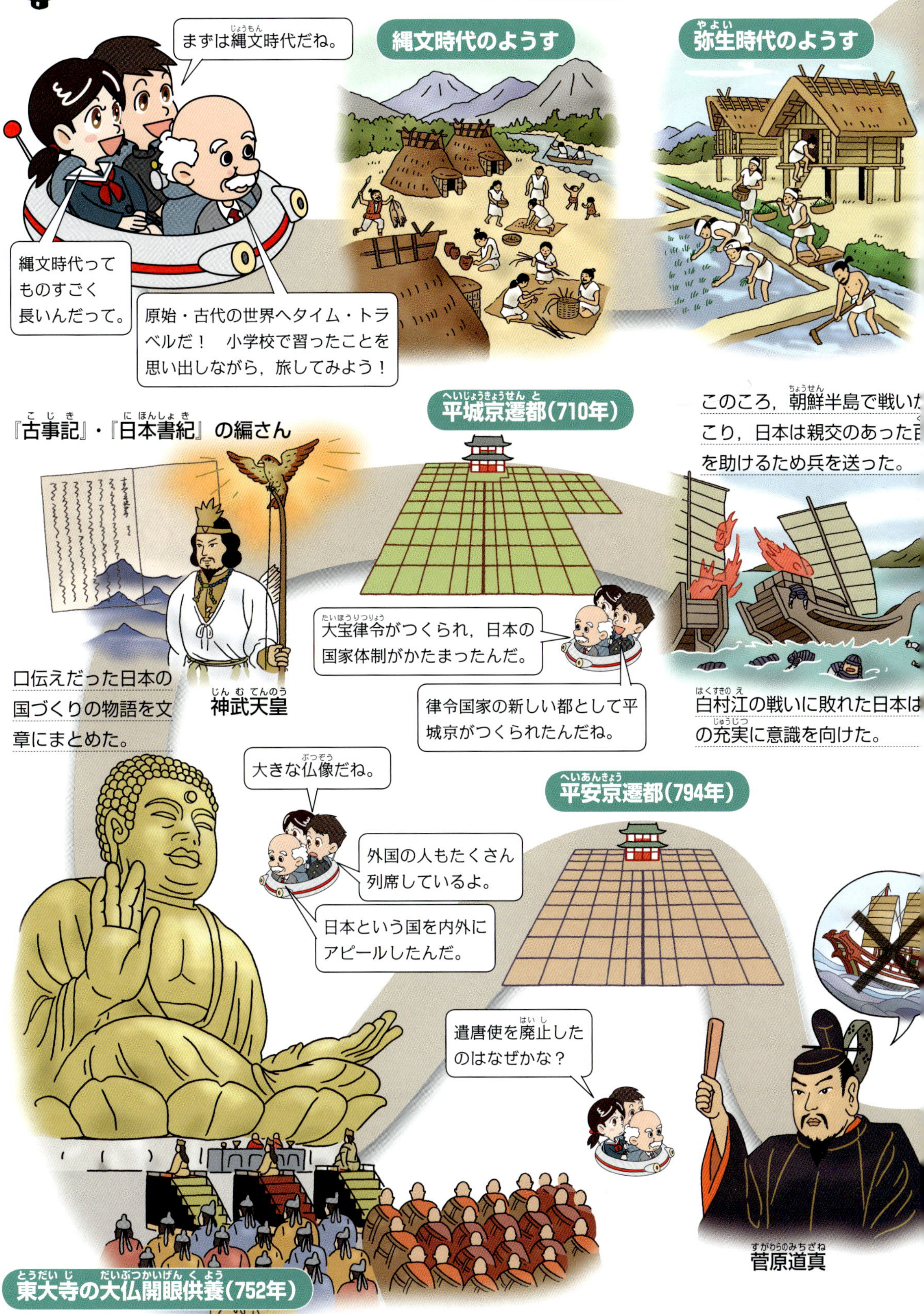
まずは縄文《じょうもん》時代だね。
縄文時代のようす
弥生《やよい》時代のようす
縄文時代って
ものすごく
長いんだって。
原始・古代の世界へタイム・トラ
ベルだ！　小学校で習ったことを
思い出しながら，旅してみよう！
『古事記《こじき》』・『日本書紀《にほんしょき》』の編さん
口伝えだった日本の
国づくりの物語を文
章にまとめた。
神武天皇《じんむてんのう》
平城京遷都《へいじょうきょうせんと》(710年)
大宝律令《たいほうりつりょう》がつくられ，日本の
国家体制がかたまったんだ。
律令国家の新しい都として平
城京がつくられたんだね。
このころ，朝鮮《ちょうせん》半島で戦い
こり，日本は親交のあった
を助けるため兵を送った。
白村江《はくすきのえ》の戦いに敗れた日本は
の充実《じゅうじつ》に意識を向けた。
大きな仏像《ぶつぞう》だね。
外国の人もたくさん
列席しているよ。
日本という国を内外に
アピールしたんだ。
平安京《へいあんきょう》遷都(794年)
遣唐使を廃止《はいし》した
のはなぜかな？
菅原道真《すがわらのみちざね》
東大寺《とうだいじ》の大仏開眼供養《だいぶつかいげんくよう》(752年)

中国の歴史書に書かれていた邪馬台国《やまたいこく》の女王卑弥呼《ひみこ》
大きな古墳《こふん》をつくる土木技術がすでにあったんだ。
身分に関係なく能力のある人の登用もしたんだね。
聖徳太子《しょうとくたいし》は日本古来の神々への信仰《しんこう》(のちの神道《しんとう》)を重んじながらも仏教《ぶっきょう》を積極的に取り入れ，和の精神を重視したんだよ。
仏教はいらない！
仏教を取り入れよう！
和をもって貴《たっと》しと為《な》す
物部《もののべ》氏 VS 蘇我《そが》氏
蘇我氏が勝利して仏教が広まっていく。
大仙古墳《だいせんこふん》
(仁徳天皇陵《にんとくてんのうりょう》)
お
済《だら》
大化《たいか》の改新《かいしん》(645年)
蘇我入鹿《そがのいるか》
中大兄皇子《なかのおおえのおうじ》
積極的に中国大陸の文化を取り入れるために，使者を送った。
遣隋使《けんずいし》・遣唐使《けんとうし》の派遣《はけん》
国内
勢力《せいりょく》を増した蘇我氏を中大兄皇子や中臣鎌足《なかとみのかまたり》たちが打倒《だとう》した。
藤原氏の絶頂期を象徴《しょうちょう》する歌だね。
この世をば
我が世とぞ思ふ
望月《もちづき》の
欠《か》けたることも
なしと思へば
いづれのおんときにか
女御更衣《にょうごこうい》
あまたさぶらひ
たまひける…
女性がかな文字で書いた『源氏物語《げんじものがたり》』は，後世《こうせい》，ヨーロッパでも高く評価された。
紫式部《むらさきしきぶ》
藤原道長《ふじわらのみちなが》
原始・古代の長い旅が終わったね。さあ，この次はどんな時代が待っているんだろう。

第1章

原始と古代の日本

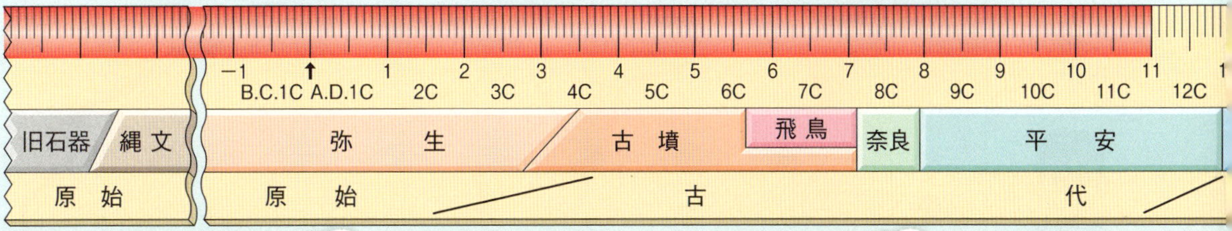

−1
B.C.1C
A.D.1C
1
2C
2
3C
3
4C
4
5C
5
6C
6
7C
7
8C
8
9C
9
10C
10
11C
11
12C
旧石器
縄文
弥生
古墳
飛鳥
奈良
平安
原始
原始
古代

遣唐使船《けんとうしせん》(後世《こうせい》になってえがかれた「吉備《きびの》大臣《おとど》入唐《にっとう》絵詞《えことば》」ボストン美術館蔵《ぞう》) 日本が７世紀から９世紀にかけて唐《とう》の文化を取り入れるために派遣《はけん》した船(全長30m，幅《はば》８m程度で，百数十人が乗船)。中国式の帆船《はんせん》の造船技術をもつ集団が安芸国《あきのくに》(広島《ひろしま》県)にいたため，多くはここでつくられました。竹を編んだ折りたたみ式の網代帆《あじろほ》で風を受けて進みますが，風が弱いときは，大勢の人が櫓《ろ》をこぎました。

食料や水も積むから荷物も多いし，寝る場所は狭《せま》かったと思うわ。
暴風雨《ぼうふうう》で難破《なんぱ》したり遭難《そうなん》する船が多かったそうだよ。
実に危険《きけん》な航海だった。それでも，唐の文化を取り入れるために命がけで出航したのだね。

第1節 日本のあけぼのと世界の文明

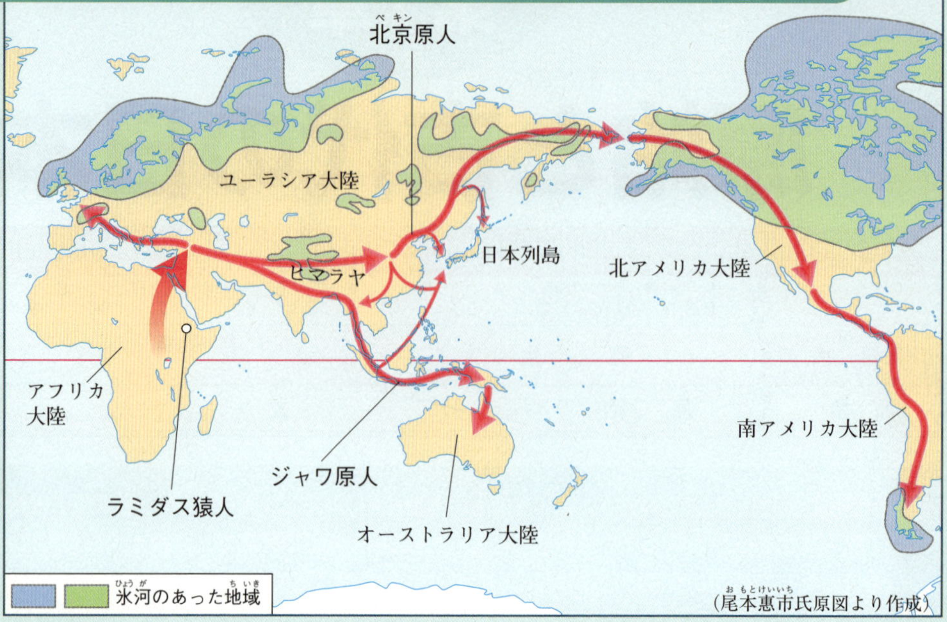
北京《ペキン》原人
ユーラシア大陸
日本列島
北アメリカ大陸
ヒマラヤ
アフリカ大陸
南アメリカ大陸
ジャワ原人
ラミダス猿人
オーストラリア大陸
氷河《ひょうが》のあった地域《ちいき》
(尾本恵市《おもとけいいち》氏原図より作成)

人類の祖先はいつごろ誕生《たんじょう》したのだろう。

人類の発生と新人の広がり　アフリカに発生した新人は，世界中へと広がった。

1 日本列島ができたころの人々

◉私たちの祖先《そせん》はどのようにして日本列島にやってきたのだろうか。

❶　1990年代にエチオピアで発見されたラミダス猿人が最古の人類とされている。ほかにアウストラロピテクスなどがある。

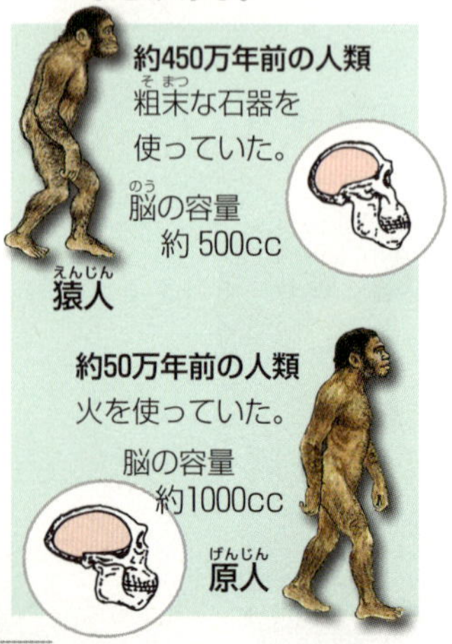
約450万年前の人類
粗末《そまつ》な石器を使っていた。
脳《のう》の容量
約 500cc
猿人《えんじん》
約50万年前の人類
火を使っていた。
脳の容量
約1000cc
原人《げんじん》

人類の誕生《たんじょう》

いま私たちは，ユーラシア大陸の東の端《はし》に浮かぶ日本列島に暮《く》らしています。この地に，私たちの祖先《そせん》がたどりつき，暮らし始めるまでには，実に長い年月がかかりました。

人類の祖先は，今から約500万年前にアフリカにあらわれた**猿人《えんじん》**❶だといわれています。初め森の中で暮らしていた猿人は，気候の変動で森が減ってくると，草原に出て，二本足で歩くことを覚えました。移動に使う必要のなくなった「前足」は，しだいに道具を使いこなす「手」へと進化していきました。

やがて，猿人から原人《げんじん》に進化した人類は，アフリカからヨーロッパやアジアに広がりました。東南《とうなん》アジアには，ジャワ原人が約150万～100万年前にあらわれ，中国には，北京《ペキン》原人が約50万年前にあらわれたと考えられています。これらの原人の名は，その骨の発見地から名づけられたものです。

人類は長い年月をかけて脳を発達させました。その結果，かなり複雑な言葉をあやつれるようになり，意思《いし》や情報《じょうほう》を伝え合うことで，仲間との集団生活をつくりあげていきました。さらに火を使うことや，石を打ち欠いて**打製石器《だせいせっき》**をつくることも覚

マンモスを狩《か》る旧石器《きゅうせっき》時代の人々（想像図）

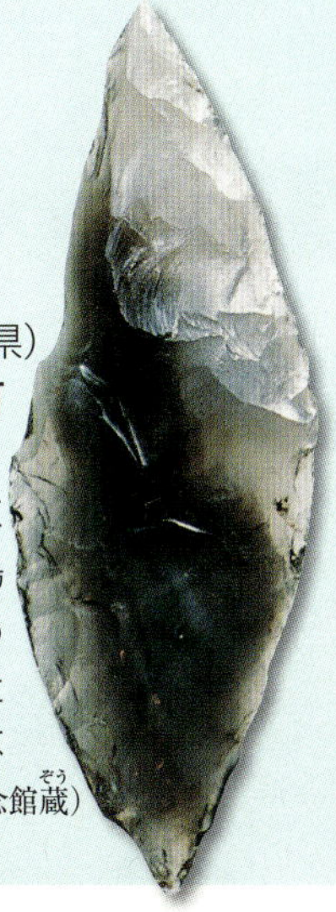

岩宿遺跡《いわじゅくいせき》（群馬《ぐんま》県）から発見された打《だ》製石器《せいせっき》（実物大）　この遺跡の発見によって，日本列島に旧石器時代から人々が住んでいたことが明らかになった。（相沢忠洋《あいざわただひろ》記念館蔵《ぞう》）

えました。

打製石器を使い，狩猟《しゅりょう》や採集《さいしゅう》をして暮らしていたこの時代を，**旧石器《きゅうせっき》時代**といいます。

そして，約20万～10万年前になると，**新人《しんじん》**（ホモ・サピエンス）がアフリカにあらわれました。やがて，新人はアフリカから出て世界各地に広がっていき，現在の人類の直接の祖先となりました。

日本人の祖先《そせん》

そのころ，地球は氷河《ひょうが》時代の氷期で，現在より100m以上海面が下がっており，日本列島は大陸と地続きでした。そのため，約３万年ほど前には，大陸から渡《わた》ってきたナウマンゾウやマンモス，オオツノジカなどの大型動物を追って，新人も日本列島にやってきたと考えられています。彼《かれ》らは岩陰《いわかげ》や洞窟《どうくつ》に住んで，小さな集落をつくり，打製石器や簡単《かんたん》な道具を使い，協力して獲物《えもの》をたおしました。

１万年ほど前になると氷河時代が終わり，温暖化《おんだんか》にともなって海面が上昇《じょうしょう》したため，日本は大陸から切りはなされて列島となりました。このころ，大陸や南方から丸木舟《まるきぶね》に乗って渡ってきた人々もいました。こうして私たちの祖先は列島に住みつき，日本の歴史を刻《きざ》み始めました。

大陸と地続きだった約２万年前の日本　この時代に，ナウマンゾウなどの大型動物を追って，大陸から新人《しんじん》が渡《わた》ってきた。

日本人の祖先の移動ルート　黒潮《くろしお》を利用し，丸木舟《まるきぶね》に乗って海を渡ってきた人々もいたと考えられている。

原始的な農耕
狩《か》りをする人
木の実を干《ほ》す人
漁をする人
丸木舟《まるきぶね》
貝塚《かいづか》
土器《どき》で煮炊《にた》きをする人
みんな何をしているのかな。
他地域《ちいき》との交流
打製石器《だせいせっき》
動物の皮を干す人
縄文時代の生活のようす（想像図）

2 豊かな自然と縄文《じょうもん》文化

◉縄文時代の人々はどのような暮《く》らしと文化を築いていたのだろうか。

日本列島の豊かな自然

氷河《ひょうが》時代が終わった日本列島は，気候の温暖な温帯に属し，周囲には暖流が流れていました。クリ・ナラ・ブナなどの温帯の樹木が国土をおおい，トチやドングリなどの木の実やイモなどにめぐまれていました。また，サケ・マスなどの川魚，タイ・カレイ・アジなどの海の魚や貝類，さらにはイノシシ・シカ・ウサギなどの動物も生息していました。

このように日本列島は，豊かな自然環境《かんきょう》にめぐまれ，食料となる動植物が豊富だったため，植物は栽培《さいばい》されていましたが，大規模《だいきぼ》な農耕や牧畜《ぼくちく》➡p.22は始められていませんでした。

縄文人の暮らしと文化

今から1万数千年前，人々は，食物を煮炊《にた》きしたり保存《ほぞん》したりするための**土器《どき》**をつくり始めました。これらの土器は，その表面に縄目《なわめ》の模様《もよう》（文様《もんよう》）がつけられることが多かったため，のちに**縄文《じょうもん》土器**とよばれることになります。これは世界で最古の土器の一つで，縄文土器が使用されていた1万数千年前から紀元前4世紀ごろまでを**縄文時代**とよび，このころの文化を**縄文文化**といいます。

縄文時代の人々は，数十人程度の集団で暮《く》らしていました。住まいは，地面に掘《ほ》った穴に柱を立て，草ぶきの屋根をかけた竪穴《たてあな》住居でした。人々が，骨や貝殻《かいがら》など，食べ物の残りを捨て

⬆縄文土器　かたい木の実などを食料とするには煮炊きの調理が必要で，土器もそのためにつくられたと考えられている。（青森《あおもり》県下北《しもきた》郡出土　東京《とうきょう》国立博物館蔵《ぞう》）

竪穴住居《たてあな》の内部（想像による復元）（十日町《とおかまち》市博物館蔵《ぞう》）

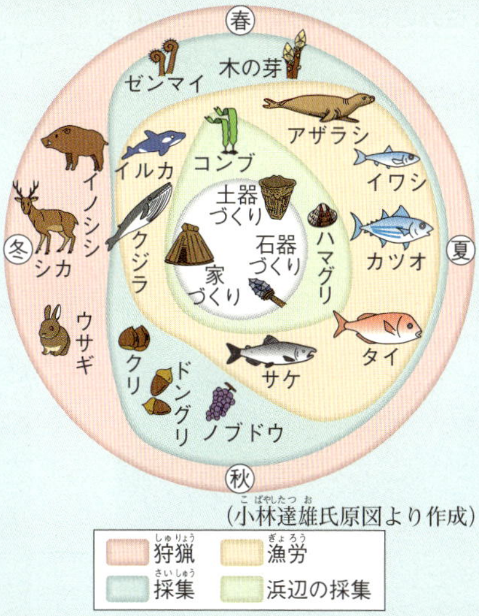
春
夏
秋
冬
ゼンマイ
木の芽
アザラシ
イワシ
カツオ
タイ
サケ
ノブドウ
ドングリ
クリ
ウサギ
シカ
イノシシ
イルカ
コンブ
クジラ
ハマグリ
土器づくり
石器づくり
家づくり
（小林達雄《こばやしたつお》氏原図より作成）
狩猟《しゅりょう》
漁労《ぎょろう》
採集《さいしゅう》
浜辺の採集

縄文時代の人々の食べ物と暮らし　縄文人は，季節ごとの自然のめぐみに合わせて，規則的な生活を送っていた。

たごみ捨て場は**貝塚《かいづか》**とよばれ，そこから出土《しゅつど》する土器や石器などからは，当時の人々の生活のようすがうかがえます。

青森《あおもり》県の**三内丸山遺跡《さんないまるやまいせき》**←p.16からは，約5000年前の巨大《きょだい》な集落跡《あと》が発見され，大型の竪穴住居跡や掘立《ほったて》柱建物跡，さらには遠くはなれた地域《ちいき》との交易《こうえき》で手に入れた品々などが見つかりました。また，この時代の遺跡からは，神殿《しんでん》や，女性をかたどった**土偶《どぐう》**とよばれる人形《ひとがた》が見つかっています。土偶は，豊かな自然のめぐみや子孫繁栄《しそんはんえい》などを祈《いの》るためにつくられたと考えられています。

縄文時代の人々の生活は，魚介類《ぎょかいるい》をとったり，狩猟《しゅりょう》や採集《さいしゅう》を中心とするものでしたが，クリやクルミ，あわやひえなども栽培しており，原始的な稲作《いなさく》も始まっていました。また，干物《ひもの》や塩漬《しおづ》けなどの保存食や，木の実を原料とした酒をつくる技術ももっていました。こうした食料をたくわえる技術の進歩が，人々の定住化をうながしました。

人々が豊かな自然と調和して暮らし，約１万年間続いた縄文時代は，その後の日本文化の基盤《きばん》をつくりました。そして，縄文時代の人々と，その後，大陸からやってきた人々が交じり合い，しだいに共通の言葉や文化をもつ日本人が形成されていきました。

貝塚（静岡《しずおか》県　蜆塚遺跡《しじみづかいせき》）本州《ほんしゅう》の太平洋沿岸《たいへいようえんがん》，九州《きゅうしゅう》の有明海《ありあけかい》沿岸に多く存在《そんざい》する。

土偶《どぐう》　独特の形をした女性像。東北《とうほく》地方を中心に，東日本で多く出土している。（青森県　亀ヶ岡《かめがおか》遺跡出土　東京国立博物館蔵）

ピラミッド　大きな石でつくられた。王の墓といわれている。

メソポタミアの神殿《しんでん》　神殿は，都市の政治・経済《けいざい》の中心でもあった。

モヘンジョ・ダロ　計画的につくられた都市だった。

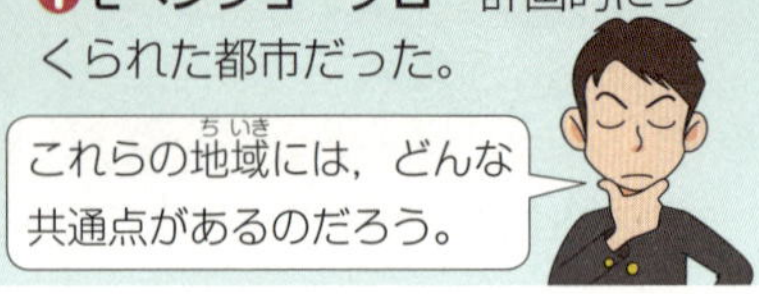

3 文明のおこりと中国の古代文明

●古代の世界の文明にはどのような特色があるのだろうか。

メソポタミア文明のくさび形《がた》文字

エジプト文明の文字(ヒエログリフ)

インダス文明の文字

世界の古代文明

日本が縄文《じょうもん》時代の時を刻《きざ》んでいるころ，アフリカ・アジアの大河(ナイル川，チグリス・ユーフラテス川，インダス川，黄河《こうが》)の流域《りゅういき》では，**農耕**や**牧畜《ぼくちく》**が発達していきました。大河のほとりは，生活や農業に必要な水と，肥えた土にめぐまれ，川の流れは交通路として流域の各地を結びつける役割《やくわり》を果たしたからです。また，このころ，人々は表面を磨《みが》いてとがらせた**磨製石器《ませいせっき》**や土器《どき》を使うようになりました。このような時代を**新石器《しんせっき》時代**といいます。

農耕や牧畜の発達によって，食料が安定して生産されるようになった結果，人口は増え，多くの人々が住む都市も生まれました。都市の中心には神殿《しんでん》があり，灌漑《かんがい》❶などの公《おおやけ》の事業やとなりの都市との争いを取りしきる指導者があらわれ，まわりに濠《ほり》や城壁《じょうへき》が築かれて外部から独立した**国家**がつくられました。そこでは，高貴《こうき》な家柄《いえがら》の王や，神の子孫《しそん》と考えられた神官《しんかん》を中心として，身分や位《くらい》が定められました。

また，古くから伝わる慣習から法律《ほうりつ》が定められ，生命や財産《ざいさん》を守るために軍隊がつくられ，犯罪《はんざい》や不正をただすために裁判《さいばん》が行われ，神への貢《みつ》ぎ物とそれを分けあたえるしきたりからは，税を集めてまわりに支給するしくみがつくられました。**青銅器《せいどうき》**，**鉄器《てっき》**などの**金属器**や**文字**，巨大《きょだい》な墓もつくられました。

➲甲骨《こうこつ》文字から漢字への変化　約1000年のあいだに徐々《じょじょ》に変化していった。

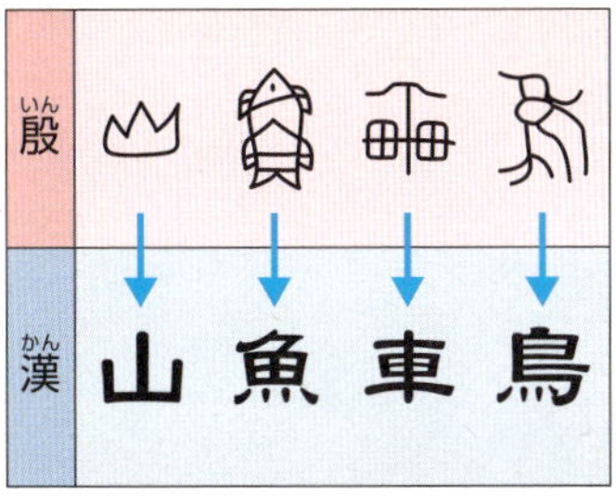

このようにして，人々がつくりあげた社会のしくみや，すぐれた知恵《ちえ》，技術などをまとめて**文明**とよびます。

中国の古代国家

紀元前16世紀ごろ，中国の黄河流域に殷《いん》という国が建てられました。殷では漢字のもととなる**甲骨《こうこつ》文字**や青銅器が使われました。

殷は周《しゅう》にほろぼされ，やがて周もおとろえ，その後は小さな国に分かれて争う春秋戦国《しゅんじゅうせんごく》時代が続きました。各国が軍備《ぐんび》を強化するなかで鉄器の使用が広まり，国や社会を治めるための学問がさかんになり，孔子《こうし》の説く**儒教《じゅきょう》**(儒学《じゅがく》)がおこりました。

紀元前３世紀になると，中国は**秦《しん》**によって初めて統一されました。秦の**始皇帝《しこうてい》**は，文字や貨幣《かへい》を統一し，北方の遊牧民の侵《しん》入《にゅう》を防ぐために**万里《ばんり》の長城《ちょうじょう》**を築きました。しかし，その政治はあまりにきびしいものだったため，始皇帝の死後，各地で反乱《はんらん》がおき，秦はほろびました。かわって中国を統一した**漢《かん》**は，朝《ちょう》鮮《せん》半島から中央アジアまで領土を広げました。

地中海《ちちゅうかい》を中心とした，広い地域を支配するローマ帝国《ていこく》との交《こう》易《えき》も，このころ始まりました。このユーラシア大陸を東西に結ぶ交易路は，のちに**シルクロード**(絹《きぬ》の道)とよばれました。この道は，インドの仏教《ぶっきょう》➡p.31・32や西アジアの産物などが東アジアに伝わるルートでもありました。

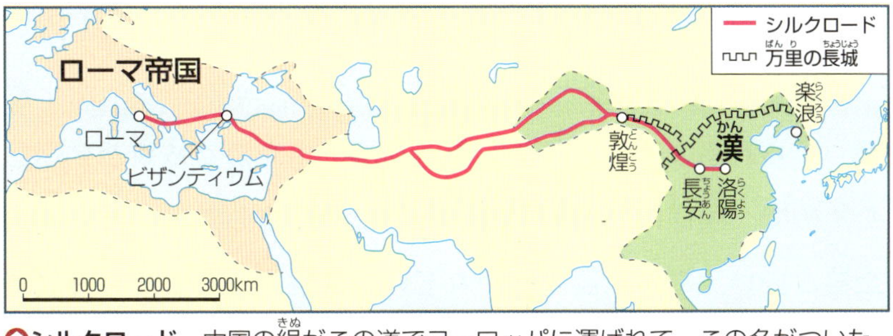

➲**シルクロード**　中国の絹《きぬ》がこの道でヨーロッパに運ばれて，この名がついた。

➲**孔子《こうし》**(前552?～前479)
道徳的な心情である「仁《じん》」の重要性を説いた。『論語《ろんご》』は，彼《かれ》と弟子《でし》の言葉や行動の記録である。

❶　田畑《たはた》に水を引いてうるおすこと。

➲**万里《ばんり》の長城《ちょうじょう》**　全長約2700 km。現在の城壁《じょうへき》はのちの明《みん》の時代につくられたもの。

➲**秦《しん》の始皇《しこう》帝《てい》**(前259～前210)
初めて皇帝《こうてい》に即位《そくい》したことから，「始皇帝」とよばれる。

➲**兵馬俑《へいばよう》**　始皇帝陵《りょう》の近くで発見された，秦の将兵《しょうへい》や馬の等身大の像。整列した軍隊の形で埋《う》まっていた。

縄文《じょうもん》時代（←p.20）の生活と，どうちがうのかな。
竪穴《たてあな》住居
高床《たかゆか》式倉庫
春
秋
弥生時代の生活のようす（想像図）

4 稲作《いなさく》・弥生《やよい》文化と邪馬台国《やまたいこく》

◉稲作は人々の暮《く》らしをどのように変えていったのだろうか。

水田による稲作

わが国には，すでに縄文《じょうもん》時代末期に大陸からイネがもたらされ，畑や自然の湿地《しっち》で栽培《さいばい》が行われていました。その後，紀元前４世紀ごろまでに，灌漑《かんがい》用の水路をともなう水田での**稲作《いなさく》**が，大陸や朝鮮《ちょうせん》半島から九州《きゅうしゅう》北部にもたらされると，稲作はしだいに広がり，東北《とうほく》地方にまで達しました。

本格的な稲作が始まると，人々は平野や川のほとりに住み，ムラ（村）をつくるようになりました。人々は協力して作業を行い，木のすきやくわで水田を開き，石包丁《いしぼうちょう》で稲の穂《ほ》をつみ取って収穫《しゅうかく》しました。稲穂《いなほ》は湿気《しっけ》やねずみを防《ふせ》ぐため高床《たかゆか》式倉庫で保存《ほぞん》されました。

青銅器《せいどうき》や鉄器《てっき》などの金属器も大陸から伝わり，国内でもつくられるようになりました。武器として使われていた銅矛《どうほこ》や銅剣《どうけん》は，銅鐸《どうたく》や銅鏡《どうきょう》→p.29と同じように，祭りのための宝物《ほうもつ》へと変化していきました。鉄器は，武器や工具，農具として使われました。

このころ，縄文土器《どき》と比べ薄手《うすで》でかたく，赤みがかった土器がつくられるようになりました。高温で土を焼く技術が発達したためで，模様《もよう》は簡素《かんそ》で形も実用的になりました。これを**弥生《やよい》土器**といい，この土器が使われていた３世紀ごろまでを**弥生時代**，この時代の農耕文化を**弥生文化**といいます。

山東半島
中国
黄《こう》河《が》
朝鮮
日本
長《ちょう》江《こう》
江南《こうなん》
吉野《よしの》ケ里《がり》遺跡
登呂《とろ》遺跡《いせき》
↑水田稲作の伝来ルート
複数の説があり，山東《さんとう》半島から朝鮮《ちょうせん》半島経由のルートが最も有力とされている。

コラム Column　吉野ヶ里遺跡《よしのがりいせき》

佐賀《さが》県の丘陵《きゅうりょう》地帯に広がる吉野ヶ里遺跡は弥生時代の代表的な集落跡《あと》です。集落はＶ字型に深く掘《ほ》られた周囲2.5kmにおよぶ外濠《そとぼり》と内濠《うちぼり》の二重の濠に囲まれていて，敵の侵入《しんにゅう》を防《ふせ》ぐための木柵《もくさく》や土塁《どるい》，敵を見はる高い物見櫓《ものみやぐら》もあちこちに備《そな》えられていました。外濠と内濠のあいだには100軒《けん》以上の竪穴《たてあな》住居跡が見つかっています。人々をほうむったかめ棺《かん》も2000個以上発見され，その配置のようすから，当時の人々が，祖先《そせん》の霊《れい》とともに生きる気持ちをもっていたことがわかります。

しかし，のちの古墳《こふん》時代➡p.34の始まりとともに濠は埋《う》められ，集落自体➡p.28も消滅《しょうめつ》してしまいました。水田耕作で人々が低湿地《ていしっち》に移住したこと，また，戦乱《せんらん》が少なくなり，濠や土塁の必要がなくなったことから，吉野ヶ里もその歴史の役割《やくわり》を終えることになったのです。

⬆**吉野ヶ里遺跡**（北部）（復元）　高層《こうそう》建物を中心に複数の高床《たかゆか》式建物があった。

➡**大型高層建物**（復元）　吉野ヶ里遺跡の中心的な建物の一つで，宗教《しゅうきょう》的な施設《しせつ》だったと考えられている。

小さな国の成り立ち

稲作がさかんになると，社会のようすも急速に変化していきました。食料が豊かになり人口が増え，数多くのムラがつくられました。ムラどうしの交流がさかんになる一方，水や土地，収穫物《しゅうかくぶつ》をめぐる争いもおこったため，ムラでは周囲に濠《ほり》や柵《さく》をつくるようになりました。ムラの中には，神殿《しんでん》のような大きな建築物や，多くの住居，倉庫などが建てられ，灌漑工事を指揮《しき》したり，農作業の段取《だんど》りを決めたり，祭りをとりしきる指導者もあらわれました。

こうして，農耕や交易をするのに適した地域《ちいき》には，大きなムラがつくられるようになり，その中でも特に有力なムラが，しだいに広い範囲《はんい》に力をのばしていきました。このようにして，各地に小さなクニ（国）が形づくられました。

中国の本に記されたわが国

縄文・弥生時代のわが国は，文字を使わなかったため，土器や貝塚《かいづか》からの出土品，また集落の跡《あと》などからそのようすを推測《すいそく》するしかありません。

中国の書物には，古代のわが国についてふれたものが見られ，歴史を知る一つの手がかりになっています。

漢《かん》の歴史書によると，紀元前後のころ，わが国は100あまりの小国に分立しており，その中には中国に使いを送る国もあっ

⬆**弥生土器《やよいどき》**　今の東京《とうきょう》都文《ぶん》京《きょう》区弥生で出土したことがきっかけでこの名がつけられた。（東京国立博物館蔵《ぞう》）

⬆**銅剣《どうけん》，銅矛《どうほこ》，銅鐸《どうたく》**（左から）（銅剣・銅矛は島根《しまね》県　荒神谷《こうじんだに》遺跡出土　島根県教育庁埋蔵《まいぞう》文化財《ぶんかざい》調査センター蔵，銅鐸は伝香川《かがわ》県出土　東京国立博物館蔵）

ラクダの形の印《いん》　漢が西方の民族にあたえたもの。(福岡《ふくおか》市博物館蔵《ぞう》)

蛇《へび》の形の印　漢が南方の民族にあたえたもの。(中国歴史博物館蔵)

金印《きんいん》　蛇の形の印で，「漢委《かんのわの》(倭)奴国王《なのこくおう》」と刻《きざ》まれている。のちの江戸《えど》時代に発見された。(福岡県志賀島《しかのしま》出土　福岡市博物館蔵)

1世紀ごろの東アジア

たと記されています。1世紀半ばには，その中の一国である奴《な》の国王が漢に使い[1]を送り，漢の皇帝《こうてい》から金印《きんいん》を授《さず》かったという記述も見られます。

邪馬台国《やまたいこく》

3世紀になると，中国では漢がほろんで魏《ぎ》・呉《ご》・蜀《しょく》の3国に分かれました。この時代について書かれた歴史書『三国志《さんごくし》』の中の魏書《ぎしょ》の倭人《わじん》に関する部分(「魏志《ぎし》倭人伝」)には，当時の日本についての記述があります。

それによれば，倭(日本)には魏に使者を送る国が30ほどあり，その中の一つが女王**卑弥呼《ひみこ》**が治める**邪馬台国《やまたいこく》**でした。倭が乱れたとき，多くの人におされて王となった卑弥呼は，神に仕《つか》えて呪術《じゅじゅつ》を行い，よく国を治めました。宮殿《きゅうでん》に住んで1000人の召使《めしつか》いを従《したが》え，魏の皇帝からは「親魏倭王《しんぎわおう》」の称号《しょうごう》と金印を授けられ，多くの銅鏡を贈《おく》られたと倭人伝には記されています。

しかし，邪馬台国の位置については，倭人伝の記述の不正確さのために近畿《きんき》説，北九州説など多くの説が唱《とな》えられ，いまだに結論が出ていません。

これらの中国の書物からは，弥生時代後半には，わが国と中国とのあいだに交流があったことや，わが国に数多くあった小国が，しだいに大きな国にまとめられていったという動きを知ることができます。

[1] 漢の時代以降，周辺国は中国皇帝《こうてい》に貢《みつ》ぎ物をささげ(朝貢《ちょうこう》)，皇帝は朝貢した指導者に，その国の王の称《しょう》号《ごう》をあたえて支配権を認《みと》めた(➡p.37)。

3世紀ごろの東アジア

読み物コラム

歴史を解明《かいめい》する考古学《こうこがく》

●文字の記録がない時代の歴史を知る方法●

文字による記録が残されていない，大昔《おおむかし》の歴史を知るにはどうすればいいのでしょうか。

発掘《はっくつ》された遺跡《いせき》や出土《しゅつど》した遺物《いぶつ》を手がかりに，当時の人々の暮《く》らしのようすを明らかにしていく考古学《こうこがく》という学問が，その役割《やくわり》を果たしています。では，考古学はどのように歴史を解明《かいめい》していくのか調べてみましょう。

①地層《ちそう》から探《さぐ》る

こんなにすごい地
層があるんだね。
（東京都《とうきょうと》大島町《おおしままち》）

遺物のつくられた年代は，それが埋《う》まっていた地層から推定《すいてい》することができます。地層は年代を経《へ》るに従《したが》って堆積《たいせき》していくため，その年代を特定することで，遺物の年代を推定することができるのです。

②炭素《たんそ》から探る

植物や動物の体内にある放射性炭素《ほうしゃせいたんそ》（炭素14）というものを手がかりにします。炭素14は生物が死んだ時点から減っていき，半分になるのに5730年かかるので，その量を測定すれば年代を割《わ》り出すことができるのです。

③発掘に使われる科学技術

発掘調査には，X線やCTスキャン，ファイバースコープなどさまざまな科学技術も活用されます。X線は，さびて見えなくなった鉄剣《てっけん》の文字を浮《う》き出させ，仏像《ぶつぞう》などをこわさずに，体内のようすを照射することができます。また，古墳《こふん》の発掘では，石棺《せっかん》の内部をファイバースコープで調べることができます。

④木の年輪から探る

年輪がはっきり見
えるんだね。
（京都《きょうと》大学生存圏《けん》研究所蔵《ぞう》）

遺物とともに出土した木の年輪を手がかりに，年代をはかる方法があります。木の年輪は，気候の変動によって，幅が広くなったりせまくなったりするため，その変化のようすを調べることで，年代を特定することができます。この方法で，現存する最古の木造建築・法隆寺五重塔《ほうりゅうじごじゅうのとう》の心柱《しんばしら》は，594年に伐採《ばっさい》された木でつくられていることがわかりました。

●人々を驚《おどろ》かせたおもな考古学の発見●

1943	登呂遺跡《とろいせき》（静岡県《しずおかけん》）	弥生《やよい》時代の水田跡《すいでんあと》
1946	岩宿《いわじゅく》遺跡（群馬《ぐんま》県）	打製石器《だせいせっき》を用いていた旧石器《きゅうせっき》時代の存在《そんざい》 ⬅p.19
1972	高松塚古墳《たかまつづかこふん》（奈良《なら》県）	古墳内部から極彩色《ごくさいしき》の壁画《へきが》
1979	太安万侶《おおのやすまろ》墓（奈良県）	墓誌銘《ぼしめい》の内容が歴史書『古事記《こじき》』の記述と一致《いっち》 ➡p.44
1986	吉野ヶ里《よしのがり》遺跡（佐賀《さが》県）	弥生時代の高層《こうそう》建物跡 ⬅p.25
1992	三内丸山《さんないまるやま》遺跡（青森《あおもり》県）	縄文《じょうもん》時代の大規模《だいきぼ》集落 ⬅p.16

箸墓古墳《はしはかこふん》　3世紀後半につくられた，古墳時代初期の前方後円墳《ぜんぽうこうえんふん》。この古墳について『日本書紀《にほんしょき》』は，「日中は人がつくり，夜は神がつくった」と記している。（奈良《なら》県）

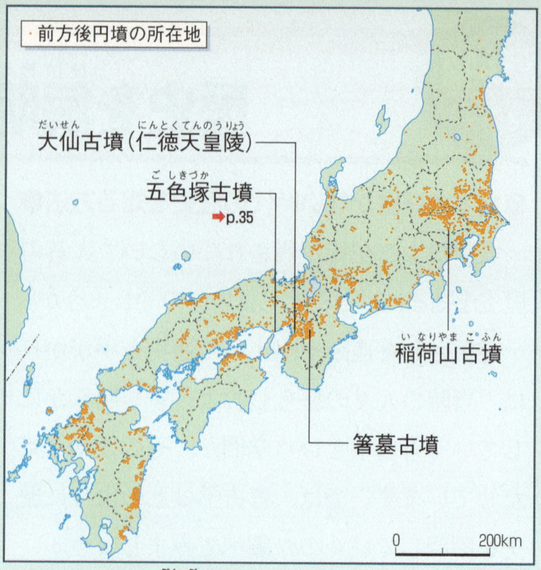

前方後円墳の分布《ぶんぷ》　大和地方を中心に，北は岩手《いわて》県から南は鹿児島《かごしま》県にまで広がっている。

5 古墳《こふん》の広まりと大和朝廷《やまとちょうてい》

◉日本はどのように国としてまとまっていったのだろうか。

踊《おど》る埴輪《はにわ》　人間の埴輪は5，6世紀につくられ，単純だが自由な表現が多い。この踊り歌う男女からは，明るい人々の声が聞こえてきそうである。（埼玉《さいたま》県大里《おおさと》郡出土《しゅつど》　東京《とうきょう》国立博物館蔵《ぞう》）

❶　大きな経済力《けいざいりょく》や勢力《せいりょく》をもって一定の地域《ちいき》を支配した一族。

古墳文化の広がり

4世紀になると，中国では国内の戦乱《せんらん》が続き，わが国の記録は姿《すがた》を消してしまいます。その歴史の空白を埋《う》める手がかりが，3世紀中ごろから日本の各地でつくられ始めた，**古墳《こふん》**とよばれる，小山のように盛り上がった大きな墓です。このころから6世紀末までのあいだを**古墳時代**とよび，この時代の文化を**古墳文化**といいます。

古墳は，初めは西日本各地に，円墳《えんぷん》や方墳《ほうふん》として登場しますが，やがて大和《やまと》地方（奈良《なら》県）を中心に，大型の**前方後円墳《ぜんぽうこうえんふん》**がつくられるようになりました。古墳は全国各地に広がり，その後，朝鮮《ちょうせん》半島でもつくられました。内部から発見された三角縁神獣《さんかくぶちしんじゅう》鏡《きょう》とよばれる鏡は，中国では発見されておらず，日本でつくられたものと考えられていますが，中国製とする説もあります。

古墳にほうむられたのは，強い力をもつ，**豪族《ごうぞく》**❶とよばれる指導者たちでした。古墳が各地に分布しているということは，それぞれの地方が豪族によってまとめられていたことを示しています。

今日《こんにち》では，古墳の多くは埋《う》もれたり，樹木が生い茂《しげ》ったりしていますが，つくられた当時は表面に石が敷《し》き詰《つ》められ，周囲や頂上《ちょうじょう》には，円筒型《えんとうがた》や，家，馬，人の姿《すがた》をかたどった**埴輪《はにわ》**が並《なら》べられていました。素朴《そぼく》な姿や形の埴輪は，当時の人々の服装《ふくそう》

コラム Column 世界最大の墓・大仙《だいせん》古墳《こふん》(仁徳天皇陵《にんとくてんのうりょう》)

大仙古墳は全長486m，高さ35m，三重《さんじゅう》の濠《ほり》を含《ふく》めた総面積は約46万㎡という巨大な墓です。土の総量だけでも10トントラック25万台分といわれ，1日2000人が働いたとしても，約16年もかかる大土木工事でした。この時代に，これほどの大工事を完成させた大和朝廷《やまとちょうてい》の国力と技術には目を見はります。

この大仙古墳は仁徳天皇陵ともよばれており，8世紀に編さんされた『古事記《こじき》』『日本書紀』は，仁徳天皇が善政《ぜんせい》を行ったため民《たみ》から慕《した》われ，工事に当たっては老いも若《わか》きも力を合わせ，完成に向けて昼夜を問わず力をつくした，と伝えています。

↑大仙古墳(仁徳天皇陵)
日本最大の古墳で，秦《しん》の始《し》皇帝陵《こうていりょう》(←p.23)の約4倍の面積がある。(大阪府《おおさかふ》)

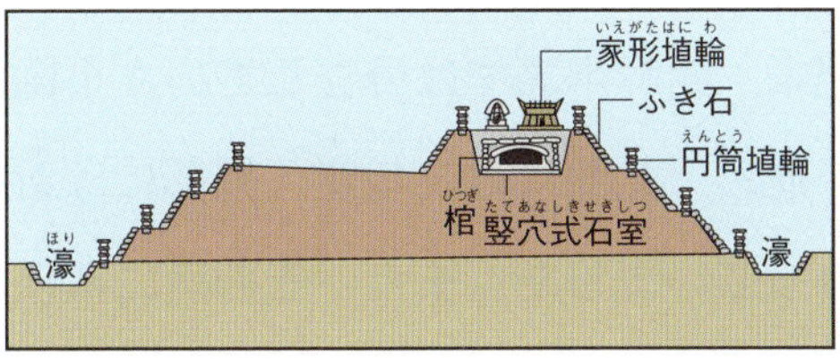
家形埴輪《いえがたはにわ》
ふき石
円筒埴輪《えんとうはにわ》
棺《ひつぎ》
竪穴式石室《たてあなしきせきしつ》
濠《ほり》
濠

←前方後円墳の断面図

や生活のようすを今に伝えています。また古墳の内部には，死者の棺《ひつぎ》とともに，銅鏡《どうきょう》や玉《たま》，剣《つるぎ》といった品々も納《おさ》められていました。

大和朝廷のおこり

古墳は5世紀初めになるとさらに巨大化《きょだいか》し，堺市《さかい》(大阪府《おおさか》)に今も残る大仙古墳《だいせん》のような，墓としては世界最大の面積をもつとされるものまであらわれました。このような古墳が，大和地方一帯に集中していることは，そこにひときわ大きな力をもつ**大王《おおきみ》**や豪族がいたことを物語っています。

このころ，大和地方を基盤《きばん》としてつくられた，大王を中心とする政権《せいけん》を**大和朝廷《やまとちょうてい》(大和政権)**とよびます。

当時，豪族たちは，同じ血縁《けつえん》を中心に，**氏《うじ》**とよばれる集団をつくっていました。大和朝廷は，中央の有力な氏(豪族)に，政権内での地位をあらわす臣《おみ》・連《むらじ》などの**姓《かばね》**をあたえました。一方，各地の有力な豪族は**国造《くにのみやつこ》**に任命され，地方を治めました。このような大和朝廷の政治，社会のしくみを**氏姓制度《しせいせいど》**とよびます。

獲《わ》加《か》多《た》支《け》鹵《る》大王

→稲荷山古墳(埼玉県)**から出土した鉄《てっ》剣《けん》**　「辛亥《しんがい》」「ワカタケル大王」などの文字が刻《きざ》まれている。辛亥は471年に当たり，ワカタケルは雄略天皇《ゆうりゃくてんのう》(→p.31)と考えられる。このころ大和朝廷の支配が関東《かんとう》にもおよんでいたことがわかる。(埼玉県出土　埼玉県立さきたま史跡の博物館蔵)

↑銅鏡《どうきょう》　おもに宗教《しゅうきょう》的儀式《ぎしき》に使われた。(奈良県佐味田宝塚《さみたたからづか》古墳出土　宮内庁《くないちょう》蔵)

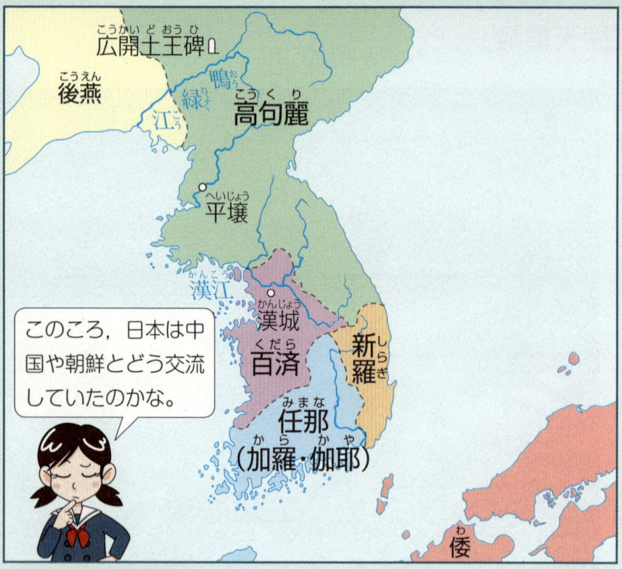
広開土王碑《こうかいどおうひ》
後燕《こうえん》
鴨緑江《おうりょくこう》
高句麗《こうくり》
平壌《へいじょう》
漢江《かんこう》
漢城《かんじょう》
百済《くだら》
新羅《しらぎ》
任那《みまな》
(加羅《から》・伽耶《かや》)
倭《わ》
このころ，日本は中国や朝鮮とどう交流していたのかな。

4世紀末の朝鮮半島　高句麗や新羅，百済が争い，大和朝廷もたびたび出兵した。

高句麗の広開土王(好太王《こうたいおう》)碑　高句麗の最《さい》盛期《せいき》を築いた王の功績をたたえる石碑《せきひ》。

6 大和朝廷《やまとちょうてい》と東アジア

◉日本は中国・朝鮮《ちょうせん》とどのようにかかわっていたのだろうか。

中国と朝鮮

4世紀末，朝鮮《ちょうせん》半島では分立していた小国の統一が進み，北部には高句麗《こうくり》《コグリョ》，南部には新羅《しらぎ》《シルラ》と百済《くだら》《ペクチェ》があり，勢力《せいりょく》を争っていました。また，その南には任那《みまな》《イムナ》(加羅《から》《カラ》・伽耶《かや》《カヤ》)とよばれた地域があり，複数の小国が存在していました。一方，当時の中国は南北朝《なんぼくちょう》時代で，南北に国々が分かれて争っていたため，朝鮮半島への影響力《えいきょうりょく》は弱まっていました。

朝鮮半島北部にあった高句麗は，中国側に領土を広げるとともに，南部の新羅や百済へも軍を進めました。鉄の資源《しげん》を求めて半島南部と交流のあったわが国は，百済からの求めもあり，朝鮮に出兵しました。5世紀初めに建てられた高句麗の広開土王《こうかいどおう》(好太王《こうたいおう》)碑《ひ》には，わが国と高句麗のあいだに戦いがあったことを示す碑文《ひぶん》が刻《きざ》まれています。こうした情勢のなかで，わが国は任那に対して影響力をもつようになりました。

5世紀ごろ，大和朝廷《やまとちょうてい》の勢力は九州《きゅうしゅう》から東北《とうほく》地方南部にまでおよんでいました。中国の南朝《なんちょう》の歴史書には，倭《わ》の5人の王(倭の五王《ごおう》)が，何度も皇帝《こうてい》のもとへ使者を送ってきたと記されています。大和朝廷が，南朝に朝貢《ちょうこう》←p.26していたのは，高句麗に対抗《たいこう》し，朝鮮での自《みずか》らの影響力を確保するためでした。

6世紀になり，新羅が勢力をのばすようになると，友好関係にあった百済から，わが国に助けを求める使者がたびたびやっ

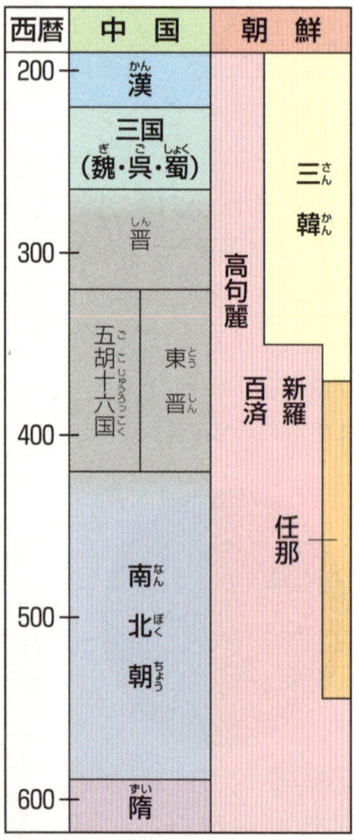
西暦
中国
朝鮮
200
300
400
500
600
漢《かん》
三国
(魏《ぎ》・呉《ご》・蜀《しょく》)
晋《しん》
五胡十六国《ごこじゅうろっこく》
東晋《とうしん》
南《なん》北《ぼく》朝《ちょう》
隋《ずい》
高句麗
三《さん》韓《かん》
百済
新羅
任那

中国と朝鮮の動き

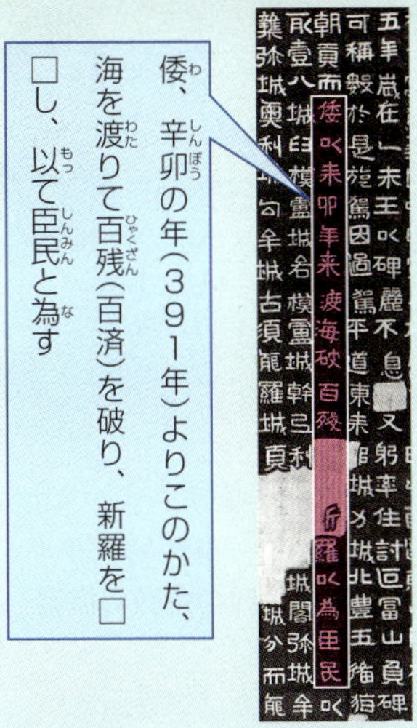
倭《わ》、辛卯《しんぼう》の年(391年)よりこのかた、
海を渡《わた》りて百残《ひゃくざん》(百済)を破り、新羅を□
□し、以《もっ》て臣民《しんみん》と為《な》す

広開土王碑文の一部　倭が朝鮮半島に出兵して百済や新羅を従《したが》えた，と書かれている。

高句麗
北魏《ほくぎ》(北朝《ほくちょう》)
洛陽《らくよう》
新羅
百済
任那(加羅・伽耶)
倭
建康《けんこう》
宋《そう》(南朝《なんちょう》)

5世紀ごろの東アジア　大和朝廷だけでなく高句麗や百済も，他国より優位《ゆうい》に立つために，何度も南朝に朝貢《ちょうこう》した。

わが国は、中国から遠く離れたところを領域としています。昔《むかし》からわが祖先《そせん》はみずからよろい・かぶとを身につけ、山川を踏《ふ》み越《こ》え、各地を進み、休むひまもありませんでした。東は毛人《もうじん》①の国五十五か国、西は衆夷《しゅうい》②の国六十六か国、さらに海を北に渡って九十五か国を平定しました。

（『宋書《そうじょ》』「倭国伝《わこくでん》」より一部要約）

①東北《とうほく》地方の人々のことか。
②九州《きゅうしゅう》地方の人々のことか。

武《ぶ》が中国の皇帝《こうてい》に送った手紙　武は南朝の歴史書に登場する5人の倭の王の一人で，雄略天皇《ゆうりゃくてんのう》に当たると考えられている。

てきました。新羅は任那にも進出し，６世紀半ばにはその地域を支配したため，朝鮮半島でのわが国の影響力は後退しました。

帰化人《きかじん》の伝えたもの

大陸との関係が深まると，戦乱《せんらん》の続く朝鮮半島や中国から多くの人々が一族でわが国に移り住むようになりました。この人々を**帰化人《きかじん》**(**渡来人《とらいじん》**)といいます。朝廷や各地の豪族《ごうぞく》は，すぐれた知識や技術をもった帰化人を手厚くむかえ入れました。

その結果，わが国には大陸の文化が数多くもたらされました。鉄製の農具や武器，須恵器《すえき》とよばれるかたい土器《どき》の焼き方や機織《はたお》りの技術，灌漑《かんがい》用のため池をつくる工法，さらには漢字や儒教《じゅきょう》なども伝えられました。❶

また，６世紀前半にはわが国に支援《しえん》を求める百済の王から仏《ぶつ》像《ぞう》や経典《きょうてん》が献上《けんじょう》され，**仏教《ぶっきょう》**が伝来しました。その後，仏教と儒教は，日本人の思想や文化に大きな影響《えいきょう》をあたえました。

帰化人は，その後も役人として朝廷に仕えたり，漢字などの新しい知識や技術を教える仕事を通じて，わが国の発展《はってん》に大きな役割《やくわり》を果たしました。

のぼりがま　ろくろとともに朝鮮半島から伝わったもので，1000度以上の高温で土器《どき》を焼くことができた。

須恵器《すえき》　灰色でかたい性質の土器。朝鮮から来た技術者が，のぼりがまやろくろを用いてつくり始めた。おもに宗《しゅう》教的儀式《きょうてきぎしき》に使用された。（東《とう》京《きょう》国立博物館蔵《ぞう》）

❶ わが国に初めて漢字を伝えたのは，百済《くだら》から来日した王仁《わに》だったとされる。

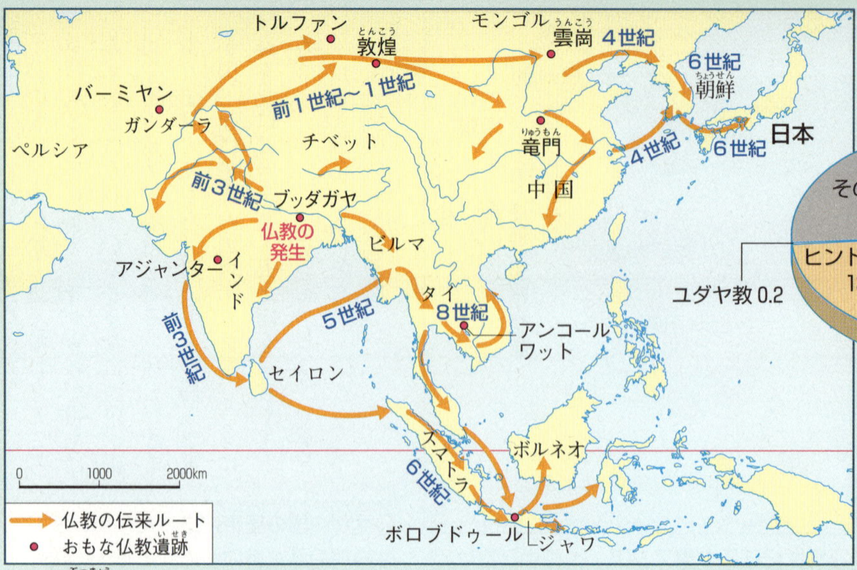

仏教《ぶっきょう》の広がり　紀元前3世紀ごろからアジア各地に広まり，6世紀に入って日本に伝わった。

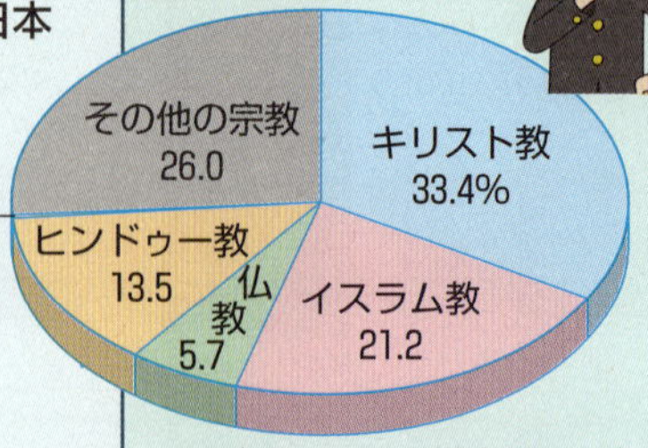

（ブリタニカ国際年鑑 2009）

現代の世界の宗教の信者の割合　キリスト教，イスラム教，仏教は世界三大宗教とよばれる。ヒンドゥー教はインドの民族宗教で，インドの人口が多いために信者も多い。

7 世界の宗教《しゅうきょう》と日本

◉世界の三大宗教はどのような特色をもっているのだろうか。

ガンダーラの仏像《ぶつぞう》　現在のパキスタンで出土。2～3世紀のもの。ヨーロッパの文化の影響《えいきょう》が見られる。（東京国立博物館《とうきょうこくりつはくぶつかん》蔵《ぞう》）

人間と宗教　人間は長い歴史の中で，人間の力を超《こ》えた神や自然をおそれたり，敬ったりしてきました。こうした感情をもとに，世界各地に**宗教《しゅうきょう》**が生まれました。人々は，宗教によって不安から逃《のが》れたり，生きていくための心の糧《かて》を得てきました。また，宗教は，人間の行動のもととなる精神的な部分を形づくり，音楽や文学，美術などさまざまな文化を生み出しました。しかし，時として宗教対立が，戦争や混乱《こんらん》の原因となることもありました。

宗教は，どのような神をまつるかによって，**一神教《いっしんきょう》**と**多神教《たしんきょう》**に分けることができます。また，信者の広がりによって，**世界宗教**と**民族宗教**に分けることもできます。

アジアでおこった仏教《ぶっきょう》　仏教《ぶっきょう》は紀元前5世紀ごろ，インドの**シャカ**（釈迦牟尼《しゃかむに》）が開いた教えです。シャカは心の迷いを取り去り，悟《さと》りを開くことによって，この世の苦しみから逃れられると説きました。仏教はシャカの弟子《でし》たちによって引きつがれ，アジア各地に広がっていきました。わが国には，朝鮮《ちょうせん》半島を経《へ》て6世紀前半に伝わり，その後の歴史に大きな影響《えいきょう》をあたえました。今日《こんにち》のわが国には，多くの寺院があり，大半の人々は仏式で葬儀《そうぎ》や法事を行っています。また，お盆《ぼん》や除夜《じょや》の鐘《かね》など，仏教は日本人の生活に深く根づいています。

↑**ブッダガヤのマハーボーディ寺院**(インド)　シャカが悟《さと》りを開いた場所に建てられた寺院。仏教の四大聖地の一つで，海外からも多くの僧侶《そうりょ》・仏教徒が訪《おとず》れる。

↑**サン・ピエトロ大聖堂《だいせいどう》**(バチカン)　キリスト教の最大教派であるカトリックの総本山《そうほんざん》。写真は，カトリックの最高聖職者《せいしょくしゃ》であるローマ教皇《きょうこう》の選出を行う前のようす。

↑**メッカのカーバ神殿《しんでん》**(サウジアラビア)　イスラム教にとって最高の聖地。この場所への巡礼《じゅんれい》は，イスラム教徒の人生において最も重要な宗教行為《こうい》である。

ヨーロッパに広がったキリスト教

キリスト教は，１世紀に**イエス**の教えをもとに生まれました。神とのきびしい契約《けいやく》と,「隣《りん》人《じん》を愛せよ」という博愛《はくあい》に基《もと》づいた教えは，初めローマ帝国《ていこく》から迫害《はくがい》を受けましたが，これを乗り越《こ》え，しだいにヨーロッパに広がっていきました。16世紀になると，宣教師《せんきょうし》は布教のため世界各地に向かい，今日では世界に約20億人もの信者がいます。その教えを記した**聖《せい》書《しょ》**は，世界で最も多く読まれている書物といわれています。わが国には室町《むろまち》時代にキリスト教が伝わりましたが➡p.92，まもなく禁止され，江戸《えど》時代にはきびしい取りしまりを受けました➡p.105。

↑**浦上天主堂《うらかみてんしゅどう》**(長崎《ながさき》県長崎市)　江戸《えど》時代にかくれて信仰《しんこう》を続けていたキリスト教徒が，明治《めいじ》時代になって建てた教会堂(現存の建物は戦後の再建)。

西アジアで生まれたイスラム教

７世紀の初め，アラビア半島で**ムハンマド**(マホメット)によって始められた宗教が**イスラム教**です。現在では，西アジアや東南アジア，中央アジア，アフリカ北部などで広く信仰《しんこう》されており，人々は絶対神《ぜったいしん》アラーへの信仰やコーランに書かれた教えを守って暮《く》らしています。聖地メッカへの１日５回の祈《いの》りや，ラマダン(イスラム暦９月)に１か月間行われる断食《だんじき》は有名です。わが国でイスラム教が知られるようになったのは明治《めいじ》時代になってからです。

読み物コラム

日本人の宗教観《しゅうきょうかん》

●わが国固有の宗教《しゅうきょう》・神道《しんとう》の特色●

キリスト教やイスラム教などの世界宗教に対して，神道《しんとう》はわが国固有の民族宗教です。6世紀の仏教《ぶっきょう》伝来が契機《けいき》となり，日本人は，古来の伝統的な神々への祭祀《さいし》を「神道《しんとう》」として意識するようになりました。

日本古来の信仰《しんこう》は，自然の霊的《れいてき》な力を信仰する多神教です。日本人は狩猟《しゅりょう》，採集《さいしゅう》の時代から，食物を育《はぐく》む山や海，太陽や水などの自然を「神」として，おそれと感謝の念を抱《いだ》いてきました。そのような，ありとあらゆるもののはたらきの中に「神」を感じた日本人の宗教観は，『古事記《こじき》』では「八百万《やおよろず》の神」という言葉で表されています。そして豊作を祈り，感謝する春祭りや秋祭りが定着し，干《かん》ばつや長雨の際には，天候の回復を神々に祈《いの》りました。

また，祖先《そせん》の御霊《みたま》をまつること（祖先崇拝《すうはい》）を日本人は大切にしてきました。のちに仏教が伝わると，その教えを融合《ゆうごう》し，お盆《ぼん》や正月，春・秋の彼岸《ひがん》に祖先をまつるようになりました。縄文《じょうもん》や弥生《やよい》時代の遺跡《いせき》では，住居のまわりに多くの墓が発見されていることからも，祖先崇拝が大切な信仰として受けつがれてきたことがわかります。

江戸《えど》時代の俳人《はいじん》・北村季吟《きたむらきぎん》に，

まざまざと　いますがごとし　魂祭《たままつり》

という句《く》があります。

亡《な》くなった祖先は，生きていたときと変わらぬまなざしで，子孫《しそん》たちをそばでじっと見守っていてくれている，と多くの日本人は今《こん》日《にち》でも考えています。

これらは，神社の祭礼《さいれい》や民俗《みんぞく》信仰，年中《ねんちゅう》行事だけでなく，皇室《こうしつ》の文化や祭祀《さいし》の大きな特色でもあります。元日《がんじつ》早朝，天皇《てんのう》は宮中《きゅうちゅう》から，伊勢《いせ》の神宮《じんぐう》，山稜《さんりょう》（天皇の御陵《ごりょう》）および四方《しほう》の神々を拝礼します（四方拝《しほうはい》）。また，11月23日の新嘗祭《にいなめさい》では，天皇がその年に収穫《しゅうかく》された米と粟《あわ》を神々におそなえします。この他，歴代天皇，皇族の御霊をおまつりする春・秋の皇《こう》霊祭《れいさい》など，皇室の祭祀と民間の祭祀には，深い信仰的つながりがあります。

●外来文化を取り入れてゆく寛容《かんよう》さ●

仏教以外にも，わが国にはさまざまな宗教や文化が伝来しました。江戸時代など，キリスト教が政治的な理由により禁止された時期もありましたが，日本人の宗教的感性は，外来の宗教を一方的に排斥《はいせき》するのではなく，日本の風土に適合させ，文化として取り入れてゆく寛容《かんよう》さをもっています。

現代でも，年末年始に「クリスマス」と「除夜《じょや》の鐘《かね》」「神社への初詣《はつもうで》」という異《こと》なる宗教文化を体験することに，多くの日本人は違和感をもちません。キリスト教会で結婚式《けっこんしき》を挙げた夫婦が，生まれた子どもを神社でお祓《はら》いし，家族の葬儀《そうぎ》を仏式で行う―― 一神教の立場からは理解されにくい宗教との関わりこそ，日本人の宗教観を象徴《しょうちょう》しているといえます。

課題学習

古墳探訪《こふんたんぼう》

古代の歴史を学んできたCさんは古墳《こふん》についてもっと知りたいと思い，神戸《こうべ》市内にある五色《ごしき》塚《づか》古墳の探訪《たんぼう》に出かけました。実物の古墳を見学したCさんは，五色塚古墳について下のような写真やイラストでまとめてみました。皆《みな》さんも近くの古墳を探訪し，写真やイラストを使ってまとめてみましょう。

1965(昭和《しょうわ》40)年から10年かけて，当時の姿《すがた》に復元されました。復元前は雑木林《ぞうきばやし》や畑があったそうです。

⬆五色塚古墳　兵庫《ひょうご》県最大の前方後円墳《ぜんぽうこうえんふん》。明石海峡《あかしかいきょう》を隔《へだ》てて淡路島《あわじしま》をのぞむ位置にある。これは上空から見た写真。

➡墳丘《ふんきゅう》に置かれた円筒《えんとう》埴輪《はにわ**》　埴輪の高さは約１mある。

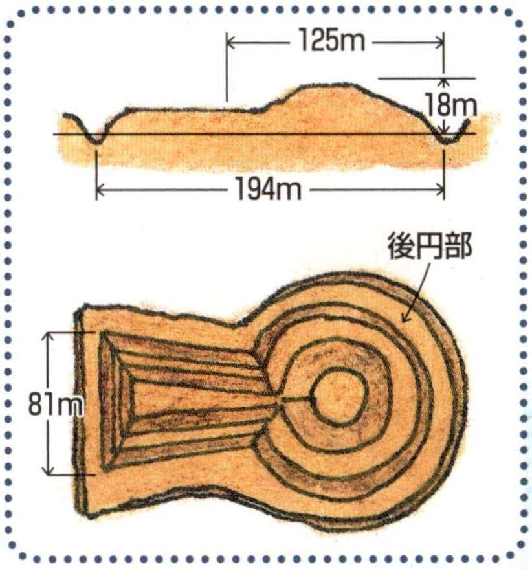

125m
18m
194m
後円部
81m

⬆五色塚古墳の大きさ　後円部の高さは約18m，６階建てのビルとほぼ同じ高さ。死んだ人は後円部に納《おさ》められた。

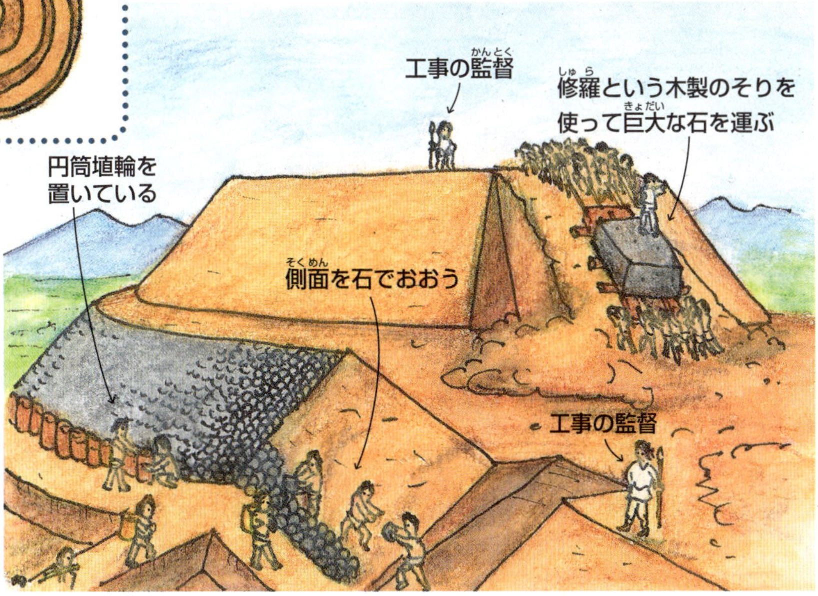

工事の監督《かんとく》
修羅《しゅら》という木製のそりを使って巨大《きょだい》な石を運ぶ
円筒埴輪を置いている
側面《そくめん》を石でおおう
工事の監督

➡古墳づくりのようす（想像図）　大きな古墳をつくるためには，大勢《おおぜい》の人が動員され，大規模《だいきぼ》な工事が行われた。

第2節　「日本」の国の成り立ち

十七条《じゅうしちじょう》の憲法《けんぽう》（六〇四年）

(1)和を貴《たっと》び、人にさからうことがないよう心がけよ。
(2)仏教《ぶっきょう》をあつく信仰《しんこう》しなさい。
(3)天皇《てんのう》の命令には、必ずつつしんで従《したが》いなさい。
(4)役人は礼《れい》を重んじ、すべての根本《こんぽん》とせよ。
(5)私利私欲《しりしよく》を捨て、公平な裁判《さいばん》をしなさい。
(6)悪をこらしめ、善《ぜん》をすすめなさい。
(7)役人は職務を守り、権力《けんりょく》を乱用してはならない。
(8)役人は早く出勤《しゅっきん》し、遅《おそ》く帰りなさい。

聖徳太子（574 ～ 622）
厩戸皇子《うまやどのおうじ》とよばれた。上の絵は聖徳太子像と伝えられるもの。（宮内庁蔵《くないちょうぞう》）

(9)すべてのことを誠実《せいじつ》に行いなさい。
(10)自分と異なる考えに対して寛容《かんよう》になりなさい。
(11)功績と過失をよく見分けて賞罰《しょうばつ》を適切に行いなさい。
(12)地方官は民《たみ》から税を過重《かじゅう》に取ってはいけない。
(13)役人は各自の職務の内容をよく心得《こころえ》なさい。
(14)役人は他人をねたんではならない。
(15)私心《ししん》を捨てて公《おおやけ》の立場に立ち、行動するのが、君主に仕える者の務めだ。
(16)民を労役《ろうえき》に使うときは、農業の仕事がいそがしくないときにせよ。
(17)大切なことは、一人で決断《けつだん》せずみんなとよく議論《ぎろん》して決めなさい。

（『日本書紀《にほんしょき》』より要約）

8　聖徳太子《しょうとくたいし》の国づくり

●聖徳太子がめざした政治とはどのようなものだったのだろうか。

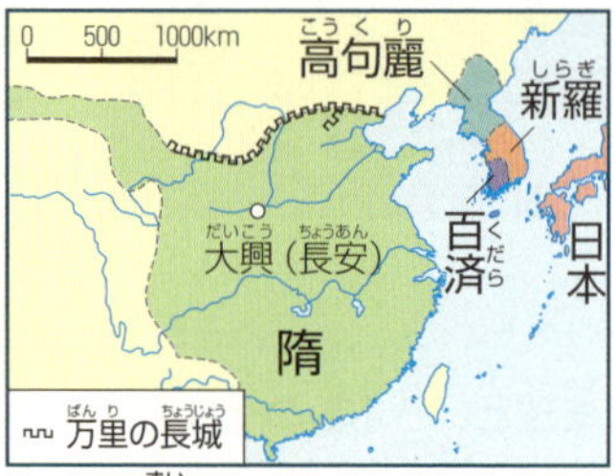

隋《ずい》の領土

聖徳太子の登場

大陸では589年，分裂《ぶんれつ》していた中国を**隋**《ずい》が統一しました。隋の出現は，東アジアの国々の大きな脅威《きょうい》となり，朝鮮《ちょうせん》半島の百済《くだら》《ペクチェ》，新羅《しらぎ》《シルラ》は隋に朝貢《ちょうこう》しました。

わが国では6世紀後半，大和朝廷《やまとちょうてい》の有力な豪族《ごうぞく》のあいだで争いがおこりました。仏教《ぶっきょう》をめぐり，積極的に受け入れようとする蘇我《そが》氏と，これに反対する物部《もののべ》氏が対立し，蘇我氏が物部氏をほろぼしました。そうしたなかで，推古天皇《すいこてんのう》➡p.59がわが国で初の女性天皇として即位《そくい》しました❶。この天皇を支える摂政《せっしょう》❷となったのが，幼いころからすぐれた才能を示し，皇族《こうぞく》と蘇我氏双方《そうほう》の血を引く**聖徳太子**《しょうとくたいし》（厩戸皇子《うまやどのおうじ》）でした。

太子は，すぐれた人材を確保するために**冠位十二階**《かんいじゅうにかい》を制定し，家柄《いえがら》や身分よりも，個人の能力によって役人を取り立てました。また，**十七条《じゅうしちじょう》の憲法《けんぽう》**をつくり，役人の心構えを説くとともに，天皇を敬いその命令に従《したが》うべきことを定めました。これらの改革《かいかく》には，蘇我氏の強大な力に歯止めをかけ，天皇が国の中心であることをはっきりさせるという目的もありました。また，太子は熱心に仏教を研究するとともに，寺院の建立《こんりゅう》を進めました。

太子が示した「和」を重んじる考え方や，外来の仏教を保護しながら，のちの神道《しんとう》につながるわが国古来の信仰《しんこう》も尊《とうと》ぶという姿勢《しせい》は，その後のわが国の伝統に大きな影響《えいきょう》をあたえました。⬅p.34

❶　このころ，それまでの大王《おおきみ》を天子《てんし》（天皇《てんのう》）とよぶようになったと考えられる（➡p.37コラム）。

❷　天皇にかわって政治を行う職。のちの時代には，天皇が幼少または病気のときに置かれるようになった。

コラム Column　天皇《てんのう》と皇帝《こうてい》──聖徳太子《しょうとくたいし》の気概《きがい》

「皇帝」とは，秦《しん》の始皇帝《しこうてい》以来，中国の歴代王朝の長を示す位《くらい》でした。皇帝は全世界を支配する者とされ，周辺の国々の長は皇帝から「王」の名をあたえられました。国王は皇帝に服属《ふくぞく》し，貢《みつ》ぎ物《もの》を差し出すことで，中国の強大な力や豊かな富，文化の恩恵《おんけい》を得てきたのです。わが国もかつては「倭王《わおう》」の名をあたえられ，服属国の一つとなっていました。

『隋書《ずいしょ》』には，607年，⬅p.30「日《ひ》出《い》づる処《ところ》の天子《てんし》，書を日没《ぼっ》する処の天子に致《いた》す。恙無《つつがな》きや」(日が昇《のぼ》る国の天子から，日が沈《しず》む国の天子にあてて手紙を送ります。ご無事におすごしですか)という手紙が，聖徳太子から隋の皇帝・煬帝《ようだい》に送られたことが記されています。そこには，たとえ小国とはいえ，日本は独立国として中国と対等だという意味がこめられていました。

また，『日本書紀』には，608年，推古天皇《すいこてんのう》が隋の皇帝に送った手紙に，「東《やまと》の天皇《すめらみこと》，敬《つつし》みて，西《もろこし》の皇帝に白《もう》す」(東の天皇より，つつしんで西の皇帝に申し上げます)とあり，「王」の称号《しょうごう》にかわり，「天皇」の称号が使われたことが記されています。*

このようにわが国は，聖徳太子の時代にはすでに，中国の影響《えいきょう》力からぬけ出そうとする政治的な動きを示していたのです。

* このとき，天皇の称号が初めて使われたとされる。一方，天武天皇《てんむ》(在位673 ~ 686)の時代になってからだとする説もある。

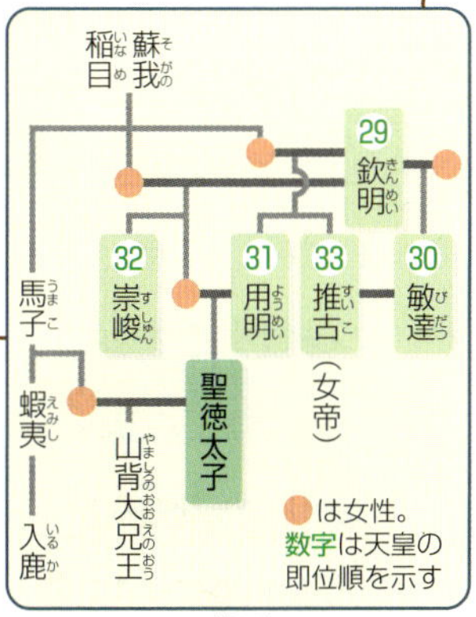

⬆聖徳太子の系図《けいず》　聖徳太子は用明天皇の皇子《おうじ》であり，推古天皇の甥《おい》に当たる。蘇我氏との関係も深い。

聖徳太子の外交

太子は**小野妹子《おののいもこ》**らを中国の隋に派遣《はけん》しました(遣隋使《けんずいし》)。それは，新しい国づくりのために，中国の制度や文化を取り入れるためでした。

607年，太子は隋の皇帝《こうてい》あての手紙を妹子に託《たく》し，その中で，わが国が隋と対等な国であることを強調しました。隋の皇帝はこれに激怒《げきど》しましたが，当時，隋は高句麗《こうくり》《コグリョ》と対立していたため，わが国と敵対するのは好ましくないと判断し，妹子らに使者を付き添《そ》わせて帰国させました。

遣隋使には，多くの留学生や留学僧が従《したが》いました。長期の滞在《たいざい》を終えて帰国した彼らの新知識は，のちの大化《たいか》の改新《かいしん》➡p.38に始まる新たな国づくりに，大きな役割《やくわり》を果たしました。

太子の活躍《かつやく》した時代，政治の中心は飛鳥《あすか》地方(奈良《なら》県)にありました。この時代を**飛鳥時代**とよびます。

冠色《かんしょく》	位階名《いかいめい》
紫	大《だい》 徳《とく》
	小《しょう》 徳《とく》
青	大《だい》 仁《じん》
	小《しょう》 仁《じん》
赤	大《だい》 礼《れい》
	小《しょう》 礼《れい》
黄	大《だい》 信《しん》
	小《しょう》 信《しん》
白	大《だい》 義《ぎ》
	小《しょう》 義《ぎ》
黒	大《だい》 智《ち》
	小《しょう》 智《ち》

⬆**冠位十二階《かんいじゅうにかい》**(603年)　役人の位を12段階に分け，冠《かんむり》の色で区別できるようにした。位階は一代限りで，世襲《せしゅう》されなかった。

隋《ずい》の滅亡《めつぼう》と唐《とう》の繁栄《はんえい》

隋は外国遠征《えんせい》や大運河の建設などを行い，人々に負担《ふたん》をかけたため，農民のあいだに反乱がおこり，**唐《とう》**によってほろぼされました。唐は隋にならって律令《りつりょう》➡p.42とよばれる法律を整備し，大帝国《ていこく》を築きました。東西の交流が活発になり，都の長安《ちょうあん》は，人口100万人を超《こ》える国際的な都市としてにぎわいました。

↑白村江《はくすきのえ》の戦い　日本の水軍は，白村江河口で唐《とう》・新羅《しらぎ》の水軍を攻撃《こうげき》したが，大敗した。

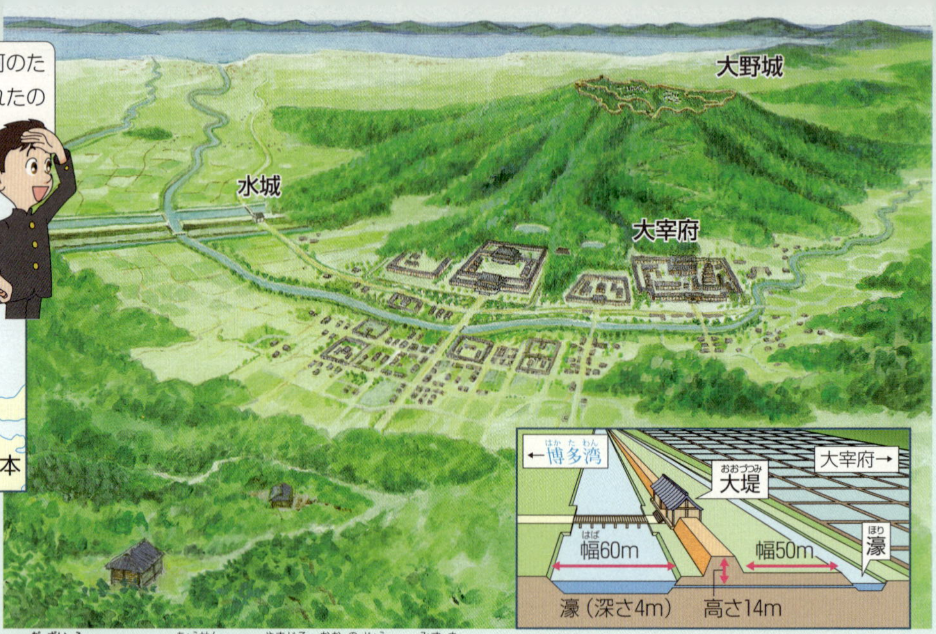

↑大宰府《だざいふ》の守り　朝鮮《ちょうせん》式の山城《やまじろ》（大野城《おおのじょう》）や水城《みずき》がつくられた。

↑水城の構造

9 大化《たいか》の改新《かいしん》と激動《げきどう》の東アジア

◉大化の改新はどのような国づくりをめざしたものだったのだろうか。

大化の改新

7世紀初め，大陸では唐《とう》が高句麗《こうくり》《コグリョ》との戦いを始めました。わが国も体制を整え，対外的な危機《きき》に備《そな》えなければなりませんでしたが，聖徳太子《しょうとくたいし》の死後，ふたたび強大となった蘇我《そが》氏が皇族《こうぞく》や他の豪族《ごうぞく》と対立を深めるなど，国内はまとまりませんでした。

蘇我馬子《そがのうまこ》の子・蝦夷《えみし》や，蝦夷の子の入鹿《いるか》は，独裁的《どくさいてき》な政治を行い，山背大兄王《やましろのおおえのおう》など聖徳太子の一族を攻《せ》めほろぼしました。これに対し，蘇我氏をたおす計画の中心となったのは**中大兄皇《なかのおおえのおう》子《じ》**でした。皇子は中臣《なかとみの》（藤原《ふじわらの》）鎌足《かまたり》らの協力を得て，645年，宮廷《きゅうてい》で入鹿を討《う》つと，蝦夷を自害させて，蘇我氏をたおしました。

中大兄皇子は，聖徳太子の理想を受けつぎ，天皇を中心とした国づくりをめざして，政治の改革《かいかく》に着手しました。この年，わが国は独自の**年号《ねんごう》**❶「大化《たいか》」を制定し，翌年《よくねん》には，それまで皇族や豪族が支配していた土地や人民を，国家が直接統治する**公《こう》地公民《ちこうみん》**の原則を打ち出しました。この大化元年に始まった一連の改革を，**大化《たいか》の改新《かいしん》**とよびます。

白村江《はくすきのえ》の戦いとその影響《えいきょう》

朝鮮《ちょうせん》半島では唐と結んだ新羅《しらぎ》《シルラ》が優勢《ゆうせい》となり，高句麗，百済《くだら》《ペクチェ》の軍を破りました。わが国にとって，親交のあった百済を失うことは，朝鮮半島での立場を失うだけでなく，わが国の安全をもおびやかす出来事《できごと》でした。

❶　年につけるよび名。元《げん》号《ごう》ともいう。漢《かん》の時代，中国で始まる。日本では645年を「大化《たいか》」としたのが最初。古くは一代の天皇《てんのう》のあいだでも改められたが，明《めい》治《じ》時代以降《いこう》は一世一元《いっせいいちげん》の制《せい》で天皇一代のあいだは一つの年号《ねんごう》となった（➡p.151）。独《どく》自《じ》の年号は，中国の皇帝《こうてい》による支配からの独立を示している。

❷　九州《きゅうしゅう》の防衛《ぼうえい》に当たった兵士。全国（おもに東国）から集められ，3年交替だった。

父母が　頭《かしら》掻《か》き撫《な》で　幸《さ》くあれて
言ひし言葉《けとば》ぜ　忘れかねつる
（出発するとき私の頭をかきなで「元気でな」と言った父母の言葉が忘れられない）

水鳥の　立ちの急ぎに　父母に
物言《は》ず来《け》にて　今ぞ悔《くや》しき
（水鳥が飛び立つようにあわただしく旅立ってきたので、父母に別れの言葉を言うこともできなかった。それが今となって悔《く》やまれる）

葦垣《あしがき》の　隈処《くまど》に立ちて　吾妹子《わぎもこ》が
袖《そで》もしほほに　泣きしそ思《も》はゆ
（私が旅立つとき、葦の垣根《かきね》のすみに立って袖もぐっしょりになるほどに泣いていた妻のことが思われてならない）

唐衣《からころも》　裾《すそ》に取り付き　泣く子らを
置きてぞ来《き》ぬや　母《おも》なしにして
（私の服の裾にとりついて「行かないで」と泣いた子どもたちを置いて来てしまった。あの子らは母もいないのに）

防人《さきもり》の歌　これらの歌は，のちにわが国最初の歌集である『万葉集《まんようしゅう》』(➡p.44)に収められた。

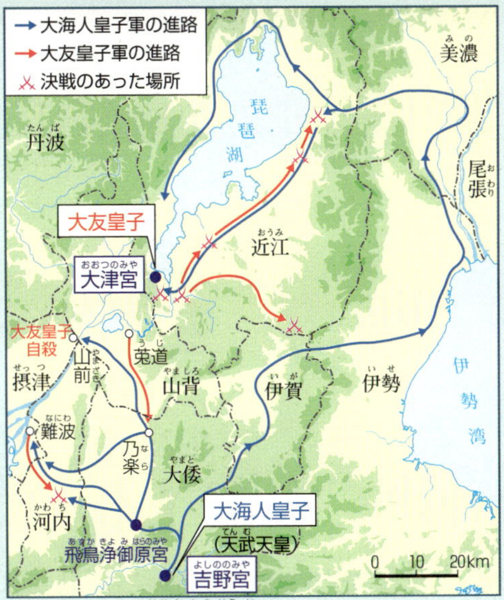

壬申の乱　大海人皇子《おおあまのおうじ》はすぐれた戦略で軍を指揮《しき》し，大友皇子《おおとものおうじ》軍に勝利した。

百済からの救援《きゅうえん》の依頼《いらい》もあり，わが国は大軍を送りました。しかし，**白村江の戦い**《はくすきのえ》(663年)で唐・新羅連合軍に敗れ，朝鮮半島から撤退《てったい》せざるを得なくなりました。その後，百済は完全に滅亡《めつぼう》し，朝鮮半島は新羅によって統一されました。

唐や新羅の襲来《しゅうらい》を予想した中大兄皇子は，朝鮮半島や大陸の動きに対応するため，九州《きゅうしゅう》に大宰府《だざいふ》を設け，**防人**《さきもり》[2]を置き，山城《やまじろ》や水城《みずき》を築きました。都も近江《おうみ》(滋賀《しが》県)の大津宮《おおつのみや》に移し，**天智《てんじ》天皇**として即位《そくい》し，全国の戸籍《こせき》作成などの改革を行いました。

壬申《じんしん》の乱《らん》と日本の国号の成立

天智天皇が亡《な》くなると，672年，皇位継承《こういけいしょう》をめぐり，天皇の子で，その後を継《つ》いだ大友皇子《おおとものおうじ》と，天皇の弟・大海人皇子《おおあまのおうじ》のあいだに内乱がおこりました(**壬申の乱**《じんしんのらん》)。大海人皇子はこれに勝利を収めると，**天武《てんむ》天皇**として即位し，皇室《こうしつ》の地位を高め，天皇を中心とした政治の基礎《きそ》を築きました。また，中国の律令《りつりょう》制度にならった法律《ほうりつ》の制定や，国の歴史書の編さんにも着手しました。

天武天皇の後は，皇后《こうごう》の持統《じとう》天皇が即位して，改革を受けつぎました。持統天皇は中国にならい，奈良盆地《ならぼんち》にわが国最初の本格的な都城《とじょう》である**藤原京**《ふじわらきょう》をつくりました。こうして，わが国の国づくりは着々と進められ，このころから**日本**という**国号**も用いられるようになりました。

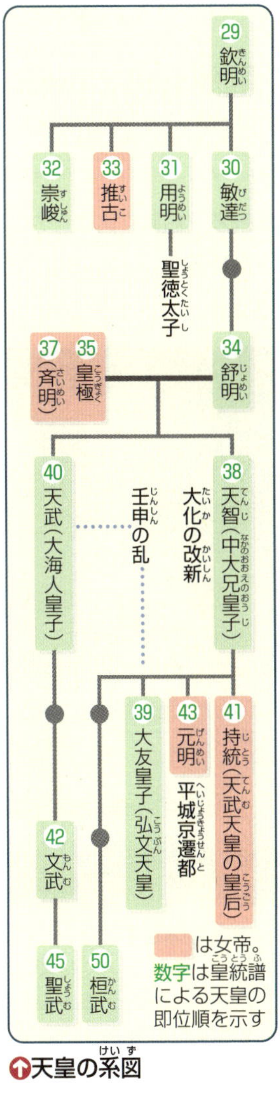

天皇の系図《けいず》

ここは，どんなところなのかな。

法隆寺《ほうりゅうじ》　現在の建築物は，670年以降《いこう》に再建された。1993(平成《へいせい》５)年に世界遺産《せかいいさん》に登録された。(奈良《なら》県)

釈迦三尊像《しゃかさんぞんぞう》　後光《ごこう》をかたどった光背《こうはい》に，「623年，聖徳太子《しょうとくたいし》の冥福《めいふく》を祈《いの》って止利《とり》仏師《ぶっし》につくらせた」とある。(鞍作鳥《くらつくりのとり》 作　奈良県　法隆寺蔵《ぞう》)

10 飛鳥《あすか》文化・白鳳《はくほう》文化と遣唐使《けんとうし》

◉飛鳥・白鳳文化はどのような特色をもっていたのだろうか。

中宮寺弥勒菩薩像《ちゅうぐうじみろくぼさつぞう》　片足をもう一方の足の上に乗せて台座《だいざ》に座り，右手を頬《ほお》に当てて思いにふける姿《すがた》を表している。(奈良県　中宮寺蔵)

飛鳥文化

聖徳太子《しょうとくたいし》や蘇我《そが》氏は，仏教《ぶっきょう》を深く信仰《しんこう》し，広めようとしたため，７世紀前半の飛鳥《あすか》時代には，仏教をもとにした文化が栄えました。これを**飛鳥文化**とよびます。中国や朝鮮《ちょうせん》から伝わった，新しい文化を積極的に取り入れながら，日本人の美意識に合った建築や美術品がつくられました。

蘇我氏は，最初の寺院である飛鳥寺《あすかでら》を建て，聖徳太子は，法隆寺《ほうりゅうじ》を建立《こんりゅう》しました。法隆寺は，現存する世界最古の木造建築で，調和の取れた優美《ゆうび》な姿《すがた》の五重塔《ごじゅうのとう》や金堂《こんどう》が，中国では見られない独特な配置で建ち並《なら》んでいます。法隆寺には，鞍作鳥《くらつくりのとり》(止利仏師《とりぶっし》)による釈迦三尊像《しゃかさんぞんぞう》や，自然な立体感と柔和《にゅうわ》な表情が特徴《とくちょう》の百済観音像《くだらかんのんぞう》←口絵p.1などの仏像《ぶつぞう》のほか，扉《とびら》や台座《だいざ》にたくみな絵画がえがかれた玉虫厨子《たまむしのずし》などが残されています。中宮寺《ちゅうぐうじ》や広隆寺《こうりゅうじ》の弥勒菩薩像《みろくぼさつぞう》も，神秘的《しんぴてき》な微笑《ほほえ》みをたたえた仏像として親しまれています。

白鳳文化

天武《てんむ》・持統天皇《じとうてんのう》の時代には，律令《りつりょう》国家の建設に向かう人々の意気ごみを反映《はんえい》して，清新な文化が生まれました。この７世紀後半から８世紀初頭の文化を，**白鳳《はくほう》文化**とよびます。

朝廷《ちょうてい》の儀式《ぎしき》が充実《じゅうじつ》し，天照大神《あまてらすおおみかみ》→p.46をまつる伊勢神宮《いせじんぐう》が整えられ，

↑**薬師寺東塔《やくしじとうとう》**　白鳳期《はくほう》を代表する美しい建築物である。（奈良県）

↑**薬師寺金堂薬師三尊像《やくしさんぞんぞう》**　本尊《ほんぞん》である薬師如来《やくしにょらい》を中心に，日光菩薩《にっこうぼさつ》（右），月光《がっこう》菩薩（左）を配する。白鳳文化の頂点であり，のちの天平《てんぴょう》文化（➡p.44・45）へとつながる作風を示している。（奈良県　薬師寺蔵）

荘厳《そうごん》なつくりの木造神殿《しんでん》が建てられました。この神殿の様式は，20年ごとに建て替《か》えられる方式で今日《こんにち》まで続いています。

また，朝廷は仏教の力によって，国を安らかに守ろうとしたため，薬師寺《やくしじ》などの官立《かんりつ》の寺も建てられました。建築では薬師寺東塔《とうとう》が，彫刻《ちょうこく》では薬師寺金堂の薬師三尊像《やくしさんぞんぞう》や興福寺仏頭《こうふくじぶっとう》などが，この時代のはつらつとした作風を伝えています。絵画ではインドや中央アジアの仏教芸術を取り入れた法隆寺金堂壁画《へきが》⬅口絵p.2が知られていますが，1949（昭和《しょうわ》24）年の火災で焼失しました。

遣唐使の役割

わが国は唐《とう》の制度や文化を取り入れるために，７世紀前半から９世紀末まで，十数回にわたり**遣唐使《けんとうし》**を派遣《はけん》しました。白村江《はくすきのえ》の戦い⬅p.39の影響《えいきょう》などから，一時中断されましたが，８世紀初めには復活し，その後は十数年ごとに派遣されました。当時は，航海術が未発達で，船が途《と》中《ちゅう》で遭難《そうなん》することもあり，阿倍仲麻呂《あべのなかまろ》のように帰国することができず，唐の高官となって生涯《しょうがい》を終えた者もいました。

遣唐使や留学生たちが日本にもち帰った新しい知識や技術は，その後の日本文化の発展《はってん》を支えました。

一方，日本にも多くの外国からの使者が訪《おとず》れました。７世紀後半の天智《てんじ》天皇の時代には，唐から2000人近い人々が訪れて，日本との交流を深めました。

↑**遣唐使船《けんとうしせん》**（復元）　長さ約30m。当初は２隻《せき》，のちに４隻の船で，役人·留学生·僧《そう》を乗せて中国に向かった。（広島《ひろしま》県　長門《ながと》の造船歴史館提供）

天《あま》の原《はら》　ふりさけ見れば　春日《かすが》なる
三笠《みかさ》の山に　出《い》でし月かも

（大空をあおぐと、月が出ている。あの月は春日の三笠山から昇《のぼ》るのをながめた月と、同じ月なのだなあ）

十九歳《さい》で唐に渡《わた》った仲麻呂は、三十数年後に帰国しようとしましたが、船が難破《なんぱ》して引き返し、唐で亡《な》くなりました。これは仲麻呂が、故郷をなつかしんでよんだ歌です。

（『古今和歌集《こきんわかしゅう》』より）

↑**阿倍仲麻呂《あべのなかまろ》の歌**

都はどんなつくりになっていたのだろう。

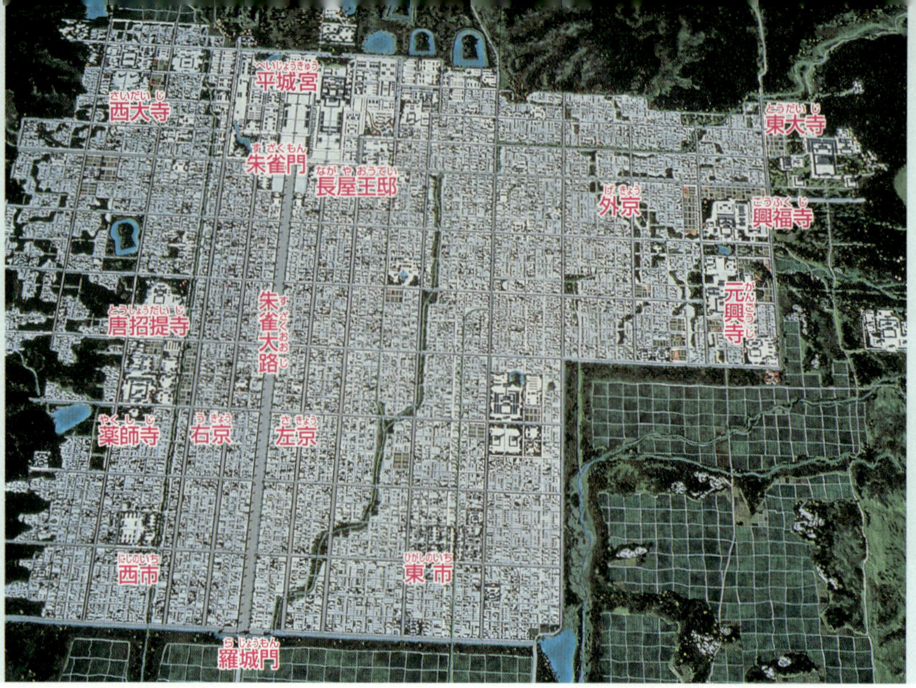
平城宮《へいじょうきゅう》
西大寺《さいだいじ》
朱雀門《すざくもん》
長屋王邸《ながやおうてい》
東大寺《とうだいじ》
外京《げきょう》
興福寺《こうふくじ》
元興寺《がんごうじ》
唐招提寺《とうしょうだいじ》
朱雀大路《すざくおおじ》
薬師寺《やくしじ》
右京《うきょう》
左京《さきょう》
西市《にしのいち》
東市《ひがしのいち》
羅城門《らじょうもん》

➡**平城京**(復元模型《もけい》)　唐《とう》の都・長安《ちょうあん》を模《も》して建設され，約10万の人口があったといわれる。(奈良《なら》市役所蔵《ぞう》)

11 大宝律令《たいほうりつりょう》と平城京《へいじょうきょう》

◉律令国家はどのようなしくみをもち，人々はどう暮《く》らしていたのだろうか。

大宝律令の制定

唐《とう》の制度にならい，わが国のきまりや制度をつくろうとする動きは，天智天皇《てんじてんのう》の時代から続けられていました。これが**大宝律令**《たいほうりつりょう》として完成したのは，701(大宝《たいほう》元)年，文武《もんむ》天皇の時代でした。**律**《りつ》は刑罰《けいばつ》について，**令**《りょう》は政治のしくみについての定めであり，これによってわが国は法に基《もと》づいて政治を行う**律令国家**となりました。

令の規定により，天皇のもとには神々のまつりを受けもつ神《じん》祇官《ぎかん》と，国の政治を担当する太政官《だいじょうかん》が置かれました(二官《にかん》)。

太政官をまとめる太政大臣《だいじょうだいじん》および左大臣《さだいじん》，右大臣《うだいじん》の下に８つの省が置かれ，財政《ざいせい》や軍事，外交などの仕事を分担して受けもちました(八省《はっしょう》)。

また，天皇から高い位《くらい》をあたえられた中央の有力豪族《ごうぞく》たちは朝廷《ちょうてい》の重要な仕事を務め，**貴族**《きぞく》とよばれるようになりました。

奈良《なら》の都

わが国は，710(和銅《わどう》３)年，奈良《なら》に都を移しました。この都は**平城京**《へいじょうきょう》とよばれ，奈良に都が置かれていた約70年間を**奈良時代**といいます。都には官営の市《いち》がつくられ，全国から集まった産物が売買されていました。

地方には国ごとに国府《こくふ》が置かれ，都から**国司**《こくし》として役人が派《は》遣《けん》されました。各地の有力豪族は，郡司《ぐんじ》や里長《りちょう》《さとおさ》などに任命され，国司の政治を助けました。都と地方は道路で結ばれ，役人が乗

富
本

⬆**富本銭**《ふほんせん》　和同開珎《わどうかいちん》より前につくられた銭貨《せんか》。広く流通はしなかったと考えられている。(奈良文化財研究所蔵)

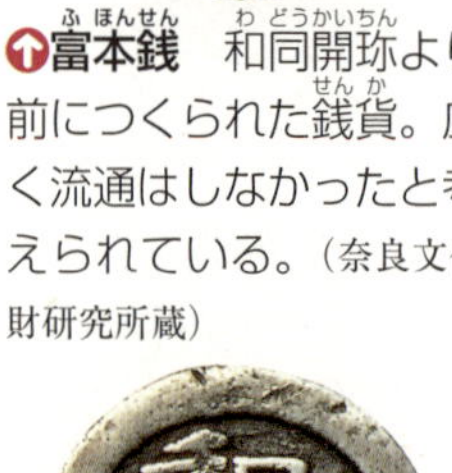
和
同
開
珎

⬆**和同開珎**《わどうかいちん》　日本で最初に本格的《ほう》に流通した銭貨。唐《とう》の銭貨を模してつくられた。(貨幣《かへい》博物館蔵)

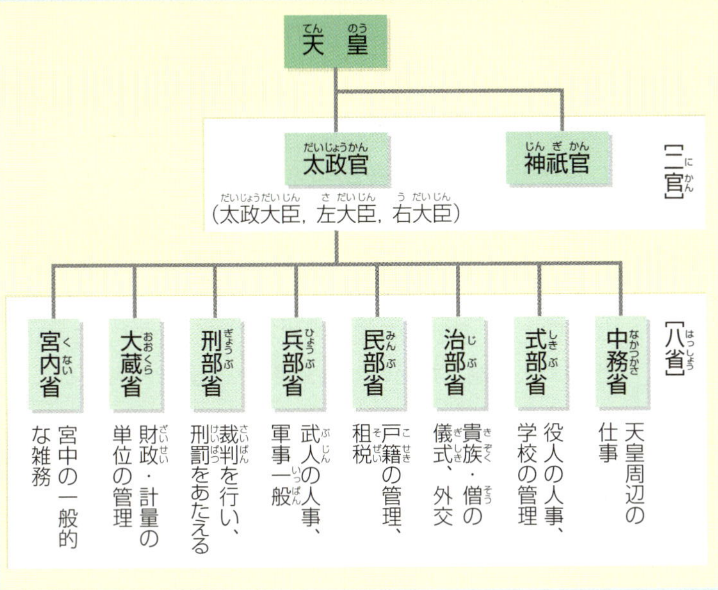

律令《りつりょう》政治(中央)のしくみ　二官八省とよばれた。

租《そ》……収穫物《しゅうかくぶつ》の約３％に当たる稲《いね》を納《おさ》めること。
調《ちょう》……絹《きぬ》・布《ぬの》・綿《わた》・塩など各地方の特産物を納めること。
庸《よう》……労役のかわりに規定の布《ぬの》地《じ》を朝廷《ちょうてい》に納めること。
雑徭《ぞうよう》…国司などによって命じられる，60日以内の地方での労働。

兵役《へいえき》

・衛士《えじ》…都での警備《けいび》。
・防人《さきもり》…北九州《きたきゅうしゅう》沿岸の防衛。⬅p.39

律令国家における人々の負担《ふたん》

りつぐ馬などを用意した駅も整備されました。

東北《とうほく》には，蝦夷《えみし》❶の勢力《せいりょく》に備《そな》えるための柵《さく》➡p.50が築かれ，九州《きゅうしゅう》に置かれた大宰府《だざいふ》⬅p.39は，九州全域の政治の中心となりました。

人々の暮《く》らし

奈良時代の人口は約600万人で，そのほとんどが農民でした。人々は戸籍《こせき》❷に基づいて国から**口分田**《くぶんでん》をあたえられました。口分田の広さは身分や性別によって異なりましたが❸，６歳《さい》以上の全員にあたえられ，死後は国に返すきまりになっていました(**班田収授法**《はんでんしゅうじゅのほう》)。税には，収穫物《しゅうかくぶつ》の一部を納《おさ》める**租**《そ》のほかに，**調**《ちょう》や**庸**《よう》がありました。租は地方で集められましたが，調や庸はそれぞれの村から農民の手で都へ運ばれました。そのほかにも，雑徭《ぞうよう》とよばれる地方での労役《ろうえき》があり，男子には兵役も課《か》せられました。

このように，律令制度のもとで，人々に土地をあたえ，税を納めさせるしくみができあがっていました。

人口が増加すると，しだいに口分田が不足するようになりました。天候不順や疫病《えきびょう》によって税を納めることができず，田を捨てて逃亡《とうぼう》する農民もいました。そこで743(天平《てんびょう》15)年，**墾田**《こんでん》**永年私財法**《えいねんしざいのほう》が出され，新しく開墾《かいこん》した土地(墾田)には私有権が認《みと》められました。その結果，貴族や寺社は多くの人手を使い，競《きそ》って墾田を増やすようになりました。

❶　古代の東北《とうほく》地方や北海《ほっかい》道《どう》に住んでいた人々。縄文《じょうもん》時代以来の採集《さいしゅう》や狩猟《しゅりょう》の伝統が残っていた。

❷　戸籍《こせき》は６年ごとにつくられ，人々は良民と賤民《せんみん》(奴婢《ぬひ》)に分けられた。

❸　男子には２段《たん》(約2300㎡)，女子にはその３分の２，賤民には良民男女のそれぞれ３分の１の口分田《くぶんでん》があたえられた。

今に残る律令時代の土地区画《くかく》　写真左上には，土地が長方形と正方形に区画されていたなごりが見える。(大阪《おおさか》府東大阪市)

月光菩薩像《がっこうぼさつぞう》　日光《にっこう》菩薩像と対《つい》になる像で，人間性を超《こ》えた神々《こうごう》しさをやどしている。
(奈良《なら》県　東大寺《とうだいじ》蔵《ぞう》)

この時代にはどんなものがつくられたのかな。

コラム Column　現代に続く和歌《わか》の伝統

『万葉集《まんようしゅう》』は，飛鳥《あすか》時代から奈良《なら》時代におよぶ約130年間につくられた約4500首のさまざまな歌を収める，わが国に現存する最古の歌集です(全20巻)。歌の作者は，天皇《てんのう》や貴族《きぞく》，役人から農民や防人《さきもり》，貧しい人々にまでおよんでいます。年齢《ねんれい》や地域《ちいき》もさまざまであり，男女の区別もありません。今から1200年も前に，わが国では身分や地域を超《こ》えた，国民的歌集が完成していたのです。これは，当時の人々が，共通の言葉を使い，感動を共有することができたことを示しています。

すぐれた歌をつくれば，立場に関係なく歌集に採用されるという伝統は，今日《こんにち》も引きつがれています。例えば，毎年，新年に皇居《こうきょ》で行われる「歌会始《うたかいはじめ》の儀《ぎ》」には，すぐれた歌をつくった中学生や高校生が招待《しょうたい》されることも珍《めずら》しくありません。

12 天平《てんぴょう》文化

◉天平文化はどのような特色をもっていたのだろうか。

神話と歴史書の完成

律令《りつりょう》政治のしくみが整い，国際交流もさかんになるなか，わが国にも国家としての自覚が生まれ，国のおこりや歴史をまとめようとする動きがおこりました。まず，『**古事記《こじき》**』❶がつくられ，ついで朝廷《ちょうてい》の事業として『**日本書紀《にほんしょき》**』が編さんされました。『古事記』は民族の神話と歴史として伝えられたものを記録した，文学的な価値《かち》の高い物語であり，『日本書紀』は国家の正史として，歴代の天皇《てんのう》とその歴史が年代順に記されたものです。

さらに朝廷は，国司《こくし》に命じて，地方ごとに伝説や地理，産物などを調べさせ，『**風土記《ふどき》**』を編集させました。

一方，和歌《わか》もさかんになり，日本古来の歌を集めた『**万葉集《まんようしゅう》**』が，大伴家持《おおとものやかもち》らによって編さんされました。柿本人麻呂《かきのもとのひとまろ》，山上憶良《やまのうえのおくら》，山部赤人《やまべのあかひと》などのすぐれた歌人たちが，自然や恋愛《れんあい》を題材にしてよんだ歌には，当時の人々の感情がよく表されています。

奈良《なら》の都に咲《さ》く仏教《ぶっきょう》文化

わが国に伝わった仏教《ぶっきょう》は，奈良《なら》時代に朝廷の保護を受けていっそう発展《はってん》しました。平城京《へいじょうきょう》には大きな寺院が建てられ，遣唐使《けんとうし》によってもたらされた唐《とう》の文化の影響《えいきょう》を取り入れながら，高い精神性をもつ，国際色豊かな仏教文化が花開きました。この文化が最盛期《さいせいき》をむかえた聖武《しょうむ》

❶　天武天皇《てんむてんのう》が稗田阿礼《ひえだのあれ》に暗記《あんき》させていたものを，太《おおの》安万侶《やすまろ》が筆録した。

あをによし　奈良の京《みやこ》は　咲く花の
にほふ《(う)》がごとく　今さかりなり
(奈良の都は、咲く花の照り映《は》えるように、今、まっさかりだ。)
(小野老《おののおゆ》 作　『万葉集』より)

『万葉集《まんようしゅう》』の歌

人物コラム

5度の失敗を乗り越《こ》え来日《らいにち》した鑑真《がんじん》

鑑真(688？～763)が大きな危険《きけん》をおかして，わが国への渡航《とこう》に挑《いど》んだ理由の一つに，長屋王《ながやおう》の存在があったといわれています。

天武《てんむ》天皇の孫の長屋王は，当時，左大臣《さだいじん》として大きな権勢《けんせい》を誇《ほこ》っていました。仏教《ぶっきょう》をあつく信仰《しんこう》しており，唐《とう》の高僧《こうそう》に願文《がんもん》を刺繍《ししゅう》した袈裟《けさ》(法衣《ほうえ》)千枚を贈《おく》ったといわれます。その願文は「国が異《こと》なるとはいえ，私たちは同じ天《あま》の下に住んでいます。仏教を信仰する者どうし，ぜひ良い縁《えん》を結びたいものです」というものでした。はるばる海を渡《わた》って仏教を学びにきた日本の僧たちの説得や，長屋王の言葉に動かされ，鑑真はついに来日を決意したといわれています。

「まことに日本という国は仏教を興隆《こうりゅう》させるべき縁をもった国である」

鑑真は，５度の渡航の失敗を乗り越《こ》えて来日を果たしました。たび重なる苦難《くなん》の中で，奈良《なら》についた鑑真はすでに失明していました。しかし，鑑真がわが国に伝えた仏教の戒律《かいりつ》は，その後，多くの人々を導く信仰の光となったのです。

↑**鑑真和上像《がんじんわじょうぞう》**(奈良県　唐招《とうしょう》提寺《だいじ》蔵)

天皇のころの年号をとって**天平文化《てんぴょう》**とよびます。

聖武天皇は，国ごとに国分寺《こくぶんじ》と国分尼寺《こくぶんにじ》を建て，日本のすみずみに仏教をゆきわたらせることで，政治や社会の不安をしずめ，国家に平安をもたらそうとしました。また，都には全国の国分寺の中心として**東大寺《とうだいじ》**を建立《こんりゅう》し，金銅の巨大《きょだい》な仏像《ぶつぞう》(**大仏《だいぶつ》**)をつくりました。➡p.48また，行基《ぎょうき》のように民間に仏教を広めながら，各地で用水路や橋をつくる僧《そう》もあらわれました。

天平文化を代表する建築には，東大寺の法華堂《ほっけどう》や，唐から戒律《かいりつ》を伝えるために渡来《とらい》した僧・**鑑真《がんじん》**によって建てられた唐招提寺《とうしょうだいじ》などがあります。東大寺の正倉院《しょうそういん》には，聖武天皇やその妻，光明皇后《こうみょうこうごう》の愛用品のほか，西アジアや中央アジア，中国などとの交流を示す工芸品も数多く納《おさ》められていました。これらの品々を，当時から長い時代にわたって保管してきた正倉院は，現存する世界最古の宝物庫《ほうもつこ》といえます。

仏教彫刻《ちょうこく》では，ひきしまった少年の顔をした興福寺《こうふくじ》の阿修羅像《あしゅらぞう》⬅口絵p.2，気品あふれる東大寺法華堂の日光《にっこう》・月光菩薩像《がっこうぼさつぞう》，きびしい面《おも》もちの東大寺戒壇堂《かいだんどう》の四天王像《してんのうぞう》⬅口絵p.2などの傑作《けっさく》が残されています。

この時代の建築，美術，文学などの諸《しょ》作品は，その後の時代の模範《もはん》とされたものも多く，日本文化に大きな影響をあたえました。

↑**正倉院正倉《しょうそういん》**　宝物《ほうもつ》が収められた建物で，その建築は校倉造《あぜくらづくり》とよばれる。(奈良県　宮内庁《くないちょう》正倉院事務所管理)

↑**紺瑠璃坏《こんるりのつき》**(左)　シルクロードを経《へ》て伝えられたガラスの杯《さかずき》。**五絃《ごげん》の琵琶《びわ》**(右)　ラクダに乗って琵琶をひく異国風の人物がえがかれている。(奈良県　宮内庁正倉院事務所蔵)

読み物
コラム

神話に見るわが国誕生《たんじょう》の物語

●日本の神々の物語●

わが国に現存する最古の歴史書とされる『古事記《こじき》』『日本書紀《にほんしょき》』(まとめて記紀《きき》ともいう)は，神々の物語から始まります。

記紀によれば，日本列島をつくったのは，イザナギ，イザナミという男女の神でした。雲の上から長い矛《ほこ》で海をかきまぜ，したたり落ちたしずくが本州《ほんしゅう》や四国《しこく》など，8つの島々になったといわれます。このため，わが国は「大八洲国《おおやしまのくに》」ともよばれました。

イザナギの子が天照大神《あまてらすおおみかみ》とスサノオノミコトです。天照大神は太陽の女神であり，神々の中心として伊勢神宮《いせじんぐう》にまつられています。弟スサノオは海を治めよとの命を守らなかったため追放され，天照大神に別れの挨拶《あいさつ》をしようと神々の国(高天原《たかまがはら》)を訪《たず》ねますが，乱暴《らんぼう》なふるまいを続けたため，姉の天照大神は，天岩屋《あまのいわや》という巨岩《きょがん》にふさがれた穴にこもってしまいました。すると，世界が闇《やみ》に閉《と》ざされてしまったので，多くの災《わざわ》いが一度に噴《ふ》き出しました。神々は困《こま》り果てましたが，知恵《ちえ》と力を集め，天照大神を岩屋から引き出すことに成功しました。

天岩屋戸《あまのいわやと》　岩屋の前で女神が舞《ま》い踊《おど》り，それを天照大神《あまてらすおおみかみ》がのぞき見たところを，怪力《かいりき》の神が岩戸《いわと》をこじ開けている。(堀江友声《ほりえゆうせい》　作　島根県《しまね》　山辺神宮蔵《やまのべ》《ぞう》)

高天原を追放されたスサノオは，出雲《いずも》(島根《しまね》県)に降《お》り立ち，そこで人々を苦しめていた怪物・ヤマタノオロチを退治《たいじ》し，美しい姫《ひめ》と結ばれました。スサノオの子孫が因幡《いなば》(鳥取《とっとり》県)の白ウサギを助ける話で知られるオオクニヌシノミコト(大国主神)です。

スサノオノミコトのオロチ退治《たいじ》　島根県の神代《じんだい》神楽《かぐら》で演じられるオロチ退治の演目。(島根県雲南《うんなん》市提供)

●三種《さんしゅ》の神器《じんぎ》と神武天皇《じんむてんのう》●

一方，天照大神は，その孫ニニギノミコトを地上につかわし，この地を治めるよう命じました。このとき天照大神はニニギに，八咫《やたの》鏡《かがみ》(鏡)，八尺瓊勾玉《やさかにのまがたま》(宝石)，天叢雲剣《あめのむらくものつるぎ》(剣)をあたえたといいます。これらは「三種の神器」とよばれ，天皇が即位《そくい》するとき，代々受けつがれることになっています。

ニニギノミコトがお供の神々を引き連れて降り立ったのは，日向《ひゅうが》の高千穂《たかちほ》でした。以後しばらくここで暮《く》らしましたが，3代目に当たるカムヤマトイワレヒコノミコトのころになると，国を治める中心としてふさわしい地

出雲大社《いずもたいしゃ》　オオクニヌシノミコトをまつる神社。（島根県）

を求め，部下とともに船出することになりました。めざしたのは大和《やまと》（奈良《なら》県）でした。多くの豪族《ごうぞく》を説き伏《ふ》せたり，その地の神をともにまつったり，また時には激《はげ》しい戦いをくり返しながら，一行は大和にたどりつきました。こうしてカムヤマトイワレヒコノミコトは畝《うね》傍《び》山のふもとの橿原《かしはら》で即位し，初代神武天皇《じんむてんのう》となるという物語です。なお，2月11日の「建国記念の日」は，神武天皇が即位したとされる日を記念したものです。

日本サッカー協会のシンボルマーク　このマークはヤタガラスという神武天皇の道案内をしたと伝えられる3本足のカラスがモデルになっている。

●伝説の英雄が活躍《かつやく》する神話●

また，国を統一するのに大きな役割《やくわり》を果たしたのが，ヤマトタケルノミコト（日本武尊）です。第12代景行《けいこう》天皇の皇子《おうじ》・ヤマトタケル

★調べてみよう★

■日本の神話には，ここで紹介《しょうかい》した以外にも有名な物語があります。どんな話があるのか調べてみましょう。

- オオクニヌシノミコトの国ゆずり
- 海幸彦《うみさちひこ》と山幸彦《やまさちひこ》

伊勢《いせ》神宮　皇室の先祖神である天照大神をまつる神宮で，朝廷《ちょうてい》から特別に保護された。（三重《みえ》県）

は，軍勢《ぐんぜい》を率いて九州や出雲，関東《かんとう》に遠征《えんせい》し，大和の勢力《せいりょく》を大いに広げました。しかし，都に帰る途中《とちゅう》で病にたおれ，伊勢国（三重《みえ》県）の能煩野《のぼの》で亡《な》くなりました。ヤマトタケルの伝説は各地に残り，「三重」「焼津《やいづ》」「東《あずま》の国」など，今日《こんにち》に残る地名のいわれともなっています。

記紀が書かれたのは，国づくりが着々と進んだ7世紀から8世紀にかけてでした。それは，中国から伝わった文字を使い，わが国の成り立ちや言い伝えを日本語で記録しておこうとする気運が高まった時代でもありました。当時の人々は，わが国の成り立ちを，神話として説明しようとしましたが，それはギリシャやローマをはじめとして，古今東西のあらゆる国に共通した試みだといえます。

神話に書かれていることは，歴史の事実そのものとはいえませんが，当時の人々の，日本の国の成り立ちについての解釈《かいしゃく》や生活のようす，ものの考え方，感じ方を知るうえで貴《き》重《ちょう》な手がかりとなっています。

日本全国には今でも，神話に由来《ゆらい》する地名や行事がたくさん残っています。みなさんの周囲に残る伝承《でんしょう》や，神社のお祭りの由来などを調べてみると，思いがけない発見があるかもしれません。

歴史の名場面

大仏開眼供養《だいぶつかいげんくよう》

大仏開眼供養のようす（大仏開眼　寺崎廣業《てらさきこうぎょう》　作　奈良県《なら》　東大寺蔵《とうだいじぞう》）

開眼供養の日

752(天平勝宝《てんぴょうしょうほう》4)年4月9日，ようやく完成した東大寺《とうだいじ》の大仏《だいぶつ》の前に，1万数千もの人々が参列していました。これから開眼供養《かいげんくよう》が盛《せい》大《だい》にとり行われようとしています。

開眼供養とは，仏像《ぶつぞう》に目をかきこんで魂《たましい》をむかえ入れる儀式《ぎしき》のことです。この年は，『日《に》本書紀《ほんしょき》』の伝える日本への仏教《ぶっきょう》伝来の年から，ちょうど200年目に当たっていました。

聖武天皇《しょうむてんのう》が詔《みことのり》(天皇の命令)を発して，「国民みんなで大仏をつくろう」とよびかけてから，すでに9年の歳月《さいげつ》が流れていました。それから人々は一致《いっち》団結して，この大仏建立《こんりゅう》という国家的大事業を成しとげたのでした。

大仏制作の苦労

しかし，大仏が完成するまでには，さまざまな困難《こんなん》が待ち受けていました。

大仏の制作は，まず粘土《ねんど》での原型づくりから始まりました。それを焼きかためて型をつくり，続いて鋳造《ちゅうぞう》が行われました。なにしろ高さ16mもある巨大《きょだい》な像です。その作業には，周囲に土手を築いて青銅《せいどう》を流しこむ方法がとられました。

8回に分けて行われた鋳造には，準備期間も含《ふく》めて3年がついやされました。使用された青銅は，台座《だいざ》を除《のぞ》いても250トンにおよんだとされています。

大仏づくりを率いた仏師《ぶっし》の国中連公麻呂《くになかのむらじきみまろ》は，このむずかしい工程をたくみに統括《とうかつ》し，成功に導きました。

残る問題は，大仏の表面をおおう金の不足でしたが，ちょうどそのころ，陸奥国《むつのくに》(宮城県《みやぎ》の一部)から黄金が出たという知らせが届《とど》き，人々は喜びにわきました。こうして，749(天平勝宝元)年，大仏のおもだった部分は無事完成を見たのでした。

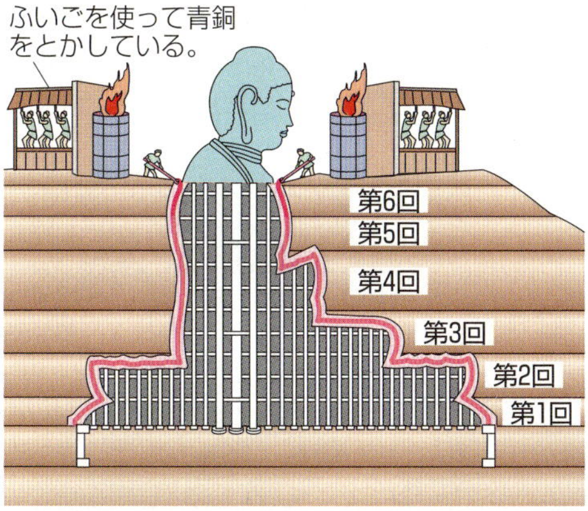
ふいごを使って青銅をとかしている。
第6回
第5回
第4回
第3回
第2回
第1回

大仏のつくり方

①木組みを組んで粘土《ねんど》で原型をつくる。
②原型の外側に粘土で型をとる。
③かわかした後，外の粘土を取りはずして原型の表面をけずる。
④もう一度，外の型を取りつける。
⑤盛《も》り土で足場をつくりながら，外の型と原型のあいだにとかした青銅を流しこむ。上の絵は６回目の流しこみを行っているところ。

●国際的な祝祭《しゅくさい》だった開眼供養●

開眼供養では，退位《たいい》して天皇の位《くらい》をゆずっていた聖武上皇《じょうこう》のほか，光明皇太后《こうみょうこうたいごう》と，娘《むすめ》の孝謙《こうけん》天皇が最前列に座りました。

心労のあまり病を重くしていた聖武上皇にかわり，インドの高僧《こうそう》が開眼をとり行いました。その筆からは色とりどりのつながのび，その端《はし》を天皇ら列席者たちがにぎっていました。そうして大仏の目を開く喜びを皆《みな》が分かち合ったのです。

読経《どきょう》ののち，音楽が演奏《えんそう》され，舞《まい》が舞《ま》われました。日本古来の舞だけでなく，唐《とう》，朝鮮《ちょうせん》，東南アジアの舞も加わりました。数百人の踊《おど》り手たちが，次々と各国の舞を披露《ひろう》していくようすに，列席者たちは酔《よ》いしれました。仏教が日本に伝来して以来，これほど盛大な祝祭《しゅくさい》はなかったと，当時の歴史書には記されています。

大仏開眼供養は，内外に律令《りつりょう》国家の発展《はってん》を示す国際的な祝祭だったのです。

大仏（盧舎那仏坐像《るしゃなぶつざぞう》）　災害や２度の戦乱《せんらん》による破壊《はかい》にあったが，そのたびに修復され，今に伝えられた。現在の頭部は，江《え》戸《ど》時代の補修《ほしゅう》だが，台座部は当時のもの。（奈良県　東大寺蔵）

現在の東大寺大仏殿《だいぶつでん》　江戸時代の再建。高さは46.8mもある。世界でも最大規模《きぼ》の木造建築。

創建《そうけん》当時の東大寺（復元模型《もけい》）　２基《き》の七重塔《ななじゅうのとう》がそびえ，大仏殿の幅《はば》は今の1.5倍の規模があった。（奈良県　東大寺蔵）

貴族はどんな生活をしていたのだろう。

貴族の生活　天皇が藤原氏の屋敷《やしき》を訪《おとず》れているようす。庭の池に浮《う》かぶ船の上では音楽が演奏《えんそう》されている。
（駒競行幸絵巻《こまくらべぎょうこうえまき》　和泉《いずみ》市久保惣《くぼそう》記念美術館蔵《ぞう》）

13 平安京《へいあんきょう》と摂関《せっかん》政治

◉平安時代の天皇《てんのう》や貴族《きぞく》の政治はどのようなものだったのだろうか。

平安京

8世紀の中ごろになると，政治の実権《じっけん》をめぐり，力をもつ貴族《きぞく》や僧《そう》が争うようになりました。784（延暦《えんりゃく》３）年，**桓武天皇《かんむてんのう》**は奈良《なら》の寺院などの古い仏教勢《ぶっきょうせい》力《りょく》❶からはなれ，新しい政治を行うために，都を平城京《へいじょうきょう》から長岡《ながおか》京《きょう》（京都《きょうと》府）に移しました。しかし，工事責任者が暗殺される事件や水害などが続いたため，794（延暦13）年には，現在の京都市に**平安京《へいあんきょう》**を造営し，新しい都に定めました。このの ち，鎌倉《かまくら》に幕府《ばくふ》が開かれる→p.67までの約400年間を，**平安時代**とよびます。

桓武《かんむ》天皇の政治

桓武天皇は律令《りつりょう》政治を立て直すため，地方政治に力を入れました。国司《こくし》や郡司《ぐんじ》←p.42に対する監《かん》督《とく》を強化し，農民の負担《ふたん》を減らすため兵役《へいえき》を免除《めんじょ》したり，雑徭《ぞうよう》とよばれる労役《ろうえき》の日数を減らすなどの改革《かいかく》を行いました。

また，律令のしくみを九州《きゅうしゅう》南部や東北《とうほく》地方へも広げていきました。東北地方に住む蝦夷《えみし》←p.43がおこした反乱には，坂上田村麻呂《さかのうえのたむらまろ》を征夷大将軍《せいいたいしょうぐん》として派遣《はけん》し，これを鎮圧《ちんあつ》しました❷。

藤原《ふじわら》氏の成長

律令国家のしくみが整ってくると，天皇が直接政治にたずさわることは少なくなり，貴族が力をもつようになりました。中でも大きな勢力となったのは，奈良時代から力をのばしてきた**藤原氏《ふじわら》**でした。

藤原氏は，一族の娘《むすめ》を次々に天皇の后《きさき》とし，その皇子《おうじ》を天皇

❶　僧《そう》の道鏡《どうきょう》は天皇になろうとしたが，和気清麻呂《わけのきよまろ》にはばまれた。

❷　蝦夷《えみし》の首長アテルイは，激《はげ》しい抵抗《ていこう》の末，降伏《こうふく》した。

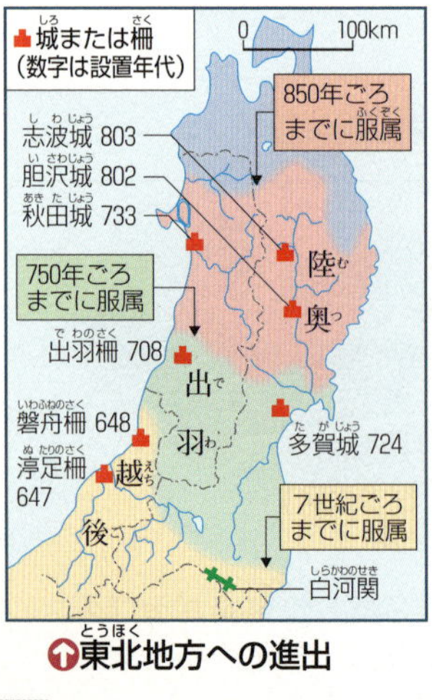
城《しろ》または柵《さく》
（数字は設置年代）
0　100km
850年ごろまでに服属《ふくぞく》
志波城《しわじょう》 803
胆沢城《いさわじょう》 802
秋田城《あきたじょう》 733
750年ごろまでに服属
出羽柵《でわのさく》 708
磐舟柵《いわふねのさく》 648
渟足柵《ぬたりのさく》 647
多賀城《たがじょう》 724
7世紀ごろまでに服属
白河関《しらかわのせき》
陸《む》奥《つ》
出《で》羽《わ》
越《えち》後《ご》

東北《とうほく》地方への進出

寝殿造《しんでんづくり》の建築（復元模型《もけい》）　平安時代の貴族の住居。寝殿を中心にして，庭園を囲むようにコの字型に建てられ，渡殿《わたどの》とよばれる廊下《ろうか》でつながっていた。（国立歴史民俗《みんぞく》博物館蔵）

人物コラム　藤原道長《ふじわらのみちなが》の栄華《えいが》

右の藤原道長の歌は，まさに藤原氏の絶頂《ぜっちょう》を示しています。このとき道長は，自分の娘《むすめ》3人を天皇の后《きさき》に立てることに成功したのでした。

一族の娘に，后としてふさわしい教養やたしなみを身につけさせるため，藤原氏は家庭教師役としてすぐれた女房《にょうぼう》*を募集《ぼしゅう》しました。その中にいたのが，清少納言《せいしょうなごん》や紫式部《むらさきしきぶ》でした。摂関《せっかん》政治は，世界に誇《ほこ》るわが国の女性文化と女流文学を生み出したのです。

*身分の高い人に仕え，身のまわりの世話をする女性。

この世をば　わが世とぞ思ふ
望月《もちづき》の　欠けたることも
なしと思へば
（『小右記《しょうゆうき》』より）

（この世は、まるで自分の世のように思われる。満月が少しも欠けたところがないように、望みがすべてかなって満足だ）

藤原道長（966 ～ 1027）（藤田《ふじた》美術館蔵）

の位《くらい》につけて天皇の外戚《がいせき》❸となり，勢力をのばしていきました。藤原氏は，天皇が幼少のころは摂政《せっしょう》←p.36となり，成人してからは関白《かんぱく》❹という地位について，政治の実権をにぎりました。このような政治を，**摂関《せっかん》政治**といいます。摂関政治は11世紀前半，藤原道長《ふじわらのみちなが》とその子の頼通《よりみち》のころに全盛期《ぜんせいき》をむかえました。

乱れる地方の政治

10世紀に入ると，戸籍《こせき》や班田収授《はんでんしゅうじゅ》の制度は行われなくなり，公地公民《こうちこうみん》の原則はくずれました。貴族や寺社，地方の豪族たちは，さかんに土地の開発を進め，私有地である**荘園《しょうえん》**をもつようになりました。藤原氏ら有力貴族のもとには国司からの税金を逃《のが》れるために，全国から寄進《きしん》された荘園が集まりました。

一方，朝廷《ちょうてい》は全国各地の公領《こうりょう》❺を治める国司に対し，一定の税を国に納《おさ》めることを条件に，政治をまかせるようになりました。貴族の中には国司に任命されても代理の者を送り，その収《しゅう》入《にゅう》だけを得る者も多く，地方では，役人が勝手に税を取り立てるなどしたため，農民の暮《く》らしは安定しませんでした。

また，有力な農民の中にも，藤原氏などの有力な貴族に所有地を寄進し，土地の管理者である荘官《しょうかん》となって，力をのばす者があらわれました。

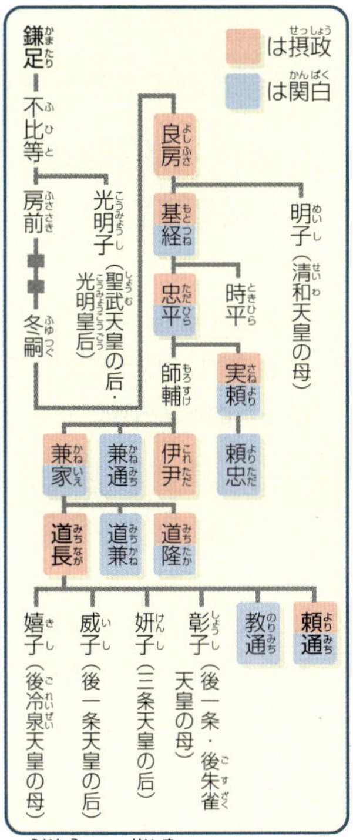

藤原《ふじわら》氏の系図《けいず》　娘が天皇の母となることが藤原氏の権力《けんりょく》の源《みなもと》だった。

❸ 母方の親戚《しんせき》のこと。

❹ 天皇を補佐《ほさ》して政治を行う職。

❺ 朝廷の支配のもとにあった土地。

この建物は何のためにつくられたのかな。

↑**平等院鳳凰堂《びょうどういんほうおうどう》**　藤原道長《ふじわらのみちなが》の子，頼通《よりみち》が，阿弥陀仏《あみだぶつ》の浄土《じょうど》をこの世に表現するために建築した。中には，定朝《じょうちょう》のつくった阿弥陀如来像《にょらいぞう》が安置《あんち》されている。（京都《きょうと》府）

14 新しい仏教《ぶっきょう》と国風《こくふう》文化

◉国風文化はどのようにして生まれ，どう発展《はってん》していったのだろうか。

仏教の新しい動き

9世紀の初め，青年僧《そう》の**最澄《さいちょう》**→p.54と**空海《くうかい》**→p.54は，遣唐《けんとう》使《し》とともに唐《とう》に渡《わた》り，帰国後，仏教《ぶっきょう》の新しい宗派《しゅうは》を日本に伝えました。最澄は比叡山《ひえいざん》に延暦寺《えんりゃくじ》（滋賀《しが》県・京都《きょうと》府）を建てて**天台宗《てんだいしゅう》**を，空海は高野山《こうやさん》に金剛峯寺《こんごうぶじ》（和歌山《わかやま》県）を建てて**真言宗《しんごんしゅう》**を広めました。新しい仏教は政治からはなれ，僧は山中での学問や修行《しゅぎょう》に励《はげ》み，国家の平安《へいあん》を祈《いの》りました。そして，のちには人々のために祈《き》とうを行うようになりました。

国風文化と国文学の発達

9世紀に入ると唐がおとろえたため，894（寛平《かんぴょう》6）年，菅原道真《すがわらのみちざね》の意見を取り入れ，朝廷《ちょうてい》は遣唐使を廃止《はいし》しました。その後，大陸の文化の影響《えいきょう》を受けつつ，優美《ゆうび》で繊細《せんさい》な日本独自《どくじ》の貴族《きぞく》文化が発達しました。これを**国風《こくふう》文化**とよびます。国風文化は，藤原《ふじわら》氏による摂関《せっかん》政治の時代に最も栄えました。貴族は，美しい自然を庭に取り入れた寝殿造《しんでんづくり》←p.51の邸宅《ていたく》に住み，服装《ふくそう》も日本風に変わりました。日本の自然や風俗《ふうぞく》を題材とした大和絵《やまとえ》がえがかれ，寝殿造の中の襖《ふすま》や屏風《びょうぶ》を飾《かざ》りました。

平安時代には，**かな文字**→p.55が普及《ふきゅう》し，特にひらがなは貴族の女性に広まり，かなを用いた文学が発達しました。清少納言《せいしょうなごん》は，鋭《するど》い観察力で宮廷《きゅうてい》生活をつづった随筆《ずいひつ》『**枕草子《まくらのそうし》**』を，紫式部《むらさきしきぶ》→p.59は，世界最古の長編小説ともいわれる『**源氏物語《げんじものがたり》**』を書きまし

❶　天皇《てんのう》・上皇《じょうこう》・法皇《ほうおう》の命によって編集された和歌《わか》集。室町《むろまち》時代の『新続古今《しんしょくこきん》和歌集』まで21集が編集された。

↑**『古今和歌集《こきんわかしゅう》　序《じょ》』**　紀貫之《きのつらゆき》が執筆《しっぴつ》した仮名序《かなじょ》はひらがなで書かれた歌論で，その後の和歌に大きな影響《えいきょう》をあたえた。（大倉集古館《おおくらしゅうこかん》蔵《ぞう》）

人物コラム　学問の神様・菅原道真《すがわらのみちざね》

若くして抜群《ばつぐん》の才能を発揮《はっき》した菅原道真(845～903)は，天皇のあつい信頼《しんらい》のもとで出世をとげ，ついに右大臣《うだいじん》にまでのぼりつめました。しかし，それを快《こころよ》く思わない左大臣《さだいじん》・藤原時平《ふじわらのときひら》らは，道真を大宰府《だざいふ》(福岡《ふくおか》県)へと追いやろうと陰謀《いんぼう》をめぐらせました。都を去らねばならなくなった道真は，深い悲しみを歌によみ，屋敷《やしき》にあった紅梅《こうばい》の枝に結んだといわれます。

東風《こちふ》吹かば　にほひ《おい》をこせよ　梅花《うめのはな》
主《あるじ》なしとて　春を忘るな

(東の風が吹《ふ》く春になったら，梅の木よ，香《かお》り高い花をつけるのだよ。主人の私がいなくなっても，春の訪《おとず》れを忘れないでくれ)

大宰府での貧しく寂《さび》しい暮《く》らしの中で，道真は病にたおれました。彼《かれ》が亡《な》くなったのは2年後の2月。都ではあの梅の木に美しい花が咲《さ》きにおっているころでした。

その後，不思議なことに，都では追放に加わった貴族《きぞく》たちが落雷《らくらい》にうたれるなど，次々と奇怪《きかい》な死をとげていきました。朝廷では「これは道真のたたりにちがいない」と，盛大《せいだい》な供養《くよう》を行い，高い位《くらい》を贈《おく》ってその霊《れい》をしずめようとしました。また，すぐれた学問と才能をもちながら，無実の罪《つみ》によって，不遇《ふぐう》の人生を送った道真に，多くの人々が深い同情を寄せました。

こうして道真はおそるべき力をもった天の神(天神《てんじん》)として，また学問の神様として，全国各地の天満宮《てんまんぐう》にまつられていきました。

た。『竹取物語《たけとりものがたり》』もこの時代の作品です。和歌《わか》では，醍醐天皇《だいごてんのう》の命《めい》を受けて，紀貫之《きのつらゆき》らが最初の勅撰《ちょくせん》和歌集[1]となる『古今《こきん》和歌集』を編さんしました。貫之はまた，かなを使った最初の日記文学である『土佐日記《とさにっき》』を記しました。

浄土教《じょうどきょう》と浄土教芸術

10世紀の中ごろになると，天災や社会不安から，末法《まっぽう》思想[2]が流行しました。これを受けて，念仏《ねんぶつ》を唱えて阿弥陀仏《あみだぶつ》を信仰《しんこう》すれば，死後，極楽浄土《ごくらくじょうど》に生まれ変わることができると説く**浄土教《じょうどきょう》**(阿弥陀信仰)がさかんになりました。➡p.70浄土教は，空也《くうや》や源信《げんしん》によって広められました。

有力な貴族は，阿弥陀堂《あみだどう》を建て，阿弥陀仏の像を安置《あんち》しました。藤原頼通《ふじわらのよりみち》⬅p.51の建てた宇治《うじ》(京都府)の平等院鳳凰堂《びょうどういんほうおうどう》などです。その内部は極楽浄土を表し，堂内には阿弥陀如来像《にょらいぞう》が安置されています。阿弥陀信仰は，都の貴族から地方へと広がりました。東北《とうほく》地方の中尊寺金色堂《ちゅうそんじこんじきどう》➡p.67も，阿弥陀信仰の建造物です。

また同じころ，日本の神はインドの仏《ほとけ》が仮《かり》に姿《すがた》を変えてあらわれたものとする説が定着し，仏と神をともに敬う神仏習合《しんぶつしゅうごう》がさかんになりました。

東アジアの変化

この間《かん》，東アジアでは，唐が10世紀の初めにほろび，やがて宋《そう》が中国を統一しました。同じころ，朝鮮《ちょうせん》半島には高麗《こうらい》(コリョ)がおこり，新羅《しらぎ》(シルラ)をほろぼしました。

❷ 末法《まっぽう》の世は，仏法《ぶっぽう》のおとろえる乱世《らんせ》とされた。1052(永承《えいしょう》7)年が末法の初年とされた。

⬆阿弥陀如来像　頬《ほお》の丸い円満な顔立ち，均整《きんせい》のとれた姿《すがた》は，後世の仏像《ぶつぞう》の模範《もはん》とされた。(定朝　作　京都府　平等院蔵)

⬆空也上人像《くうやしょうにんぞう》　諸国《しょこく》を巡《めぐ》る上人の姿を表した鎌倉《かまくら》時代の作品。口から出ているのは，「南無阿弥陀仏《なむあみだぶつ》」を表す小さな仏《ほとけ》の像。(康勝《こうしょう》　作　京都府　六波羅蜜寺《ろくはらみつじ》蔵)

人物コラム

最澄《さいちょう》と空海《くうかい》

●2人の若き僧《そう》●

奈良《なら》時代末，近江《おうみ》(滋賀《しが》県)に生まれた**最澄**《さいちょう》(766～822)は，幼いころから飛びぬけて利発《りはつ》だったといいます。国分寺《こくぶんじ》で修行を積み，比《ひ》叡山《えいざん》にこもって学問に励《はげ》んだ彼《かれ》は，やがて天《てん》台仏教《だいぶっきょう》の教えに強くひかれるようになりました。最澄はさらに勉強を深めるため，遣唐使《けんとうし》の一員として中国に渡《わた》る決意をしました。

無事に唐《とう》に到着《とうちゃく》し，天台山に登った最澄は，一心不乱《いっしんふらん》に学問に打ちこみました。このとき，最澄らの船とともに船出しながら，荒波《あらなみ》に遭《そう》難《なん》してしまった船もありました。遠く南方に流された船に乗っていた僧の一人が，讃岐《さぬき》(香《か》川《がわ》県)出身の**空海**《くうかい》(774～835)でした。

●天台宗《てんだいしゅう》と真言宗《しんごんしゅう》●

最澄(兵庫《ひょうご》県　一乗寺《いちじょうじ》蔵《ぞう》)

最澄は1年足らずで天台の教えを学び，日本に帰国しました。しかし空海は，長安《ちょうあん》で最新の密教《みっきょう》を専門《せんもん》に勉強するため，唐にとどまりました。密教は，仏教の教えを口伝えの秘密《ひみつ》の言葉で述べることによって，仏《ほとけ》の世界に近づき，救いを得ようとする教えでした。

最澄は，帰国した空海の密教にふれ，自分の勉強がまだまだ不十分《ふじゅうぶん》だったことを悟《さと》ります。彼は僧としての立場も年齢《ねんれい》もずっと下である空海に弟子《でし》入りし，密教を学ぼうとしたのです。

最澄は，経典《きょうてん》の研究を重んじ，この世に生を受けた者は，みな等しく仏になることができると説きました。

一方，空海は，人間は宇宙《うちゅう》の法と一体化することによって，この世での肉体のまま仏になれると考え，きびしい修行を重視しました。

空海(京都《きょうと》府　東寺《とうじ》蔵)

また，最澄が今までの仏教のあり方を批判《ひはん》し，古い仏教勢力《せいりょく》と対立を深めたのに対し，空海は共存《きょうぞん》しようとしました。このような考えや立場のちがいから，2人のあいだにはしだいに距離《きょり》が広がっていきました。

●広がる仏教の教え●

最澄は天台宗《てんだいしゅう》を開き，当時の仏教界で大きな存在となりました。天台宗からは，鎌倉《かまくら》時代に浄土宗《じょうどしゅう》や禅宗《ぜんしゅう》などの新しい仏教が生まれました。一方，空海も真言宗《しんごんしゅう》を開いて最澄と同様に活躍《かつやく》し，のちにその教えは各地に広がりました。

平安初期に登場した，最澄と空海という2人の偉大《いだい》な僧により，その後のわが国の仏教が大きく形づくられていくことになりました。

2人は死後，それぞれ伝教大師《でんぎょうだいし》，弘法《こうぼう》大師という名を贈《おく》られ，今なお多くの人々から敬われるとともに慕《した》われています。

読み物
コラム

かな文字の発達

●漢字と日本人●

私たちは，日常の文章の読み書きにおいて，おもに漢字やひらがなを使っています。その中の漢字は，５世紀までに中国から日本に入ってきた文字です。

漢字が日本に入ってきた当初は，漢字だけを使った漢文によって文章の読み書きが行われ，その読み方も中国での読み方と同じでした。しかし，やがて日本人は，文の語順や漢字の読みを日本語に合うように変えて，漢文を読む方法を編み出しました。例えば，「傍若《ぼうじゃく》無人《ぶじん》」を「傍《かたわら》に人無《な》きが若《ごと》し」と読む読み方です。

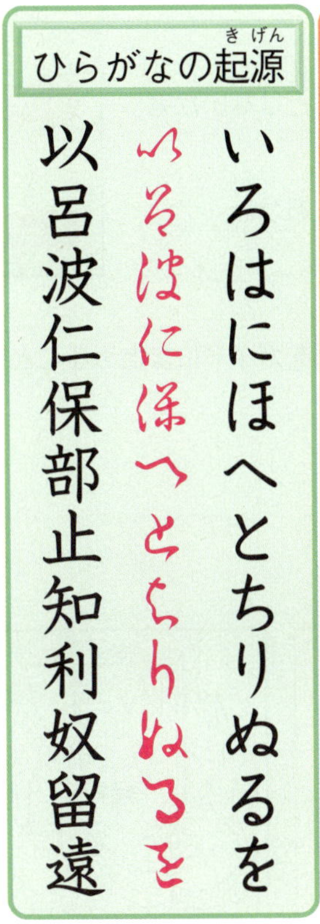
ひらがなの起源《きげん》
いろはにほへとちりぬるを
以呂波仁保部止知利奴留遠

カタカナの起源
イロハニホヘトチリヌルヲ
伊呂八二保部止千利奴流乎

こうした漢文の読み方を漢文訓読《くんどく》といいます。これは，日本人が漢文を読むうえで，とても有効な方法とされており，現代にいたるまで行われ続けています。

一方で，漢文訓読の成立以前から，漢字の意味は無視《むし》して発音だけを利用し，漢字で日本語を書き表すことも行われていました。例えば，奈良時代に編さんされた『万葉集《まんようしゅう》』には，

都《ツ》流《ル》藝《ギ》多《タ》知《チ》　伊《イ》与《ヨ》餘《ヨ》刀《ト》具《グ》倍《ベ》之《シ》　伊《イ》尓《ニ》之《シ》敝《ヘ》由《ユ》
佐《サ》夜《ヤ》氣《ケ》久《ク》於《オ》比《ヒ》弖《テ》　伎《キ》尓《ニ》之《シ》曽《ソ》乃《ノ》名《ナ》曽《ゾ》

という大伴家持《おおとものやかもち》の歌が載《の》っています。これは，

つるぎたち　いよよとぐべし　いにしへゆ
さやけくおひて　きにしそのなぞ

（剣太刀《つるぎたち》のように，いっそう研《と》ぎ澄《す》まさなければなりません。昔から，清く守り伝えられてきた，大伴の名前ですから）

と読みます。

●文字をつくった日本人●

しかし，すべての文字を，画数の多い漢字で書くのは，たいへんな手間と時間がかかります。そこで，日本人は，漢字をもとにして，新しい日本独自《どくじ》の文字を発明しました。それが「ひらがな」と「カタカナ」です。

カタカナは，漢字の一部を取りはずすことによってつくりました。例えば，「江」の右を取り出して「エ」，「保」の右下を取り出して「ホ」などという具合です。一方，ひらがなは，漢字の崩《くず》し字を簡《かん》略《りゃく》化《か》してつくりました。「安」を崩して「あ」，「太」を崩して「た」ができました。

こうして私たちがふだん使っている「私は妹と買い物に行きました」というような，漢字かな交じり文が生まれたのです。「私」「妹」などという漢字が，ある意味をもった言葉（表意《ひょうい》文字）であるのに対し，「は」「と」などというかな文字は，発音だけを表しています（表音《ひょうおん》文字）。

課題学習　奈良《なら》・京都《きょうと》の文化遺産《いさん》を調べてみよう

Aさんの学校では修学旅行で奈良《なら》・京都《きょうと》に行くことになりました。そこで，クラスのみんなで手分けして事前に見どころを調べ，観光ガイドをつくることにしました。

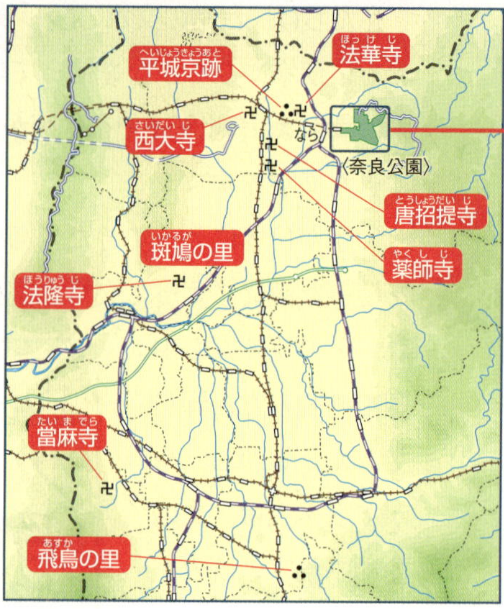

修学旅行は，友だちや先生との交流を深め，思い出をつくる場であると同時に，歴史を自分の目と足で学ぶ貴重《きちょう》な機会です。

旅行のさいには，以下の点に留意しましょう。

①日本のすばらしい文化遺産《いさん》に親しむという心構えをもとう。
②見学する場所について事前にしっかり調べよう。
③旅行の前に調べたことはたがいに発表しよう。
④現地では調べたことを確認し，新しく気づくことはないか考えながら，ゆっくり見学しよう。
⑤旅行のあとで，もう一度考えたことを発表し合おう。

1 奈良の仏像《ぶつぞう》ガイド

Aさんの班のみんなは，奈良について，次のことをガイドにまとめることにしました。

①仏像の基本的な知識
②奈良の有名な仏像の紹介《しょうかい》

仏像について調べてみる

さまざまな仏《ほとけ》の種類

如来《にょらい》　悟《さと》りを開いた仏

菩薩《ぼさつ》　悟りを開くために修行《しゅぎょう》中の仏

明王《みょうおう》　悪い敵をやっつける仏

天部《てんぶ》　仏教を守る仏

（調べてわかったこと）

●仏像は，お経《きょう》に書かれた仏の特徴《とくちょう》を表したものである。
・頭のこぶ（肉けい）　・額《ひたい》の毛（白ごう）
・体が金色に輝《かがや》く　などが仏の特徴
●仏像には，いろいろな種類がある。
・如来─悟りを開いているから質素な僧《そう》の姿《すがた》
・菩薩─まだ修行中なので飾《かざ》りを身につける
●時代によって仏像の表情やつくり方が異なる。

飛鳥《あすか》時代

奈良時代

平安《へいあん》時代

鎌倉《かまくら》時代

東大寺《とうだいじ》

聖武天皇《しょうむてんのう》が全国につくった国分寺《こくぶんじ》の中心寺院として発展《はってん》した。華厳宗《けごんしゅう》。

《見どころ》
- 南大門《なんだいもん》(p.70)—金剛力士像《こんごうりきしぞう》(p.70)
- 大仏殿《だいぶつでん》(p.49)—大仏(p.49)
- 法華堂《ほっけどう》—金剛力士像
- 戒壇《かいだん》堂—四天王《してんのう》像(口絵②)

東大寺法華堂金剛力士像(阿形《あぎょう》・左)と(吽形《うんぎょう》・右)

〈奈良公園〉

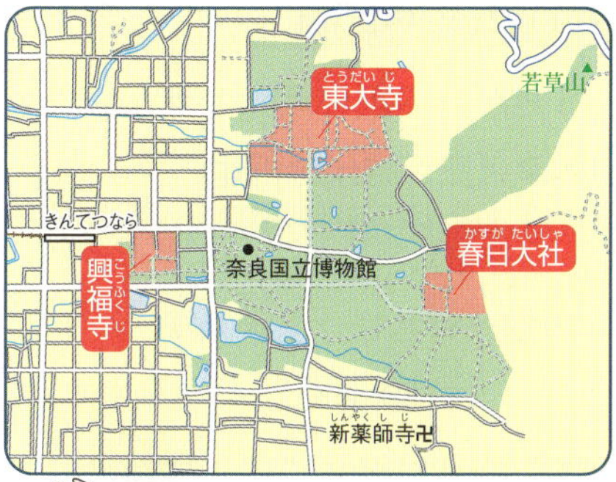

東大寺《とうだいじ》
若草山
きんてつなら
興福寺《こうふくじ》
奈良国立博物館
春日大社《かすがたいしゃ》
新薬師寺《しんやくしじ》

奈良が都でなくなった鎌倉《かまくら》時代の仏像もたくさんあるのね。どうしてか調べてみたいなあ。

興福寺《こうふくじ》

669年の創建《そうけん》。藤原《ふじわら》氏の寺として栄えた。法相宗《ほっそうしゅう》。

《見どころ》
- 五重塔《ごじゅうのとう》　• 東金堂《とうこんどう》
- 国宝館《こくほうかん》—阿修羅《あしゅら》像(口絵②)
  十大弟子《じゅうだいでし》像
  金剛力士像(口絵③)
- 北円《ほくえん》堂—無著《むちゃく》像(口絵③)・世親《せしん》像(春と秋の特別拝観《はいかん》時だけ開いている)

興福寺十大弟子像　須菩提《すぼだい》

法隆寺《ほうりゅうじ》

7世紀初めに聖徳太子《しょうとくたいし》が建てた寺院。金堂《こんどう》と五重塔は現存する世界最古の木造建築とされる。

《見どころ》
- 金堂—釈迦三尊《しゃかさんぞん》像(p.40)
- 五重塔—塑像群《そぞうぐん》　• 大講堂《だいこうどう》
- 大宝蔵殿《だいほうぞうでん》—百済観音《くだらかんのん》像(口絵①)
- 夢殿《ゆめどの》(内部開帳《かいちょう》は春・秋の特別拝観時のみ)

☆近くの中宮寺《ちゅうぐうじ》には，有名な弥勒《みろく》菩薩像(p.40)がある。

法隆寺五重塔

奈良は710(和銅《わどう》3)年に平城京《へいじょうきょう》が置かれて以来，仏教《ぶっきょう》の中心地として栄えてきました。

奈良の仏像は，世界的に見てもとても価値《かち》の高い，日本の宝といってもいいものばかりです。

旅行で見ることになっている仏像の，つくられた時代や由来《ゆらい》について調べてみましょう。当時の人がどんな思いをこめて仏像をつくり，それがどのように表現されているかを考えてみてください。

2 京都の名所ガイド

京都は，有名な寺院について，ガイドにまとめることにしました。

東寺《とうじ》(教王護国寺《きょうおうごこくじ》)

8世紀末に国家の寺としてつくられたが，9世紀初めに空海《くうかい》にあたえられ，真言宗《しんごんしゅう》の中心として栄えた。

《見どころ》

- 五重塔《ごじゅうのとう》
- 講堂《こうどう》―平安《へいあん》初期の代表作をふくむ21体の仏像がある。
- 金堂―薬師三尊像《やくしさんぞんぞう》

↓清水寺本堂

清水寺《きよみずでら》

8世紀末の創建《そうけん》だが，現在の本堂は江戸《えど》時代の再建。

《見どころ》

- 本堂―有名な「清水《きよみず》の舞《ぶ》台《たい》」がある。

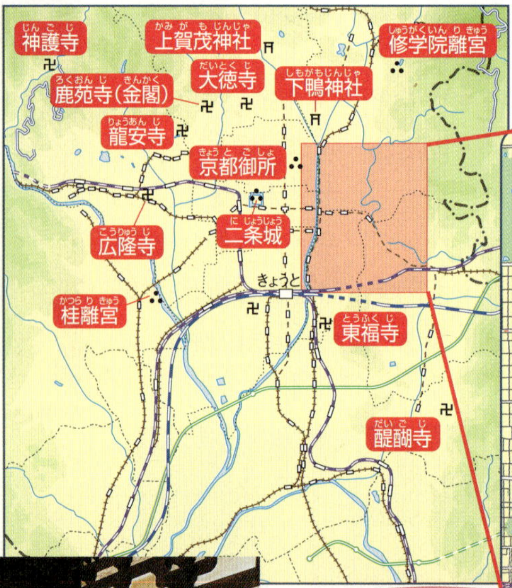

↑不動明王像《ふどうみょうおうぞう》(東寺講堂)［上］　東寺五重塔［下］

↓三十三間堂の内部の千体千手観音像

三十三間堂《さんじゅうさんげんどう》

後白河上皇《ごしらかわじょうこう》の命《めい》を受けて，平清盛《たいらのきよもり》が建てた。現在の堂は鎌倉《かまくら》時代の再建。

《見どころ》

- 本堂
- 千体千手観音《せんたいせんじゅかんのん》像
- 二十八部衆《ぶしゅう》像

京都は，794年に平安京《へいあんきょう》が置かれて以来，明治《めいじ》時代になるまで天皇《てんのう》のいた日本の都です。

今も，平安時代から江戸時代にかけてのさまざまな建築，庭園，美術が残っています。

各グループで，関心のある時代の文化遺産《いさん》を見学してみましょう。きっと多くの発見があるはずです。

なでしこ日本史～その1

推古天皇《すいこてんのう》(554～628)

日本最初の女性天皇

(大阪《おおさか》府　叡福寺蔵《えいふくじぞう》)

6世紀，朝廷《ちょうてい》では豪《ごう》族《ぞく》どうしの争いから，命を落とす天皇《てんのう》や皇子《おうじ》もいたような時代でした。

欽明《きんめい》天皇の皇女《こうじょ》，額《ぬか》田部皇女《たべのひめみこ》は18歳《さい》で敏《び》達《だつ》天皇の后《きさき》となり，皇后《こうごう》として生涯《しょうがい》を終えるはずでした。

しかし，敏達天皇が病死し，その後，弟の崇峻《すしゅん》天皇も殺され，皇位《こうい》が空《あ》く事態《じたい》となったため，有力豪族らの求めに応じて即位《そくい》したのです。この皇女が日本最初の女帝《じょてい》・推古《すいこ》天皇でした。

推古天皇は，聡明《そうめい》な甥《おい》の聖徳太子《しょうとくたいし》を摂政《せっしょう》に任じて国政をゆだね，多くの改革《かいかく》を行い，舒《じょ》明《めい》天皇が即位するまでの36年間，中継《つ》ぎ役の女帝として，その大任《たいにん》を果たしました。

光明皇后《こうみょうこうごう》(701～760)

聖武《しょうむ》天皇と人々への無限の愛

(信濃《しなの》美術館蔵)

光明皇后《こうみょうこうごう》は藤原《ふじわら》氏の娘《むすめ》として生まれ，皇族以外の臣下《しんか》から皇后となった初めての女性です。

夫の聖武天皇とともに熱心な仏教《ぶっきょう》の信者だった皇后は，めぐまれない人々のために薬草をほどこす施薬院《せやくいん》や，孤児《こじ》，病人などを救済《きゅうさい》する悲田院《ひでんいん》を設け，多くの民《たみ》に慕《した》われました。

また，皇后は東大寺《とうだいじ》や国分寺《こくぶんじ》の建立《こんりゅう》を発願《ほつがん》※したほか，書家としても知られ，多くのすぐれた書を残しています。聖武天皇の没後《ぼつご》，皇后は多くの御物《ぎょぶつ》とともに天皇の遺品《いひん》を一つの建物に納《おさ》めました。これが東大寺正倉院《しょうそういん》で，シルクロードを経《へ》て日本に伝えられた宝物《ほうもつ》など，当時の文化を反映《はんえい》した国際色あふれる品々が今日《こんにち》まで保存《ほぞん》されています。

※願をおこすこと

紫式部《むらさきしきぶ》(生没年《せいぼつねん》不明)

大和《やまと》言葉で世界に誇《ほこ》る 長編小説を書いた女流作家

(滋賀《しが》県　石山《いしやま》寺蔵)

『源氏物語《げんじものがたり》』は300人もの人物が登場する世界に誇《ほこ》る長編小説です。宮廷《きゅうてい》を舞台《ぶたい》に，光り輝《かがや》く皇子《おうじ》の光源氏《ひかるげんじ》と，女性たちとのさまざまな愛をえがいた物語は，貴族《きぞく》たちの評判となりました。作者の紫式部《むらさきしきぶ》は，藤原道長《ふじわらのみちなが》の娘《むすめ》・彰子《しょうし》の女房《にょうぼう》として宮中に勤めており，その体験をもとに小説を書いたのです。
←p.51

『源氏物語』はイギリス人アーサー・ウェイリーの英訳により，第一次世界大戦後，世界に知られるようになり，世界文学の最高峰《さいこうほう》の一つとされるようになりました。こまやかな心理描写《びょうしゃ》とすぐれた個性のえがき分けなど，近代文学に通じる長編小説が，ヨーロッパで小説が書かれる数百年も前に，日本女性によってつくられていたのです。

第1章のまとめ

古代で重要な役割《やくわり》を果たした人物ベスト5

❶ 下の表には，古代の歴史で活躍《かつやく》したおもな人物の名前が記されています。右の年表の空欄《くうらん》に，その人物を当てはめてみましょう。

【古代で活躍したおもな人物】

卑弥呼，聖徳太子（厩戸皇子），小野妹子，中大兄皇子（後の天智天皇），中臣（藤原）鎌足，蘇我入鹿，天武天皇，持統天皇，聖武天皇，光明皇后，鑑真，桓武天皇，紫式部，藤原道長

年	古代のおもな人物関連年表
239	邪馬台国の[①]，魏に使者を送る
593	[②]が摂政となる。604年には十七条の憲法を定める
607	[③]，遣隋使として派遣される
645	大化の改新：[④]と[⑤]が協力して[⑥]をたおす
672	壬申の乱：天智天皇が亡くなった後の皇位継承の内乱。大海人皇子（後の[⑦]）が勝利する
694	天武天皇の皇后だった[⑧]が，藤原京（奈良県）に都を移す
743	[⑨]が東大寺の大仏建立を命ずる。その后である[⑩]は，施薬院，悲田院などの社会救済事業を行った
754	唐の高僧[⑪]が，五度の渡航の失敗の後，来日を果たす
794	[⑫]が平安京（京都）に都を移す
1011	このころ，[⑬]が『源氏物語』をあらわす
1016	[⑭]が摂政となる

❷ 右の年表に，下の事項《じこう》・人名などを加えて，古代の歴史理解を深める年表づくりをしてみましょう。

縄文土器，稲作，弥生土器，古墳・埴輪，大和朝廷，大陸文化の伝来，仏教の伝来，遣唐使，大宝律令，和同開珎，平城京，古事記・日本書紀，万葉集，最澄・空海，摂政・関白（摂関政治），菅原道真，荘園

これ以外にも大事な項目がたくさんあるね。

❸ 古代で重要な役割を果たした人物の中からベスト5を選び出し，その理由づけを書き，クラスのみんなと意見交換《こうかん》してみましょう。

例：**【古代で活躍した人物ベスト5】**

第1位 聖徳太子	十七条の憲法を制定するなどして，律令国家への道を築いたから。
第2位	
第5位 紫式部	かな文字を用いて，世界に誇る『源氏物語』を書いたから。

❹ 学習をふり返り，「古代日本の特色」を80字～100字ほどの文章でまとめてみましょう。

例：芸術性の高い縄文土器をつくり，また大陸文化を積極的に取り入れながら独自の文化をつくり，聖徳太子が律令国家への基礎をかため，聖武天皇などの努力で日本という国の基盤がかたまった時代である。

歴史絵巻 ～中世～

中世の世界へ
タイム・トラベルよ！
この時代には，武士《ぶし》とよばれる人たちが登場するんだよ。
武士の登場
平氏《へいし》と源氏《げんじ》という２つの大きな武士団《ぶしだん》ができた。
白河法皇《しらかわほうおう》
平氏にあらずんば人にあらず
平 清盛《たいらのきよもり》
どんな活躍《かつやく》を見せてくれるんだろう。
平氏の繁栄《はんえい》
度は源氏か
源平合戦《げんぺいかっせん》と
壇ノ浦《だんのうら》の戦い
元を撃退《げきたい》したのに，どうして鎌倉幕府は衰退《すいたい》してしまったのかしら？
公家を重んじたため，武士の不満が高まり，２つの朝廷《ちょうてい》ができてしまった。
後醍醐天皇《ごだいごてんのう》は公家《くげ》と武家《ぶけ》を統一した天皇親政《しんせい》をめざしたんだね。
元寇《げんこう》
北朝《ほくちょう》
南朝《なんちょう》
建武《けんむ》の新政（1334年）
吉野《よしの》
足利尊氏《あしかがたかうじ》
後醍醐天皇
室町《むろまち》幕府の成立（1338年）
室町の文化の特色は公家と武家の文化がとけ合っていることだね。
現代に伝わる和の様式の原点なんだ。
応仁《おうにん》の乱
守護《しゅご》が力をつけ，守護大名《だいみょう》に成長した。
足利義満《よしみつ》
力のある者
守護《しゅご》大名を
領主となっ

源《みなもとの》 頼朝《よりとも》 征夷大将軍《せいいたいしょうぐん》となる(1192年)

は長く続かず，今
平氏をたおした。

安徳天皇《あんとくてんのう》

祇園精舎《ぎおんしょうじゃ》の鐘《かね》の声
諸行無常《しょぎょうむじょう》の響《ひび》きあり…

源頼朝

北条政子《ほうじょうまさこ》
(頼朝の妻)

頼朝公の御恩《ごおん》は
山よりも高く
海よりも深い

源《みなもとの》 頼朝《よりとも》が，幕府《ばくふ》を京《きょう》都《と》ではなく，鎌倉《かまくら》に開いたのはなぜかしら？

承久《じょうきゅう》の乱《らん》(1221年)

頼朝の死後，後鳥羽上皇《ごとばじょうこう》は朝廷《ちょうてい》の力を回復しようと兵を挙《あ》げた。しかし，幕府はこれを打ち負かした。

武家《ぶけ》政治の確立

御成敗式目《ごせいばいしきもく》(1232年)

武家独自の
法律をつくった。

13世紀後半，元《げん》が日本に攻《せ》めてきたよ。

武士たちの奮戦《ふんせん》に暴風《ぼうふう》雨《う》も味方し，日本は元の襲来《しゅうらい》を防いだんだ。

文化の面でも，
武士の気風《きふう》を反
映した，力強い
彫刻《ちょうこく》がたくさん
生まれた。

(1467～77年)

下剋上《げこくじょう》と戦国大《せんごくだい》名《みょう》の登場だ。

守護大名の勢力争いが続き，将軍《しょうぐん》の力が弱まるなか，応仁の乱がおきた。

゛実力で
たおし，
たのね。

このあと，だれが日本をまとめていくんだろう？

守る
の。

第2章

中世の日本

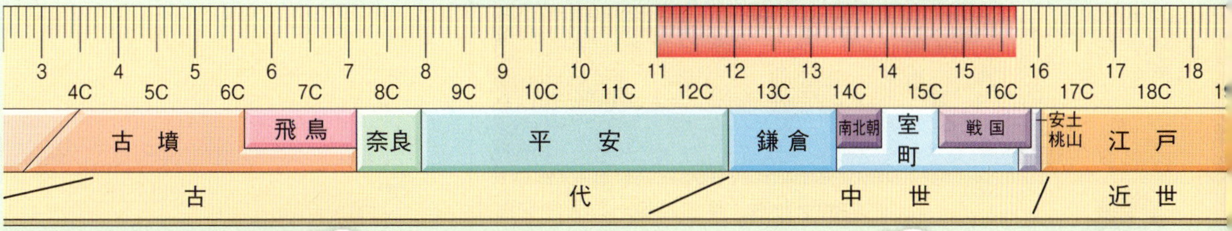

3 4 5 6 7 8 9 10 11 12 13 14 15 16 17 18
4C 5C 6C 7C 8C 9C 10C 11C 12C 13C 14C 15C 16C 17C 18C
古 墳
飛 鳥
奈良
平 安
鎌 倉
南北朝
室町
戦 国
安土桃山
江 戸
古 代
中 世
近 世

遣明船《けんみんせん》（「真如堂《しんにょどう》縁起《えんぎ》絵巻《えまき》」京都《きょうと》府　真正極楽寺《しんしょうごくらくじ》蔵《ぞう》）　室町《むろまち》時代，足利義満《あしかがよしみつ》が始めた明《みん》との貿易（勘合《かんごう》貿易）に使われた船です。15世紀初めから16世紀半ばまでの約150年間に19回，計80隻《せき》以上が渡航《とこう》しました。本格的な構造の日本式の帆船《はんせん》で，国内にあった大型船を改造して用い，帆《ほ》はむしろを縫《ぬ》い合わせたものを使用しています（この絵は遣明船をモデルにえがかれた船）。

遣唐使船《けんとうしせん》と同じように，危険《きけん》な航海だったのかしら。
このころ，日本の大型船の造船技術が確立したらしいね。
船が大型化して，季節風の知識や磁石《じしゃく》の利用などの航海技術が高まっていたから，少しは危険性が減っただろうね。

第1節 武家政治の成立

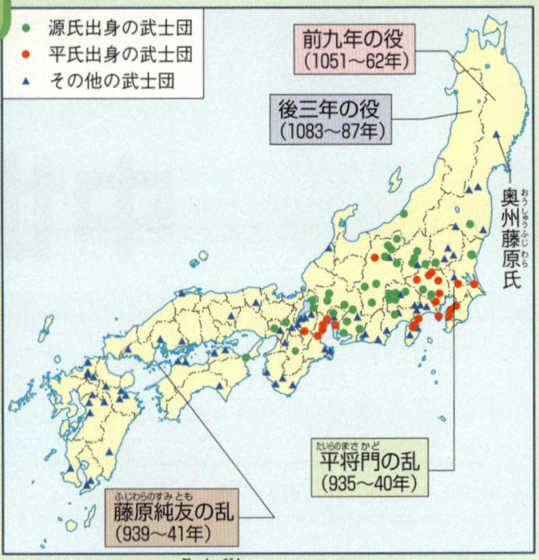
源氏出身の武士団
平氏出身の武士団
その他の武士団
前九年の役
(1051〜62年)
後三年の役
(1083〜87年)
奥州藤原氏《おうしゅうふじわら》
平将門《たいらのまさかど》の乱
(935〜40年)
藤原純友《ふじわらのすみとも》の乱
(939〜41年)

牛車《ぎっしゃ》のまわりにいるのは，どんな人たちなのだろう。

↑武士たち　牛車に乗った天皇《てんのう》を警《けい》護《ご》している。天皇や貴族《きぞく》も武士をたよって行動するようになった。(平《へい》治物語絵巻《じものがたりえまき》　東京《とうきょう》国立博物館蔵《ぞう》)

↑地方の戦乱と武士団《ぶしだん》　各地に多くの武士団が生まれた。

15 武士《ぶし》の登場と院政《いんせい》

◉武士はどのようにして登場し，力をのばしていったのだろうか。

武士の登場

10世紀ごろから，地方では勢力《せいりょく》の拡大《かくだい》と防衛《ぼうえい》のために，武装《ぶそう》する豪族《ごうぞく》や有力農民があらわれました。また，都の周辺でも，武力によって朝廷《ちょうてい》や貴族《きぞく》に仕える豪族があらわれました。彼《かれ》らは武士《ぶし》とよばれました。

こうした武士たちは，国司《こくし》として地方に下った皇族《こうぞく》の子孫《しそん》である**源氏《げんじ》**と**平氏《へいし》**(平家《へいけ》)をかしら(棟梁《とうりょう》)としてしだいにまとまっていき，**武士団《ぶしだん》**❶を形づくるようになりました。

10世紀中ごろ，関東《かんとう》で平将門《たいらのまさかど》，瀬戸内《せとうち》で藤原純友《ふじわらのすみとも》を中心とする大規模《だいきぼ》な武士の反乱《はんらん》がおきました。朝廷は，反乱を平定するために同じ武士の力にたよらざるを得ませんでした。源義《みなもとのよし》家《いえ》は11世紀後半に東北《とうほく》の戦乱❷を2度にわたってしずめ，源氏は東国《とうごく》で最も有力な武士団に成長しました。平氏は12世紀前半に西国《さいごく》を中心に勢力をのばしていきました。

院政のおこり

このころ，藤原《ふじわら》氏を外戚《がいせき》⬅p.51にもたない後三条天《ごさんじょうてん》皇《のう》が即位《そくい》するなど，藤原氏の勢力にもしだいにおとろえが見られるようになりました。後三条天皇は全国の荘園《しょうえん》を整理する命令を出し，朝廷の財政《ざいせい》を整えようとしました。

また，その次に即位した白河《しらかわ》天皇は，退位《たいい》して上皇《じょうこう》❸となってからも政治の実権《じっけん》をにぎり続けました。これを**院政《いんせい》**❹といいます。上皇は荘園に多くの権利《けんり》をあたえて保護したため，荘園の多く

❶　源氏《げんじ》は清和天皇《せいわてんのう》の子孫，平氏《へいし》は桓武《かんむ》天皇の子孫だったとされる。

❷　前九年《ぜんくねん》の役《えき》(1051〜62年)，後三年《ごさんねん》の役(1083〜87年)とよばれている。

❸　天皇の位をゆずった元天皇のこと。

❹　上皇《じょうこう》やその住む御所《ごしょ》を院《いん》とよんだことからいう。摂関《せっかん》政治が天皇の母方の一族によるものだったのに対し，院政《いんせい》は天皇の父や祖父が実権《じっけん》をにぎった。

平治《へいじ》の乱《らん》　源 義朝《みなもとのよしとも》の軍勢《ぐんぜい》が，後白河上皇《ごしらかわじょうこう》の身柄《みがら》を確保するため，上皇の御所(三条殿《さんじょうでん》)を襲《おそ》っているようす。(平治物語絵巻　ボストン美術館蔵)

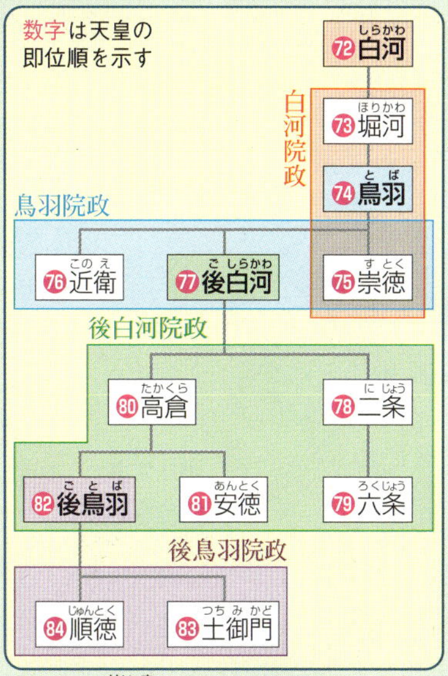

天皇の系図《けいず》と院政の時期

は藤原氏にかわって上皇のもとに集まるようになりました。

一方，1156(保元《ほうげん》元)年におこった**保元の乱**《ほうげんのらん》では，後白河《ごしらかわ》天皇と崇徳《すとく》上皇が，それぞれ武士を味方につけて争いました。戦いは天皇方の勝利に終わりましたが，もはや武士の力なくしては政治の実権をにぎることはできなくなっていました。

平氏《へいし》の繁栄《はんえい》

1159(平治《へいじ》元)年，院政を始めた後白河上皇の近臣《きんしん》の対立から**平治の乱**《へいじのらん》がおこりました。この戦いで平氏は源氏を破り，源氏は棟梁の源義朝《よしとも》を失いました。

平氏の棟梁**平 清盛**《たいらのきよもり》は，後白河上皇に重く用いられ，武士として初めて，太政大臣《だいじょうだいじん》になりました。清盛は大輪田泊《おおわだのとまり》(現在の神戸《こうべ》港)を整備して中国の宋《そう》と積極的に貿易(日宋貿易)を行うなど，対外的には新しい政策を行いました。平氏は朝廷の高い役職を一族で占《し》め，「平氏にあらずんば人にあらず」といわれるほどの権勢《けんせい》を誇《ほこ》りました。

しかし，清盛が自分の娘《むすめ》を天皇の后《きさき》としてその皇子《おうじ》を天皇に立てたり，多くの荘園を一族のものにするなど，藤原氏と同じような行動をとったため，武士たちは失望や不満をいだくようになりました。平氏は反対する貴族や武士を捕《とら》え，きびしく取りしまりましたが，清盛が病死すると，人々は新しい時代のにない手として，源氏に期待を寄せるようになりました。

平清盛《たいらのきよもり》(1118～81)像
(京都《きょうと》府　六波羅蜜寺《ろくはらみつじ》蔵)

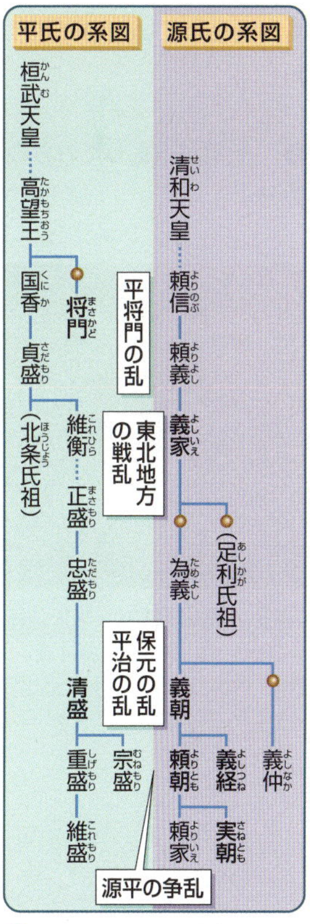

源氏と平氏の系図

鎌倉の復元模型《もけい》(国立歴史民俗《みんぞく》博物館蔵《ぞう》)

源《みなもとの》 頼朝《よりとも》(1147～99)と伝えられている像《ぞう》(京都《きょうと》府　神護寺《じんごじ》蔵)

16 武士《ぶし》の世の到来《とうらい》と鎌倉幕府《かまくらばくふ》

◉鎌倉幕府はどのようなしくみをもっていたのだろうか。

源氏《げんじ》の挙兵《きょへい》と平氏《へいし》の滅亡《めつぼう》

平氏《へいし》はその後，後白河上皇《ごしらかわじょうこう》(のち法皇《ほうおう》)[1]と対立するようになりました。上皇の皇子《おうじ》・以仁王《もちひとおう》が全国の武士《ぶし》に平氏討伐《とうばつ》をよびかけると，平治《へいじ》の乱《らん》のあと，伊《い》豆《ず》(静岡《しずおか》県)に閉《と》じこめられていた**源《みなもとの》 頼朝《よりとも》**はこれに応《こた》え，平氏打倒《だとう》の兵を挙《あ》げました。頼朝のいとこである源義仲《よしなか》が率いる軍《ぐん》勢《ぜい》は，北陸《ほくりく》で平氏の大軍を破り，都から平氏を追い落とすことに成功しました。

鎌倉《かまくら》を本拠地《ほんきょち》とした頼朝は，弟の範頼《のりより》・義経《よしつね》に命じ，瀬戸内《せとない》海《かい》に逃《に》げた平氏を追撃《ついげき》させました。平氏は一ノ谷《いちのたに》(兵庫《ひょうご》県)，屋《や》島《しま》(香川《かがわ》県)の戦いに敗れると，壇ノ浦《だんのうら》(山口《やまぐち》県)に軍船を集結させ，最後の決戦を挑《いど》みました。しかし，平氏はこの戦いにも敗れ，1185(元暦《げんりゃく》２)年，一族の多くは清盛《きよもり》の孫・安徳天皇《あんとくてんのう》とともに海にしずみました。

これら一連の戦いを源平合戦《げんぺいかっせん》といい，義経の活躍《かつやく》は人々のあいだに長く語りつがれることになりました。

[1] 上皇《じょうこう》が出家《しゅっけ》したのちの称号《しょうごう》。

壇ノ浦《だんのうら》の戦い(安徳天皇縁《あんとくてんのうえん》起絵図《ぎえず》　山口《やまぐち》県　赤間《あかま》神宮蔵)

武士の都・鎌倉

勢力《せいりょく》を拡大《かくだい》していく頼朝に対し，後白河法皇は，義経に官位《かんい》をあたえて頼朝に対抗《たいこう》させようとしました。そのため頼朝と義経の対立は深まり，ついに義経は挙兵《きょへい》し，法皇も頼朝討伐《とうばつ》を命じました。頼朝は都に軍を送って法皇を圧迫《あっぱく》し，義経を捕《とら》えるためとして，自分の部下(**御家《ごけ》**

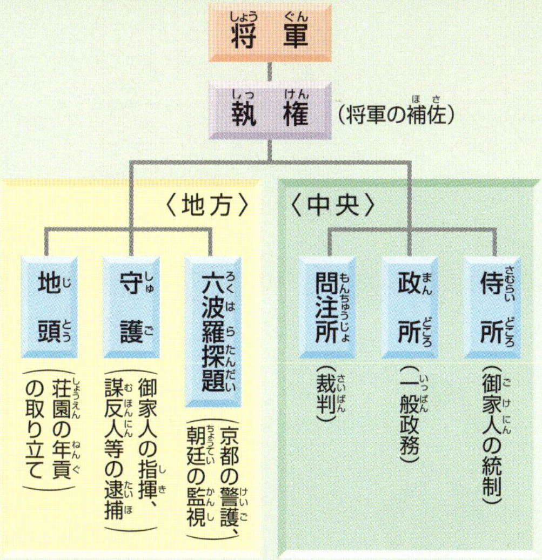
将軍《しょうぐん》
執権《しっけん》（将軍の補佐《ほさ》）
〈地方〉
〈中央〉
地頭《じとう》
（荘園《しょうえん》の年貢《ねんぐ》の取り立て）
守護《しゅご》
（御家人の指揮《しき》、謀反人《むほんにん》等の逮捕《たいほ》）
六波羅探題《ろくはらたんだい》
（京都の警護《けいご》、朝廷《ちょうてい》の監視《かんし》）
問注所《もんちゅうじょ》
（裁判《さいばん》）
政所《まんどころ》
（一般《いっぱん》政務）
侍所《さむらいどころ》
（御家人《ごけにん》の統制）

鎌倉幕府のしくみ　これは鎌倉時代中期のもの。頼朝のころは，執権や六波羅探題は置かれていなかった。

中尊寺金色堂《ちゅうそんじこんじきどう》の内部　奥州藤原氏《おうしゅうふじわら》によって平《ひら》泉《いずみ》に建立《こんりゅう》された。その豊かな経済力《けいざいりょく》がうかがえる。(岩手《いわて》県)

平泉
一ノ谷《いちのたに》
鎌倉
壇ノ浦《だんのうら》
京都
屋島《やしま》

源平合戦《げんぺいかっせん》関係図

人《にん》)を守護《しゅご》や地頭《じとう》として各地に置くことを認《みと》めさせました。国ごとに置かれた守護は国内の警備《けいび》に当たり，荘園《しょうえん》・公領《こうりょう》←p.51ごとに置かれた地頭は年貢《ねんぐ》の取り立てや現地の治安維持《ちあんいじ》に当たりました。こうして頼朝の支配は全国に広がっていきました。

頼朝は，平泉《ひらいずみ》に逃《のが》れた義経を奥州藤原氏《おうしゅうふじわら》に討《う》たせ，続いて奥州藤原氏を攻《せ》めほろぼすと，1192(建久《けんきゅう》３)年，朝廷《ちょうてい》から**征夷大《せいいたい》将軍《しょうぐん》**❷に任命されました。頼朝は鎌倉に武家《ぶけ》政治の拠点《きょてん》を築いたので，これを**鎌倉幕府《ばくふ》**とよび，幕府が鎌倉に置かれた約150年間を**鎌倉時代**といいます。

幕府の成立は，朝廷とは別に，武士による政府《せいふ》ができたことを意味します。これ以降《いこう》，明治維新《めいじいしん》→p.151にいたるまで，わが国には朝廷と武士の政権《せいけん》とがともに存在する時代が続きました。

❷　もともとは蝦夷《えみし》を討《う》つ指揮官《しきかん》のことだったが，頼朝が任命されてからは，武士のかしらを意味するようになった。

コラム Column　源《みなもとの》頼朝《よりとも》はなぜ鎌倉《かまくら》を選んだか

鎌倉の復元模型《もけい》(p.66)を見ると，鎌倉は三方が山に囲まれ，南が海に面していることがわかります。山の中には，敵軍が一気に市街まで攻《せ》め寄せられないように，「切通《きりどお》し」とよばれる馬一頭しか通りぬけできない狭《せま》い道もつくられるなど，くふうがされていました。そして，万一これらを突破《とっぱ》されたとしても海から逃げることができました。このように，鎌倉は守りやすく攻めにくい地形にめぐまれた都市でした。頼朝は鎌倉での寺社の造営《ぞうえい》などに，奥州藤原氏《おうしゅうふじわら》の根《こん》拠地《きょち》の平泉《ひらいずみ》を参考にしたといわれます。

また，鎌倉周辺には源氏《げんじ》ゆかりの武士が多く，戦ううえでも心強い土地でした。同じ武士でありながら，平氏がしだいに貴族化《きぞくか》していくようすを見ていた頼朝は，都のはなやかな暮《く》らしが，いかに武士らしい力強さや質素さをうばうものであるかを知っていたのでしょう。

これは何を定めているのだろう。

笠懸《かさがけ》を行う武士　笠懸とは馬に乗って的《まと》に弓を射《い》る修練《しゅうれん》。当時，馬上から弓を射ることが，武士のおもな戦い方だった。（男衾三郎絵《おぶすまさぶろうえ》詞《ことば》　東京《とうきょう》国立博物館蔵《ぞう》）

一、神社を修理し、神道《しんとう》の行事をよく行うべきこと。
一、寺院を修造し、仏教《ぶっきょう》の行事をよく行うべきこと。
一、各地の守護《しゅご》がとり行うべきこと。

御成敗式目《ごせいばいしきもく》（初めの３か条の項目）
「貞永式目《じょうえいしきもく》」ともよばれる。

17 幕府《ばくふ》政治の展開《てんかい》と人々の暮《く》らし

◉鎌倉《かまくら》時代，武士《ぶし》や農民はどのような生活をしていたのだろうか。

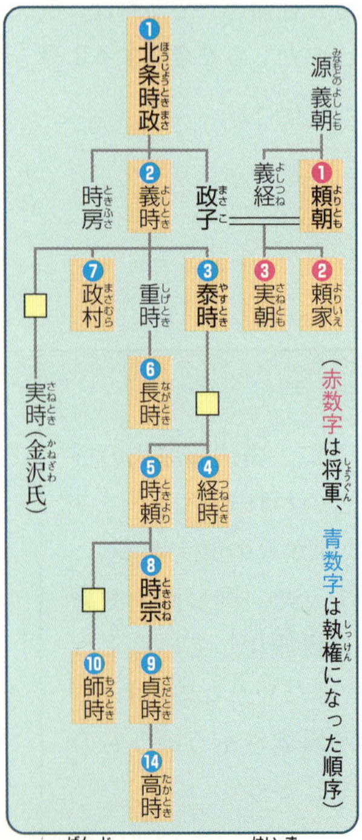

❶北条時政《ほうじょうときまさ》
源義朝《みなもとのよしとも》
時房《ときふさ》
❷義時《よしとき》
政子《まさこ》
義経《よしつね》
❶頼朝《よりとも》
❼政村《まさむら》
重時《しげとき》
❸泰時《やすとき》
❸実朝《さねとも》
❷頼家《よりいえ》
実時《さねとき》（金沢《かねざわ》氏）
❻長時《ながとき》
❺時頼《ときより》
❹経時《つねとき》
❽時宗《ときむね》
❿師時《もろとき》
❾貞時《さだとき》
⓮高時《たかとき》
（赤数字は将軍《しょうぐん》、青数字は執権《しっけん》になった順序）

源氏《げんじ》と北条氏の系図《けいず》

北条《ほうじょう》氏の政治

源 頼朝《みなもとのよりとも》の死後，その妻・北条政子《ほうじょうまさこ》➡p.85の父の北条時政《ときまさ》が政治の実権《じっけん》をにぎりました。そして，頼朝の跡《あと》を継《つ》ぎ将軍《しょうぐん》となった頼朝の息子《むすこ》たちは暗殺されて，源《げん》氏《じ》の将軍は絶えました。北条氏は，藤原《ふじわら》氏から将軍をむかえ，自《みずか》らは将軍を補佐《ほさ》する**執権《しっけん》**として幕府《ばくふ》の政治を動かしました。これを**執権政治**といいます。こうした政治に一部の御家人《ごけにん》は反発し，幕府内部で戦いがおこるなど，幕府は動揺《どうよう》を見せました。そこで後鳥羽上皇《ごとばじょうこう》は，1221（承久《じょうきゅう》３）年，全国の武士《ぶし》によびかけて幕府を討《う》とうとしましたが，北条氏の率《ひき》いる幕府軍に敗れ，隠岐《おき》（島根《しまね》県）に流されました（**承久《じょうきゅう》の乱《らん》**）。

幕府は，朝廷《ちょうてい》に味方した武士の土地を取り上げ，御家人に分けあたえ，その力は西日本にもおよぶようになりました。都には六波羅探題《ろくはらたんだい》が置かれ，朝廷は幕府の監視下《かんしか》に置かれました。

1232（貞永《じょうえい》元）年，執権北条泰時《やすとき》により，武家社会のおきてや裁判《さいばん》の基準《きじゅん》をまとめた**御成敗式目《ごせいばいしきもく》**（貞永式目《じょうえいしきもく》）が制定されました。これは，慣習に基《もと》づいた現実的でわかりやすい法律だったため，広く武士のあいだに定着しました。

武士の暮らし

御家人は，将軍の命令に従《したが》って戦いに参加したり，都の警備《けいび》に当たりました（**奉公《ほうこう》**）。一方，将軍は御家人の働《はたら》きや手柄《てがら》に応じて所領《しょりょう》（土地）をあたえまし

❶一遍を斬《き》ろうとする武士。一遍の説法《せっぽう》を聞いた妻が出家したことに怒《おこ》っている。
❷店前で布の売買をする男女。男は手に銭《ぜに》の束をもっている。
❸ますで米をはかっている。
❹川舟《かわぶね》の船着場《ふなつきば》。水上輸送は，陸上輸送より多くのものを速く運べるので，川の近くで市が開かれることが多かった。
❺備前焼《びぜんやき》の大がめを売る店。福岡は備前焼の産地から近かった。
❻外出用の笠《かさ》をかぶる店番の女性。こうした笠は市《いち》女笠《めがさ》とよばれた。

↑市《いち》のようす　備前《びぜん》(岡山《おかやま》県)の福岡《ふくおか》で開かれた市。(一遍上人絵伝《いっぺんしょうにんえでん》　神奈川《かながわ》県　清浄光寺《しょうじょうこうじ》蔵)

た(**御恩**《ごおん》)。所領は武士の財産《ざいさん》であり，これを守り，新しい所領を得るために命がけで奉公することを「一所懸命《いっしょけんめい》」とよびます。

多くの武士は一族でまとまって農村に館《やかた》を構え，農民に田畑を耕作させました。また，衣食住《いしょくじゅう》すべてに質素な暮《く》らしを心がけ，日ごろから戦いに備《そな》え武芸《ぶげい》に励《はげ》み❶，所領内を見まわり，その管理に努めました。

一方，御成敗式目は，女性の土地相続を認《みと》めていたため，女性でも地頭《じとう》や御家人になることができました。

地頭となった武士は，荘園《しょうえん》の年貢《ねんぐ》を取り立てる権限《けんげん》をもったことから，土地の支配をめぐって荘園領主《りょうしゅ》と争うようになりました。そして，幕府の後ろだてや武力によって，多くの地頭が荘園の土地の管理者となり，土地への支配を強めていきました。

社会のようす

灌漑《かんがい》の技術が進歩すると，稲作《いなさく》と畑作の二毛《にもう》作《さく》❷を行う地域《ちいき》が広がりました。鉄製の農具や牛馬を使った耕作，草木の灰《はい》などを肥料《ひりょう》とする技術も広まり，茶や藍《あい》，麻《あさ》，桑《くわ》など，多くの作物が栽培《さいばい》されるようになりました。

農村では，農具や生活に必要な鉄製品をつくる鍛冶屋《かじや》や，染《そ》め物を行う職人があらわれました。人々が集まる寺社のまわりなどには決められた日に**定期市**《ていきいち》が立ち，地元の特産品や都から運ばれた織物，工芸品などが売られました。

↑後鳥羽上皇《ごとばじょうこう》(1180 ～ 1239)　文武にすぐれ，時代を代表する歌人でもあった。(大《おお》阪《さか》府　水無瀬《みなせ》神宮蔵)

❶　「弓馬《きゅうば》の道」「兵《つわもの》の道」などとよばれる，名を重んじ，恥《はじ》を知る武士の態度が育った。

❷　同じ土地に 1 年に 2 度，米と麦などの別の作物をつくること。

↑宋銭《そうせん》　宋《そう》との貿易(←p.65)によって，日本に大量に流入した。市が各地で立つなかで，宋銭が広く流通し，日本に貨幣経済《かへいけいざい》が広がった。(貨幣博物館蔵)

↑**金剛力士像**《こんごうりきしぞう》**(阿形**《あぎょう》**・左)(吽形**《うんぎょう》**・右)**　運慶《うんけい》・快慶《かいけい》らの手によりつくられた。高さは約8.4m。(奈良《なら》県)

↑**東大寺南大門**《とうだいじなんだいもん》　鎌倉時代を代表する力強く雄大《ゆうだい》な建築。両わきには左の写真のような巨大《きょだい》な金剛力士像が置かれている。(奈良県)

武士の時代になると，彫刻《ちょうこく》も力強そうね。

18

新しい仏教《ぶっきょう》と武士《ぶし》の文化

◉武士の時代，宗教《しゅうきょう》や文化はどのように変わっていったのだろうか。

↑**親鸞**《しんらん》(1173 ～ 1262)　彼《かれ》の教えは「悪人正機説《あくにんしょうきせつ》」とよばれる。(京都《きょうと》府　西本願寺《にしほんがんじ》蔵《ぞう》)

↑**道元**《どうげん》(1200 ～ 53)　越前《えちぜん》(福井《ふくい》県)に永平寺《えいへいじ》を開いた。(福井県　宝慶寺《ほうきょうじ》蔵)

鎌倉《かまくら》時代の仏教

平安《へいあん》時代末から続いた社会不安は，人々の極楽浄土《ごくらくじょうど》へのあこがれを強めました。**法然**《ほうねん》は**浄土宗**《じょうどしゅう》を開き，ひたすら念仏《ねんぶつ》(南無阿弥陀仏《なむあみだぶつ》)を唱え，阿弥陀仏にすがれば，だれもが浄土に行けると説きました。法然の弟子《でし》の**親鸞**《しんらん》は，その教えをさらに徹底《てってい》させ，罪深い悪人こそ阿弥陀仏が救おうとしている人々であるとして，流罪《るざい》になりながらも教えを広め，**浄土真宗**《じょうどしんしゅう》(一向宗《いっこうしゅう》)を開きました。また，**一遍**《いっぺん》は**時宗**《じしゅう》を開き，踊《おど》り念仏《ねんぶつ》を広めました。こうした念仏の教えに対し，**日蓮**《にちれん》は最もすぐれた仏教《ぶっきょう》の教えは法華経《ほけきょう》であるとして，題目《だいもく》(南無妙法蓮華経《なむみょうほうれんげきょう》)を唱えれば，人も国も救われるという**日蓮宗**《にちれんしゅう》(法華宗《ほっけしゅう》)を説きました。

これらの仏教の教えはわかりやすく実行しやすいものだったため，貴族《きぞく》のみならず，武士《ぶし》や民衆《みんしゅう》にも広がっていきました。

一方，仏教の一派《いっぱ》である**禅宗**《ぜんしゅう》も宋《そう》から伝わり，**栄西**《えいさい》は**臨済宗**《りんざいしゅう》を，**道元**《どうげん》は**曹洞宗**《そうとうしゅう》を広めました。ひたすら座禅《ざぜん》を組み，悟《さと》りの境地を得ようとする，禅宗の簡素《かんそ》な教えは，幕府《ばくふ》の保護を受け，武士のあいだに広がっていきました。また，宋に渡《わた》る日本人の禅僧《ぜんそう》や来日する宋の禅僧も多く，彼《かれ》らは大陸との文化交流に大きな役割《やくわり》を果たしました。

このようにして仏教は，国や政治を動かす思想というより

踊《おど》り念仏《ねんぶつ》　一遍《いっぺん》は諸国《しょこく》をめぐり，踊り念仏を行った。（一遍上人絵伝《しょうにんえでん》　東京《とうきょう》国立博物館蔵）

人物コラム　百人一首《ひゃくにんいっしゅ》と藤原定家《ふじわらのていか》

藤原定家は，京都《きょうと》・小倉山《おぐらやま》で名歌百首を選んだ「百人一首」の選者としても知られています。7世紀の天智天皇《てんじてんのう》から13世紀の順徳院《じゅんとくいん》にいたる100首の作品は，王朝《おうちょう》文化の華《はな》として，またすぐれた文学作品として日本人の心に深く根を下ろしてきました。近年でも，競技かるたとして各地でさかんに対戦が行われています。1000年も昔《むかし》につくられた作品を使って，小学生からお年寄りまでが楽しむことができるという国は，世界でも珍《めずら》しいといえるでしょう。

も，個人の救いや悟りを得るための教えという性質を強めていきました。

武士の文化

鎌倉時代になると，武士の勢いや力強さが文化にも反映されるようになりました。平氏《へいし》の繁栄《はんえい》と没落《ぼつらく》をえがいた『**平家物語《へいけものがたり》**』は軍記物《ぐんきもの》の名作とされ，琵琶《びわ》法師《ほうし》の弾《ひ》き語りによって各地に広まりました。

一方，公家《くげ》のあいだでは和歌が好まれ，後鳥羽上皇《ごとばじょうこう》←p.69の命《めい》によって藤原定家《ふじわらのていか》らが『**新古今和歌集《しんこきんわかしゅう》**』を編さんし，西行《さいぎょう》などのすぐれた歌人の作品が収められました。また，鴨長明《かものちょうめい》の『方丈記《ほうじょうき》』や吉田兼好《よしだけんこう》の『徒然草《つれづれぐさ》』など，世の中のはかなさと人生の無常《むじょう》をつづった随筆《ずいひつ》も生まれました。

平氏によって焼かれた東大寺《とうだいじ》は，皇族《こうぞく》や貴族，武士や民衆などの寄付によって再建され，東大寺の南大門《なんだいもん》には，奈良《なら》時代の彫刻《ちょうこく》の影響《えいきょう》を受けた**運慶《うんけい》**や快慶《かいけい》らの手により，力強い動きを表す金剛力士像《こんごうりきしぞう》がつくられました。また，運慶は，無著《むちゃく》←口絵p.3・世親《せしん》像などの写実性にすぐれた傑作《けっさく》も生み出しました。

絵画では，似絵《にせえ》という肖像画《しょうぞうが》がえがかれました。伝 源《みなもとの》 頼朝《よりとも》像←p.66や伝 平《たいらの》 重盛《しげもり》像は気品に満ちており，大燈国師《だいとうこくし》像や夢想国師《むそうこくし》像など，禅僧の肖像画もその高い人格を伝えています。絵巻物《えまきもの》でも，『平治物語絵巻《へいじものがたりえまき》』←口絵p.4，p.64，65などのすぐれた作品がつくられました。

祇園精舎《ぎおんしょうじゃ》の鐘《かね》の声，
諸行無常《しょぎょうむじょう》の響《ひびき》あり。
娑羅双樹《さらそうじゅ》の花の色，
盛者必衰《じょうしゃひっすい》の理《ことわり》をあらわす。
おごれる人《もの》も久《ひさ》しからず，
只春《ただはる》の夜《よ》の夢《ゆめ》のごとし。
たけき者も遂《つい》にはほろびぬ。
偏《ひとえ》に風の前の塵《ちり》に同じ。
…………

↑『平家物語《へいけものがたり》』の冒頭《ぼうとう》

↑琵琶法師《びわほうし》（慕帰絵詞《ぼきえことば》　京都府　西本願寺蔵）

元の戦い方は，日本の武士とどこがちがうのだろう。

元軍《げんぐん》と戦う武士《ぶし》　武士の名は竹崎季長《たけざきすえなが》といい，戦いの後，上の絵をえがかせた。中央で爆発《ばくはつ》しているのは，元軍の火薬兵器「てつはう」。こうした兵器に，多くの武士が苦戦した。（蒙古襲来絵詞《もうこしゅうらいえことば》　宮内庁《くないちょう》三の丸尚蔵館《しょうぞうかん》蔵《ぞう》）

19 元寇《げんこう》と鎌倉幕府《かまくらばくふ》のおとろえ

◉元や高麗《こうらい》との戦いは日本にどのような影響《えいきょう》をあたえたのだろうか。

モンゴル帝国《ていこく》

13世紀になると，モンゴル高原にあらわれたチンギス・ハン（ジンギスカン）が多くの部族《ぶぞく》を統一し，**モンゴル帝国《ていこく》**を築きました。帝国は強力な騎馬隊《きばたい》ときびしいおきてにより領土を広げ，やがてアジアだけでなくヨーロッパの一部にまで達するかつてない大帝国を築き上げました。５代皇帝《こうてい》フビライ・ハンの時代には国号を**元《げん》**と改め，都を大都《だいと》（現在の北京《ペキン》）に定めました。❶

元《げん》の襲来《しゅうらい》

日本を従《したが》わせようとしたフビライは，武力を背景《はいけい》に，高麗《こうらい》《コリョ》を使者としてわが国に属国《ぞっこく》となるよう求めました。朝廷《ちょうてい》と執権北条時宗《しっけんほうじょうときむね》はこれを拒否《きょひ》し，元の襲来《しゅうらい》に備《そな》え，九州《きゅうしゅう》の守りをかためました。

高麗兵を含《ふく》む約３万の元軍が，約900隻《せき》の軍船に乗り朝鮮《ちょうせん》半島を出港したのは1274（文永《ぶんえい》11）年でした。元軍は対馬《つしま》，壱岐《いき》に攻《せ》め寄せ，❷それぞれの守護《しゅご》が率いる軍勢《ぐんぜい》を打ち破ると，北九州に上陸しました。国難《こくなん》に対処《たいしょ》しようと九州各地から集まった多くの御家人《ごけにん》たちがこれをむかえうちました。御家人たちは，武器や戦法のちがいから苦戦を強《し》いられましたが，勇敢《ゆうかん》に戦いました。

やがて，武器を消耗《しょうもう》した元軍は，日本側の夜襲《やしゅう》をおそれて軍船に引きあげ，撤退《てったい》しました。このとき軍船は暴風雨《ぼうふうう》に襲《おそ》われ，

❶　フビライに仕えたイタリア人マルコ・ポーロは，紀行文『東方見聞録《とうほうけんぶんろく》』で，日本を「黄金の国ジパング」としてヨーロッパに初めて紹介《しょうかい》した。

❷　元軍は住民に対して略《りゃく》奪《だっ》や暴行《ぼうこう》を行った。

フビライ・ハン（1215～94）　チンギス・ハンの孫。帝位《ていい》をめぐる戦いに勝利して皇帝《こうてい》となる。宋《そう》をほろぼすなど，積極的に領土を拡《かく》大《だい》した。

モンゴル帝国の領土　ユーラシア大陸の東西に広がる大帝国が成立した。

元軍の進路　江南軍は，降伏《こうふく》した宋軍の将兵《しょうへい》で編成されていた。

元軍は大きな被害《ひがい》を受けました(文永《ぶんえい》の役《えき》)。

1281(弘安《こうあん》４)年，元は14万の大軍でふたたび北九州に攻め寄せました。御家人たちは前回の経験から敵軍の上陸を許《ゆる》さない戦法をとり，約２か月間，海岸沿いで上陸をくい止めました。これに対し元軍は，海上で態勢《たいせい》を立て直そうと兵を集結させましたが，ふたたび暴風雨❸によって壊滅的《かいめつてき》な損害《そんがい》を受け，退却《たいきゃく》しました(弘安《こうあん》の役《えき》)。こうしてわが国は独立を保つことができました。この２度にわたる元軍の襲来を**元寇**《げんこう》といいます。

幕府のおとろえ

鎌倉《かまくら》時代には土地の分割《ぶんかつ》相続が進んだため，しだいに御家人一人当たりの所領《しょりょう》は小さくなり，生活はきびしさを増していました。元寇で手柄《てがら》を立て，新たな恩賞《おんしょう》を得ようとした彼《かれ》らは，所領を質《しち》に入れたり，売るなどして戦いの費用にあてました。しかし，元寇は防衛戦《ぼうえいせん》だったため，幕府《ばくふ》からの恩賞はほとんどなく，御家人たちは不満をつのらせていきました。

1297(永仁《えいにん》５)年，幕府は**徳政令**《とくせいれい》を出し，御家人たちを借金などから救おうとしましたが，かえって社会を混乱《こんらん》させました。

さらにこのころ，荘園《しょうえん》を襲《おそ》って，年貢《ねんぐ》をうばったりする集団(悪党《あくとう》)が各地に出没《しゅつぼつ》しましたが，幕府はこれをうまく取りしまることができず，その権威《けんい》や信用は失われていきました。

現在に残る石塁《せきるい》　文永の役の後，元の再襲来《しゅうらい》に備《そな》えて博多《はかた》湾沿岸《わんえんがん》に築かれた。(福岡《ふくおか》県)

❸　わが国を救った暴風雨《ぼうふうう》は「神風《かみかぜ》」とよばれた。

悪党《あくとう》　畿内《きない》を中心とした各地にあらわれた新興《しんこう》の武士集団。商業や運送業にたずさわる者が多かった。(聖徳太子絵伝《しょうとくたいしえでん》　大阪府《おおさかふ》　四天《してん》王寺《のうじ》蔵)

第2節　武家政治の動き

この２人によって，政治はどう動いたのかな。

←**後醍醐天皇**《ごだいごてんのう》(1288 ～ 1339)　宋《そう》の朱子学《しゅしがく》の影響《えいきょう》を強く受け，天皇が直接政治を行う体制をめざした。(神奈川《かながわ》県　清浄光寺《しょうじょうこうじ》蔵《ぞう》)

→**足利尊氏**《あしかがたかうじ》(1305 ～ 58)　恩賞《おんしょう》を惜《お》しまなかったので，武士《ぶし》たちのあいだに人望《じんぼう》があった。(京都《きょうと》府　等持院《とうじいん》蔵)

20
建武《けんむ》の新政《しんせい》と南北朝《なんぼくちょう》の動乱《どうらん》

◉鎌倉幕府《かまくらばくふ》がほろんだあと，日本はどうなっていったのだろうか。

鎌倉幕府の滅亡《めつぼう》

13世紀後半，朝廷《ちょうてい》では天皇《てんのう》の位《くらい》をめぐる争いから，幕府《ばくふ》の監視《かんし》のもとで二つの皇統《こうとう》から交《こう》互《ご》に天皇が即位《そくい》するという，不自然な状態が続いていました。

こうしたなか，朝廷に政治の実権《じっけん》を取りもどそうとした**後醍醐**《ごだいご》**天皇**は，幕府に不満をもつ公家《くげ》❶や地方の武士《ぶし》によびかけ，幕府をたおす計画を進めました。ところが，その計画はもれ，天皇は捕《とら》えられて隠岐《おき》(島根《しまね》県)へ流されました。しかし，その後も，天皇側の楠木正成《くすのきまさしげ》や護良《もりよし》《もりなが》親王《しんのう》らは，ねばり強く幕府と戦い続け，やがて天皇は島から脱出《だっしゅつ》し，船上山《せんじょうさん》(鳥取《とっとり》県)にたてこもりました。

苦戦を続ける幕府は，船上山を攻《せ》めるために**足利尊氏**《あしかがたかうじ》の軍勢を京都《きょうと》に向かわせましたが，逆に尊氏は天皇方に味方し，六波羅探題《ろくはらたんだい》を攻めほろぼしました。また，新田義貞《にったよしさだ》は鎌倉《かまくら》に総攻撃《そうこうげき》をかけ，1333(正慶《しょうけい》２・元弘《げんこう》３)年，鎌倉幕府は滅亡《めつぼう》しました。

建武の新政

都にもどった後醍醐天皇は，朝廷を中心とする新しい政治を始めました。これを**建武**《けんむ》**の新政**《しんせい》❷といいます。しかし，幕府をたおした武士への恩賞《おんしょう》が不十分《ふじゅうぶん》なうえに，新政の方針《ほうしん》が公家を重んじるものだったため，武士たちの失望が広がりました。そのため，足利尊氏が武家《ぶけ》政治の再興《さいこう》をよびかけ兵を挙《あ》げると，多くの武士がこれに従《したが》いまし

❶　天皇に仕える貴族。もとは天皇や朝廷《ちょうてい》をさす語。

↑**楠木正成**《くすのきまさしげ》(？～ 1336)　河内《かわち》(大阪《おおさか》府)の豪族《ごうぞく》。戦いにすぐれ，後醍醐天皇のために戦い続けたことから，のちに「忠臣《ちゅうしん》」とたたえられた。(大阪府　楠妣庵観音寺《なんびあんかんのんじ》蔵)

❷　天皇による政治が復興《ふっこう》したことから，建武の中興《ちゅうこう》ともよばれる。

た。尊氏は天皇の一方の血統と結びついて都を攻め，後醍醐天皇は吉野《よしの》（奈良《なら》県）に逃《のが》れました。

尊氏は都に新たな天皇を立てたので，この後，吉野（南朝《なんちょう》）と京都（北朝《ほくちょう》）に二つの朝廷が並《なら》び立つ**南北朝時代《なんぼくちょうじだい》**が約60年間続くことになりました。

南北朝の動乱

1338（暦応《りゃくおう》元・延元《えんげん》3）年，尊氏は北朝の天皇から征夷大将軍《せいいたいしょうぐん》に任命され，京都で幕府政治を復活させました。尊氏は，鎌倉幕府にならって幕府のしくみをつくりあげ，足利一族の有力な武士を将軍の補佐《ほさ》役である管領《かんれい》❸に任命しました。また，関東《かんとう》地方を治めるために鎌倉府《かまくらふ》を置きました。成立して間もない幕府は，内部での主導《しゅどう》権《けん》争いや，南朝という敵対勢力《せいりょく》をかかえて不安定な状態でした。尊氏は，幕府への支持を得るため，荘園《しょうえん》の年貢《ねんぐ》の半分を守《しゅ》護《ご》にあたえるというきまりを出しました。

守護大名《しゅごだいみょう》の成長

この命令で各地の守護は，領国《りょうごく》の米の管理に強い権限《けんげん》をもつようになりました。彼《かれ》らはこのきまりを利用し，国内の武士と主従《しゅじゅう》関係を結び，強力な家臣団を築いていきました。こうして各地の守護は，領国に対する強い支配力をもつ**守護大名《しゅごだいみょう》**に成長しました。このように，幕府の政治体制は早い段階から，守護大名による連合体という形をとることになりました。

此比《このごろ》都ニハヤル物

夜討《ようち》① 強盗《ごうとう》 謀綸旨《にせりんじ》②

召人《めしうど》③ 早馬《はやうま》④ 虚騒動《からさわぎ》⑤

生頸《なまくび》⑥ 還俗《げんぞく》⑦ 自由出家《じゆうしゅっけ》⑧

俄大名《にわかだいみょう》⑨ 迷者《まよいもの》⑩

安堵《あんど》 恩賞《おんしょう》 虚軍《そらいくさ》⑪

本領《ほんりょう》ハナルル訴訟人《そしょうにん》⑫

文書《もんじょ》入リタル細葛《ほそつづら》⑬

追従《ついしょう》⑭ 讒人《ざんにん》⑮ 禅律僧《ぜんりつそう》⑯

下剋上《げこくじょう》スル成出者《なりでもの》⑰……

（『建武年間記《けんむねんかんき》』より）

①夜に押し入る強盗　②天皇のにせの命令書
③囚人《しゅうじん》　④事件を知らせるために急行する馬
⑤無意味な騒動《そうどう》　⑥斬《き》られたばかりの首
⑦僧《そう》が一般人にもどること
⑧勝手に僧になること
⑨急に領地が大きくなった領主
⑩路頭に迷う者
⑪恩賞を得るために、やってもいない戦いを報告すること
⑫土地訴訟のために本拠《ほんきょ》の領地をはなれて上京する者
⑬訴訟人が権利証を入れているつづら箱
⑭おべんちゃら
⑮他人をおとしいれようと、中傷《ちゅうしょう》して告げ口する者
⑯禅宗《ぜんしゅう》や律宗《りっしゅう》の僧（政治に介入する者が多かった）
⑰上の身分の者をたおして成り上がった者

二条河原《にじょうがわら》の落書《らくしょ》　建武の新政当時，京都の二条河原にかかげられたもの。新政の混乱《こんらん》ぶりを遠回しに批判《ひはん》している。

❸ 斯波《しば》氏，細川《ほそかわ》氏，畠山《はたけやま》氏が交代で務めた。

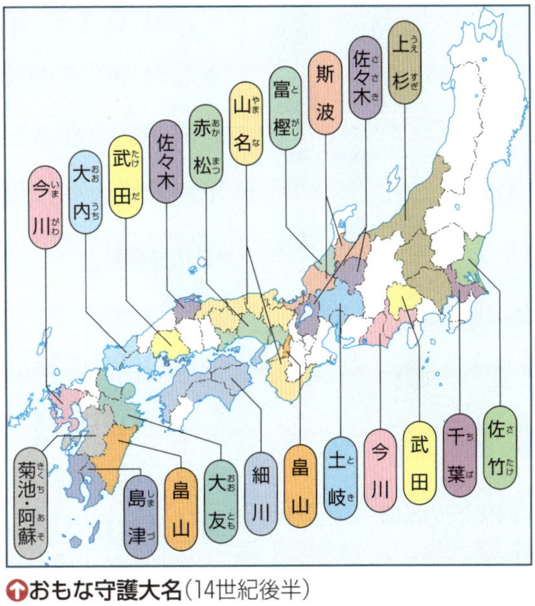

おもな守護大名（14世紀後半）

義満はどんな政治を
行ったのだろう。

花の御所《ごしょ》　邸宅《ていたく》にさまざまな名花が植えられていたので，「花の御所」とよばれた。(洛中洛外図屏風《らくちゅうらくがいずびょうぶ》狩野永徳《かのうえいとく》　作　米《よね》沢《ざわ》市上杉《うえすぎ》博物館蔵《ぞう》)

足利義満《あしかがよしみつ》
(1358 ～ 1408)
(京都《きょうと》府　鹿苑寺《ろくおんじ》蔵)

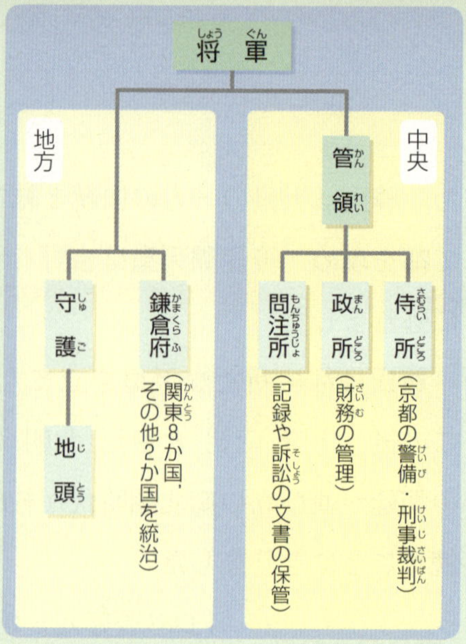

将《しょう》軍《ぐん》
地方
中央
管《かん》領《れい》
守《しゅ》護《ご》
地《じ》頭《とう》
鎌倉府《かまくらふ》
(関東《かんとう》8か国，その他2か国を統治)
問注所《もんちゅうじょ》
(記録や訴訟《そしょう》の文書の保管)
政所《まんどころ》
(財務《ざいむ》の管理)
侍所《さむらいどころ》
(京都の警備《けいび》・刑事裁判《けいじさいばん》)

室町幕府のしくみ

21
室町幕府《むろまちばくふ》と東アジア

◉室町時代，日本は周辺諸《しょ》国《こく》や地域《ちいき》とどのような関係をもっていたのだろうか。

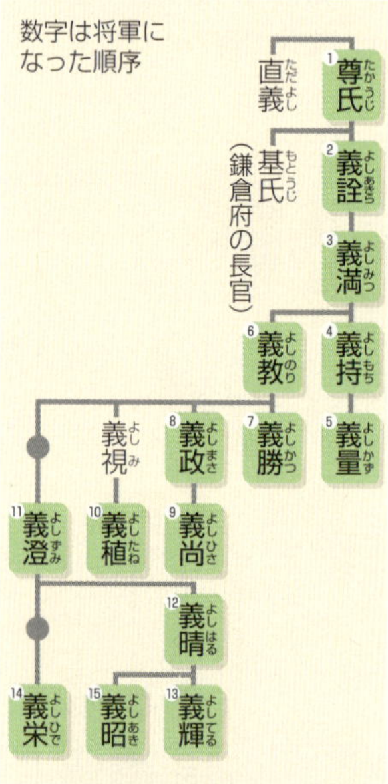

数字は将軍になった順序
1 尊氏《たかうじ》
直義《ただよし》
2 義詮《よしあきら》
基氏《もとうじ》(鎌倉府の長官)
3 義満《よしみつ》
4 義持《よしもち》
5 義量《よしかず》
6 義教《よしのり》
7 義勝《よしかつ》
8 義政《よしまさ》
義視《よしみ》
9 義尚《よしひさ》
10 義稙《よしたね》
11 義澄《よしずみ》
12 義晴《よしはる》
13 義輝《よしてる》
14 義栄《よしひで》
15 義昭《よしあき》

足利氏の系図《けいず》　足利氏は源氏《げんじ》を先祖《せんぞ》とし，鎌倉時代から武家《ぶけ》の名門だった。

室町幕府と義満《よしみつ》の政治

幕府《ばくふ》の全盛期《ぜんせいき》を築いたのは，３代将軍《しょうぐん》の足利《あしかが》義満《よしみつ》でした。義満は京都《きょうと》の室町《むろまち》に「花の御《ご》所《しょ》」とよばれる壮大《そうだい》な邸宅《ていたく》を完成させたので，これ以後，足利氏の幕府は**室町幕府《むろまちばくふ》**とよばれるようになりました。

義満は1392(明徳《めいとく》３・元中《げんちゅう》９)年，皇位《こうい》の象徴《しょうちょう》である三種《さんしゅ》の神《じん》器《ぎ》を南朝《なんちょう》から北朝《ほくちょう》にゆずらせることに成功し，二つの朝廷《ちょうてい》は一つになりました(南北朝《なんぼくちょう》の合一《ごういつ》)。また，義満は将軍の権力《けんりょく》を強化するため，山名《やまな》氏や大内《おおうち》氏などの有力な守護大名《しゅごだいみょう》を次々と打ち破っていきました。

1394(応永《おうえい》元)年，義満は太政大臣《だいじょうだいじん》となり，将軍の座をゆずりましたが，その後も幕府の実権《じっけん》をにぎり続けました。しかし，義満が亡《な》くなると，しだいに守護大名の動きが活発になり，将軍が守護大名に殺される事件もおきるようになりました。

明《みん》の建国と倭寇《わこう》

14世紀後半の中国では，漢《かん》民族によって**明《みん》**が建国され，元《げん》は北に追われました。明を苦しめたのは，大陸沿岸一帯に大きな被害《ひがい》をあたえていた海賊《かいぞく》でした。彼《かれ》らは**倭寇《わこう》**❶とよばれました。

幕府は，明の求めに応じ，倭寇の取りしまりに当たる一方で，明との貿易を願い出ました。この貿易は朝貢《ちょうこう》貿易であり，将軍は明の皇帝《こうてい》に臣下《しんか》とみなされ，日本国王の称号《しょうごう》をあたえられた

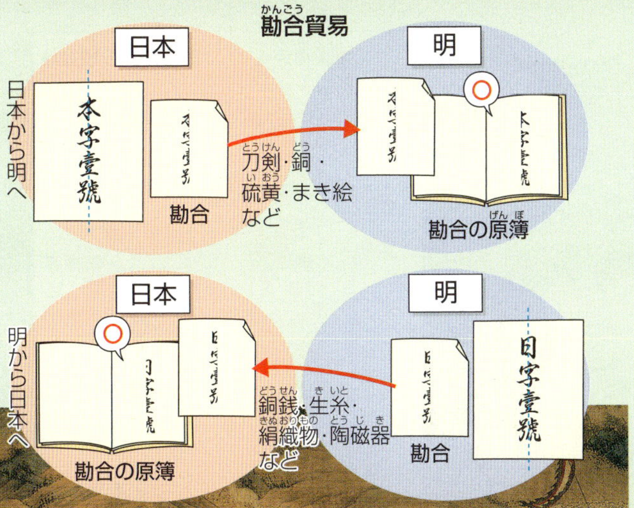
勘合《かんごう》貿易
日本
明
日本から明へ
本字壹號
勘合
刀剣《とうけん》・銅《どう》・
硫黄《いおう》・まき絵
など
勘合の原簿《げんぼ》
日本
明
明から日本へ
日字壹號
勘合
銅銭《どうせん》・生糸《きいと》・
絹織物《きぬおりもの》・陶磁器《とうじき》
など
勘合の原簿

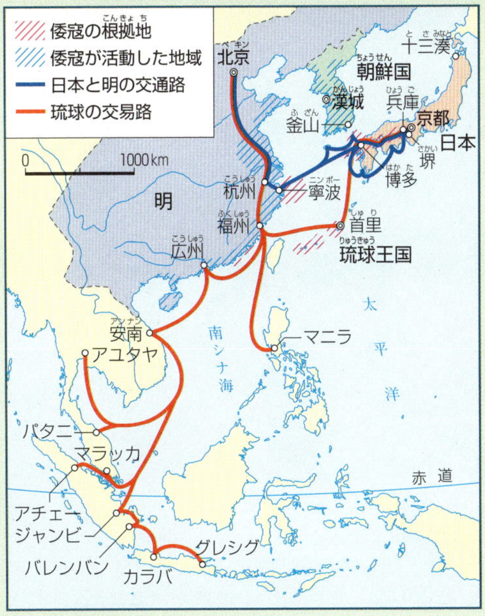
倭寇の根拠地《こんきょち》
倭寇が活動した地域
日本と明の交通路
琉球の交易路
0
1000km
北京《ペキン》
明
朝鮮国《ちょうせん》
漢城《かんじょう》
釜山《ふざん》
十三湊《とさみなと》
兵庫《ひょうご》
京都
日本
堺《さかい》
博多《はかた》
杭州《こうしゅう》
寧波《ニンポー》
福州《ふくしゅう》
首里《しゅり》
琉球王国《りゅうきゅう》
広州《こうしゅう》
安南《アンナン》
アユタヤ
マニラ
南シナ海
太平洋
パタニ
マラッカ
赤道
アチェ
ジャンビ
パレンバン
カラバ
グレシグ

15世紀の東アジア

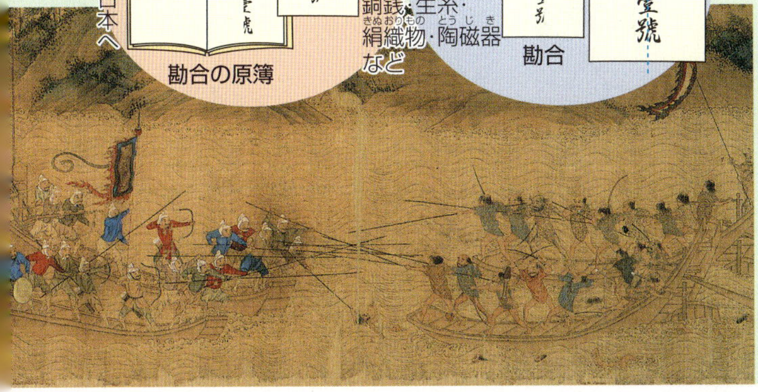

倭寇《わこう》 明《みん》の画家がえがいた，襲来《しゅうらい》する倭寇(右)と戦う明軍(左)。(倭寇図巻《ずかん》 東京《とうきょう》大学史料編纂所《へんさんじょ》蔵)

時期もありました。倭寇と区別するために勘合《かんごう》という合《あ》い札《ふだ》を使ったので，**勘合貿易**(日明貿易)とよばれます。その利益は幕府の財政《ざいせい》をうるおしましたが，幕府の力がおとろえるにつれ，貿易の実権は守護大名の大内氏に移るようになりました。

朝鮮国《ちょうせん》の建国

14世紀末，朝鮮《ちょうせん》半島では李成桂《りせいけい》《イソンゲ》が高麗《こうらい》《コリョ》をたおし，**朝鮮国(李氏《りし》朝鮮)**を建国しました。幕府は朝鮮からの求めに応じ，大名に倭寇の取りしまりを命じました。これにより朝鮮との正式な国交が結ばれ，貿易もさかんになりました。その後，朝鮮が多くの軍船を率いて，倭寇の根拠《こんきょ》地《ち》となっていた対馬《つしま》を攻撃《こうげき》するという事件がおこり，貿易が一時中断されたこともありました(応永《おうえい》の外寇《がいこう》)。

琉球《りゅうきゅう》と蝦夷地《えぞち》

琉球《りゅうきゅう》(沖縄《おきなわ》県)は，長いあいだ小国に分立していましたが，15世紀初め，尚《しょう》氏が統一し，**琉球王国**が成立しました。琉球は地理的な利点を生かし，東アジアと東南アジアの国々を結ぶ中継《ちゅうけい》貿易によって栄えました。

また，蝦夷地《えぞち》(北海道《ほっかいどう》)には，古くから**アイヌ**❷が暮《く》らしていました。彼らは狩猟《しゅりょう》や漁労《ぎょろう》，採集《さいしゅう》，さらには中国大陸や北方の島々との交易により，独自の社会と文化を築きました。➡p.106

❶ 倭寇は前期(14～15世紀)と後期(16世紀)に分けられる。前期は北九州《きゅうしゅう》の日本人のほかに朝鮮人もおり，おもに朝鮮半島で活動した。後期はその多くが中国人で，九州や琉球を根拠《こんきょ》地《ち》として，おもに中国の南沿岸部《えんがん》で略奪《りゃくだつ》と密《みつ》貿易をくり返した。

❷ 蝦夷地《えぞち》にもともと住んでいた人々のことで，アイヌとは「人」を意味する。

復元された首里城《しゅりじょう》 琉球王国成立から消滅《しょうめつ》まで国王の居城だった。中国の城の影響《えいきょう》を受けたつくりで，写真は正殿《せいでん》。(沖縄《おきなわ》県)

どこが戦場になったのかな。

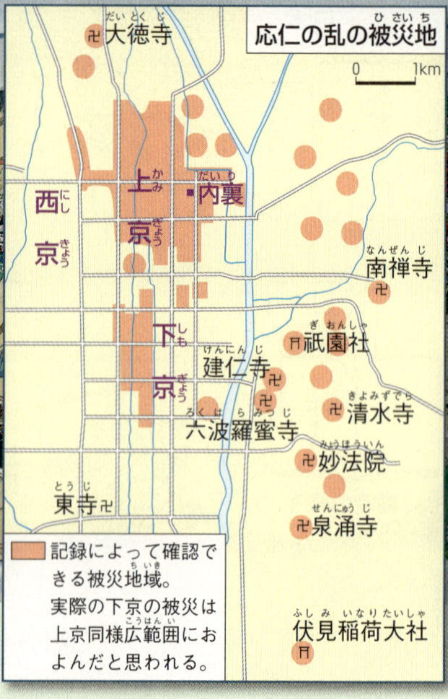
応仁の乱の被災地《ひさいち》
0 1km
大徳寺《だいとくじ》
西《にし》京《きょう》
上《かみ》京《ぎょう》
内裏《だいり》
下《しも》京《ぎょう》
建仁寺《けんにんじ》
六波羅蜜寺《ろくはらみつじ》
東寺《とうじ》
南禅寺《なんぜんじ》
祇園社《ぎおんしゃ》
清水寺《きよみずでら》
妙法院《みょうほういん》
泉涌寺《せんにゅうじ》
伏見稲荷大社《ふしみいなりたいしゃ》
記録によって確認できる被災地域《ちいき》。
実際の下京の被災は上京同様広範囲《こうはんい》におよんだと思われる。

応仁《おうにん》の乱《らん》　手前にいる軽装《けいそう》の兵を足軽《あしがる》といい，応仁の乱のころからあらわれた。（真如堂縁起絵巻《しんにょどうえんぎえまき》　京都府《きょうと》　真正極楽寺蔵《しんしょうごくらくじぞう》）

22 戦国時代《せんごくじだい》と人々の暮《く》らし

◉下剋上《げこくじょう》の時代，戦国大名《せんごくだいみょう》はどのようにして領国《りょうごく》を治めたのだろうか。

❶　蓮如《れんにょ》がわかりやすい言葉で布教《ふきょう》した。

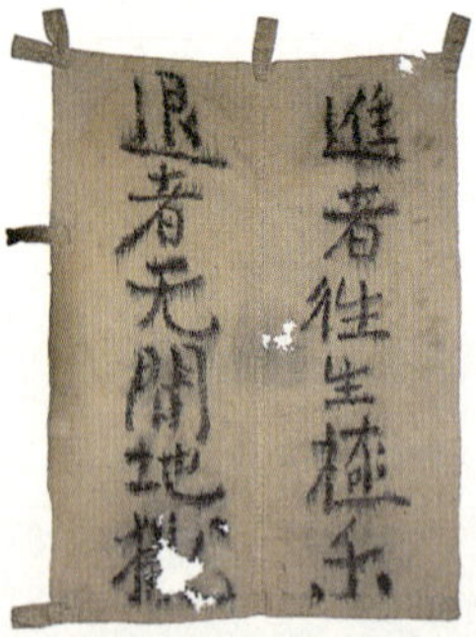

一向一揆《いっこういっき》の旗　「進む者は極楽往生《ごくらくおうじょう》，退《ひ》く者は無間《むげん》地獄《じごく》（一揆のために戦う者は死んでも極楽にいける，逃《に》げる者は地獄ゆき）」と書かれている。（広島《ひろしま》県　長善《ちょうぜん》寺《じ》蔵）

室町幕府《むろまちばくふ》のおとろえ

1467（応仁《おうにん》元）年，細川《ほそかわ》氏と山名《やまな》氏の争いに，将軍《しょうぐん》家や管領《かんれい》家の畠山《はたけやま》・斯波《しば》両氏の跡継《あとつ》ぎ争いが結びつき，**応仁《おうにん》の乱《らん》**が始まりました。全国の守護大名《しゅごだいみょう》は，細川氏の東軍と山名氏の西軍に分かれ，戦乱は都を中心に11年も続いて都は荒《あ》れ果てました。

その後，山城《やましろ》（京都府《きょうと》）では，武士《ぶし》と農民が一体となって山城《やましろの》国一揆《くにいっき》をおこし，守護大名を追いはらって自治《じち》を始めました。また，浄土真宗《じょうどしんしゅう》（一向宗《いっこうしゅう》❶）の信者が多い北陸《ほくりく》地方でおきた一向一揆《いっこういっき》は，守護大名をたおし，信者たちによる自治が一世紀近く続きました。

うち続く戦乱は，それまでの社会の身分やしきたりをこわし，土地の支配関係などを大きく変えました。身分の下の者が，実力によって上の者をたおす**下剋上《げこくじょう》**の風潮《ふうちょう》が広がりました。

戦国大名の登場

そのような中で，力をもつ守護大名やその家臣などが，各地で**戦国大名《せんごくだいみょう》**として力をのばしました。戦国大名は，幕府《ばくふ》の支配が弱まるなか，独自《どくじ》に領国《りょうごく》を支配し，中には他の戦国大名をおさえ，全国を統一しようとする者もあらわれました。近隣《きんりん》の大名どうしの争いも激《はげ》しくなり，**戦国時代**とよばれる戦乱の時代となりました。

戦国大名は，大きな城《しろ》を築くとともに，そのまわりには**城下《じょうか》**

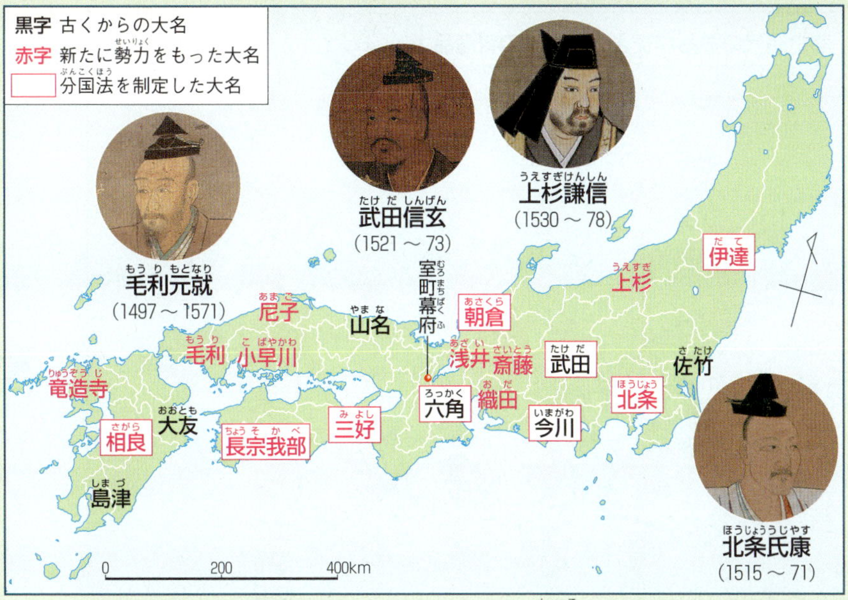
黒字 古くからの大名
赤字 新たに勢力《せいりょく》をもった大名
分国法《ぶんこくほう》を制定した大名
毛利元就《もうりもとなり》
(1497～1571)
武田信玄《たけだしんげん》
(1521～73)
上杉謙信《うえすぎけんしん》
(1530～78)
北条氏康《ほうじょううじやす》
(1515～71)
室町幕府《むろまちばくふ》
伊達《だて》
上杉《うえすぎ》
朝倉《あさくら》
山名《やまな》
尼子《あまご》
毛利《もうり》
小早川《こばやかわ》
浅井《あざい》
斎藤《さいとう》
武田《たけだ》
佐竹《さたけ》
竜造寺《りゅうぞうじ》
六角《ろっかく》
織田《おだ》
北条《ほうじょう》
今川《いまがわ》
大友《おおとも》
相良《さがら》
長宗我部《ちょうそかべ》
三好《みよし》
島津《しまづ》
0
200
400km
おもな戦国大名 有力な地方領主で，もとは守護《しゅご》の部下だった者が多かった。

町《まち》をつくり，家臣や商工業者を集めました。家臣をたばねるために**分国法**《ぶんこくほう》というおきてをつくる大名もいました。また，領国を豊かにするため，治山《ちさん》・治水《ちすい》(➡p.81)に努めたり，鉱山《こうざん》の開発や交通路の整備などにも力を入れたため，各地で農業生産力が高まり，産業の発達も見られました。

産業の発達と都市

室町《むろまち》時代は農業技術がいっそう進歩しました。二毛作《にもうさく》(⬅p.69)が広く行われ，麻《あさ》や桑《くわ》，藍《あい》，茶といった商品作物❷の栽培《さいばい》も普及《ふきゅう》し，16世紀には朝鮮《ちょうせん》から伝わった綿づくりも各地に広がりました。

手工業も発達を見せ，刀や農具をつくる鍛冶《かじ》職人，生活用品をつくる鋳物《いもの》職人の活動は全国に広がり，各地に紙，陶磁器《とうじき》，酒などの特産物が生まれました。

生産活動がさかんになると，商業や交通も活

田植え（月次風俗図屏風《つきなみふうぞくずびょうぶ》　東京《とうきょう》国立博物館蔵）

機織《はたお》り（職人尽絵《しょくにんづくしえ》　埼玉《さいたま》県　喜多院《きたいん》蔵）

鍛冶《かじ》職人（職人尽絵　埼玉県　喜多院蔵）

分国法（一部要約）

- けんかは事情に関係なく処罰《しょばつ》する。ただ，しかけられてがまんした者は罰《ばっ》しない。
（『甲州法度之次第《こうしゅうはっとのしだい》〔信玄家法《しんげんかほう》〕』）
- わが家臣が，勝手に他国から嫁《よめ》や婿《むこ》を取ること，娘《むすめ》を嫁に出すことは，禁止する。（『今川仮名目録《いまがわかなもくろく》』）
- 当家の本拠地《ほんきょち》のとりで以外に，国内に城郭《じょうかく》をつくることを禁止する。領地の多い者は当家の本拠地に移住し，領地には代官《だいかん》だけ置くこと。
（『朝倉孝景条々《あさくらたかかげじょうじょう》』）

一揆とは

武士《ぶし》や農民が，普通のやり方では実現できない共通の目的を果たすために新しい集団を結成すること。神仏に誓《ちか》う形で，連帯感《れんたいかん》を共有した。土一揆《つちいっき》《どいっき》(➡p.80)や百姓《ひゃくしょう》一揆(➡p.108, 121)などがある。

❷ 商品として売るために栽培《さいばい》する作物。

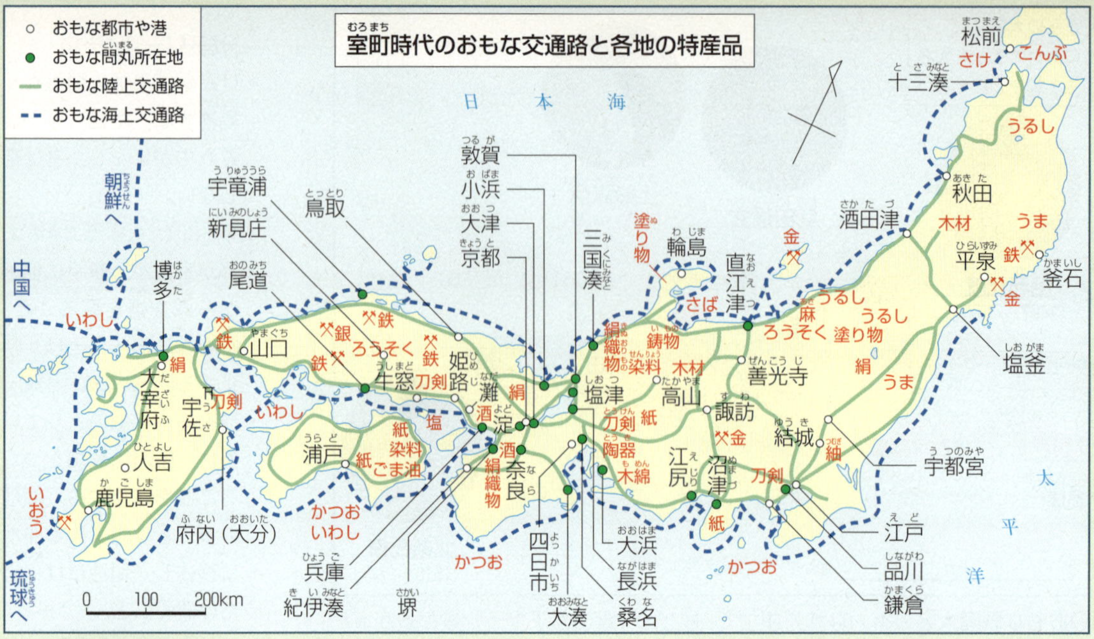

おもな都市や港
おもな問丸《といまる》所在地
おもな陸上交通路
おもな海上交通路
日本海
太平洋
朝鮮《ちょうせん》へ
中国へ
琉球《りゅうきゅう》へ
0 100 200km
松前《まつまえ》
さけ
こんぶ
十三湊《とさみなと》
うるし
秋田《あきた》
酒田津《さかたづ》
木材
うま
平泉《ひらいずみ》
鉄
金
釜石《かまいし》
塩釜《しおがま》
塗《ぬ》り物
輪島《わじま》
直江津《なおえつ》
さば
麻《あさ》
うるし
ろうそく
塗り物
絹
うま
三国湊《みくにみなと》
絹《きぬ》織物《おりもの》
鋳物《いもの》
染料《せんりょう》
木材
善光寺《ぜんこうじ》
塩津《しおつ》
高山《たかやま》
諏訪《すわ》
刀剣《とうけん》
紙
陶器《とうき》
木綿《もめん》
結城《ゆうき》
紬《つむぎ》
宇都宮《うつのみや》
江尻《えじり》
沼津《ぬまづ》
刀剣
紙
かつお
江戸《えど》
品川《しながわ》
鎌倉《かまくら》
大浜《おおはま》
長浜《ながはま》
桑名《くわな》
大湊《おおみなと》
四日市《よっかいち》
敦賀《つるが》
小浜《おばま》
大津《おおつ》
京都《きょうと》
鳥取《とっとり》
宇竜浦《うりゅううら》
新見庄《にいみのしょう》
尾道《おのみち》
博多《はかた》
いわし
山口《やまぐち》
鉄
銀
ろうそく
牛窓《うしまど》
刀剣
姫路《ひめじ》
灘《なだ》
絹
淀《よど》
酒
塩
奈良《なら》
絹織物
大宰府《だざいふ》
宇佐《うさ》
刀剣
いわし
人吉《ひとよし》
鹿児島《かごしま》
いおう
浦戸《うらど》
紙
染料
ごま油
府内《ふない》(大分《おおいた》)
かつお
いわし
兵庫《ひょうご》
紀伊湊《きいみなと》
堺《さかい》

室町《むろまち》時代のおもな交通路と各地の特産品

永楽通宝《えいらくつうほう》(明《みん》の銅銭《どうせん》)
(貨幣《かへい》博物館蔵)

馬借《ばしゃく》 (石山寺縁起絵巻《いしやまでらえんぎえまき》 滋《し》賀《が》県 石山寺蔵)

発な動きを見せるようになりました。中国から輸入された宋銭《そうせん》p.69や明銭《みんせん》が使われ，貨幣《かへい》による経済《けいざい》が広がり，都市では利子《りし》をとって金を貸す土倉《どそう》や酒屋《さかや》といった金融業者《きんゆうぎょうしゃ》があらわれました。

また，船を利用した交通や運輸の発達により港町《みなとまち》がにぎわい，交通の要地では輸送にたずさわる車借《しゃしゃく》や馬借《ばしゃく》，問丸《といまる》といった新しい仕事が生まれました。

広がる自治《じち》の動き

農村では有力な農民(名主《みょうしゅ》・庄屋《しょうや》)を中心に，**惣**《そう》とよばれる自治《じち》のしくみが生まれました。農民の代表が寄合《よりあい》という会議を開き，村のおきてや年中行事，共有地の管理などについて話し合いました。

守護大名に対して年貢《ねんぐ》を減らすよう求めたり，幕府に対して徳政令《とくせいれい》を要求するために，いくつもの村がまとまって行動することもありました。このような動きは**土一揆**《つちいっき》《どいっき》とよばれました。

都市では商人や手工業者によって**座**《ざ》とよばれる同業者の組合がつくられ，営業を独占《どくせん》しました。座が納《おさ》める税(座役《ざやく》)は公《く》家《げ》や寺社にとって貴重な収入《しゅうにゅう》となりました。

貿易や商業などで裕福《ゆうふく》になった堺《さかい》(大阪府《おおさか》)や博多《はかた》(福岡県《ふくおか》)，京都などの都市では，**町衆**《まちしゅう》とよばれる有力な商人を中心に自治のしくみがつくられました。彼《かれ》らは守護大名から都市の自治権を買い取り，自《みずか》らの手で都市を運営していきました。

・寄合《よりあい》に二度出席しなかった者は、罰《ばっ》金《きん》五十文《もん》を払《はら》う。（一四四八年）
・村内に保証人がいなければ、よそ者を村内に置いておくことはできない。
・村の共有地と私有地の境界争いは、金銭で処理すべきである。（一四八九年）
（『今堀日吉《いまぼりひえ》神社文書』より一部要約）

惣《そう》のおきての例

読み物コラム

戦国大名《せんごくだいみょう》の富国策《ふこくさく》 ―― 信玄堤《しんげんづつみ》

●洪水《こうずい》から領国《りょうごく》と領民を守るために●

16世紀に入ると，各地の戦国大名《せんごくだいみょう》は，軍事力の増強だけではなく，領国《りょうごく》を豊かにするためのさまざまな事業を行うようになりました。その一つに，甲斐国《かいのくに》(山梨県《やまなし》)の武田信玄《たけだしんげん》が治水《ちすい》のために築いた信玄堤《しんげんづつみ》があります。

古来，「水を治める者は天下を治める」といわれるほど，領主にとって治水事業は重要な政策《せいさく》でした。甲斐国も例外ではなく，当時の釜無川《かまなしがわ》(富士川《ふじがわ》)は，盆地《ぼんち》という地形のために，毎年のように氾濫《はんらん》をくり返していました。

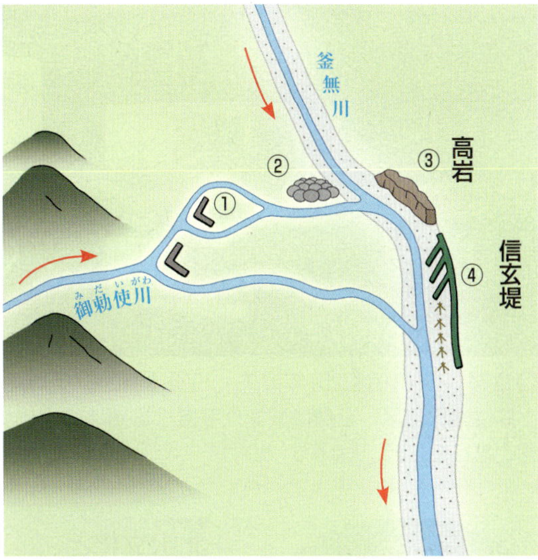

↑信玄堤のしくみ(略図)

↑釜無川《かまなしがわ》と高岩

父・信虎《のぶとら》の代までは，いったん洪水《こうずい》に見舞《みま》われると，なすすべもなく，屋敷《やしき》に逃《に》げこむしかありませんでした。人々の被害《ひがい》も大きく，信玄がつくった分国法《ぶんこくほう》の「甲州法度之次第《こうしゅうはっとのしだい》」には，洪水で流された農家についての対処《たいしょ》が定められていたほどです。

●信玄堤のすぐれた土木技術●

武田家を継《つ》いだ信玄は，ただちに堤防《ていぼう》の工事に着手しました。その目的は，一に民《たみ》の心をつかむこと，二に年貢《ねんぐ》を確実にとることでした。

堤防といえば，川の両岸に高い壁《かべ》をつくり，水があふれないよう封《ふう》じこめてしまうもの，と考えがちです。しかし，信玄の堤防はまったくちがっていました。

まず，釜無川に合流する御勅使川《みだいがわ》の水路を二分し，水の力をゆるめました↑図①。その後に巨《きょ》石《せき》↑図②を置いて，2つの川の合流点が高い崖《がけ》(高岩)↑図③の下となるようにしました。合流地点で水があふれないようにするとともに，その勢いを弱めるくふうでした。こうしたくふうを行ったうえで，信玄堤↑図④を築きました。

このように，無理なく水の力をコントロールすることで洪水を防《ふせ》ぎ，被害を最小限におさえようとしたのです。

これらの工法は甲州流《こうしゅう》とよばれ，すぐれた土木技術としてのちの時代に伝わりました。

●治水事業がもたらした領国の安定●

1800mも続く堤防には，防水林として松が植樹《しょくじゅ》され，20年以上におよんだ大工事は完了しました。信玄堤により洪水被害は減少し，新田《しんでん》開発が進んだ結果，安定した農業生産が実現することになりました。

北山文化と東山文化はどうちがうんだろう。

↑金閣《きんかく》　1950（昭和《しょうわ》25）年焼失《しょうしつ》，1955（昭和30）年再建。1層《そう》は寝殿造風《しんでんづくりふう》，2層は武家《ぶけ》住宅風，3層は禅宗《ぜんしゅう》の仏殿《ぶつでん》となっている。（京都《きょうと》府　鹿苑寺《ろくおんじ》）

↑銀閣《ぎんかく》　1層は日本の住宅風，2層は禅宗の仏殿。構造は金閣にならったものだが，より落ち着いた味わいが伝わってくる。（京都府　慈照寺《じしょうじ》）

23 室町《むろまち》時代の文化

◉今日《こんにち》に伝わる室町時代の文化にはどのようなものがあるのだろうか。

❶　室町時代には，中国から輸入される美術品は唐物《からもの》とよばれ，珍重《ちんちょう》された。

❷　能《のう》のあいまに演じられる軽妙《けいみょう》なせりふ劇《げき》。

❸　庭づくりには河原者《かわらもの》とよばれ差別されていた人々が力を発揮《はっき》した。

北山《きたやま》文化と東山《ひがしやま》文化

室町《むろまち》時代には，幕府《ばくふ》が京都《きょうと》に置かれたこともあり，公家《くげ》と武家《ぶけ》の文化がとけ合った，簡素《かんそ》で深みのある文化が生まれました。これに禅宗《ぜんしゅう》←p.70の影響《えいきょう》や，勘合《かんごう》貿易←p.77によって伝わった中国の文化❶などが加わって，彩《いろど》りを添《そ》えました。

3代将軍足利義満《しょうぐんあしかがよしみつ》が京都の北山《きたやま》に建てた金閣《きんかく》は，さまざまな文化が融合《ゆうごう》したこの時代の特徴《とくちょう》をよく示しています。義満の保護を受けた観阿弥《かんあみ》と世阿弥《ぜあみ》の父子は，平安《へいあん》時代から民間の娯楽《ごらく》として親しまれた猿楽《さるがく》，田楽《でんがく》を，芸術にまで高め，**能《のう》（能楽《のうがく》）**として大成しました。能や**狂言《きょうげん》**❷は，武家や庶民《しょみん》のあいだに浸透《しんとう》していきました。義満のころの文化を**北山文化**とよびます。

8代将軍足利義政《よしまさ》は，京都の東山《ひがしやま》に銀閣《ぎんかく》を建てて，風雅《ふうが》な生活を送りました。この時期の，わび・さびとよばれる落ち着いた雰囲気《ふんいき》をもった文化を，**東山文化**とよびます。建築では，畳《たたみ》や床《とこ》の間《ま》，違《ちが》い棚《だな》などを備《そな》えた**書院造《しょいんづくり》**が発達し，禅宗寺院では枯山水《かれさんすい》とよばれる石を用いた庭園がつくられました❸。茶《ちゃ》の湯《ゆ》→p.100や生《い》け花《ばな》→p.100もこのころ生まれました。

絵画では，中国の宋《そう》や元《げん》の作品の影響を受け，墨《すみ》一色で表現する**水墨画《すいぼくが》**がえがかれました。禅僧《ぜんそう》の雪舟《せっしゅう》は，明《みん》に渡《わた》って水墨の技法を学び，帰国後，山口《やまぐち》で筆をふるい，日本の山水画《さんすいが》を確

大徳寺大仙院庭園《だいとくじだいせんいん》 大きな岩を高い山に見立てて，そこから流れる水を砂《すな》で表す枯山水《かれさんすい》の技法で，庭に人工の景観《けいかん》をつくり出している。（京都府）

秋冬山水図《しゅうとうさんすいず》　冬景 断崖《だんがい》の力強い輪郭線《りんかくせん》，冬枯《ふゆが》れの樹木がきびしい寒さを感じさせる。（雪舟《せっしゅう》　作　東京《とうきょう》国立博物館蔵《ぞう》）

立しました。のちに，水墨画に大和絵《やまとえ》の技法を取り入れた狩野派《かのうは》もあらわれ，→p.98活躍《かつやく》しました。

今日に伝わる文化

民衆《みんしゅう》のあいだでも，集団で楽しむ文化がおこりました。能や狂言，茶の湯が親しまれ，和歌《わか》の上《かみ》の句《く》と下《しも》の句を別々の人がつくって連《つら》ねていく連歌《れんが》が，公家から地方の武士にまで広く流行しました。また，**お伽草子《とぎぞうし》**とよばれる絵本がつくられ，『浦島《うらしま》太郎《たろう》』や『一寸法師《いっすんぼうし》』などが武家や民衆に広く読まれました。

戦乱《せんらん》を逃《のが》れた公家や僧，連歌師などによって，地方に都の文化が広められたのもこの時代の特色です。雪舟を保護した大内《おおうち》氏の山口など，各地の城下町《じょうかまち》が栄え，下野《しもつけ》（栃木《とちぎ》県）の足利学校《あしかががっこう》は学問の中心となりました。各地の寺院では，武家や庶民の子どもの教育も始まりました。

このように室町時代は，民衆や地方にも文化が広まり，今日《こんにち》に伝わる衣食住《いしょくじゅう》の生活文化が形づくられた時代でした。1日3食の習慣や，味噌《みそ》やしょう油の使用，村祭りや盆踊《ぼんおど》りといった年中行事なども，このころ始まったものです。

東求堂同仁斎《とうぐどうどうじんさい》 書院造《しょいんづくり》の典型。銀閣で知られる慈照寺にあり，室町幕府《ばくふ》8代将《しょう》軍《ぐん》足利義政《あしかがよしまさ》の書斎《しょさい》・茶室だったという。（京都府）

足利学校《あしかががっこう》 多くの禅僧《ぜんそう》が訪《おとず》れ，「日本国中最も大にして最も有名なり」と外国にも伝えられた。（栃木《とちぎ》県）

読み物
コラム

幻《まぼろし》の町・草戸千軒《くさどせんげん》

●幻の町・草戸千軒●

江戸《えど》時代中期に書かれた『備陽六郡志《びようろくぐんし》』という書物に「草戸千軒《くさどせんげん》」という町の名が登場します。記録によると草戸千軒は鎌倉《かまくら》時代から室《むろ》町《まち》時代にかけて，現在の広島《ひろしま》県福山《ふくやま》市を流れる芦田《あしだ》川河口の中州《なかす》に広がる町でした。

ところが，ある年の大洪水《だいこうずい》により，この町は土砂《どしゃ》におし流されてしまったと記されています。ほかに，町についての具体的な記録もないことから，草戸千軒は遠い昔《むかし》の伝説としてしだいに忘れ去られ，その存在《そんざい》が確かめられることもありませんでした。

●姿《すがた》をあらわした中世の町●

ところが1930年代，芦田川の流路を変える工事の際に，工事現場から多量の古銭《こせん》や石塔《せきとう》，中国製の陶磁器《とうじき》などが出土《しゅつど》したのです。地元の人々の熱心な調査の結果，これが幻《まぼろし》の町・草戸千軒であることが確認されました。

草戸千軒町遺跡

↑芦田川と草戸千軒町遺跡《いせき》（北から）

1960年代になると本格的な調査が始まり，多くのことが判明しました。この町は海・陸の交通の要地に位置し，多くの人々が行き来する交易の場でした。船着場《ふなつきば》や小舟《こぶね》を導くための掘割《ほりわり》，商人が住んでいたと思われる屋敷《やしき》跡《あと》，石を敷《し》きつめた道路，土蔵《どぞう》や壁《かべ》にはったと考えられる瓦《かわら》なども見つかりました。

さらに取り引きされていた品々や地名を記した木簡《もっかん》も数多く出土し，この地の交易が広い範囲《はんい》におよんでいたこともわかりました。

手工業もさかんに行われていたらしく，漆《うるし》塗《ぬ》りや鍛冶《かじ》，大工《だいく》や角細工《つのざいく》といった職人が町の一角に住んでいたことも確認されました。

↑復元された15世紀後半の中心区画

●内陸と瀬戸内《せとうち》を結ぶ交易の中心地●

草戸千軒は地域《ちいき》内外の物資が取り引きされる交易地としてにぎわう町でした。それはこの時代に，荘園《しょうえん》などのせまい範囲を越《こ》えた活発な経済《けいざい》活動があったことを示しています。

↑草戸千軒実物大復原《ふくげん》（広島県立歴史博物館）

鎌倉時代から室町時代にかけて，わが国にはこのような町が各地に生まれ，それらがたがいに結びつきながら，人や物資，情報《じょうほう》などを流通させていたものと考えられています。

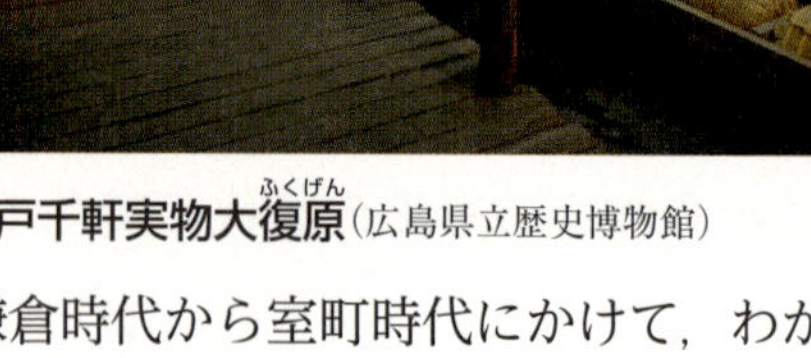
身近な郷土の歴史について
地元の博物館や資料館を
訪ねて，調べてみよう！

広島県立歴史博物館：http://www.manabi.pref.hiroshima.jp/rekishih/

なでしこ日本史～その2

池禅尼《いけのぜんに》(生没年《せいぼつねん》不明)

頼朝《よりとも》の命を救った母の愛

(神奈川《かながわ》県　鶴岡八幡宮蔵《つるがおかはちまんぐうぞう》)

池禅尼《いけのぜんに》は，平清盛《たいらのきよもり》の義理の母に当たります。平治《へいじ》の乱《らん》に敗れ，捕《とら》えられた13歳《さい》の源《みなもとの》頼朝《よりとも》を見た禅尼は，その顔立ちが亡《な》くなったわが子そっくりであることにひどく驚《おどろ》き，清盛に助命を嘆願《たんがん》しました。

しかし，頼朝は父親の義朝《よしとも》が最も期待を寄せていた子で，彼《かれ》を生かしておくことは平家《へいけ》の将来《しょうらい》をおびやかすと考えた清盛は，その願いを断りました。ところが，禅尼が，聞き入れてくれるまでは湯水をとらないとしたために，清盛も従《したが》わざるを得ませんでした。

のちに源氏《げんじ》の旗を掲《かか》げ，平氏を追う立場になった頼朝は，禅尼の恩《おん》を忘れず，「池殿《いけどの》の侍《さむらい》には弓を引くな」と部下に厳命《げんめい》したといわれます。

北条政子《ほうじょうまさこ》(1157～1225)

頼朝と幕府《ばくふ》を支えた尼将軍《あましょうぐん》

(神奈川県　安養院《あんよういん》蔵)

伊豆《いず》(静岡《しずおか》県)の豪《ごう》族《ぞく》・北条時政《ほうじょうときまさ》の娘《むすめ》であった政子《まさこ》は，この地に流された源頼朝を夫とします。頼朝が将《しょう》軍《ぐん》となったあとも，そのよき相談役として陰《かげ》で幕府《ばくふ》を支えました。

しかし，2人の子が相ついで暗殺されて幕府の土台はゆらぎ，後鳥羽上皇《ごとばじょうこう》はこれを好機と倒幕《とうばく》の兵を挙《あ》げました。

この幕府の危機《きき》に，政子は，おもだった御《ご》家人《けにん》を集め，彼らに自《みずか》らの思いを伝えました。それは亡き頼朝が，いかに武士《ぶし》のために心をくだき，その立場を引きあげてくれたのかを，「その恩は山よりも高く，海よりも深い」と切々とうったえるものでした。

これを聞いた御家人たちは涙とともに迷いをふり切り，後鳥羽上皇の軍と戦い，勝利を収めたのでした。

日野富子《ひのとみこ》(1440～96)

東山《ひがしやま》文化を支えた経済《けいざい》感覚

(京都《きょうと》府　宝鏡寺《ほうきょうじ》蔵)

日野富子《ひのとみこ》は，8代将《しょう》軍《ぐん》足利義政《あしかがよしまさ》の妻です。富子とのあいだに跡《あと》継《つ》ぎのなかった義政は，弟の義視《よしみ》を次の将軍にしようと決めました。

ところがその翌年《よくねん》，富子が男の子(義尚《よしひさ》)を生むと，次の将軍をめぐる対立はそれぞれの後見人《こうけんにん》となった有力守護大名《しゅごだいみょう》にもおよび，京《きょう》都《と》を焼け野原と化す応仁《おうにん》の乱《らん》が幕《まく》をあけることになりました。

その間《かん》，富子は高利貸《こうりが》しや米の買い占《し》め，関所《せきしょ》による通行税収入《しゅうにゅう》などで大変な利益を築きました。その財《ざい》は御所《ごしょ》の修理や，『源氏物《げんじもの》語《がたり》』の研究・普及《ふきゅう》にも使われました。

義政が銀閣《ぎんかく》をはじめとする趣味《しゅみ》に没頭《ぼっとう》できたのは，抜群《ばつぐん》の経済《けいざい》感覚をもっていた富子の手腕《しゅわん》に負うところが大きいといえるでしょう。

第2章のまとめ

中世のおもな出来事《できごと》ベスト5

❶　下の表には，中世のおもな歴史事項《じこう》が記されています。右の年表の空欄《くうらん》に，その事項を当てはめてみましょう。

【中世のおもな歴史事項】

平氏の政権，征夷大将軍，執権政治，承久の乱，御成敗式目，元寇，建武の新政，室町幕府，守護大名，応仁の乱，下剋上，戦国大名

年	中世のおもな歴史年表
1167	平清盛，武士として初めて太政大臣となり［①］ができる
1192	源頼朝，［②］に任命される（鎌倉幕府）
1203	源頼朝の妻，北条政子の実家である北条氏による［③］が始まる
1221	後鳥羽上皇が朝廷の勢力回復のために北条氏を討つように命令を出すが，戦いに敗れる：［④］
1232	北条泰時が武家の独自の法律である［⑤］を定める
1274	この年と1281年の２度にわたり，元のフビライが日本を攻めに来る ――［⑥］
1334	この前年，鎌倉幕府が滅亡し，後醍醐天皇は［⑦］を行ったが，足利尊氏が反抗し２年ほどで終わる
1338	足利尊氏が征夷大将軍となる ――［⑧］ この幕府のもとで，地方の守護は権限を与えられ，［⑨］に成長した
1467	将軍の跡継ぎ問題と大名どうしの対立が結びつき，［⑩］が始まる ［⑪］の風潮が広がり，その結果，［⑫］が生まれる

❷　右の年表に，下の事項・人名などを加えて，中世の歴史理解を深める年表づくりをしてみましょう。

白河上皇，院政，保元の乱，平治の乱，源平合戦，守護･地頭，平家物語，徳政令，南北朝の対立，土一揆，足利義満，勘合貿易，国一揆，一向一揆，鎌倉仏教，金閣・銀閣

これ以外にも大事な項目がたくさんあるね。

❸　中世の出来事の中から重要なベスト５を選び出し，その理由を書き，クラスのみんなと意見交換《こうかん》してみましょう。

例：**【中世のおもな出来事ベスト５】**

第１位　鎌倉幕府	源頼朝が朝廷とは別に幕府を開き，日本で最初の武家政権をつくったから。
第２位	
第５位　応仁の乱	守護大名の勢力争いで幕府の力が弱まり，下剋上の風潮が生まれたから。

❹　学習をふり返り，「中世日本の特色」を80字～ 100字ほどの文章でまとめてみましょう。

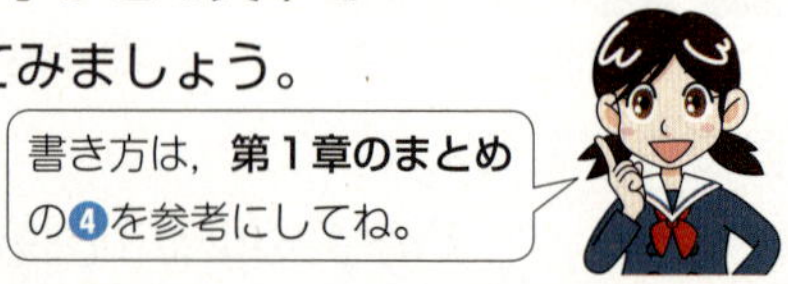
書き方は，**第１章のまとめ**の❹を参考にしてね。

歴史絵巻 ～近世～

信長の死後
あった豊臣《とよとみ》
国を統一し
これから近世の世界だ。
鉄砲《てっぽう》の伝来
キリスト教の布教《ふきょう》
鳴かぬなら
殺してしまえ
織田信長《おだのぶなが》は鉄砲をうまく取り入れ，全国統一に乗り出した。
戦国大名《せんごくだいみょう》はその後どうなったのかな？
楽市《らくいち》・楽座《らくざ》の政《せい》策《さく》で城下町《じょうかまち》を発《はっ》展《てん》させたりもしたのよね。
フランシスコ・ザビエル
織田信長
五街道《ごかいどう》が整備され，海運も発達し，日本各地の経済《けいざい》も発展《はってん》した。
鎖国《さこく》の完成
参勤交代《さんきんこうたい》で大
すぎないよう
鎖国後も幕府は４つの窓口で外国との貿易を続け，海外の情報もしっかりと入手していた。
享保《きょうほう》の改革《かいかく》
天保《てんぽう》の改
町人文化としての元禄《げんろく》文化が花開いたんだ。
目安箱
さまざまな改革が行われた
が，幕藩体制はしだいにﾋ
きづまりをみせた。
白河《しらかわ》の
清きに魚の
住みかねて
もとのにごりの
田沼恋しき
徳川吉宗《とくがわよしむね》
経済の発展で消費が増え，年貢《ねんぐ》の収入《しゅうにゅう》にたよっていた武士は借金をかかえるようになり，幕府や藩の財政《ざいせい》もきびしくなっていった。
松尾芭蕉《まつおばしょう》
田沼意次《たぬまおきつぐ》

江戸幕府《えどばくふ》の成立(1603年)
家臣で
秀吉が全
た。
太閤検地《たいこうけんち》と刀狩《かたながり》で武士《ぶし》と農民を区別したんだよね。
鳴かぬなら
鳴かせてみよう
豊臣秀吉
秀吉の死後，徳川家康《とくがわいえやす》が関ヶ原《せきがはら》の戦いに勝ち，江戸幕府を開いた。
鳴かぬなら
鳴くまで待とう
徳川家康
ホトトギス
江戸幕府は藩《はん》を設け，全国を支配したのよね(幕藩体制《ばくはんたいせい》)。
名が力をもち
にもした。
武家諸法度《ぶけしょはっと》や禁中並公家諸法度《きんちゅうならびにくげしょはっと》などいろんな制度をつくったんだ。
革
浮世絵《うきよえ》は西洋の画家たちにも大きな影響《えいきょう》をあたえたのよね。
一方で，文化は発展し，教育水準《すいじゅん》は高まった。
寺子屋《てらこや》
水野忠邦《みずのただくに》
寛政《かんせい》の改革
幕藩体制はこのあと，どうなっていくのだろう？
松平定信《まつだいらさだのぶ》

第3章

近世の日本

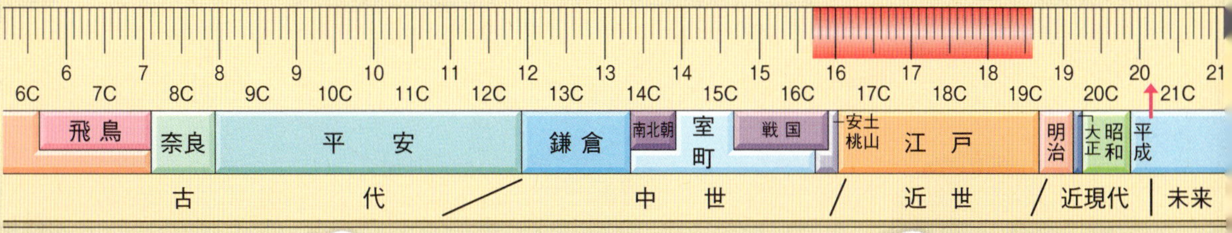

6 7 8 9 10 11 12 13 14 15 16 17 18 19 20 21
6C 7C 8C 9C 10C 11C 12C 13C 14C 15C 16C 17C 18C 19C 20C 21C
飛鳥
奈良
平安
鎌倉
南北朝
室町
戦国
安土桃山
江戸
明治
大正
昭和
平成
古代
中世
近世
近現代
未来

朱印船《しゅいんせん》(東京《とうきょう》大学史料編纂所蔵《へんさんじょぞう》)　江戸幕府《えどばくふ》を開いた徳川家康《とくがわいえやす》は，海外貿易を奨励《しょうれい》し，朱印状《しゅいんじょう》をあたえられた大名《だいみょう》や大商人は，東南アジア方面で交易を行いました。1604(慶長《けいちょう》９)年から海外渡航《とこう》と大船の建造が禁止される1635(寛永《かんえい》12)年までの約30年間で，350隻《せき》あまりが渡航しました。船は中国式の帆船《はんせん》を基本に，西欧《せいおう》や日本の技術を加えた構造となっています。図には，船上でカルタを行う者，航海を指導する南蛮人《なんばんじん》の姿《すがた》も見えます。

朱印船貿易って，もうかったのかしら。
大名や大商人は，朱印状をもらうかわりに収入《しゅうにゅう》の一部を幕府に納《おさ》めたから，幕府ももうかったらしいね。
この貿易で莫大《ばくだい》な利益を上げる大名も出てくるようになると，幕府も脅威《きょうい》を感じたんだろうね。キリスト教の問題もあって，朱印船貿易は長続きしなかったのだよ。

第1節 ヨーロッパとの出合い

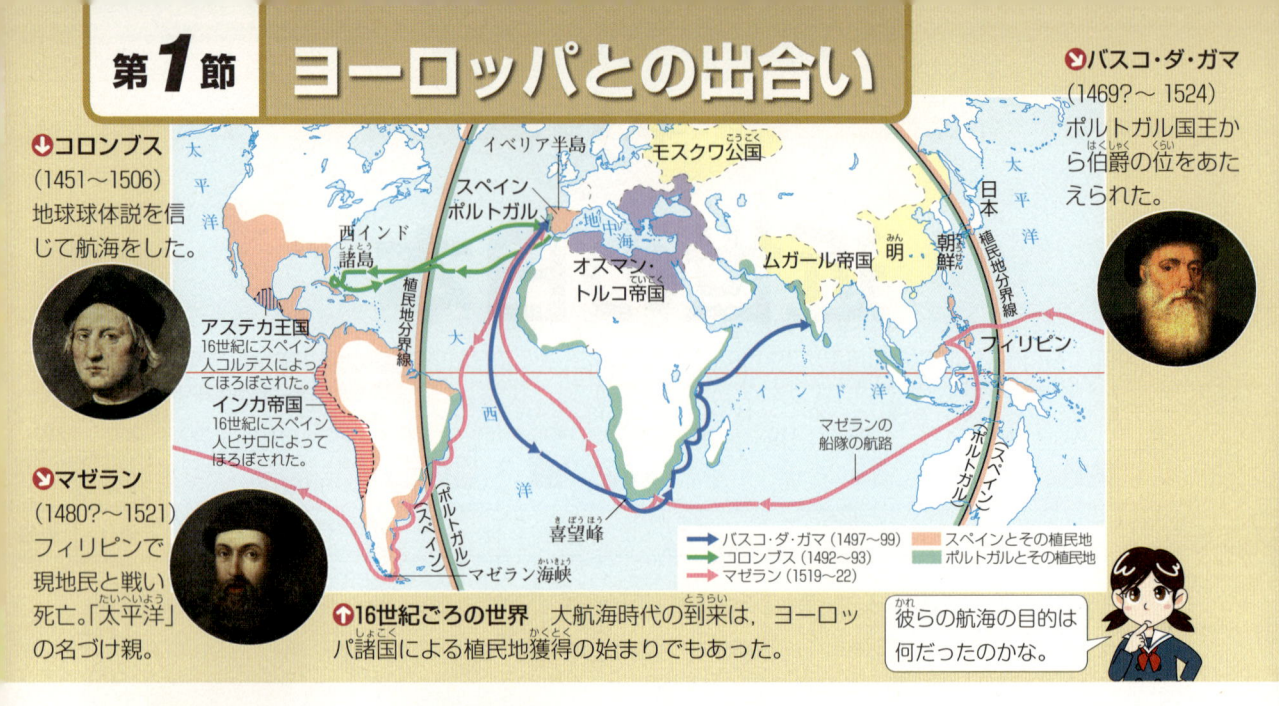

イベリア半島
モスクワ公国《こうこく》
スペイン
ポルトガル
地中海
西インド諸島《しょとう》
オスマン・トルコ帝国《ていこく》
ムガール帝国
明《みん》
朝鮮《ちょうせん》
日本
植民地分界線
太平洋
大西洋
インド洋
フィリピン
アステカ王国
16世紀にスペイン人コルテスによってほろぼされた。
インカ帝国
16世紀にスペイン人ピサロによってほろぼされた。
マゼランの船隊の航路
（ポルトガル）
（スペイン）
喜望峰《きぼうほう》
マゼラン海峡《かいきょう》
バスコ・ダ・ガマ（1497～99）
コロンブス（1492～93）
マゼラン（1519～22）
スペインとその植民地
ポルトガルとその植民地

⬆**16世紀ごろの世界**　大航海時代の到来《とうらい》は，ヨーロッパ諸国《しょこく》による植民地獲得《かくとく》の始まりでもあった。

⬇**コロンブス**
(1451～1506)
地球球体説を信じて航海をした。

↘**マゼラン**
(1480?～1521)
フィリピンで現地民と戦い死亡。「太平洋《たいへいよう》」の名づけ親。

↘**バスコ・ダ・ガマ**
(1469?～ 1524)
ポルトガル国王から伯爵《はくしゃく》の位《くらい》をあたえられた。

彼《かれ》らの航海の目的は何だったのかな。

24 ヨーロッパ人の世界進出

◉**ヨーロッパ人が世界に進出するようになったのはなぜだろうか。**

❶　ヨーロッパでは，東南アジア・インド産の香辛料《こうしんりょう》は肉の保存料や薬として貴《き》重品《ちょうひん》だった。しかし，アジアとの貿易はイタリア商人やオスマン・トルコなどのイスラム勢力《せいりょく》におさえられていたため，新航路を開《かい》拓《たく》する必要があった。

❷　コロンブスの航海は，インドや「黄金《おうごん》の国ジパング」とよばれた日本への到達が目的だった。当時，ヨーロッパの人々は，アジア大陸の東半分をインドとよび，コロンブスはアメリカ大陸をインドの一部だと信じていた。

大航海《だいこうかい》時代と新大陸の発見

ヨーロッパでは14，15世紀ごろ，イタリアを中心に，古代ギリシャ・ローマの文化を見直そうとする学問や芸術の動き（**ルネサンス**）がおこりました。天文学や地理学が発達し，地球球体説に基《もと》づく世界地図がつくられ，羅針盤《らしんばん》や帆船《はんせん》の改良・普及《ふきゅう》も進み，遠洋航海が可能になりました。ヨーロッパの国王や商人は，莫大《ばくだい》な富をもたらす金や銀，アジア産のこしょうなどの香辛料《こうしんりょう》を求めて，積極的に海外に進出するようになりました。❶この時代を**大航海時代**《だいこうかい》とよびます。

15世紀末，ポルトガルとスペインは，イベリア半島からイスラム勢力《せいりょく》を追い払《はら》って国土を統一すると，貿易とキリスト教勢力の拡大《かくだい》のため，海外に乗り出そうとしました。

ポルトガル国王の命令により，バスコ・ダ・ガマらはアフリカ大陸の西海岸を南下し，喜望峰《きぼうほう》を回ってインドに到達《とうたつ》する航路を開きました。スペインは，コロンブスを派遣《はけん》して大西洋《たいせいよう》を西に向かわせ，アメリカ大陸の一部に到達しました。❷マゼランが率いる船隊は，南アメリカ大陸南端《なんたん》のマゼラン海峡《かいきょう》を経《へ》て太《たい》平洋《へいよう》を横切り，フィリピンを経由する世界一周に成功しました。

ポルトガルとスペインの世界分割《ぶんかつ》

ポルトガルとスペインは，軍隊や商人，宣教師《せんきょうし》をアジアの諸地域《しょちいき》と南北アメリカ大陸に送り，キリスト教を広めるとともに，武力で多くの国々

コロンブスの西インド諸島到達《とうたつ》　先住民が金・銀の装飾《そうしょく》品《ひん》を差し出しているようすがえがかれている。

ルターの宗教改革　カトリックを批判《ひはん》する95か条の論題《ろんだい》を発表するルター。彼の活動をきっかけに，ヨーロッパ各地で宗教改革の動きがおこった。

や地域を征服《せいふく》しました。両国はローマ教皇《きょうこう》の仲立《なかだ》ちで勢力範囲《はんい》を定め❸，それぞれの地域の支配力を強めていきました。

16世紀にアジア貿易を独占《どくせん》したポルトガルは，香辛料や茶，絹織物《きぬおりもの》などを本国に運んで繁栄《はんえい》しました。スペインは，南北アメリカ大陸の独自《どくじ》の文明をほろぼして大半を植民地❹とし，大量の金銀をヨーロッパに運び，「日のしずむことのない帝国《ていこく》」とよばれる繁栄を築きました。鉱山《こうざん》の採掘《さいくつ》やさとうきび栽培《さいばい》に奴隷《どれい》として使われた中南米の先住民(インディオ)は，きびしい労働やヨーロッパから入ってきた病気で人口を激減《げきげん》させました。

宗教改革《しゅうきょうかいかく》と海外布教活動

16世紀のヨーロッパでは，ドイツのルターらがキリスト教会のあり方に抗議《こうぎ》し(**宗教改革《しゅうきょうかいかく》**)，新たにプロテスタント❺とよばれる宗派《しゅうは》が生まれました。これに対し，ローマ教皇を首長《しゅちょう》とするカトリック教会では，イエズス会が創設され，海外布教で勢力回復をはかろうとしました。そしてその活動は，大航海時代の通商・植民活動と密接《みっせつ》に結びついていました。

オランダとイギリスの興隆《こうりゅう》

16世紀末になるとスペインから独立したオランダが，17世紀にはイギリスが国力を増し，ポルトガル，スペインにかわって海外での通商・植民活動の主役となっていきました❻。

❸ 1494年，トルデシリャス条約が結ばれた。西半球を東西に分ける線が引かれ，線の東で発見されるものはポルトガルに，西で発見されるものはスペインに帰属《きぞく》するとされた。16世紀には同様の分界《ぶんかい》線が東半球にも引かれた。

❹ 外国人によって支配，開発される地域《ちいき》。

❺ 「抗議《こうぎ》する者」という意味。

❻ オランダ，イギリスの植民地経営は東インド会社を通じて行われた。東インド会社には，貿易だけでなく，条約を結んだり，戦争をする権限《けんげん》などもあたえられていた。

どんなものが日本に伝わったのだろう。

南蛮貿易　ヨーロッパ人の船から荷《に》あげするようす。新しい文化に敏感《びんかん》な日本人は，南蛮人によってもたらされた西洋の文物《ぶんぶつ》を積極的に取り入れた。（南蛮屏風《びょうぶ》　神戸《こうべ》市立博物館蔵《ぞう》）

25 ヨーロッパ人の来航

◉日本に伝わった鉄砲《てっぽう》やキリスト教は時代をどう変えたのだろうか。

鉄砲の伝来とその影響《えいきょう》

1543（天文《てんぶん》12）年，種子島《たねがしま》（鹿児島《かごしま》県）に流れ着いた中国船にポルトガル人が乗っていました。彼《かれ》らはわが国を最初に訪《おとず》れたヨーロッパ人であり，彼らがたずさえていた**鉄砲《てっぽう》**（火縄銃《ひなわじゅう》）は，その後のわが国の歴史に大きな影響《えいきょう》をおよぼしました。

鉄砲は戦国大名《せんごくだいみょう》の関心を集め，たちまち各地に広がりました。堺《さかい》（大阪《おおさか》府）や国友《くにとも》（滋賀《しが》県）などでは，刀鍛冶《かたなかじ》職人が生産を開始し，のちに日本は世界一の鉄砲生産国になりました。

鉄砲という新兵器の出現は，それまでの戦術を大きく変え，築城技術の向上をもたらしました。鉄砲の大量生産は，製鉄技術や鉱山《こうざん》開発などの技術革新《かくしん》を生んだほか，戦国大名の軍事力に大きな差をもたらし，のちの全国統一を早める役割《やくわり》も果たしました。

堺《さかい》の鉄砲鍛冶《かじ》　鉄砲が急速に普及《ふきゅう》した背景《はいけい》には，日本人の高い技術力がある。（和泉名所図会《いずみめいしょずえ》　独立行政《ぎょうせい》法人国立公文書館蔵）

当時の鉄砲　筒《つつ》の先から，火薬と弾《たま》をこめて，火縄《ひなわ》で点火する。

ザビエルの来日とイエズス会

1549（天文18）年，イエズス会の宣教師《せんきょうし》**フランシスコ・ザビエル**が鹿児島に到着《とうちゃく》し，日本に初めてキリスト教を伝えました。ザビエルは，室町幕府《むろまちばくふ》の将軍《しょうぐん》からキリスト教の布教の許可を得ようとしましたが果たせず，鹿児島，山口《やまぐち》，京都《きょうと》，豊後府内《ぶんごふない》（大分《おおいた》市）などで布教し，

コラム Column　宣教師《せんきょうし》の見た日本

　ザビエルの日本布教は２年ほどでしたが，彼《かれ》にとって日本人との出会いは驚《おどろ》きに満ちたものだったようです。とりわけ彼を感心させたのは日本人の旺盛《おうせい》な知識欲《ちしきよく》でした。彼は，
「彼らの大部分は読み書きを知っており，すぐ祈《いの》りの言葉を覚える」
「日本人よりすぐれている人々を異教徒《いきょうと》の中に見つけることはできない。彼らは親しみやすく，善良であり，そして何より名誉《めいよ》を重んじる。人々の多くは貧しいがそれを不名誉とは思っていない」
　と手紙に記しています。
　また，トルレスという宣教師も「彼らのあいだには良き礼法があり，まるで宮廷《きゅうてい》に育ったかのように，たがいに非常にていねいな態度を示す」と記しています。
　宣教師たちは，貧しくとも誇《ほこ》り高く理性的な日本人の国民性に，布教の成功を予感したのではないでしょうか。

↑フランシスコ・ザビエル(1506～52)（神戸市立博物館蔵）

信者を増やしました。

南蛮《なんばん》貿易とキリシタン大名《だいみょう》

16世紀末，ポルトガル人に続き，スペイン人も日本にやって来るようになりました。彼らは**南蛮人《なんばんじん》**とよばれ，平戸《ひらど》(長崎《ながさき》県)や長崎などに来航し，貿易が始まりました。南蛮人は，中国産の生糸《きいと》や絹織物《きぬおりもの》，ヨーロッパの火薬，鉄砲，ガラス製品，毛織物，時計などをもたらしました。一方，鉱山開発により世界有数の銀の産出国となっていた日本は銀を輸出しました[1]。これを**南蛮《なんばん》貿易**といいます。

　九州《きゅうしゅう》各地の大名は，貿易による利益のため領内での宣教師の活動を許可しました。しかし，大名の中には，キリスト教を保《ほ》護《ご》するだけでなく，自《みずか》らキリスト教の信者になる者もあらわれました（キリシタン大名）。

　1582(天正《てんしょう》10)年，九州の大友宗麟《おおともそうりん》ら３人のキリシタン大名は，４人の少年をスペイン国王とローマ教皇《きょうこう》のもとへ派遣《はけん》しました(天正遣欧使節《てんしょうけんおうしせつ》)。少年たちは３年がかりでローマにつき，大歓迎《だいかんげい》を受けました。

　一方，日本にやって来た宣教師たちは，各地に教会や学校，孤児院《こじいん》や病院を建て，布教や慈善《じぜん》事業を行いました。

↑フォペルの地球儀《ちきゅうぎ》　南蛮貿易によって日本に伝来した。（天理《てんり》大学附属《ふぞく》天理図書館蔵）

❶　16世紀後半から17世紀初めには，石見《いわみ》(島根《しまね》県)の銀山などから産出される銀は世界産出量の約３分の１を占《し》めていた。

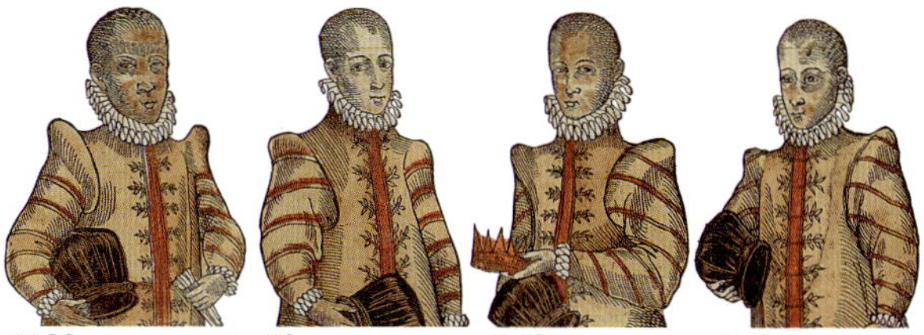

中浦《なかうら》ジュリアン　原《はら》マルチノ　伊東《いとう》マンショ　千々石《ちぢわ》ミゲル

↑天正遣欧使節《てんしょうけんおうしせつ》　1590(天正《てんしょう》18)年に帰国したのちは，キリスト教弾圧《だんあつ》のため，活動の場はなかった。（京都《きょうと》大学附属図書館蔵）

第2節 信長・秀吉の全国統一

鉄砲の登場で，これまでの合戦はどう変わったのかな。

長篠《ながしの》の戦い　武田《たけだ》軍の騎馬《きば》隊(右)を鉄砲《てっぽう》で攻撃《こうげき》する織田・徳川《とくがわ》連合軍(左)。鉄砲部隊を集中的に運用する戦術は，戦国時代の戦いの姿《すがた》を変えるものだった。(長篠合戦図屏風《かっせんずびょうぶ》　徳川美術館蔵《ぞう》)

26 織田信長《おだのぶなが》と豊臣《とよとみ》秀吉《ひでよし》の全国統一

●信長や秀吉はどのようにして全国統一をおし進めたのだろうか。

織田信長の登場

戦国大名《せんごくだいみょう》の争いの中からぬけ出し，最初に全国統一に向かったのは，尾張《おわり》(愛知《あいち》県)の**織田《おだ》信長《のぶなが》**でした。信長は駿河《するが》(静岡《しずおか》県)の有力大名・今川義元《いまがわよしもと》を桶狭《おけはざ》間《ま》(愛知県)の戦いで打ち破ると，京都《きょうと》に上り，足利義昭《あしかがよしあき》を将軍《しょうぐん》に立てて全国統一に乗り出しました。しかし，1573(元亀《げんき》4)年，信長は敵対《てきたい》するようになった義昭を京都から追放し，ここに室《むろ》町幕府《まちばくふ》は滅亡《めつぼう》しました。

信長は，自治《じち》都市として栄えた堺《さかい》(大阪《おおさか》府)を直接支配して，高い経済力《けいざいりょく》や進んだ技術を手に入れる一方，鉄砲《てっぽう》を有効に使い，甲斐《かい》(山梨《やまなし》県)の武田勝頼《たけだかつより》を長篠《ながしの》(愛知県)の戦いで破るなど，敵対する大名を次々とたおしました。

また，比叡山延暦寺《ひえいざんえんりゃくじ》を焼き討《う》ちするなど，寺院や仏教徒に対してもきびしい態度でのぞみました[1]。その一方で，仏教勢力《せいりょく》をおさえる一つの方法として，キリスト教に対しては寛容《かんよう》な態度をとりました。

信長は，琵琶湖《びわこ》(滋賀《しが》県)のほとりに5層《そう》の天守閣《てんしゅかく》をもつ安土《あづち》城《じょう》を築いて，全国統一の根拠地《こんきょち》としました。城下では**楽市《らくいち》・楽《らく》座《ざ》**の政策《せいさく》により市場《いちば》の税が免除《めんじょ》され，また，各地の関所《せきしょ》も廃止《はいし》されたので，商工業が発展《はってん》しました。このように信長は，旧来の勢力や制度を打破《だは》することにより，新しい時代をつくろうと

織田信長(1534 ～ 82)　すぐれた人物を，身分に関係なく登用した。(愛知《あいち》県長興寺《ちょうこうじ》蔵)

❶　浄土真宗《じょうどしんしゅう》(一向宗《いっこうしゅう》)の教えをもとに武装《ぶそう》して抵抗《ていこう》する一向一揆《いっこういっき》とも戦い降伏《こうふく》させた。

豊臣秀吉(1537～98)
信長の家臣のころは木下藤《きのしたとう》吉郎《きちろう》，羽柴秀吉《はしばひでよし》という名前だった。大規模《だいきぼ》な事業・軍事作戦を得意とした。(京《きょう》都《と》府　高台寺《こうだいじ》蔵)

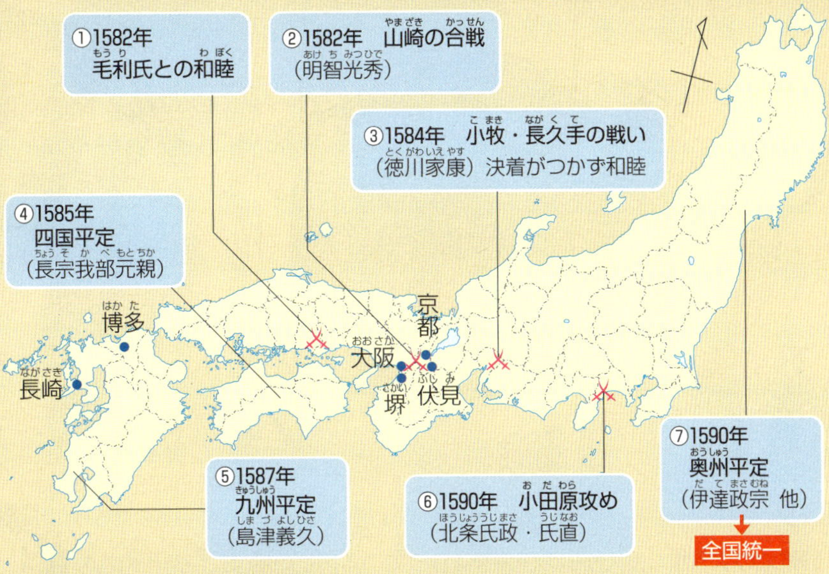
①1582年
毛利《もうり》氏との和睦《わぼく》
②1582年　山崎《やまざき》の合戦《かっせん》
(明智光秀《あけちみつひで》)
③1584年　小牧《こまき》・長久手《ながくて》の戦い
(徳川家康《とくがわいえやす》)決着がつかず和睦
④1585年
四国平定
(長宗我部元親《ちょうそかべもとちか》)
博多《はかた》
長崎《ながさき》
京都
大阪《おおさか》
堺《さかい》
伏見《ふしみ》
⑤1587年
九州《きゅうしゅう》平定
(島津義久《しまづよしひさ》)
⑥1590年　小田原《おだわら》攻め
(北条氏政《ほうじょううじまさ》・氏直《うじなお》)
⑦1590年
奥州《おうしゅう》平定
(伊達政宗《だてまさむね》 他)
全国統一

豊臣秀吉の全国統一地図　(　　)内は敵側の武将《ぶしょう》

しました。しかし，1582(天正《てんしょう》10)年，家臣の明智光秀《あけちみつひで》にそむかれ，本能寺《ほんのうじ》(京都府)で自害しました(**本能寺の変《へん》**)。

豊臣秀吉による全国統一

尾張の貧しい農家に生まれた**豊臣秀吉《とよとみひでよし》**は，信長の家臣として才能を発揮《はっき》し，織田方有数の武将《ぶしょう》として，その地位をかためていきました。備中《びっちゅう》(岡山《おかやま》県)で毛利《もうり》氏の軍勢と対戦していた秀吉は，本能寺の変を知ると，ただちに毛利方と和を結び，京都で明智光秀を討ちました。その後も，織田方の有力な家臣たちとの戦いを勝ちぬき，信長の後《こう》継者《けいしゃ》の地位を確立しました。

1583(天正11)年，秀吉は壮大《そうだい》な大阪城《おおさかじょう》の築城を開始して，全国統治の意思を示しました。1585(天正13)年には，朝廷《ちょうてい》から関《かん》白《ぱく》に任命され，翌年《よくねん》には太政大臣《だいじょうだいじん》に任じられました。関白となった秀吉は，天皇《てんのう》から全国の統治をまかされたとして全国の大名に停戦を命じ，これに従《したが》わなかった九州《きゅうしゅう》の島津《しまづ》氏などを攻《せ》めて降伏《こうふく》させ，1590(天正18)年には，関東の北条《ほうじょう》氏をほろぼし，奥州《おうしゅう》を平定して，全国統一をなしとげました。

秀吉は，征服地《せいふくち》など約200万石《ごく》の領地をもつとともに，大阪，京都，堺，長崎《ながさき》などの重要都市を直接支配しました。さらに，佐渡《さど》金山(新潟《にいがた》県)や生野《いくの》銀山(兵庫《ひょうご》県)などの開発を行って，これを直接支配し，天正大判《てんしょうおおばん》などの貨幣《かへい》をつくりました。

安土城《あづちじょう》(復元模型《もけい》)
(内藤昌《ないとうあきら》氏による)

大阪城(大坂夏の陣《じん》図屏風
大阪城天守閣《てんしゅかく》蔵)

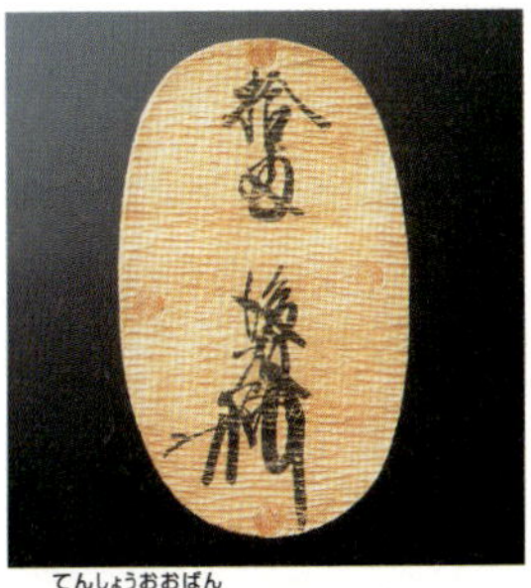

天正大判《てんしょうおおばん》　秀吉がつくらせた大判金。(貨幣《かへい》博物館蔵)

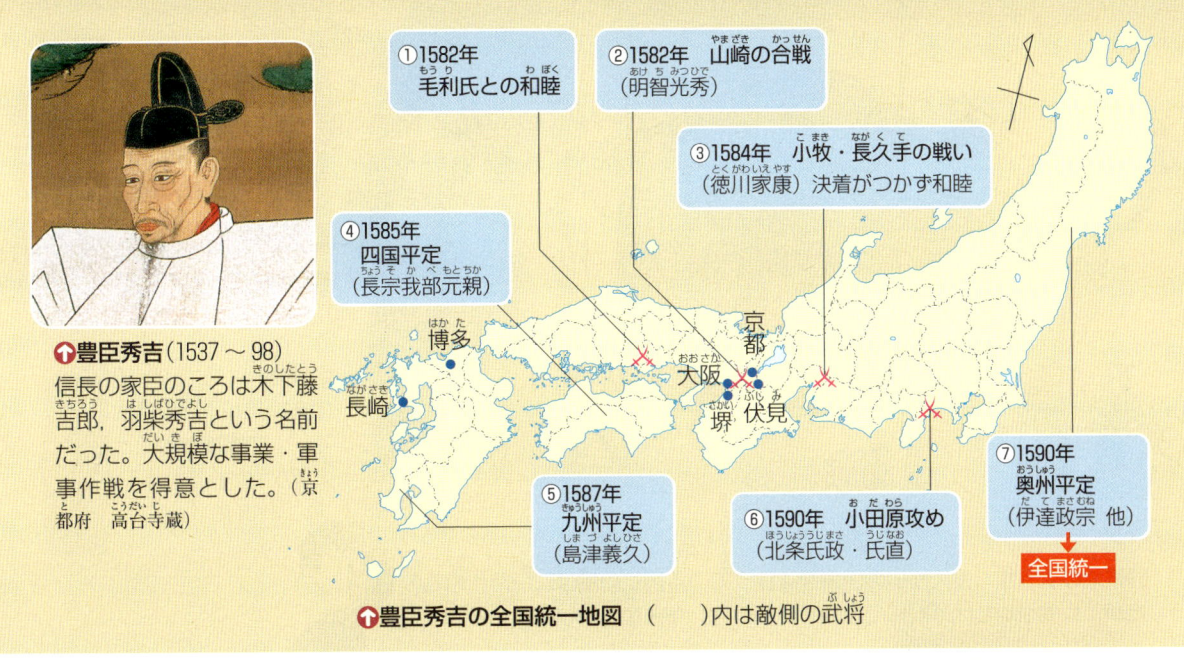

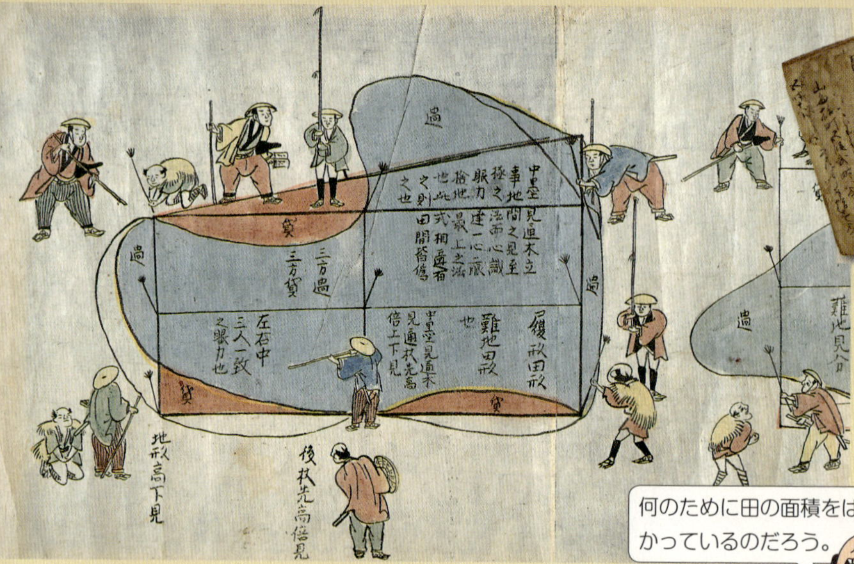

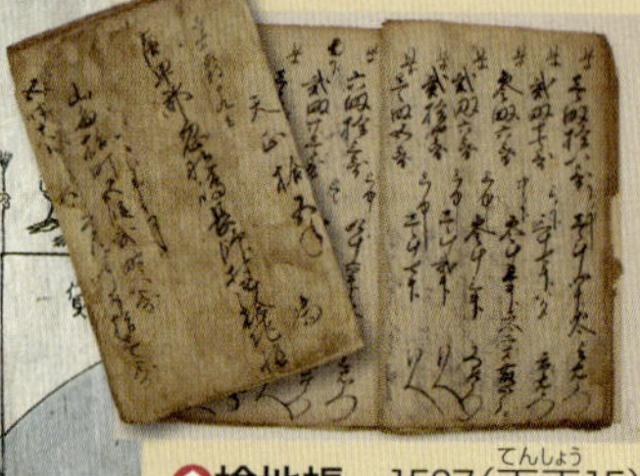

検地帳　1587(天正《てんしょう》15)年につくられたもの。

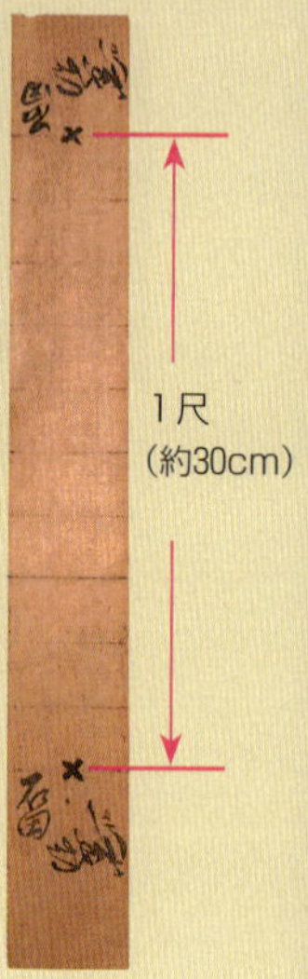
1尺
(約30cm)

検地尺《けんちじゃく》　２つの×印のあいだが１尺《しゃく》の長さで，１寸《すん》(約３cm)ごとに線が引かれている。(尚古集成館《しょうこしゅうせいかん》蔵)

何のために田の面積をはかっているのだろう。

検地のようす　役人が田の面積をはかっている。この絵は江戸《えど》時代のものだが，太閤検地もほぼ同様の方法で行われた。(検地図絵《ずえ》　秋田《あきた》県　玄福寺《げんぷくじ》蔵)

27 豊臣秀吉《とよとみひでよし》の政治と外交

◉秀吉の政治はどのようなものだったのだろうか。

太閤検地《たいこうけんち》と刀狩《かたながり》

豊臣秀吉《とよとみひでよし》が，新しい体制づくりの柱として実《じっ》施《し》したのは**検地《けんち》**と**刀狩《かたながり》**でした。

秀吉は，全国の田畑《たはた》の面積をはかり，土地のよしあしや予想される生産量，耕作している農民の名前などを調べ，検地帳に記録させました。ものさしやます，土地面積の表し方も統一され，生産量はすべて石高《こくだか》(米の体積)で表されることになりました。これら秀吉が実施した検地を**太閤検地《たいこうけんち》**といいます。❶

これにより，武士《ぶし》や大名《だいみょう》は，石高で知行《ちぎょう》(領地)をあたえられ，それにみあった軍役《ぐんえき》を果たすことが義務づけられました。

また，公家《くげ》や寺社などの荘園《しょうえん》領主や有力農民がもっていた複雑な土地の権利《けんり》は否定され，実際に耕作している農民に田畑の所有権が認《みと》められることになりました。

さらに秀吉は，1588(天正《てんしょう》16)年に❷**刀狩令《かたながりれい》**を出し，農民や寺院から鉄砲《てっぽう》，刀，弓，槍《やり》などの武器を取り上げました。これは農民による一揆《いっき》を未然に防《ふせ》ぎ，農業に専念《せんねん》させるためでした。

こうして，武士と農民の身分は明確に区別され(**兵農分離《へいのうぶんり》**)，人々が身分に応じた職業により生計を立てる，安定した近世《きんせい》社会のしくみが整い，江戸《えど》時代へと受けつがれていきました。

秀吉の対外政《せい》策《さく》と朝鮮《ちょうせん》出兵

キリスト教の布教を認めていた秀吉も，長崎《ながさき》の土地がキリシタン大名からイエズス会に

❶　関白《かんぱく》をゆずった人のこと。秀吉は養子の秀次《ひでつぐ》に関白の職をゆずり，太閤《たいこう》と名のった。

❷　この結果，古くから残っていた荘園《しょうえん》は完全に解体した。

一、諸国《しょこく》の百姓《ひゃくしょう》が、刀や短刀、弓・槍《やり》・鉄砲《てっぽう》その他の武具の類《たぐい》をもつことをきびしく禁止する。その理由は、農耕に不要な武器をもち、年貢《ねんぐ》などの税を出ししぶり、もしも、一揆《いっき》をくわだて、大名《だいみょう》から土地をあたえられている家臣に対してけしからんことをする連中がいれば、当然それらは処罰《しょばつ》される。そうなれば、その田畑は耕作する者がいなくなり、領地が荒《あ》れ果ててしまうからである。よって、大名・家臣・代官《だいかん》らは、以上の武具をすべて取り集めて差し出しなさい。

一、百姓は農具だけをもち、農耕に専念していれば、子々孫々《ししそんそん》まで家が続くのである。まことに国土の安全と、人々の幸せの基本である。

（「小早川家文書《こばやかわけもんじょ》」より）

刀狩令（1588年）（一部要約）　農民出身の秀吉は，農民のもつ武器が統治のうえで危険なことをよく理解していた。

一、日本は神国《しんこく》であるから、キリシタンの国から悪い教えを受けるのは非常によくない。

一、キリシタン大名が領民に布教して信者とし、彼らを動かして神社や寺を破壊《はかい》しているという。このようなことは前代未聞《ぜんだいみもん》のことである。

……

一、バテレンは、その知識によって信者を増やしていると思っていたが、日本の仏教を破壊するけしからんことをしている。よって、二十日以内に日本を退去せよ。……

一、ポルトガル・スペイン船は商売目的の船なので、今後も来航して、いろいろと売買《ばいばい》をしてよい。

（「松浦家文書《まつうらけもんじょ》」より）

バテレン追放令（1587年）（一部要約）　実際には追放は実現しなかった。

寄進《きしん》されていたことを知ると，1587（天正15）年，**バテレン追放令**により宣教師《せんきょうし》の国外追放を命じ，キリスト教を禁止しました。イエズス会による布教が，ポルトガルやスペインの植民化政策《せいさく》と密接《みっせつ》につながっていることを危険視《きけんし》したためでした。しかし，貿易船の来航は従来どおりとしたため，取りしまりは十分《じゅうぶん》な成果をあげませんでした。

朝鮮《ちょうせん》出兵の地図

また，秀吉は海外進出をこころざし，フィリピンや台湾《たいわん》などに服属《ふくぞく》を求める手紙を送りました。さらに明《みん》への出兵を計画し，朝鮮《ちょうせん》に服属と明への出兵の道案内を求めました。

全国統一を成しとげ，意気さかんだった秀吉は，1592（天正20）年，明への出兵の案内を断った朝鮮に，15万人あまりの大軍を送りました[3]。秀吉軍は，首都漢城《かんじょう》（現在のソウル）を落とすなど優勢《ゆうせい》でしたが，李舜臣《りしゅんしん》《イスンシン》が率いる朝鮮水軍の活躍《かつやく》や民衆《みんしゅう》の抵《てい》抗《こう》，明の援軍《えんぐん》などで戦いは不利となり，明との講和《こうわ》をはかって兵を引きました（**文禄《ぶんろく》の役《えき》**）。しかし，明との交渉《こうしょう》はまとまらず，1597（慶長《けいちょう》２）年，秀吉はふたたび朝鮮に14万人あまりの大軍を送りました。ところが，苦戦を強《し》いられたうえ，翌年《よくねん》には秀吉が病死したため撤兵《てっぺい》しました（**慶長《けいちょう》の役《えき》**）。朝鮮出兵で，朝鮮の国土や人々の生活はいちじるしく荒廃《こうはい》しました。また，この失敗は，豊臣政権がくずれる原因の一つとなりました。

❸　加藤清正や小西行長らの武将《ぶしょう》が率いた。

有田焼《ありたやき》　肥前《ひぜん》（佐賀《さが》県）有田の磁器《じき》。朝鮮出兵のさいに連れてこられた朝鮮の陶《とう》工《こう》によって磁器の技術が伝えられた。李参平《りさんぺい》は有田焼の祖とよばれている。

どうしてこんな立派なお城をつくったのかな。

↑唐獅子図屏風《からじしずびょうぶ》　金地の背景《はいけい》に唐獅子が堂々と歩いている。全国統一をめざす武士《ぶし》の気風《きふう》を伝えている。（狩野永徳《かのうえいとく》　作　宮内庁《くないちょう》三《さん》の丸尚蔵館蔵《まるしょうぞうかんぞう》）

←姫路城《ひめじじょう》　美しい天守閣《てんしゅかく》をもち，白鷺城《しらさぎじょう》の名でも知られる。今に残る日本の城の中で，当時の姿《すがた》を最もよくとどめており，世界遺産《いさん》にも登録されている。（兵庫《ひょうご》県）

28 雄大《ゆうだい》で豪華《ごうか》な桃山《ももやま》文化

◉桃山文化はどのような特色をもっていたのだろうか。

❶　秀吉《ひでよし》の邸宅《ていたく》を兼ねた伏見城跡《ふしみじょうあと》には多くの桃が植えられたため，のちに桃山とよばれた。

↑西本願寺唐門《にしほんがんじからもん》　各所にほどこされた精巧《せいこう》な彫刻《ちょうこく》が，桃山文化の豪華《ごうか》さを示している。（京都《きょうと》府）

桃山文化

織田信長《おだのぶなが》，豊臣秀吉《とよとみひでよし》が活躍《かつやく》した時代を**安土《あづち》・桃山《ももやま》時代**❶とよび，この時代の文化を**桃山文化**とよびます。それは戦乱《せんらん》の時代から全国統一へと向かうなかで，強大な力をもつようになった大名《だいみょう》と，世界との貿易によってうるおった大商人らの，権力《けんりょく》と富を基盤《きばん》とした，雄大《ゆうだい》で豪華《ごうか》な文化でした。

信長の安土城《あづちじょう》←p.95や秀吉の大阪城《おおさかじょう》←p.95など，この時代に築かれた城は壮大《そうだい》な天守閣《てんしゅかく》をもち，大名の権力を象徴《しょうちょう》しました。姫路城《ひめじじょう》は，軍事的な機能だけでなく，城壁《じょうへき》のしっくい壁《かべ》の美しさもかね備《そな》えており，当時の城郭《じょうかく》建築の水準の高さを物語っています。

また，城内の襖《ふすま》や壁，屏風《びょうぶ》には，金銀をふんだんに使った華《はな》やかな色彩《しきさい》の障壁画《しょうへきが》がえがかれ，柱や欄間《らんま》には，透《す》かし彫《ほ》りの精巧《せいこう》な彫刻《ちょうこく》がほどこされました。狩野永徳《かのうえいとく》，狩野山楽《さんらく》ら狩野派の絵師たちは，安土城や大阪城などの障壁画を，雄大な構図の中に，豊かな色彩と力強い線でえがきました。

大名や大商人のあいだでは，深い味わいをもつ茶《ちゃ》の湯《ゆ》も好まれました。堺《さかい》（大阪府）の商人だった**千利休《せんのりきゅう》**→p.100は，質素なわび茶の作法を完成させました。茶の湯は，秀吉や諸《しょ》大名の保護を受けて大いに流行し，茶道具や茶室を飾《かざ》る生《い》け花《ばな》，庭園づくりもさかんになりました。

洛中洛外《らくちゅうらくがい》図屏風　京都の町の活気が伝わってくる。（狩野永徳　作　米沢《よねざわ》市上杉《うえすぎ》博物館蔵）

彦根《ひこね》屏風　三味線《しゃみせん》を弾《ひ》いている。右奥に見えるのは，すごろくをして遊ぶ人たち。（彦根城博物館蔵）

ポルトガル語から日本語へ	
castella	カステラ
capa	カッパ（合羽）
tabaco	タバコ
tempero	テンプラ（天ぷら）
pão	パン
botâo	ボタン

日本語からポルトガル語へ	
屏風	biombo
坊主《ぼうず》	bonzo
刀	catana
茶	cha
酒	saqué(ẽ)
漆《うるし》	uruxi

日本語とポルトガル語の交流

南蛮《なんばん》文化

宣教師《せんきょうし》やヨーロッパの商人は，さまざまな文化をわが国に伝えました。地理学や医学，天文学，航海術などの進んだ知識や技術は人々を驚《おどろ》かせました。また，南蛮《なんばん》貿易で，ヨーロッパの衣服や食品などがもたらされました。その中には，カッパ（合羽），パン，オルガンなど，現在の日本人の生活にとけこんでいるものも少なくありません。活版《かっぱん》印刷術[2]も伝えられ，キリスト教関係の書物が印刷されたほか，ローマ字による日本語辞書などの出版も行われました。南蛮人との交易や風俗を主題とした南蛮屏風←p.92もえがかれました。このような文化は**南蛮《なんばん》文化**とよばれます。

[2] ドイツのグーテンベルクが15世紀中ごろに発明した。

民衆《みんしゅう》の文化

平和な時代をむかえると，人々のあいだには，現世を楽しもうとする活発な文化が生まれました。

17世紀初めに，出雲《いずも》（島根《しまね》県）の阿国《おくに》という女性が京都で始めたかぶき踊《おど》りは，各地で人気を集めました。この芸能は，のちに歌舞伎《かぶき》として完成されていきます。琉球《りゅうきゅう》（沖縄《おきなわ》県）から伝わった三味線《しゃみせん》に合わせて物語を語る，浄瑠璃《じょうるり》や小歌《こうた》も人々の楽しみとなりました。また，小袖《こそで》とよばれる動きやすい衣服が普及《ふきゅう》し，その色彩も豊かになりました。麻《あさ》にかわり木綿《もめん》の衣服が広まったのもこのころです。

かぶき踊《おど》り　阿国《おくに》の念仏《ねんぶつ》踊りの絵。（国女歌舞伎絵詞《くにじょかぶきえことば》　京都大学附属《ふぞく》図書館蔵）

読み物
コラム

茶《ちゃ》の湯《ゆ》と生《い》け花《ばな》

●日本人の精神性と美意識を代表する文化●

12世紀末，臨済宗《りんざいしゅう》の僧《そう》・栄西《えいさい》が宋《そう》から伝えた抹茶《まっちゃ》は，その後，茶《ちゃ》の湯《ゆ》として一般《いっぱん》に広まりました。それはやがて，禅《ぜん》の精神を取り入れた作法により，わび茶として整えられ，千利休《せんのりきゅう》(1522～91)がこれを大成しました。

↑千利休《せんのりきゅう》(長谷川等伯《はせがわとうはく》　作　京都《きょうと》府　不審菴蔵《ふしんあんぞう》)

その後，茶の湯は茶道《さどう》とよばれるようになりますが，日本人の精神性や美意識を代表する文化として，今日《こんにち》に受けつがれています。

●茶室の奥深さ●

日本人にとって，茶は単なる飲み物ではなく，宗教的な深さをもつ文化としてとらえられています。また，茶の湯は人の心を結ぶ交わりの場でもあります。

千利休が設計した茶室はわずか二畳《にじょう》。その入り口は低い位置に置かれていました。茶室に入るためには，刀をはずし，頭を下げて戸をくぐらなければなりません。それは，茶室で向かい合う人々は，身分にかかわらず，謙譲《けんじょう》であることを学ぶためのものでした。

↑茶室待庵《たいあん》(京都府　妙喜庵《みょうきあん》待庵)

また，茶室はほとんど何もない空間であり，逆に，そこに運ばれる季節の花や美術品で，無限の変化を見せる創造の場でもありました。

さらに，あえて質素につくられた茶室は，家とは仮の宿であるという，禅の教えに通じるはかなさを織りこんでいました。あるがままの心で，人とものとに接する茶の湯の奥深さは，その後も多くの人々に愛好されてきました。

●茶室に咲く一輪の花●

茶の湯とともに，生《い》け花《ばな》も急速な発展《はってん》をとげました。

茶室に飾《かざ》られる簡素《かんそ》で小さな花は茶花《ちゃばな》とよばれ，中でも晩冬の椿《つばき》は趣《おもむき》のある茶花とされました。椿は開花したものではなく，これから咲こうとするつぼみに露《つゆ》を含《ふく》ませたものを用います。

これと野桜《のざくら》の小枝を取り合わせれば，冬のなごりと春の予告を表すことができます。

千利休は，早朝の茶席に秀吉《ひでよし》を招待するに当たって，茶室のまわりの庭に咲く朝顔の中から一輪を選び，それを茶室に生け，残りすべてを切り取らせたという逸話《いつわ》があります。これも利休のわびの心の表れでした。

最少の本数を用いて，周囲との調和を構成し，さらに不要な枝や葉を切り詰《つ》めながら，少しずつ空間を広げていく生け花の緊張感と美――それは今も多くの人々に愛好され続けている日本の文化です。

課題学習

城《しろ》を探検《たんけん》してみよう

　Cさんたちは夏休みを利用して，長野《なが の》県にある松本城《まつもとじょう》に行くことになりました。この機会に，Cさんは城《しろ》について調べてみることにしました。

城というと，すぐ写真のような天守閣を思い浮《う》かべるけど，城主《じょうしゅ》や家来たちは，同じ敷地《しき ち》にある御《ご》殿《てん》に住んでいたんだ。天守閣は，いざ攻《せ》められたときの最後のとりでだったんだね。

松本城

　この地を治めていた小笠原《お がさわら》氏の一族が築城し，16世紀末にここに移った石川《いしかわ》氏が，天守《てんしゅ》を建て城を整備しました。

　16世紀末の天守閣《てんしゅかく》が現存《げんぞん》する貴重《き ちょう》な城として国宝《こくほう》に指定されています。

・**天守**　戦国《せんごく》時代から江戸《え ど》時代にかけての城で築かれた。戦闘《せんとう》用のとりでとしてさまざまなくふうがこらされている。その美しい形には，権力《けんりょく》の象徴《しょうちょう》としての意味合いも強い。

・**櫓《やぐら》**　元は「矢倉（蔵《くら》）」で，ここから矢で敵を射《い》た。

・**石垣《いしがき》**　敵が侵入《しんにゅう》してくるのを防《ふせ》ぐ。

・**狭間《はざ ま》**　壁《かべ》に開けられた穴《あな》から，鉄砲《てっぽう》（火縄銃《ひ なわじゅう》）で敵をむかえ撃《う》った。

いろいろ城の守りを考えてあるんだなあ。

・**石落とし**　石垣《いしがき》をのぼってくる敵に対し鉄砲を撃ちかけた。

・**階段**　急角度でつくられているのはなぜだろうか。

天守にほどこされたさまざまなしかけ

城の種類

〈山城《やまじろ》〉山に築かれた城

〈平城《ひらじろ》〉平地に築かれた城

松本城は平城だね。

その他の城のしかけ

★**堀《ほり》**…敵の侵入を防ぐだけでなく，距離《きょり》をかせぎ矢や鉄砲の弾《たま》がとどかないよう考えられている。

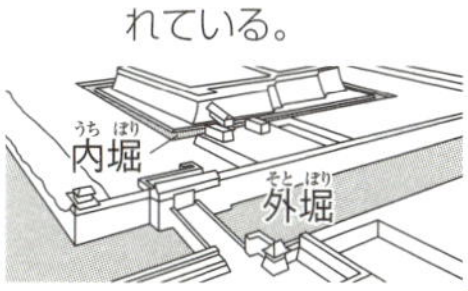

★**井戸《い ど》**…城に立てこもるときのために，城では水の確保がたいへん重要だった。

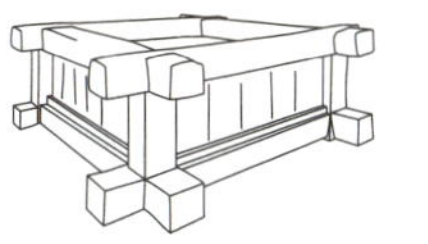

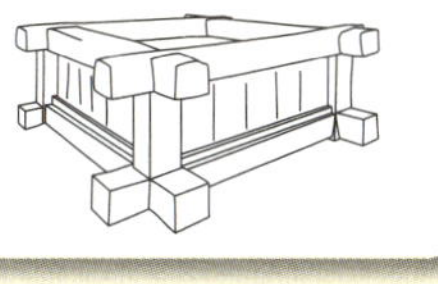

★**枡形門《ますがたもん》**…敵の直進を防ぎ，矢を掛けやすくするため，門を二重《に じゅう》にした。

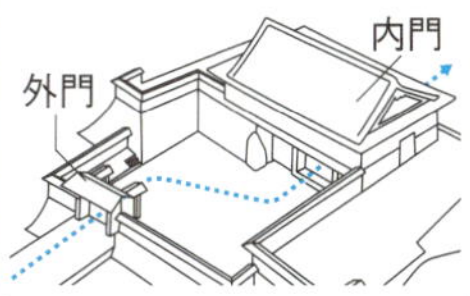

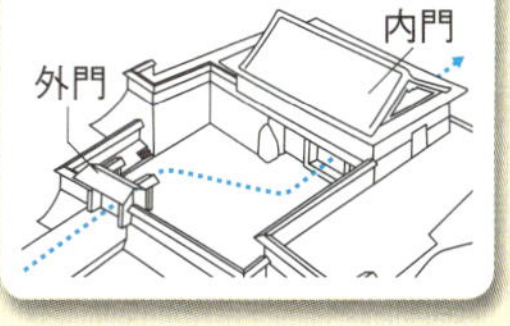

第3節 江戸幕府の政治

城《しろ》と城のまわりには，どんな人が住んでいるのだろう。

徳川家康(1542 ～ 1616)　織田信長《おだのぶなが》と同盟《どうめい》を結び勢力《せいりょく》を拡大《かくだい》。秀吉《ひでよし》と争ったが，のちに秀吉に従《したが》った。(MOA美術館蔵《ぞう》)

江戸城《えどじょう》　太田道灌《おおたどうかん》が築城。家康が大改築を行い，幕府政治の中心となった。広大な城下町が形成された。(江戸図屏《びょう》風《ぶ》　国立歴史民俗《みんぞく》博物館蔵)

29 江戸幕府《えどばくふ》の成立

◉江戸幕府はどのようにして成立し，その基礎《きそ》をかためていったのだろうか。

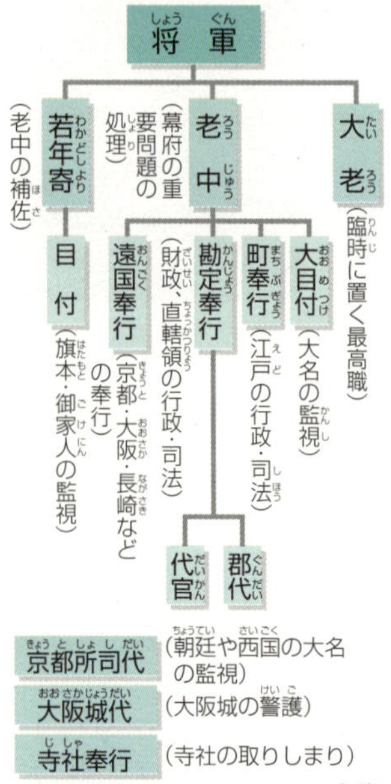
将《しょう》軍《ぐん》
若年寄《わかどしより》
(老中の補佐《ほさ》)
老《ろう》中《じゅう》
(幕府の重要問題の処理《しょり》)
大《たい》老《ろう》
(臨時《りんじ》に置く最高職)
目付
(旗本《はたもと》・御家人《ごけにん》の監視)
遠国奉行《おんごくぶぎょう》
(京都《きょうと》・大阪《おおさか》・長崎《ながさき》などの奉行)
勘定奉行《かんじょうぶぎょう》
(財政《ざいせい》、直轄領《ちょっかつりょう》の行政・司法)
町奉行《まちぶぎょう》
(江戸《えど》の行政・司法《しほう》)
大目付《おおめつけ》
(大名の監視《かんし》)
代官《だいかん》
郡代《ぐんだい》
京都所司代《きょうとしょしだい》
(朝廷《ちょうてい》や西国《さいごく》の大名の監視)
大阪城代《おおさかじょうだい》
(大阪城の警護《けいご》)
寺社《じしゃ》奉行
(寺社の取りしまり)

江戸幕府のしくみ　譜代《ふだい》大名《だいみょう》や旗本《はたもと》，御家人《ごけにん》が役職に就《つ》いた。

徳川家康《とくがわいえやす》と江戸幕府

豊臣秀吉《とよとみひでよし》の死後，天下を治めたのは**徳川家康《とくがわいえやす》**でした。家康は三河《みかわ》(愛知《あいち》県)の一戦国大名《せんごくだいみょう》でしたが，しだいに勢力《せいりょく》をのばしていきました。秀吉から関東《かんとう》の地をあたえられた家康は，江戸《えど》に城《しろ》を構え，町づくりを進める一方，多くの大名を味方につけていきました。

秀吉の死後，諸《しょ》大名の筆頭となった家康は，豊臣家を継《つ》いだ豊臣秀頼《ひでより》をもり立てようとする石田三成《いしだみつなり》らとの対立を深めました。1600(慶長《けいちょう》５)年，天下分け目の合戦といわれた**関ヶ原《せきがはら》の戦い**に勝利を収めた家康は，1603(慶長８)年，朝廷《ちょうてい》から征夷大《せいいたい》将軍《しょうぐん》に任じられ，**江戸幕府《ばくふ》**を開きました。以後，明治《めいじ》時代をむかえるまでの約260年間を**江戸時代**といいます。家康はその後，２度にわたって大阪城《おおさかじょう》を攻《せ》め，1615(慶長《けいちょう》20)年，豊臣氏をほろぼし，幕府の支配をかためました(大阪の冬の陣《じん》・夏の陣)。

江戸幕府のしくみ

江戸幕府のしくみは３代将軍徳川家光《いえみつ》のころまでに，ほぼ整いました。将軍のもとに老《ろう》中《じゅう》が置かれて政治の運営に当たり，寺社奉行《ぶぎょう》，町奉行，勘定《かんじょう》奉行の三奉行が政務を分担《ぶんたん》しました。重要な問題がおきると，老中と三奉行の合議が行われました。

幕府は旗本《はたもと》，御家人《ごけにん》とよばれる武士《ぶし》に守られ，全国の石高《こくだか》の４分の１を占《し》める領地をもっていました。また，京都《きょうと》，大阪，

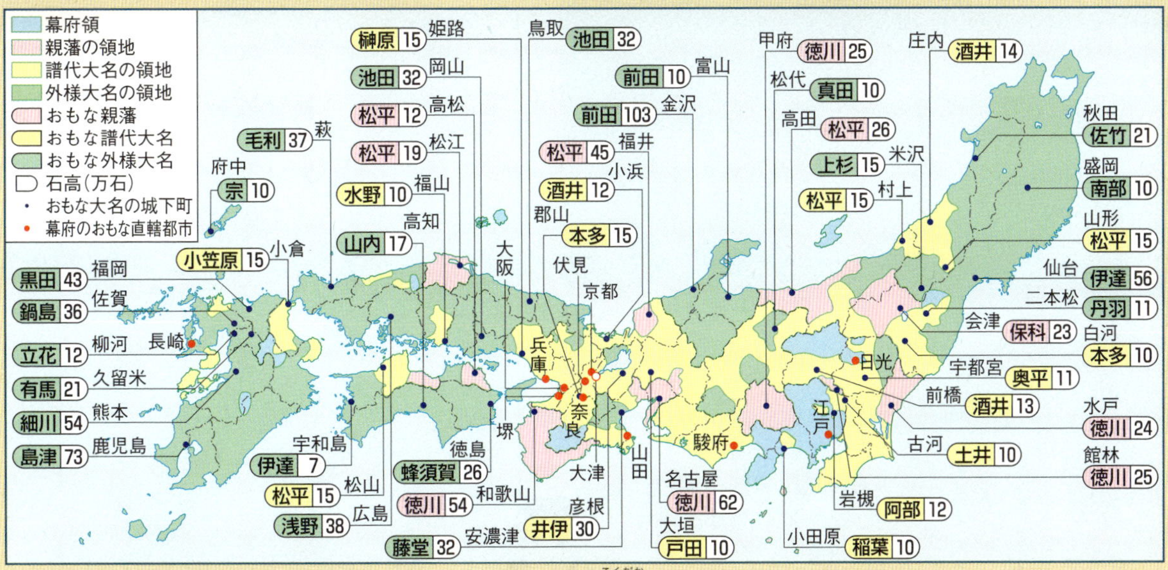

江戸初期のおもな大名の配置（1664年） 譜代大名は，石高《こくだか》は高くないが，重要な地に領地をもち，幕府の要職に就くことができた。

奈良《なら》，長崎《ながさき》などの主要都市やおもな鉱山《こうざん》を直接治め，外交権や貨幣《かへい》をつくる権利《けんり》を独占《どくせん》するなど，強大な権力《けんりょく》をにぎりました。

将軍と主従《しゅじゅう》関係を結んだ１万石《ごく》以上の武士は大名とよばれました。幕府は全国200あまりの大名を，徳川氏一門の親藩《しんぱん》，初めから徳川氏の家臣だった譜代《ふだい》，関ヶ原の戦いののち徳川氏に従《したが》った外様《とざま》に分け，親藩や譜代を要所に，江戸から遠い地域《ちいき》に有力な外様を配置しました。

大名の領地とその政治組織を**藩**《はん》とよび，幕府と藩が，土地や人民を統治する政治制度のことを**幕藩《ばくはん》体制**とよびます。

幕府による統制

幕府は**武家諸法度**《ぶけしょはっと》を定め，大名が許可なく城を改築することや，大名家どうしが無断で結《けっ》婚《こん》することなどを禁じました。また，家光は**参勤交代**《さんきんこうたい》の制度を定め，大名に対して１年おきに領地と江戸を往復させること，妻子《さいし》を江戸に住まわせることを義務づけました。参勤交代には多額の費用がかかり，幕府から江戸城の改修や河川《かせん》の工事なども命じられ，大名は幕府に反抗《はんこう》する力を失っていきました。

幕府にとって征夷大将軍という役職は全国支配のよりどころであり，その任命者は朝廷でした。幕府は朝廷を敬いながらも禁中並《きんちゅうならびに》公家《くげ》諸法度《しょはっと》を定めたり，京都所司代《しょしだい》を置いてその動きを監視《かんし》し，幕府をおびやかさないよう注意を払《はら》いました。

武家諸法度《ぶけしょはっと》

- 大名は，毎年４月中に江戸へ参勤《さんきん》すること。
- 新しい城をつくってはいけない。石垣《いしがき》などがこわれたときは奉行所《ぶぎょうしょ》の指示を受けること。
- 大名は，かってに結婚《けっこん》してはいけない。
- 服装《ふくそう》は，分相応《ぶんそうおう》のものを着なければならない。

（1635年，将軍家光《いえみつ》のものの一部要約）

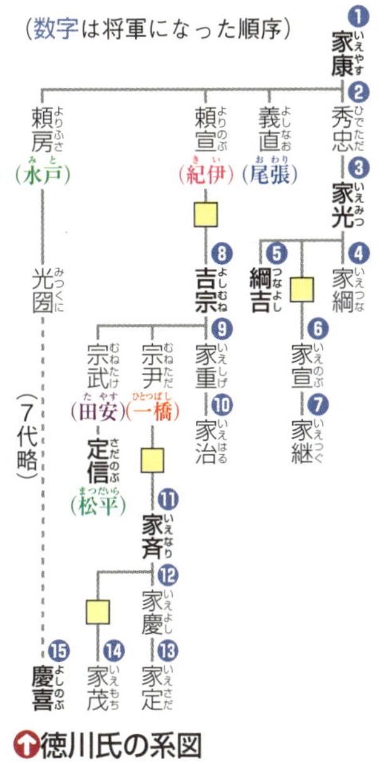

徳川氏の系図

↑朱印船《しゅいんせん》　異国《いこく》の港に着いた朱印船のようす。（愛知《あいち》県情妙寺蔵《じょうみょうじぞう》）

←朱印状《しゅいんじょう》　将軍《しょうぐん》や大名の承認《しょうにん》を表す書状。（前田育徳会《まえだいくとくかい》蔵）

↑朱印船の航路と日本町《にほんまち》

30 「鎖国《さこく》」への道

◉幕府《ばくふ》はなぜ「鎖国」を選び，その実態はどうだったのだろうか。

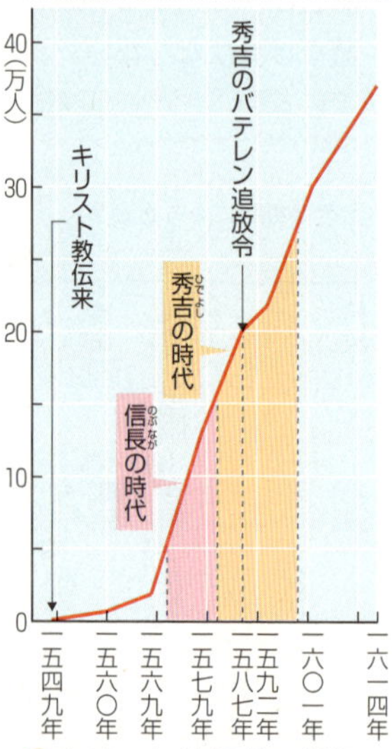

↑キリスト教信者の増加

（五野井隆史《ごのいたかし》『日本キリスト教史』による）

❶　信仰《しんこう》を捨てなかった元キリシタン大名の高山右近《たかやまうこん》はマニラに追放された。

貿易の発展《はってん》

15世紀以降，明《みん》とわが国のあいだでは貿易がとだえていたため，ポルトガル，スペインの商船を通して，明からの品物を手に入れていました。徳川家康《とくがわいえやす》は，幕府《ばくふ》の経済力《けいざいりょく》を高めるために貿易を奨励《しょうれい》し，キリスト教の布教と貿易を切りはなすという方針《ほうしん》だったイギリスやオランダの船を歓迎《かんげい》しました。

家康は日本の商人に朱印状《しゅいんじょう》をあたえ，ルソン（フィリピン）や安南《アンナン》（ベトナム），シャム（タイ）などとさかんに貿易を行いました（**朱印船《しゅいんせん》貿易**）。このため，東南アジアの各地には**日本町《にほんまち》**ができ，シャムの山田長政《やまだながまさ》のように国王の信頼《しんらい》を受け，高い位《くらい》につく日本人もあらわれました。朱印船貿易は幕府に多大の利益をもたらし，日本人の目を海外に開かせました。

キリスト教の禁止（禁教）へ

幕府は貿易の利益を優先《ゆうせん》したため，江戸《えど》時代の初めのころ，キリスト教は強い取りしまりを受けませんでした。しかしその教えは，幕府が求める道徳や，わが国の慣習と合わない点が多く，また，キリスト教はその地《ち》域《いき》の植民地化のために利用されているという実態もありました。そこで幕府は，キリスト教を禁止する方針をかため，布教をきびしく取りしまるとともに，宣教師《せんきょうし》を国外に追放しました❶。さらに，スペイン船の来航を禁止するなど，外国との交流

人物コラム　支倉常長《はせくらつねなが》——幻《まぼろし》となった海外貿易の夢

仙台藩《せんだいはん》の大名《だいみょう》・伊達政宗《だてまさむね》の命を受け，支倉常長(1571～1622)ら慶長遣欧《けいちょうけんおう》使節約180人がヨーロッパに出発したのは1613(慶長18)年のことでした。彼《かれ》らは幕府の使節として，当時スペイン領だったメキシコとの貿易許可を願い出るため，ローマ教皇《きょうこう》のもとへ派遣《はけん》されました。

約１年後，ヨーロッパの土を踏《ふ》んだ常長らはスペイン国王に謁見《えっけん》しました。常長はこのとき洗礼《せんれい》を受け，その後，ローマ教皇との面会も果たしました。しかし，キリスト教の禁止に踏み切った日本への配慮《はいりょ》から，貿易の推進はなされず，常長らはむなしく帰国の途《と》につきました。

７年ぶりに帰国した一行を出むかえた仙台藩の態度は，がらりと変わっていました。幕府のキリシタン弾《だん》圧《あつ》と鎖国の方針《ほうしん》によって，キリスト教国と深いつながりをもつ必要がなくなっていたのです。

島原《しまばら》・天草一揆《あまくさいっき》　城に立てこもる一揆軍を攻《こう》撃《げき》する幕府軍。一揆軍は３万人近くになった。(島原陣図屏風《じんずびょうぶ》　秋月郷土館《あきづききょうどかん》蔵)

にも制限を加えました。1635(寛永《かんえい》12)年には，朱印船貿易を停止するとともに，海外に渡航《とこう》していた日本人の帰国も禁じたため，日本人の海外での活動の道は閉《と》ざされ，日本町は急速に姿《すがた》を消していきました。

島原《しまばら》・天草一《あまくさいっ》揆《き》と鎖国

1637(寛永14)年，九州《きゅうしゅう》の島原《しまばら》(長崎《ながさき》県)・天草《あまくさ》(熊本《くまもと》県)地方で，領主の重税やキリシタン(キリスト教徒)弾圧《だんあつ》に反発した農民たちが大規模《だいきぼ》な一揆《いっき》をおこしました。この地方にはキリシタンが多く，指導者としてあおがれた天草四郎《あまくさしろう》という16歳《さい》の少年もキリシタンだったといわれています。幕府は大軍を送り，翌年《よくねん》ようやく乱を平定しました。これを**島原・天草一揆(島原の乱《らん》)**といいます。

この事件ののち，幕府は領主を処罰《しょばつ》するとともに，絵踏《えぶみ》の徹《てっ》底《てい》などにより，キリスト教の取りしまりを強化しました。また，寺院に宗門改帳《しゅうもんあらためちょう》をつくらせ，人々が仏教徒であることを証明させました。

さらに，貿易の相手国をオランダと中国，朝鮮《ちょうせん》に限り，交易の場もきびしく制限しました。この体制は，のちに**鎖国《さこく》**とよばれるようになりました。[2] スペイン，ポルトガルなどが世界各地に植民地を広げているなかで，鎖国はわが国の独立を守り，平和を維持《いじ》するための政策《せいさく》でした。

踏絵《ふみえ》　イエス・キリストの像などを役人の前で踏《ふ》ませた(絵踏《えぶみ》)。(東京《とうきょう》国立博物館蔵)

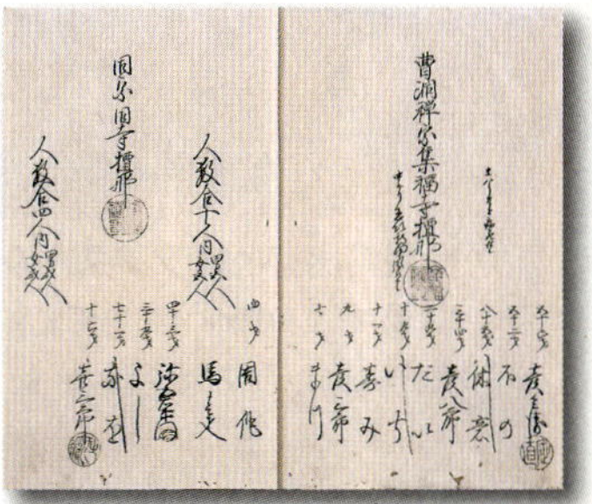

宗門改帳《しゅうもんあらためちょう》　各人の宗旨《しゅうし》を明記した帳簿《ちょうぼ》。(埼玉《さいたま》県立文書館保管　個人蔵)

❷「鎖国」の語は，ドイツ人ケンペルの書『日本誌《にほんし》』を長崎の通訳・志筑忠雄《しづきただお》が1801(享和《きょうわ》元)年に「鎖国論《さこくろん》」と題して訳したときに初めて使われた。

なぜ出島で交易をしていたのだろう。

長崎出島《ながさきでじま》　役人や特定の商人以外は，出島への立ち入りを禁じられていた。（寛文《かんぶん》長崎図屏風《びょうぶ》　長崎歴史文化博物館蔵《ぞう》）

オムシャ（復元模型《もけい》）　毎年，アイヌの人々を集めて交易の規則を伝えた儀式《ぎしき》。（北海道開拓《ほっかいどうかいたく》記念館蔵）

31 「鎖国《さこく》」のもとの4つの窓口

◉世界に開かれていた日本の4つの窓口はどのようなはたらきをしたのだろうか。

長崎出島とオランダ人の交易（唐蘭館絵巻《とうらんかんえまき》　長崎歴史文化博物館蔵）

蝦夷錦《えぞにしき》（市立函館《はこだて》博物館蔵）

オランダと中国との交易

長崎《ながさき》ではオランダや中国との交易が行われました。オランダ船は中国産の生糸《きいと》や絹織物《きぬおりもの》，また東南アジアやヨーロッパの品々をもたらし，わが国は金，銀などを輸出しました。オランダ商館《しょうかん》は，出島《でじま》とよばれる狭《せま》い埋立地《うめたてち》に置かれ，日本人とオランダ人の接触《せっしょく》はきびしく制限されていました。幕府《ばくふ》は，オランダ船の来航のたびにもたらされる「オランダ風説書《ふうせつがき》」によって，世界のさまざまな動きを知ることができました。

中国では，明《みん》が17世紀半ばにほろび，満州《まんしゅう》族の建てた清《しん》が中国全土を支配しました。清の貿易船は生糸《きいと》，絹織物《きぬおりもの》，書籍《しょせき》のほかヨーロッパの綿織物，毛織物，南洋産の砂糖《さとう》，獣皮《じゅうひ》などをもたらし，日本は銀や銅，海産物を輸出しました。

江戸《えど》時代の北海道《ほっかいどう》

江戸《えど》時代の北海道《ほっかいどう》は蝦夷地《えぞち》とよばれていました。幕府はその南端《なんたん》に松前藩《まつまえはん》を置き，蝦夷地のアイヌとの交易の独占《どくせん》を認《みと》めていました。
←p.77

蝦夷地では米の収穫《しゅうかく》ができず，松前藩は毎年，米や酒，鉄製品などを仕入れて取り引き場所にもっていき，アイヌの人々の昆布《こんぶ》やアワビ，鮭《さけ》，毛皮などと交換《こうかん》しました。また，アイヌの人々は千島《ちしま》列島や樺太《からふと》，中国東北部とも交易をしていたため，日本に蝦夷錦《えぞにしき》などの中国産の織物がもたらされました。松前は

琉球《りゅうきゅう》の那覇港《なはこう》 中国への朝貢《ちょうこう》貿易からもどった船を，多くの小船が出むかえている。（滋賀《しが》大学経済《けいざい》学部附《ふ》属《ぞく》史料館蔵）

朝鮮通信使《ちょうせんつうしんし》 将軍《しょうぐん》に国書を渡《わた》して宿舎にもどる使節を，江戸《えど》町民が歓迎《かんげい》しているようす。（朝鮮通信使来朝《らいちょう》図 神戸《こうべ》市立博物館蔵）

外国に開かれたわが国の北の窓の役割《やくわり》をしていました。

その後，交易場所を一方的に決めたり，不当な取り引きを行う松前藩に不満をもったアイヌの人々は，シャクシャインを指導者として立ち上がり松前藩と戦いましたが，鎮圧《ちんあつ》されました。

江戸時代の沖縄《おきなわ》

沖縄《おきなわ》は当時，琉球《りゅうきゅう》とよばれ，尚《しょう》氏の王朝が建てられていましたが，1609(慶長《けいちょう》14)年，薩摩《さつま》藩《はん》(鹿児島《かごしま》県)の島津《しまづ》氏の支配を受け，将軍《しょうぐん》や琉球国王の代がかわるたびに幕府に使節を送るようになりました。その一方で，琉球は中国におこった清にも朝貢《ちょうこう》していました。幕府や薩摩藩は，琉球を仲《なか》立《だ》ちとして清との貿易を行おうと考えたため，こうした琉球の立場を認めました。

←p.77
←p.26

朝鮮《ちょうせん》との関係

秀吉《ひでよし》による朝鮮《ちょうせん》出兵の後，朝鮮との関係はとだえていましたが，家康《いえやす》は国交の回復に熱心で，その支援《しえん》のもと，対馬藩《つしまはん》の大名《だいみょう》・宗《そう》氏により貿易が再開されました❶。朝鮮は1607(慶長12)年，わが国に**朝鮮通信使《ちょうせんつうしんし》**❷を送りました。以後，将軍の代がかわるたびに江戸に送られた通信使は，東洋の文化を伝える使節として各地で歓迎《かんげい》されました。

このように，鎖国《さこく》とよばれる時代にあっても，長崎(対オランダ，清)，松前藩(対清)，薩摩藩(対琉球)，対馬藩(対朝鮮)❸という「４つの口」を通して，わが国は世界とつながっていました。

鎖国下の「４つの口」 海外からのさまざまな情報《じょうほう》や文物が，この窓口から日本に入ってきた。

❶ 朝鮮の釜山《ふざん》には対馬藩の倭館《わかん》が置かれ，500人の日本人が住んで貿易や情報収集を行った。

❷ 朝鮮の国王から派遣《はけん》された使節団。1811（文化《ぶんか》８）年までに計12回の使節が日本を訪れた。

❸ 対馬藩に仕えた儒学者《じゅがくしゃ》の雨森芳洲《あめのもりほうしゅう》は，朝鮮語と中国語を学んで対朝鮮外交にたずさわった。

←**年貢米《ねんぐまい》の蔵入《くらい》れ**　役人の監督《かんとく》のもとで，京《きょう》ますを使って米をはかり，俵《たわら》につめている。（農業図絵　個人蔵《ぞう》）

→**稲《いね》かりあとの休み**　村人たちが猿回《さるまわ》しを見物している。歌舞伎《かぶき》や芝居《しばい》なども村で演じられた。（農業図絵　個人蔵）

2つの絵の人々のようすを見比べてみよう。

32 身分制度の確立

◉江戸《えど》時代の身分制度の実態はどのようなものだったのだろうか。

町に住む武士《ぶし》と町人《ちょうにん》

秀吉《ひでよし》の兵農分離《へいのうぶんり》の方針を受けついだ幕府《ばくふ》は，**武士《ぶし》**と**百姓《ひゃくしょう》**，**町人《ちょうにん》**という身分を定め，秩序《ちつじょ》ある社会をつくろうとしました。武士は城下町《じょうかまち》に集められたため，生産物の加工や流通にたずさわる職人や商人も，町人として城下町に集まり，多くの地方都市が栄えるようになりました。

武士は社会の指導者として名字《みょうじ》・帯刀《たいとう》を許《ゆる》され，武士道《ぶしどう》➡p.115とよばれるきびしい規範《きはん》を身につけることを要求されました。本来，武士は武芸に励《はげ》み，戦いに備《そな》えることが最大の仕事でしたが，このころには幕府や藩《はん》の役人として政治をにない，治安を維持《いじ》することが仕事の中心となりました。❶

とりわけ大名《だいみょう》は，藩の経営に責任を負っており，領民《りょうみん》の生活を安定させることが求められました。百姓一揆《いっき》➡p.121がおきるなどの失政があれば，幕府や藩からきびしく責任を問われたため，大名や役人は，百姓の不満に対して適切に対処《たいしょ》しなければなりませんでした。

町人は城下町に活気をあたえました。職人は生活に欠《か》かせない手工業品をつくる人々であり，親方《おやかた》の家に住みこんで修業を重ね，一人前の職人になりました。商人も子どものころから店の下働きを積み，手代《てだい》，番頭《ばんとう》となるにつれ大事な仕事をまかされました。商人は運上金《うんじょうきん》などの税を負担《ふたん》しましたが，しだいに

❶　当時，幕府や藩《はん》は「公儀《こうぎ》」とよばれた。そこに属《ぞく》する武士は，公《おおやけ》のためにつくす存在《そんざい》と考えられていた。

↑**大工《だいく》職人たち**　大工は江戸時代の職人の代表的存在だった。（川越三芳野天神縁起《かわごえみよしのてんじんえんぎ》絵巻《えまき》　埼玉《さいたま》県　川越氷川《ひかわ》神社蔵）

コラム Column　江戸時代の身分制度

江戸時代には，「士《し》・農《のう》・工《こう》・商《しょう》」(武士《ぶし》・農民・職人［工人］・商人)という，４つの固定化された身分制度があったといわれていました。

しかし実際には，武士と百姓《ひゃくしょう》(村に住む人)，そして町人《ちょうにん》(都市に住む人)という，３つの区分で見る方が実態に即《そく》しています。

百姓は，農民を含《ふく》めて，農業を経営しながら他業にも従事《じゅうじ》する人たちを指します。検地《けんち》によって百姓は，実質的な田畑《たはた》の所有権を得て，米以外の商品を生産する者も出ました。中には，醸造《じょうぞう》業や織物業，さらに廻船《かいせん》業を営む者もあらわれ，村の中に都市化する場所が増えました。

こうした貨幣《かへい》経済の発達もあって，豊かな百姓・町人の中には，武士身分の買い取りや武家との養子縁組《ようしえんぐみ》などにより，武士になる者もいました。この背景《はいけい》には，行政《ぎょうせい》を行う上での読み書き能力を，百姓ももっていたことが挙げられます。逆に，家をつげなかった武士の次男《じなん》・三男《さんなん》などには，農家や商家の跡《あと》をつぐ者もいるなど，身分が変わった例は存在しました。

このように，江戸時代の身分社会は流動的《りゅうどうてき》な部分もあったといえるでしょう。

幕府や大名に大金を貸す豪商《ごうしょう》もあらわれるようになりました。

百姓《ひゃくしょう》の暮《く》らす村

百姓は農村に住み，幕府や藩に年貢米《ねんぐまい》❷を納《おさ》め→p.118ていました。百姓は自分の土地をもつ本百姓《ほんびゃくしょう》と土地をもたない水呑《みずのみ》百姓に分かれ，本百姓の中からは名主《なぬし》(庄屋《しょうや》)，組頭《くみがしら》，百姓代《ひゃくしょうだい》とよばれる村役人が選ばれました。百姓たちは寄合《よりあい》を開き，年貢や祭り，共有地の世話や用水の管理などを話し合いによって運営しました。

また，五人組《ごにんぐみ》という制度がつくられ，年貢の納入《のうにゅう》や犯罪《はんざい》防止について連帯責任を負うとともに，たがいに助け合いながら生活しました❸。寄合で定められた村のおきてを破った百姓には，村八分《むらはちぶ》❹とよばれる制裁《せいさい》が加えられることもありました。このような自治《じち》によって，農村の治安は保たれていました。

百姓の納める年貢は，農地の灌漑《かんがい》や新田《しんでん》開発などにも使われました。そのため年貢は，当然の義務として受けとめられましたが，藩が新たな税や不当に高い年貢を要求した場合など，百姓一揆をおこして負担の軽減を求めることもありました。→p.121

百姓・町人とは別に，えた・ひにんとよばれる身分もありました。これらの人々は農業のほかに，死んだ牛馬の処理や，皮《ひ》革《かく》製品をつくったり，役目として罪人の世話などを担当しました。住む場所を制限されるなど，さまざまな面できびしい差別を受けました。

❷　年貢率《ねんぐりつ》は，４公《こう》６民《みん》(石《こく》高《だか》の10分の４を年貢として取ること)や５公５民など，地方や時期によってちがいがあった。

❸　農村には，田植えなどでたがいに力を貸し合う「ゆい」や，村で共同作業し，利《り》益《えき》を分け合う「もやい」など相互に助け合うならわしがあった。

❹　村の住人が，葬式《そうしき》と火事(二分《にぶ》)を除いて，その人物との交際や取り引きを断《た》つこと。

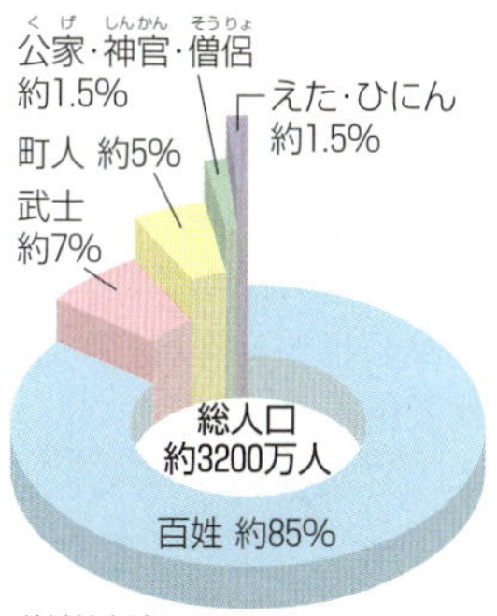
公家《くげ》・神官《しんかん》・僧侶《そうりょ》
約1.5%
えた・ひにん
約1.5%
町人 約5%
武士
約7%
総人口
約3200万人
百姓 約85%

(関山直太郎《せきやまなおたろう》『近世日本の人口構造』より)

↑**人口の割合《わりあい》**(江戸時代末期)　当時の人口の大部分は百姓であり，林業や漁業に従事する者も百姓とよばれた。

第4節 産業・交通の発達と町人文化

何を学んでいるのだろう。

徳川綱吉《とくがわ》(1646 ～ 1709) **と伝えられている像** 仏教《ぶっきょう》を深く信仰《しんこう》して生類憐《しょうるいあわれ》みの令《れい》を出した。(徳川美術館蔵)

新井白石《あらいはくせき》(1657 ～ 1725) 文治政治は受けついだが，生類憐みの令は廃止《はいし》した。(個人蔵)

湯島聖堂《ゆしませいどう》の学問所 聖堂の敷地《しきち》内には学問所が設けられ，おもに旗本《はたもと》の子弟《してい》などが学んだ。(東京《とうきょう》大学史料編纂《へんさんじょぞう》所蔵)

33 綱吉《つなよし》の文治《ぶんち》政治と元禄《げんろく》文化

◉江戸《えど》時代の初めは，どのような文化や学問がさかんだったのだろうか。

綱吉の文治政治

江戸幕府《えどばくふ》が人々にもたらした最大の恩恵《おんけい》は「戦いのない社会」の実現でした(徳川の平和)。

武力にかわり，学問を政治の中心に置くという方向をはっきり打ち出したのは５代将軍徳川綱吉《しょうぐんとくがわつなよし》❶でした。綱吉は湯島聖堂《ゆしませいどう》を建て，儒学《じゅがく》←p.23の祖《そ》・孔子《こうし》←p.23をまつるとともに，寺院や神社の修復や造営に力を入れるなど，学問や文化を重んじる**文治《ぶんち》政治**をめざしました。綱吉の出した**生類憐《しょうるいあわれ》みの令《れい》**は，江戸の人々を苦しめましたが，捨て子の禁止や動物愛護《あいご》など，生命や自然を尊重《そんちょう》するという道徳の定着をもたらすという意義もありました。

綱吉の死後，将軍を補佐《ほさ》した新井白石《あらいはくせき》は，この文治政治を受けつぎ，学問に基《もと》づく政治を心がけました。白石は，綱吉の時代に落とされた貨幣《かへい》の質を元《もと》にもどすことで物価を引き下げたり，金・銀が国外へ大量に流出しないよう，長崎《ながさき》貿易を制限するなど，財政《ざいせい》の再建に努めました。

江戸《えど》初期の文化

３代将軍徳川家光《いえみつ》のころ，桃山《ももやま》文化を受けついだ華《はな》やかな文化が栄えました。

京都《きょうと》の俵屋宗達《たわらやそうたつ》は，「風神雷神図屏風《ふうじんらいじんずびょうぶ》」←口絵p.5など，動きのある装飾《そうしょく》的な絵画をえがきました。また建築では，華麗《かれい》な装飾でうめつくされた日光東照宮《にっこうとうしょうぐう》(栃木《とちぎ》県)や，数寄屋造《すきやづくり》の桂離宮《かつらりきゅう》(京都府)がつくられました。

❶ 将軍の命令を老中《ろうじゅう》に伝える側用人《そばようにん》であった柳沢吉保《やなぎさわよしやす》が政治を動かした。

井原西鶴《いはらさいかく》(1642 ～ 93) 大阪《おおさか》の町人出身。『日本永代蔵《にっぽんえいたいぐら》』『世間胸算用《せけんむねさんよう》』などが代表作。(個人蔵)

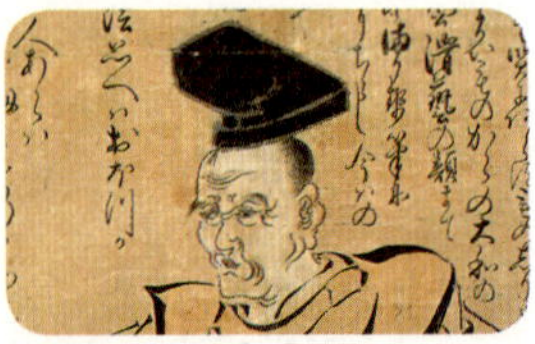

近松門左衛門《ちかまつもんざえもん》(1653 ～ 1724) 京都《きょうと》の武士《ぶし》出身。『国性爺合戦《こくせんやかっせん》』『曽根崎心中《そねざきしんじゅう》』などが代表作。(柿衛《かきもり》文庫蔵)

↑**紅白梅図屏風《こうはくばいずびょうぶ》**　左右に紅白梅，中央に装飾《そうしょく》をほどこした水流を配した大胆《だいたん》な構図。（尾形光琳《おがたこうりん》　作　MOA美術館蔵）

元禄文化

綱吉のころ，上方《かみがた》の大阪《おおさか》や京都などの都市の繁栄《はんえい》を背景に，町人《ちょうにん》を中心とした明るく豪華《ごうか》な**元禄《げんろく》文化**が栄えました。

井原西鶴《いはらさいかく》は，町人のありのままの生活を浮世草子《うきよぞうし》にえがき，近松門左衛門《ちかまつもんざえもん》は，武士《ぶし》や町人の義理《ぎり》人情や恋愛《れんあい》を**人形浄瑠璃《にんぎょうじょうるり》**の脚本《きゃくほん》にあらわしました。浄瑠璃は**歌舞伎《かぶき》**[2]とともに急速に全国に広まりました。また，連歌《れんが》からおこった**俳諧《はいかい》**は，**松尾芭蕉《まつおばしょう》**➡p.114によって芸術として高められ，人々のあいだに広まりました。

美術では，尾形光琳《おがたこうりん》が美しい装飾画を発達させ，菱川師宣《ひしかわもろのぶ》はすぐれた人物画をえがき，**浮世絵《うきよえ》**のもとを開きました。

学問の発達

幕府の奨励《しょうれい》により，学問はめざましく発達しました。武家社会では，儒学が時代の安定に役立つとして奨励され，中でも朱子学《しゅしがく》は，幕府に重んじられて保護され，林羅山《はやしらざん》らが重用《ちょうよう》されました。一方，中江藤樹《なかえとうじゅ》らは実《じっ》践《せん》を重んじる陽明学《ようめいがく》を学び，また，古典から直接孔子の教えを研究しようとする荻生徂徠《おぎゅうそらい》らの古学《こがく》もおこりました。

歴史の研究も進み，水戸藩主徳川光圀《みとはんしゅとくがわみつくに》は『大日本史《だいにほんし》』の編さんを始め，新井白石は『読史余論《とくしよろん》』などの歴史書をあらわしました。自然科学では，宮崎安貞《みやざきやすさだ》が『農業全書《のうぎょうぜんしょ》』をあらわし，関《せき》孝和《たかかず》は，和算《わさん》とよばれる日本式の数学を確立しました。

[2] 上方《かみがた》に坂田藤十郎《さかたとうじゅうろう》，江戸に市川団十郎《いちかわだんじゅうろう》などの名優が出て演劇として確立した。

↑**見返《みかえ》り美人図**　流行の髪《かみ》形《がた》と着物が強調されるように，歩みを止めて振《ふ》り返った姿《すがた》をえがいている。（菱《ひし》川師宣《かわもろのぶ》　作　東京国立博物館蔵）

↑**徳川光圀《とくがわみつくに》**（1628 ～ 1700）　歴史や古文などの学芸の振興に熱心で，藩内の規律強化にも努めた。（㈶水府明徳《すいふめいとく》会《かい》　彰考館《しょうこうかん》徳川博物館蔵）

菱垣廻船《ひがきかいせん》　沖《おき》に停泊《ていはく》している大型船が菱垣廻船。その年の新綿を，一番乗りで江戸《えど》に運ぶ競走に出港するところ。（菱垣新綿番船川口出帆《しゅっぱん》之図　大阪城天守閣蔵《おおさかじょうてんしゅかくぞう》）

農具の発達　「唐《とう》み」はもみがらと玄米《げんまい》の選別に，「千歯《せんば》こき」や「からさお」は脱穀《だっこく》に使われた。（老農夜話《ろうのうやわ》　東京《とうきょう》大学史料編纂所《しりょうへんさんじょ》蔵）

34 新田《しんでん》の開発と産業・交通の発達

◉産業や交通の発達は社会や人々の暮《く》らしをどのように変えたのだろうか。

❶　今も各地の地名にある「新田」は，このときに開発されたものが多い。

玉川上水《たまがわじょうすい》

世界一の大都市・江戸に水を供給《きょうきゅう》したのが玉川上水《たまがわじょうすい》だった。1654（承応《しょうおう》3）年，玉川庄右衛門《しょうえもん》・清右衛門《せいえもん》兄弟によってつくられた上水は，全長約43km，高低差約92m。平均すると，100mごとに約21cmずつ水路を深くしながら掘《ほ》り進めるというむずかしい工事だった。当時の日本の土木技術が，いかに進んでいたかを物語っている。

三都の繁栄《はんえい》

将軍《しょうぐん》の城下町《じょうかまち》である江戸《えど》は政治の中心として栄え，18世紀の人口は100万を超《こ》えて世界最大の都市となりました。人口の半数は武士《ぶし》とその家族であり，町並《まちな》みの約３分の２は武家屋敷《ぶけやしき》が占《し》めていました。

大阪《おおさか》は「天下の台所」といわれる商業都市として発展《はってん》しました。川沿いには各藩《はん》の**蔵屋敷《くらやしき》**が建ち並《なら》び，運びこまれた年貢米《ねんぐまい》や特産物は大阪の商人によって売りさばかれ，全国に流通していきました。京都《きょうと》は平安《へいあん》時代から朝廷《ちょうてい》が置かれているわが国の都でした。西陣織《にしじんおり》や漆器《しっき》，まき絵など高級な工芸品も生産され，多くの人々が訪《おとず》れました。

農業の発達

平和な社会は人々に安心をあたえ，農業生産の増加をもたらしました。幕府《ばくふ》や各藩は大規《だいき》模《ぼ》な新田《しんでん》[1]開発に努めたので，江戸時代の中ごろには，全国の農地面積は豊臣秀吉《とよとみひでよし》のころに比べ約２倍に拡大《かくだい》しました。また，農具や肥料の改良，さらに農業技術を記した農書が普及《ふきゅう》したことも増産につながりました。

手工業の発達につれ，原料となる麻《あさ》や綿《めん》，染《そ》め物に使われる藍《あい》や紅花《べにばな》などの栽培《さいばい》もさかんになりました。各藩では，このような商品作物の栽培を奨励《しょうれい》したので，各地にさまざまな特産品が生まれました。農業の発達は農民の生活にゆとりをもたら

⬆江戸時代の交通と都市と産物　街道と航路の整備により，全国各地への人と物の移動がさかんになった。

し，四季を通じたお祭りや年中行事を中心に，豊かな農村文化を築いていきました。❷

産業と交通の発達

各地で城下町の建設が進むと，大量の木材が必要となり，林業がさかんになりました。漁業では，干《ほ》したいわしが肥料として取り引きされるようになり，房総《ぼうそう》（千葉《ちば》県）ではいわし漁がさかんになりました。また，土佐《とさ》（高知《こうち》県）のかつお漁や紀伊《きい》（和歌山《わかやま》県）のくじら漁，蝦夷地《えぞち》（北海道《ほっかいどう》）のにしん・こんぶ漁も活気を見せました。瀬戸内海沿《せとないかいえん》岸《がん》の各地では塩づくりが行われました。鉱山《こうざん》では佐渡《さど》（新潟《にいがた》県）の金山や生野《いくの》（兵庫《ひょうご》県）の銀山，足尾《あしお》（栃木《とちぎ》県）の銅山などが開発され，産出された鉱物は貨幣《かへい》に用いられたほか，輸出にも回されました。製鉄，酒づくり，漆器《しっき》，陶磁器《とうじき》，鋳物《いもの》などの手工業も発達し，各地に特産品を生み出していきました。

産業の発達は，交通網《こうつうもう》の整備によって支えられていました。大名《だいみょう》の参勤交代《さんきんこうたい》や増加する旅人のため，幕府は江戸を中心とする**五街道**《ごかいどう》の整備を進め，関所《せきしょ》を置いて通行人を管理しました。➡p.114一方，手紙や小荷物を運ぶ飛脚《ひきゃく》の制度も整えられました。

また，海運業の発達にともない，東廻《ひがしまわ》り航路や西廻《にしまわ》り航路などの海上交通網《もう》も整備され，大阪・江戸間の物資輸送には菱垣《ひがき》廻船《かいせん》や樽廻船《たるかいせん》が活躍《かつやく》しました。

❷ 検地で定められた年貢《ねんぐ》はすえ置かれたので，実際の年貢率は収穫高の３割程度となった。

民間のおもな年中行事

- **元日**《がんじつ》（1月1日）…門松《かどまつ》を立て，とそを飲み，ぞうにを食べ，初詣《はつもうで》をして，新年を祝う。
- **七草**（1月7日）…正月7日に七草がゆを食べる。
- **節分**《せつぶん》（立春《りっしゅん》の前日）…災《わざわ》いを払《はら》い，幸福を招き入れることを願って豆をまく。
- **上巳**《じょうし》**の節句**《せっく》（3月3日）…女の子の成長を願い，ひなを飾《かざ》り，桃《もも》の花，草餅《くさもち》，白酒《しろざけ》をそなえる。
- **彼岸**《ひがん》（春分《しゅんぶん》と秋分《しゅうぶん》を中心として前後7日）…春と秋の２度あり，墓まいりをして先祖《せんぞ》の霊《れい》を供養《くよう》する。
- **端午**《たんご》**の節句**（5月5日）…男の子の成長を願い，鯉《こい》のぼりを立て，武《む》者《しゃ》人形を飾り，柏餅《かしわもち》を食べる。
- **七夕**《たなばた》（7月7日）…牽牛《けんぎゅう》・織女《しょくじょ》をまつる行事で，色紙やたんざくを竹につける。
- **盆**《ぼん》（7月15日）…むかえ火・送り火で先祖の霊をまつり，盆踊《ぼんおど》りを踊ったりする。
- **すす払い**（12月31日）…年末に家々のすすやちりを払い，新年の準備をする。

読み物コラム

THE《ザ》 江戸《えど》時代

●江戸時代の旅●

東海道五十三次《とうかいどうごじゅうさんつぎ》 戸塚《とつか》(歌川《うたがわ》〔安藤《あんどう》〕広重《ひろしげ》　作　東京《とうきょう》国立博物館蔵《ぞう》)

江戸《えど》時代の街道《かいどう》や宿場《しゅくば》は，参勤交代《さんきんこうたい》で発達しました。街道沿いには，大名《だいみょう》が使う高級旅館(本陣《ほんじん》)をはじめ，大勢《おおぜい》が宿泊《しゅくはく》できる施設《しせつ》，荷物や文書を届けるための馬や人足《にんそく》が整えられました。大名には負担《ふたん》だった参勤交代も，その出費は道中の宿場町《しゅくばまち》をうるおし，水陸の交通を発達させ，商品の生産を刺激《しげき》しました。

大名たちも，各藩《はん》の政情を見聞することができ，中には途中《とちゅう》で昆虫《こんちゅう》や植物の採集《さいしゅう》をする者もいて，貴重な学習の旅となりました。

江戸時代後半になると，現金収入《しゅうにゅう》を得る農民も増え，多くの人々が観光や寺社参りに出かけました。街道の各所には関所《せきしょ》が設けられていましたが，通行手形《てがた》をもたない庶民《しょみん》でも，その多くは地元の村人や宿屋の手引きにより，比較的《ひかくてき》楽に関所を越《こ》えられたといいます。

中でも人気があったのは，伊勢神宮《いせじんぐう》に参拝《さんぱい》する「伊勢参《まい》り」です。18世紀前半，参拝者は年間40万人にものぼりました。男も女も農閑期《のうかんき》を利用して旅立ち，景色《けしき》や温泉を楽しみながら旅をしました。伊勢につくと，村を代表して祈《いの》り，名産品や新種の農作物の種などをもち帰りました。村に帰ると，祝いの席で道中の見聞が披露《ひろう》され，服装《ふくそう》や芸能などの流行や産業技術の新情報《じょうほう》が各地に伝わりました。

このような身分を問わない活発な旅行は，中央と地方，都市と農村，東国《とうごく》と西国《さいごく》のあいだの情報と文化の交流をおし進め，まとまりのある国民文化や同じ国に属しているという意識を形成していくうえで，大きな役割《やくわり》を果たしたといえます。

●俳人《はいじん》・松尾芭蕉《まつおばしょう》●

(おくの細道行脚図《あんぎゃず》　天理《てんり》大学附属《ふぞく》天理図書館蔵)

紀行文『奥《おく》の細道《ほそみち》』などの俳句《はいく》で知られる松尾芭蕉《まつおばしょう》(1644～94)は，旅をするなかで俳諧《はいかい》の世界《せかい》を深め，広めていきました。

芭蕉の行く先々では，土地の俳人たちが来訪を歓迎《かんげい》し，熱心な句会《くかい》が開かれました。➡p.135これは江戸時代の日本がいかに平和で，安全に旅をすることができたかを示すとともに，各地に俳諧による交流の和がつくられていたことを物語っています。句会には町人《ちょうにん》だけでなく，武士《ぶし》も農民も参加して，句作をくふうし，競《きそ》い合い，ともに語り合いました。

芭蕉は，日本・中国の詩歌《しいか》の伝統に学びながらも，それを革新《かくしん》し，だれもがわかる言葉を使って句をつくりました。

古池《ふるいけ》や　蛙《かわず》飛びこむ　水のおと
閑《しずか》さや　岩にしみ入る　蟬《せみ》の声

また「わび・さび」という深遠《しんえん》な境地の句とともに，自然と歴史をダイナミックにとらえ，力強い言葉で表した作品も残しています。

夏草や　兵《つわもの》どもが　夢の跡《あと》
暑き日を　海にいれたり　最上川《もがみがわ》
荒海《あらうみ》や　佐渡《さど》によこたふ　天河《あまのがわ》

人間の運命を包みこんで流転《るてん》する自然の奥深さを，鋭《するど》くかつ大胆《だいたん》にとらえた芭蕉の俳諧は，時空をへだてて今なお，世界の人々に新鮮な感動をあたえ続けています。

●武士道《ぶしどう》●

1701（元禄《げんろく》14）年３月，江戸城中で赤穂《あこう》（兵《ひょう》庫《ご》県）藩主・浅野長矩《あさのながのり》（内匠頭《たくみのかみ》）が指導役の吉良《きら》上野介《こうずけのすけ》に斬《き》りつけ，長矩はただちに切腹させられました。赤穂藩家老《かろう》の大石良雄《おおいしよしお》（内蔵助《くらのすけ》）ら家臣《かしん》は浪人《ろうにん》となりましたが，翌年《よくねん》12月，47士が吉良邸《てい》を襲《おそ》い主君《しゅくん》の仇討《あだう》ちを果たしました。

この事件は『忠臣蔵《ちゅうしんぐら》』として脚色《きゃくしょく》され，映画やドラマなどで今に伝わっています。

当時，多くの人々は大石らの行動に共感しました。戦乱のない江戸時代になっておよそ100年経《た》ち，金銭崇拝《すうはい》の風潮《ふうちょう》のなか，「武士道《ぶしどう》」（武士の社会の中で形づくられた心構えや生き方）を思いおこさせたからです。

武士道は，主君のために命を投げ出して戦う覚悟《かくご》が中心でしたが，儒学《じゅがく》者・兵学《へいがく》者の山《やま》鹿素行《がそこう》（1622～85）は，武士は道徳的指導者として精神の修養《しゅうよう》に努めなければならないという「士道《しどう》」を説きました。この素行の「士道」では，主君個人より家への忠義，さらには「国家天下」への忠義が重視され，自己の利益よりも全体のことを考えて行動することが求められました。

武士が人格を磨《みが》き，奉仕するという精神は，江戸時代を通じて確立されました。それは，明治《めいじ》以降，欧米列強《おうべいれっきょう》と向き合うわが国の指導者たちに受けつがれたと考えられます。

明治時代に『武士道』という英語の本を出した新渡戸稲造《にとべいなぞう》➡p.199や，「武士道に接《つ》ぎ木されたるキリスト教」と述べた内村鑑三《うちむらかんぞう》のように，武士道精神がキリスト教を受け入れる土台になると考えた人もいます。

●江戸のエコロジー●

人口密集地《みっしゅうち》の江戸では，さまざまな暮《く》らしのくふうも人々の生活に根づいていました。それは，今日《こんにち》私たちが心がけているエコロジー（環境《かんきょう》への配慮《はいりょ》）とも深く結びついています。

日常生活でのゴミを減らす努力や，再生・活用の知恵はその代表的なものでした。鍋《なべ》・釜《かま》は「鋳《い》かけ屋」で修理し，包丁《ほうちょう》も研《と》ぎ直して使いました。履《は》き物は鼻緒《はなお》をすげ替《か》え，着物も古着屋を経《へ》て，最後は雑巾《ぞうきん》になるまで使いました。紙くずは回収され，すき直して再生されました。かまどの灰や便所の糞尿《ふんにょう》も回収され，貴重な肥料《ひりょう》として農耕に活用されました。処理しきれなかったゴミは埋立地《うめたてち》に運ばれ，町を広げるために使われました。

↑**馬で糞尿《ふんにょう》を集めにきた農民**（江戸名所図会《ずえ》　新宿《しんじゅく》歴史博物館蔵）

また，鎮守《ちんじゅ》の森に代表される豊かな森林は，各地で共有地として守られました。幕府《ばくふ》も木の根の掘《ほ》り出しを禁じ，植林を命じるなど，森林を大切に育ててきました。そうした努力で維持《いじ》された緑豊かな日本の都市と農村の景観は，その手入れのよさと美しさで，幕末《ばくまつ》に訪《おとず》れた多くの外国人を驚嘆《きょうたん》させました。

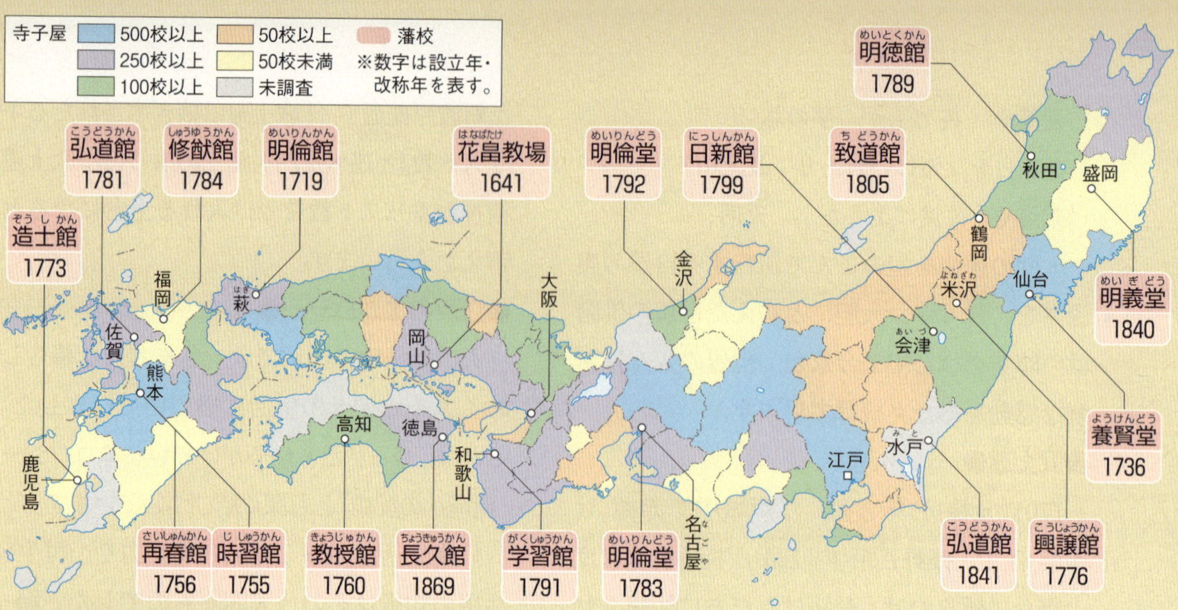

寺子屋
500校以上
250校以上
100校以上
50校以上
50校未満
未調査
藩校
※数字は設立年・改称年を表す。
弘道館《こうどうかん》 1781
修猷館《しゅうゆうかん》 1784
明倫館《めいりんかん》 1719
花畠《はなばたけ》教場 1641
明倫堂《めいりんどう》 1792
日新館《にっしんかん》 1799
致道館《ちどうかん》 1805
明徳館《めいとくかん》 1789
造士館《ぞうしかん》 1773
明義堂《めいぎどう》 1840
養賢堂《ようけんどう》 1736
再春館《さいしゅんかん》 1756
時習館《じしゅうかん》 1755
教授館《きょうじゅかん》 1760
長久館《ちょうきゅうかん》 1869
学習館《がくしゅうかん》 1791
明倫堂《めいりんどう》 1783
弘道館《こうどうかん》 1841
興譲館《こうじょうかん》 1776
福岡
萩《はぎ》
佐賀
熊本
鹿児島
高知
徳島
和歌山
岡山
大阪
金沢
名古屋《なごや》
江戸
水戸《みと》
会津《あいづ》
米沢《よねざわ》
仙台
鶴岡
秋田
盛岡

⬆おもな藩校と寺子屋の数　これらの藩校の名前のいくつかは，現地で現在の学校に受けつがれている。

35 藩校《はんこう》と寺子屋《てらこや》

◉江戸《えど》時代の教育はどのように行われ，どのような特《とく》徴《ちょう》があったのだろうか。

武士《ぶし》の学校・藩校

幕府《ばくふ》政治が安定期をむかえ，学問を中心とした社会に移っていくにつれ，各藩《はん》は**藩校《はんこう》**をつくり，藩士《はんし》の子弟《してい》教育に力を入れるようになりました。

藩校は一般《いっぱん》的に７～８歳《さい》で入学し，14～20歳で卒業しました。最初は学問を習い，のちに武芸を学ぶ者が多かったようです。学問は，儒学《じゅがく》の書物を教材とする素読《そどく》や習字が主でしたが，江戸《えど》後期になると，蘭学《らんがく》❶➡p.130を教える藩校もあらわれました。武芸は剣術《けんじゅつ》を中心に，弓術《きゅうじゅつ》，馬術，槍術《そうじゅつ》，柔術《じゅうじゅつ》などがありました。

全国的に藩校が増えたのは18世紀半ばで，藩政の改革《かいかく》➡p.125や藩の引きしめに向けて，すぐれた人材を育成しようとするねらいがありました。すぐれた学者は各地の藩校にまねかれ，講義に当たることもありました。

この時代，藩校の数は255校におよび，ほぼ全藩にできたことになります❷。藩校での教育がさかんになったことにより，地方文化が活発になるとともに，家柄《いえがら》や身分ではなく，実力や学力により人材が登用されるようになりました。現在の高等学校や大学などの中には，旧藩校の伝統を受けついでいるものもあります。

庶民《しょみん》の学びの場・寺子屋

商工業が発展《はってん》し，農書などもさかんにつくられるようになると，庶民《しょみん》のあいだでも，読書

❶　西洋の学問や文化をオランダ語によって学ぶこと。

日新館(会津藩《はん》)の教え

- 年長者(年上の人)のいうことに背《そむ》いてはなりませぬ
- 虚言《きょげん》(うそ)をいうことはなりませぬ
- 卑怯《ひきょう》な振舞《ふるまい》をしてはなりませぬ
- 弱い者をいじめてはなりませぬ
- 戸外で物を食べてはなりませぬ
- ならぬことはならぬものです

(抜粋《ばっすい》)

←日新館　会津藩の藩校。

→弘道館　水戸藩の藩校。

←明倫館　長州《ちょうしゅう》藩の藩校。

↑寺子屋のようす　(一掃百態《いっそうひゃくたい》　渡辺崋山《わたなべかざん》　作　愛知《あいち》県田原《たはら》市蔵《ぞう》)

ここでは，どんな子どもたちが学んでいたのだろう。

をしたり，帳簿《ちょうぼ》をつけたりすることが多くなってきました。このような生活上の理由から，江戸や京都《きょうと》などの都市部には，**寺子屋**《てらこや》が開かれるようになりました。17世紀末になると，寺子屋は農漁村にも広がり，幕末《ばくまつ》のわが国には，約１万もの寺子屋があったといわれます。

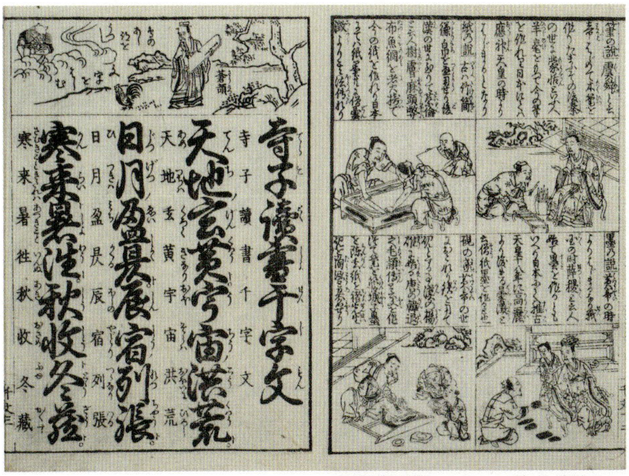
寺子読書千字文
天地玄黄宇宙洪荒
日月盈昃辰宿列張
寒来暑往秋収冬蔵

↑往来物《おうらいもの》　上は『寺子読書《てらこどくしょ》千字文《せんじもん》』という往来物。すべて異なる漢字を使って，千字で書かれた文章の本。(東京《とうきょう》学芸大学附属《ふぞく》図書館蔵)

寺子屋の先生は，僧《そう》，武士《ぶし》，医師，神官《しんかん》，町人《ちょうにん》などさまざまで，女性もいました。教室は先生の自宅の一室を当てた10人程度のものが大半でした。生徒は町人や農民の子どもたちで，７～８歳ぐらいで入学し，12～13歳ころまで通いました。男女共学の寺子屋が多く，朝８時ごろから午後２時ごろまで教わり，謝礼《しゃれい》の形も額もさまざまでした。

寺子屋で習う内容は「読み・書き・そろばん」のほか，道徳や古典，地理，歴史など多方面にわたりました。往来物《おうらいもの》とよばれた寺子屋向けの教科書も出版され，その数は7000種類にもおよびました。

こうした民間での教育の普及によって，江戸時代後期から末期の教育水準はきわめて高いものになっていました。
→p.126

❷　民間でも武士《ぶし》・学者・町人《ちょうにん》によって豊後日田《ぶんごひた》(大《おお》分《いた》県日田市)の咸宜園《かんぎえん》や萩《はぎ》(山口《やまぐち》県萩市)の松下村塾《しょうかそんじゅく》(→p.149)などの私塾がつくられた。

第5節　幕府政治の改革

この市場では何を取り引きしているのかな。

大阪堂島《おおさかどうじま》の米市場　1697（元禄《げんろく》10）年ごろに開かれ，全国の米取り引きの中心となった。世界でも最先端の取り引きが行われていた市場の一つだった。（米穀売買出世車《べいこくうりかいしゅっせぐるま》　大阪城天守閣蔵《てんしゅかくぞう》）

江戸《えど》時代のお金
①慶長小判《けいちょうこばん》（一両《りょう》）②慶長一分金《いちぶきん》③寛永通宝《かんえいつうほう》（一文《もん》）④慶長丁銀《ちょうぎん》⑤慶長豆板銀《まめいたぎん》　1両＝4分《ぶ》，1両＝4000文と定められていた。銀貨は重さをはかって使用する通貨だった。（貨幣《かへい》博物館蔵）

36 吉宗《よしむね》と享保《きょうほう》の改革《かいかく》

◉社会の変化に対応するため，吉宗はどのような改革を行ったのだろうか。

越後屋《えちごや》の店内　三井高利《みついたかとし》が開いた呉服屋《ごふくや》「越後屋」は「現金かけ値なし」（現金払いで値段を吹《ふ》っかけていない）を掲《かか》げて繁盛《はんじょう》し，のちに両替商《りょうがえしょう》をかねた。（㈱三越《みつこし》蔵）

商業の発達と貨《か》幣経済《へいけいざい》の広がり

都市では問屋《とんや》，仲買《なかがい》などの商人が力をつけていきました。商工業者たちは，**株仲間《かぶなかま》**とよばれる同業者の組合をつくり，幕府《ばくふ》や藩《はん》に営業税を納《おさ》めるかわりに独占的《どくせんてき》な営業を許可され，成長していきました。

一方，幕府は通貨《つうか》の発行権を独占し，金貨・銀貨・銅貨を発行して経済《けいざい》の発展《はってん》を支えていましたが，城下町《じょうかまち》の発達にともない，幕府の許可を得て，藩札《はんさつ》を発行する藩もあらわれました。三都《さんと》や城下町には両替商《りょうがえしょう》がおこり，貨幣《かへい》の流通をうながしました。三井《みつい》や鴻池《こうのいけ》など，巨額《きょがく》の富を築き，大名《だいみょう》に金を貸すほどの両替商もあらわれました。

このような貨幣経済の発達は，農村の人々の暮《く》らしも変えていきました。これまで農民は，年貢《ねんぐ》として納める米の生産を中心に，自給自足に近い暮らしをしていました。しかし，農業生産力の高まりとともに，余分にできた米を商品として都市に売ったり，綿，菜種《なたね》，麻《あさ》，たばこなどの商品作物を栽培《さいばい》し，それを売った金で農具や肥料を購入《こうにゅう》するようになりました。

農業生産力の向上にともなう米の増産により，米の価格は他の商品と比べて下落《げらく》しました。そのため，米による年貢の収入《しゅうにゅう》に依存《いぞん》していた幕府や藩の財政《ざいせい》は，18世紀からの農村人口の停《てい》滞《たい》とともに急速に悪化していきました。

人物コラム 上杉鷹山《うえすぎようざん》――自《みずか》らが模範《もはん》となって財政《ざいせい》を立て直した藩主《はんしゅ》

（山形県　上杉神社蔵）

米沢《よねざわ》（山形《やまがた》県）藩主上杉治憲《はるのり》（鷹山・1751 ～ 1822）は，窮乏《きゅうぼう》する藩の財政《ざいせい》を立て直すため，質素な綿服，一汁一菜《いちじゅういっさい》の食事など，まず自分の生活を徹底《てってい》して切りつめ，家臣に模範《もはん》を示したことで知られます。さらに新田《しんでん》開発に乗り出し，家臣にも荒《あ》れ地を耕させました。また，漆《うるし》や桑《くわ》の植樹や新しい織物の開発などに努めた結果，見事に藩の財政《ざいせい》再建に成功しました。

鷹山は，何より領民の生活を豊かにすることを政治の第一と考え，自ら「民《たみ》の父母」であることを願っていたと伝えられます。また，鷹山は藩主の心構えとして，次の言葉を残しています。

- 国家（この場合米沢藩と上杉家）は先祖《せんぞ》から子孫《しそん》へと伝えていくものであり，藩主の私有物ではない。
- 民は国家に属するのであって，藩主の私有物ではない。
- 国家と民のために立てた藩主であって，藩主のために立てた国家と民ではない。

享保の改革

18世紀前半，８代将軍《しょうぐん》**徳川吉宗《とくがわよしむね》**は，元禄《げんろく》期以後の幕府財政の悪化に対処《たいしょ》するため家康《いえやす》の政治にならい，質素倹約《けんやく》と文武《ぶんぶ》の奨励《しょうれい》により，本来の武士《ぶし》らしさを取りもどそうとしました。

吉宗が将軍になったとき，幕府の財政は江戸の旗本《はたもと》に支給《しきゅう》する米にもこと欠《か》くほど窮乏《きゅうぼう》していました。財政の再建に乗り出した吉宗は，倹約令《けんやくれい》を出して支出をおさえるようにしました。

また，幕府の収入を増やすために，諸《しょ》大名から一定の量の米を幕府に献上《けんじょう》させるかわりに参勤交代《さんきんこうたい》の負担をゆるめました（上米《あげまい》の制）。農民に対しては，新田《しんでん》の開発を奨励し，年貢の率を一定にして，収入の安定をはかりました。

一方，**公事方御定書《くじかたおさだめがき》**❶を定めて公正な裁判《さいばん》の基準を示すとともに，すぐれた人材の登用にも努め，また，人々の声をじかに聞くために**目安箱《めやすばこ》**を設けました。さらに吉宗は，飢饉《ききん》に備《そな》えてさつまいも❷やさとうきび，朝鮮《ちょうせん》にんじんなどの栽培をすすめたほか，産業開発に役立つヨーロッパの書物（漢訳洋書）でキリスト教に関係のないものの輸入を許可し，新しい知識の導入をはかりました。

吉宗が行った一連の改革《かいかく》を**享保《きょうほう》の改革**とよび，これによって政治は引きしめられ，幕府の財政も一時，好転しました。

各藩でも藩政の立て直しに力を注ぎ，名君《めいくん》とされる大名もあらわれました。

↑**徳川吉宗《とくがわよしむね》**（1684 ～ 1751）米の値段の調整に努《つと》めたため，米将軍《こめしょうぐん》とよばれた。（徳川記念財団《ざいだん》蔵）

❶ これまで，慣習《かんしゅう》や先例，個々人の感情などに基《もと》づいてなされていた裁判《さいばん》に対し，公平な統一基準を初めて文章で示したもの。江戸町奉行《まちぶぎょう》・大岡忠相《おおおかただすけ》（1677 ～ 1751）らが編さんした。

❷ さつまいもの栽培《さいばい》をすすめた学者の青木昆陽《あおきこんよう》は，「甘藷《かんしょ》（さつまいもの漢名）先生」とよばれた。昆陽はまた，吉宗から命じられて蘭学《らんがく》を学んだ。

↑田沼意次《たぬまおきつぐ》(1719 ～ 88)　父親は吉宗《よしむね》の家臣として出世。意次も９代将軍家重《しょうぐんいえしげ》と10代将軍家治《いえはる》の側近《そっきん》として出世し，老中《ろうじゅう》となった。積極的な経済政策《けいざいせいさく》を数多く打ち出した。(牧之原《まきのはら》市相良《さがら》史料館蔵《ぞう》)

白河《しらかわ》の　清きに魚《うお》も
住みかねて
もとのにごりの
田沼恋《たぬまこい》しき

この歌は，どんなことを意味しているのだろう。

↑松平定信《まつだいらさだのぶ》(1758 ～ 1829)　吉宗の孫で白河藩主《しらかわはんしゅ》。飢饉《ききん》に苦しむ藩政《はんせい》を立て直し，名君《めいくん》といわれた。田沼を失脚《しっきゃく》させて老中となり，商人の力をおさえて農村の復興《ふっこう》に力を注いだ。(三重《みえ》県　鎮国守国《ちんこくしゅこく》神社蔵)

37

田沼《たぬま》の政治と寛政《かんせい》の改革《かいかく》

◉田沼意次《たぬまおきつぐ》や松平定信《まつだいらさだのぶ》はそれぞれ何をめざして，どんな政治を行ったのだろうか。

田沼時代

18世紀後半，低い身分の武士《ぶし》から老中《ろうじゅう》となった田沼意次《たぬまおきつぐ》は，商人の力を活用して，ゆきづまった幕府《ばくふ》の財政《ざいせい》を立て直そうとしました。商人や手工業者が株仲間《かぶなかま》←p.118をつくることを奨励《しょうれい》し，独占的《どくせんてき》な営業権を認《みと》めるかわりに一定の営業税を納《おさ》めさせ,収入の増加をめざしました。また，印旛沼《いんばぬま》(千葉《ちば》県)などの大規模《だいきぼ》な干拓《かんたく》工事を始めるなど，新田《しんでん》開発にも積極的に取り組みました。

↑印旛沼干拓《いんばぬまかんたく》のようす(印旛沼保定記《ほていき》　成田山仏教《なりたさんぶっきょう》図書館蔵)

長崎《ながさき》貿易では，銅や海産物を輸出して，金銀の海外流出を防《ふせ》ぎました。一方，蝦夷地《えぞち》を調査し，開発の可能性を探《さぐ》りました。

田沼の時代には経済《けいざい》活動がさかんになり，学問･文化･芸術が発展《はってん》をとげました。しかし，その政治は特定の商人と結びつくことが多く，わいろがさかんになり，批判《ひはん》をあびました。

1783(天明《てんめい》３)年，浅間山《あさまやま》の噴火《ふんか》や天候不順により，多数の餓死者《がししゃ》を出した天明の飢饉《ききん》❶がおこると，社会不安が増大し，一揆《いっき》や打ちこわし❷が多発したため，田沼は責任を問われて老中を辞任しました。田沼が政治の主導権《しゅどうけん》をにぎっていた時代を田沼《たぬま》時代といいます。

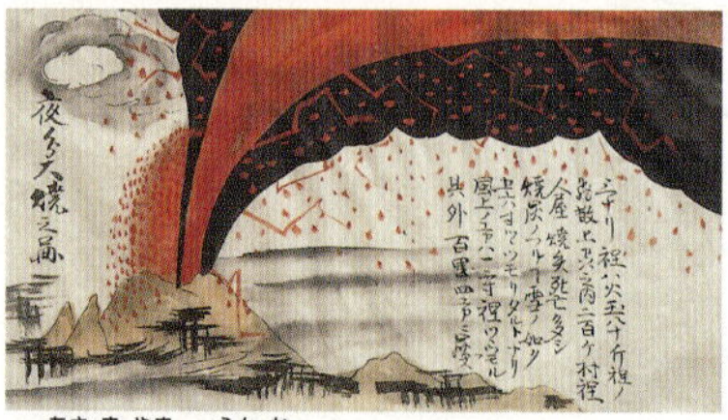

↑浅間山《あさまやま》の噴火《ふんか》　浅間山噴火は世界の気候に影響《えいきょう》し，ヨーロッパでも，それによる不作がおきたといわれている。(美斉津洋夫《みさいづひろお》蔵)

寛政の改革

田沼のあと，幕府の政治をになったのは，老中に任命された白河《しらかわ》(福島《ふくしま》県)藩《はん》

コラム Column 百姓一揆《ひゃくしょういっき》の実態

260年におよぶ江戸《えど》時代，百姓一揆は3000件以上おきたといわれています。百姓は年貢《ねんぐ》の引き下げや村役人の交代などを求めて役所に出向いたり（訴願《そがん》），耕作をやめて他の村に移動し，年貢の支払いをこばんだり（逃散《ちょうさん》）しました。また，幕府へ直接にうったえること（直訴《じきそ》，越訴《おっそ》）もありました。

当時の考えでは，百姓や土地は国家の基本であり，幕府や藩がこれを正しく治めることは義務でした。このため，百姓の言い分が正しいと認《みと》められると要求が通り，また，失政と判断された代官《だいかん》や領主は，幕府から処分を受けました。

一方，百姓が徒党《ととう》を組んで要求を通そうとしたり（強訴《ごうそ》），その言い分が不当と見なされると，きびしく処罰されることもありました。

百姓は，連判状《れんぱんじょう》に名を連ね，神前《しんぜん》で誓《ちか》いを立て，蓑《みの》を着用し，鎌《かま》や鍬《くわ》を腰に下げるなどの作《さ》法《ほう》に基《もと》づき一揆を行い，人を傷つけることや，放火・略奪《りゃくだつ》などの行為《こうい》は，普通《ふつう》，行いませんでした。

江戸後期になり，幕藩《ばくはん》体制が揺《ゆ》らぎ，また天候不順が重なり凶作《きょうさく》になると，強訴や破壊活動をともなう打ちこわしの件数が増えるようになりました。

主《しゅ》の**松平定信**《まつだいらさだのぶ》でした。８代将軍徳川吉宗《しょうぐんとくがわよしむね》の孫という血筋と，天明の飢饉の際に白河藩から餓死者を出さなかったという手腕《しゅわん》が買われての就任《しゅうにん》でした。吉宗の改革《かいかく》を手本として進められた，定信による一連の改革を，**寛政**《かんせい》**の改革**といいます。

定信は，ぜいたくな生活を戒《いまし》めるきびしい倹約令《けんやくれい》を出すとともに，旗本《はたもと》や御家人《ごけにん》の借金を帳消しにする命令を出しました。これは一時的に武士の生活を救いましたが，彼《かれ》らに金を貸していた商人たちの不満をまねきました。また，荒《あ》れた農村を立て直すため，都市に働きに出ていた農民を村に帰したり，飢饉に備《そな》え米をたくわえさせ，商品作物の栽培《さいばい》を制限しました。

一方，湯島《ゆしま》（東京《とうきょう》都）に昌平坂学問所《しょうへいざかがくもんじょ》をつくり，朱子学《しゅしがく》⬅p.111を学ばせ，人材の登用をはかるとともに，他の学問を禁じるなどして人々の心の引きしめをはかりました。

しかし，その政治は時代の流れに逆行したため，多くの批判をあびた定信は，わずか数年で老中の座をしりぞくことになりました。

その後，11代将軍徳川家斉《いえなり》は，自《みずか》ら政治にたずさわり，それは将軍職をしりぞいたあとも続きました（大御所《おおごしょ》時代）。このころ，ふたたび豊かさを求める人々の気運が盛り上がりを見せ，江戸を中心にした町人文化➡p.126が花開きました。

❶　このとき，幕府をたよりにできないと思った京都《きょうと》の人々の中には，朝廷《ちょうてい》の光格天皇《こうかくてんのう》をたよりにする動きがあった。これがのちの尊王《そんのう》思想（➡p.131）につながっていった。

❷　都市部で，民衆《みんしゅう》が米屋・質屋《しちや》・酒屋などを打ちこわすこと。

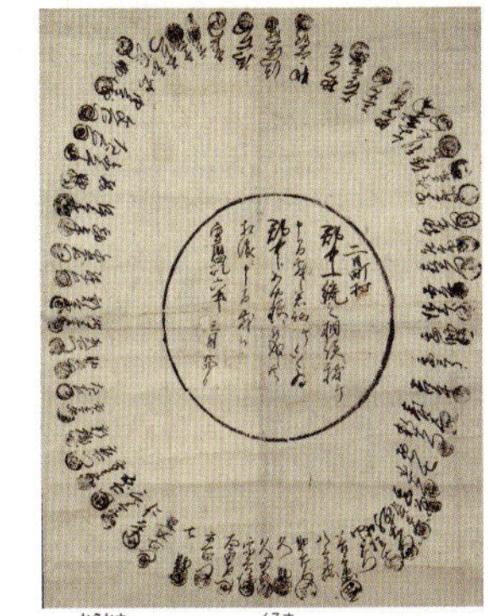

⬆**傘**《からかさ》**連判状**（車《くるま》連判状ともいう）　一揆の参加者の名前がだ円形に書かれ，判が押《お》されている。参加者が対等で，連帯感を示しているとも考えられる。また，指導者をわかりにくくしている側面もある。（郡上《ぐじょう》市白鳥《しろとり》町西森《にしもり》家蔵　白山《はくさん》文化博物館寄託《きたく》）

ロシアの使節はどんな目的で長崎に来たのかな。

長崎《ながさき》に上陸するロシア使節　このときの交渉《こうしょう》で幕府《ばくふ》が使節を冷淡《れいたん》にあつかったことが，ロシア船による攻《こう》撃《げき》につながった。（ロシア使節レザノフ来航絵巻《えまき》　東京《とうきょう》大学史料編纂所蔵《へんさんじょぞう》）

38 欧米諸国《おうべいしょこく》の接近

◉外国船の接近に対し，幕《ばく》府《ふ》はどのように対処《たいしょ》したのだろうか。

ロシアの接近

18世紀末になると，わが国の周辺にも外国船が姿《すがた》をあらわすようになりました。

シベリアを征服《せいふく》していたロシアは，そこから南に勢力《せいりょく》をのばそうとしていました。1792（寛政《かんせい》４）年，ロシア使節ラクスマンが根室《ねむろ》に来航し，日本人漂流民《ひょうりゅうみん》❶を届けるとともに，幕府《ばくふ》に通商を求めました。1804（文化《ぶんか》元）年には，ロシア使節レザノフが長《なが》崎《さき》に来航し，ふたたび通商を求めましたが，幕府は応じませんでした。そのため，ロシア船が樺太《からふと》や択捉《えとろふ》島に攻撃《こうげき》を加えてきました。

この間《かん》，幕府は松前《まつまえ》・蝦夷地《えぞち》を幕府の直轄地《ちょっかつち》にするとともに，海防《かいぼう》の強化に努めました❷。また，最上徳内《もがみとくない》や近藤重蔵《こんどうじゅうぞう》，間宮林《まみやりん》蔵《ぞう》を蝦夷地に派遣《はけん》し，千島《ちしま》や樺太の調査・探検《たんけん》を行わせました。間宮はこのとき，樺太が島であることを確認しました❸。

イギリス・アメリカの接近

18世紀末のヨーロッパでは，フランス革命に➡p.140より共和国となったフランスが勢力を強めオランダを征服しました。イギリスはこの機会にオランダの海外拠点《きょてん》をうばおうとして，東アジアへの動きを活発化させました。

1808（文化《ぶんか》５）年には，イギリスのフェートン号が長崎港に侵《しん》入《にゅう》し，オランダ商館員を連れ去り，食料をうばうなどの乱暴《らんぼう》をはたらくという事件がおこりました（フェートン号事件）。

❶　伊勢《いせ》国（三重《みえ》県）の船頭・大黒屋光太夫《だいこくやこうだゆう》。漂流《ひょうりゅう》したのち，ロシア人に助けられ，ロシアの首都サンクトペテルブルクで女帝エカテリーナ２世と面会。ラクスマンに送られて帰国した。

❷　1811年，幕府は国後島《くなしりとう》に上陸したロシア軍艦《ぐんかん》艦長のゴローニンを捕《とら》え，ロシアは海運商人の高田屋嘉兵衛《たかだやかへえ》を捕えた。のちに嘉兵衛の尽力《じんりょく》でゴローニンは釈放《しゃくほう》され，ロシアとの関係は一時改善した。

❸　樺太《からふと》と大陸を隔《へだ》てる海は，間宮海峡《まみやかいきょう》とよばれている。

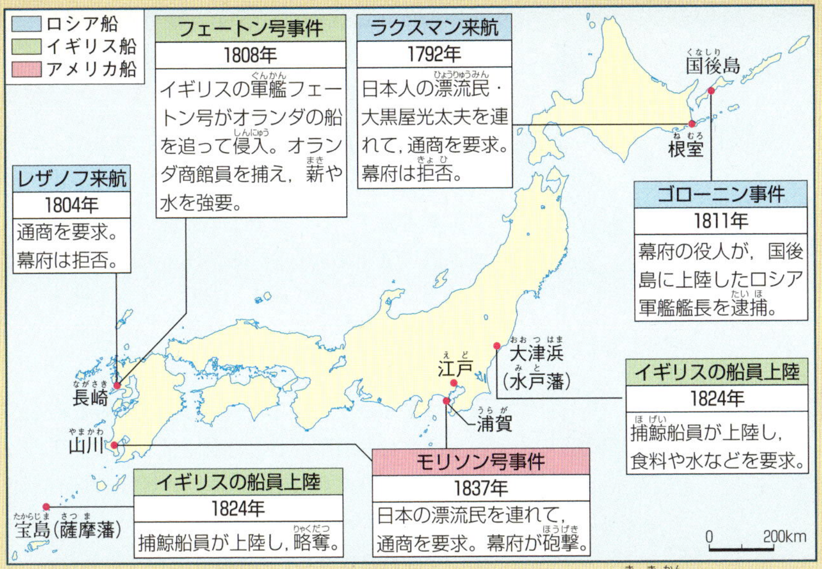
ロシア船
イギリス船
アメリカ船
フェートン号事件
1808年
イギリスの軍艦《ぐんかん》フェートン号がオランダの船を追って侵入《しんにゅう》。オランダ商館員を捕え，薪《まき》や水を強要。
ラクスマン来航
1792年
日本人の漂流民《ひょうりゅうみん》・大黒屋光太夫を連れて，通商を要求。幕府は拒否《きょひ》。
国後島《くなしりとう》
根室《ねむろ》
レザノフ来航
1804年
通商を要求。幕府は拒否。
ゴローニン事件
1811年
幕府の役人が，国後島に上陸したロシア軍艦艦長を逮捕《たいほ》。
大津浜《おおつはま》
(水戸藩《みとはん》)
江戸《えど》
長崎《ながさき》
浦賀《うらが》
イギリスの船員上陸
1824年
捕鯨《ほげい》船員が上陸し，食料や水などを要求。
山川《やまかわ》
モリソン号事件
1837年
日本の漂流民を連れて，通商を要求。幕府が砲撃《ほうげき》。
イギリスの船員上陸
1824年
捕鯨船員が上陸し，略奪《りゃくだつ》。
宝島《たからじま》(薩摩藩《さつまはん》)
0 200km
おもな外国船の接近　たび重なる外国船の接近に対し，危機感《ききかん》をもつ人々もあらわれた。

異国船打払令《いこくせんうちはらいれい》(1825年)

今後どこの海辺の村でも，外国船が乗り寄せてきたことを発見したならば，その場にいた者たちで，有無を言わさずただちに打《う》ち払《はら》い，逃《に》げたときは船で追いかけず，そのままにしてよいが，もし無理に上陸してきたら，捕え，または打ち殺してもさしつかえない。(『御触書天保集成《おふれがきてんぽうしゅうせい》』より一部要約)

北方探検《たんけん》地図

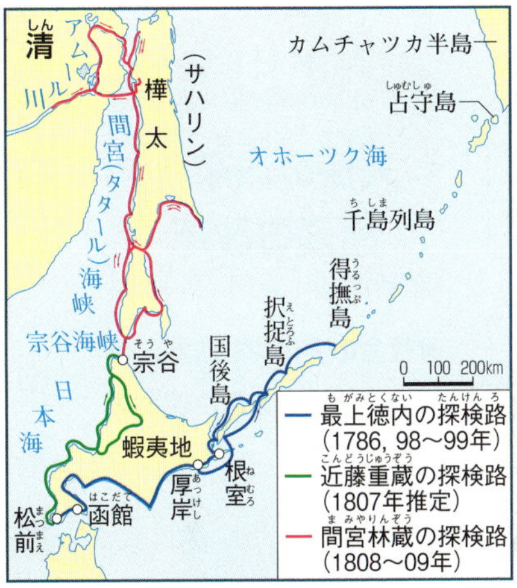
清《しん》
アムール川
樺太
(サハリン)
間宮(タタール)海峡
宗谷海峡
宗谷《そうや》
日本海
カムチャツカ半島
占守島《しゅむしゅとう》
オホーツク海
千島《ちしま》列島
得撫《うるっぷ》島
択捉《えとろふ》島
国後島
蝦夷地
根室《ねむろ》
厚岸《あっけし》
函館《はこだて》
松前《まつまえ》
0 100 200km
最上徳内《もがみとくない》の探検路《たんけんろ》(1786, 98〜99年)
近藤重蔵《こんどうじゅうぞう》の探検路(1807年推定)
間宮林蔵《まみやりんぞう》の探検路(1808〜09年)

一方，北太平洋《たいへいよう》ではアメリカの捕鯨《ほげい》活動がさかんになっていました。これらの船は，わが国に接近して，水や燃料の補給《ほきゅう》を求めるようになりました。これに対し幕府は，海岸防備《ぼうび》をかためるとともに，1825(文政《ぶんせい》8)年には**異国船《いこくせん》打払令《うちはらいれい》**を出して，鎖国政策《さこくせいさく》を守ろうとしました。
➡p.143

1837(天保《てんぽう》8)年，日本人の漂流民を救助して，わが国に送り届けようとしたアメリカのモリソン号が，異国船打払令によって砲撃《ほうげき》される事件がおきました(モリソン号事件)。これに対し，高野長英《たかのちょうえい》や渡辺崋山《わたなべかざん》などの蘭学者《らんがくしゃ》は，西洋の強大な軍事力を知って，異国船打払令を批判する本を書いたため，幕府は彼《かれ》らをきびしく処罰《しょばつ》しました(蛮社《ばんしゃ》の獄《ごく》)。

しかし，その後も外国船はたびたび日本周辺にあらわれ，幕府はその対策に悩まされました。

幕府は鎖国《さこく》を維持《いじ》する方針《ほうしん》でしたが，このような欧米諸国《おうべいしょこく》の日本への接近は，人々を強く刺激《しげき》し，その対外認識や海防意識を大きく変えていきました。❹

高野長英《たかのちょうえい》(1804 ~ 50)
長崎でシーボルト(➡p.131)に蘭学《らんがく》・医学を学ぶ。(高野長英記念館蔵)

間宮林蔵《まみやりんぞう》(1775 ~ 1844)
伊能忠敬《いのうただたか》(➡p.130)に測量術を学ぶ。シベリアにも渡《わた》り，探査《たんさ》した。(間宮林蔵記念館蔵)

渡辺崋山《わたなべかざん》(1793 ~ 1841)
三河《みかわ》(愛知《あいち》県)の田原藩《たはらはん》の家老《かろう》で，画家でもあった。(田原市博物館蔵)

❹　1841(天保《てんぽう》12)年には太平洋上で漂流《ひょうりゅう》したジョン万次郎《まんじろう》がアメリカ船に救助され，1851(嘉永《かえい》4)年に帰国した。故郷の土佐《とさ》(高知《こうち》県)へもどると坂本龍馬《さかもとりょうま》(➡p.147)らに英学を教えた。

救民
大塩平八郎はどのような思いで立ち上がったのだろう。

大塩平八郎(1793 ～ 1837)　高潔《こうけつ》な人物として知られ，役人として数々の不正事件を取りしまった。(大阪歴史博物館蔵)

【大塩平八郎の檄文《げきぶん》(要約・口語訳)**】**

今，上に立つ者はおごって，財産《ざいさん》を増やすことしか考えず，わいろを公然と受け，民《たみ》には年《ねん》貢《ぐ》以外に金を要求している。そのため，民は苦しみ幕府《ばくふ》をうらんでいる。最近，災害が続き米価が高騰《こうとう》しているのに，大阪町奉行《まちぶぎょう》らは民の苦しみを救わず，金持ちの町人《ちょうにん》はぜいたくを楽しんでばかりいる。そこで我《われ》らは，民を苦しめる役人や金持ちの町人どもを討《う》ちほろぼし，その財産《ざいさん》を貧しい人々に分配したいと思う。だから，みな大阪にかけつけてほしい。我らは，神武天《じんむてん》皇《のう》がなされたように，民にやさしい政治を行い，民が安らかに暮《く》らせる世の中にしたいのだ。

大塩の乱で燃える大阪《おおさか》の町　「救民《きゅうみん》」と書いた旗を掲《かか》げて蜂起《ほうき》する大塩の軍勢《ぐんぜい》。(出潮引汐奸賊聞集記《でしおひきしおかんぞくもんしゅうき》　大阪歴史博物館蔵《ぞう》)

39

天保《てんぽう》の改革《かいかく》と諸藩《しょはん》の改革

◉社会の変化や財政難に幕府や諸藩はどう取り組んだのだろうか。

大塩平八郎《おおしおへいはちろう》の乱《らん》

19世紀前半には凶作《きょうさく》が続き，天保《てんぽう》の飢饉《ききん》とよばれる被害《ひがい》が広がりました。この混乱の中，商人が米を買い占《し》めたため，社会不安はいっそう高まりましたが，幕府《ばくふ》は有効な手だてを打つことができませんでした。

大阪町奉行所《おおさかまちぶぎょうしょ》の元役人であった**大塩平八郎《おおしおへいはちろう》**は，このような状《じょう》況《きょう》を見かね，1837(天保《てんぽう》８)年，仲間を率いて大商人の店を襲《おそ》い，米や金をうばって貧しい人々に分けあたえようとしました(**大塩平八郎の乱《らん》**)。

この乱はわずか半日で平定され，大塩も自害しましたが，事件をおこしたのが幕府側の人物だったため，幕府が受けた打撃《だげき》は深刻でした。また，大阪という大都市でおきたため，事件の内容はまたたく間に全国に知れわたりました。

天保の改革

1841(天保12)年，老中《ろうじゅう》の**水野忠邦《みずのただくに》**は**天保《てんぽう》の改《かい》革《かく》**に取りかかりました。水野は倹約令《けんやくれい》を出してぜいたくを禁止し，人返《ひとがえ》しの法によって農民を村に帰らせました。また，株仲間《かぶなかま》[1]が物価をつり上げているとしてその解散を命じました。さらに水野は，江戸《えど》，大阪周辺の土地を幕府が直接治めようとする上知令《あげちれい》を出しましたが，関係する多くの大名《だいみょう》や旗本《はたもと》の強い反発にあい，実現しませんでした。

天保の改革はわずか２年で失敗に終わり，幕府の権威《けんい》はます

水野忠邦《みずのただくに》(1794 ～ 1851)
浜松藩主《はままつはんしゅ》。若《わか》いころから，幕府を立て直すために幕府の要職に就《つ》くことを望んでいた。(首都大学東京《とうきょう》図書情報センター蔵)

❶　歌舞伎《かぶき》や大衆《たいしゅう》向けの文芸を取りしまった。

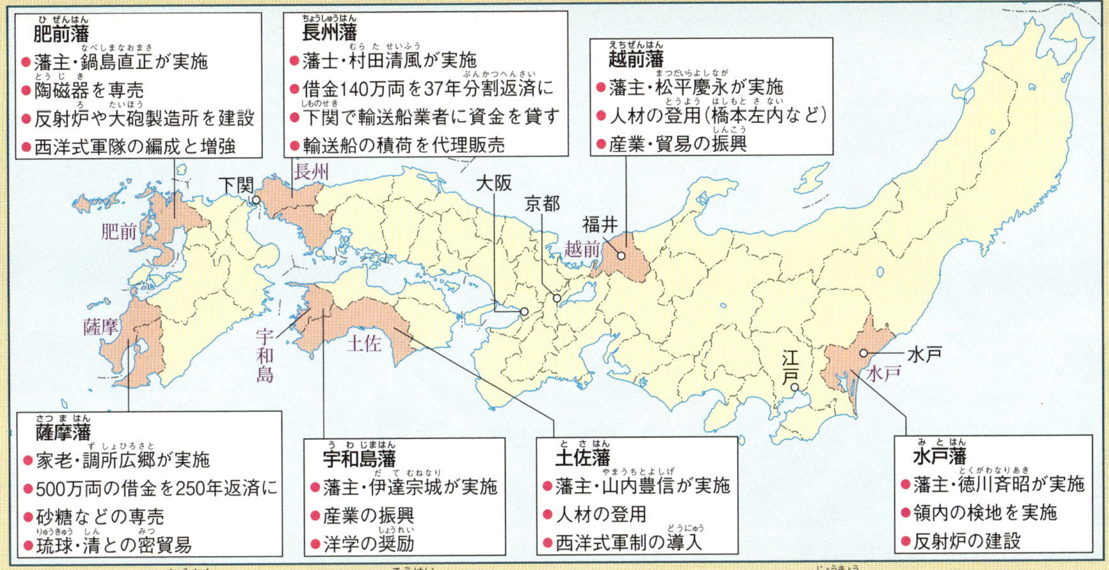
肥前藩《ひぜんはん》
●藩主・鍋島直正《なべしまなおまさ》が実施
●陶磁器《とうじき》を専売
●反射炉《ろ》や大砲《たいほう》製造所を建設
●西洋式軍隊の編成と増強
長州藩《ちょうしゅうはん》
●藩士・村田清風《むらたせいふう》が実施
●借金140万両を37年分割返済《ぶんかつへんさい》に
●下関《しものせき》で輸送船業者に資金を貸す
●輸送船の積荷を代理販売
越前藩《えちぜんはん》
●藩主・松平慶永《まつだいらよしなが》が実施
●人材の登用《とうよう》(橋本左内《はしもとさない》など)
●産業・貿易の振興《しんこう》
下関
長州
大阪
京都
福井
越前
肥前
薩摩
宇和島
土佐
江戸
水戸
水戸
薩摩藩《さつまはん》
●家老・調所広郷《ずしょひろさと》が実施
●500万両の借金を250年返済に
●砂糖などの専売
●琉球《りゅうきゅう》・清《しん》との密《みつ》貿易
宇和島藩《うわじまはん》
●藩主・伊達宗城《だてむねなり》が実施
●産業の振興
●洋学の奨励《しょうれい》
土佐藩《とさはん》
●藩主・山内豊信《やまうちとよしげ》が実施
●人材の登用
●西洋式軍制の導入《どうにゅう》
水戸藩《みとはん》
●藩主・徳川斉昭《とくがわなりあき》が実施
●領内の検地を実施
●反射炉の建設

↑諸藩の改革　凶作《きょうさく》などによる農村の荒廃《こうはい》や財政危機などで，多くの藩が困難な状況《じょうきょう》にあり，藩政改革が必要とされた。

ますますおとろえていきました。

諸藩の改革

多くの藩《はん》が財政《ざいせい》改革に失敗するなか，薩摩藩《さつま》(鹿児島《かごしま》県)や長州藩《ちょうしゅう》(山口《やまぐち》県)といった外様《とざま》の藩は，ある程度《ていど》の成功を収めていました❷。これらの藩では，家《いえ》柄《がら》にこだわらず，能力のある中・下級武士《ぶし》を取り立てて，改革に当たらせました。

借金のたな上げや，特産物の生産の奨励《しょうれい》により，財政《ざいせい》を立て直したこれらの藩は，やがて軍備《ぐんび》を整え，幕府に対抗《たいこう》できる力をもつようになっていきました。

❷ 幕末《ばくまつ》に藩政改革《はんせいかいかく》に成功し，財政再建，軍事力の近代化を行い，国の政治に対して影響力《えいきょうりょく》をもつようになった大藩は雄藩《ゆうはん》とよばれた。長州・薩摩・肥前・土佐藩などを西南雄藩(➔p.147)とよぶ。

人物コラム　幕末《ばくまつ》の雄藩《ゆうはん》・薩摩《さつま》藩の土台をつくった調所広郷《ずしょひろさと》

1827(文政《ぶんせい》10)年の薩摩藩は，500万両《りょう》の借金をかかえていました。当時の薩摩藩の年間収入は10数万両で，利息《りそく》の支払《しはら》いさえ困難でした。このようなときに家老となって藩財政改革を断行したのが，調所広郷(1776～1848)でした。

広郷は，以前から薩摩藩で行われていた清《しん》との密《みつ》貿易に加えて，砂糖《さとう》の専売制，金貨の密《みつ》造《ぞう》，商人からの借金に対する「無利息・250年分割払い」返済《へんさい》の強行などの思い切った政策《せいさく》を次々と行いました。

その結果，1844(弘化《こうか》元)年には，藩に50万両の積立金がたくわえられました。

(尚古《しょうこ》集成館寄託《きたく》)

しかし広郷は，のちに藩内の政治抗争《こうそう》が原因となって，幕府から密貿易を責められることになり，ついにその責任を負って自害しました。

改革に成功した薩摩藩は，雄藩として幕末《ばくまつ》の政局に大きな影響《えいきょう》力をもちましたが，広郷はその土台をつくった一人といえるでしょう。

↑**富嶽三十六景《ふがくさんじゅうろっけい》　神奈川沖浪裏《かながわおきなみうら》**　大きな波のあいだに小さな船が見え，遠くに富士山《ふじさん》が見える。遠近法をみごとに使っている。（葛飾北斎《かつしかほくさい》　作　江戸東《えどとう》京《きょう》博物館蔵《ぞう》）

↑**東海道五十三次《とうかいどうごじゅうさんつぎ》　庄野《しょうの》**　雨が降《ふ》りつけるなかで，旅人が急ぎ走り出す。風で木々もたおれそうだ。観察眼の鋭《するど》さがうかがわれる。（歌川《うたがわ》［安藤《あんどう》］広《ひろ》重《しげ》　作　東京国立博物館蔵）

40 江戸《えど》の町人《ちょうにん》文化

◉江戸を中心に栄えた文化にはどのような特色があったのだろうか。

❶　文化《ぶんか》の「化」と文政《ぶんせい》の「政」を合わせたよび名。

↑**蔦屋《つたや》の店先**　蔦屋は江《え》戸《ど》の有名な出版元《しゅっぱんもと》で，浮《うき》世《よ》絵《え》と娯楽《ごらく》本を得意とし，一九《いっく》，馬琴《ばきん》，歌麿《うたまろ》，写楽《しゃらく》などを世に出した。江戸には約500軒《けん》の出版元と約800軒の貸本屋《かしほんや》があった。（画本《えほん》東都遊《あずまあそび》　国立国会図書館蔵）

江戸の町人文化

18世紀の中ごろから，江戸《えど》の経済力《けいざいりょく》が増すにつれて，文化の中心も大阪《おおさか》から江戸に移りました。また，教育の普及《ふきゅう》や木版印刷の発達により，都市の文化が地方にも広がるようになりました。家斉《いえなり》の大御所《おおごしょ》時代←p.121に当たる文化《ぶんか》・文政《ぶんせい》年間に，江戸を中心として栄えた町人《ちょうにん》文化を**化政《かせい》文化**❶といいます。

文学では，幕府《ばくふ》の政治を風刺《ふうし》し，世の中を皮肉《ひにく》った川柳《せんりゅう》や狂《きょう》歌《か》がはやりました。また，十返舎一九《じっぺんしゃいっく》←p.120の『東海道中膝栗毛《とうかいどうちゅうひざくりげ》』や式《しき》亭三馬《ていさんば》の『浮世風呂《うきよぶろ》』といった，こっけいな読み物が愛好されました。どちらも，庶民《しょみん》の生活ぶりがおもしろおかしく表されています。また，滝沢《たきざわ》(曲亭《きょくてい》)馬琴《ばきん》の『南総里見八犬伝《なんそうさとみはっけんでん》』など，現実ばなれした娯楽性《ごらくせい》の強い歴史小説も庶民の人気を集め，貸本屋《かしほんや》もあらわれました。これらの作品は，町人がのびのびと活動していたようすを示しています。次々と本が出版され，多くの人々が本を楽しんだことは，当時の人々の識字率《しきじりつ》の高さを物語っています。

俳諧《はいかい》では，画家でもあった与謝蕪村《よさぶそん》が，絵画的な美しさを表した句をよみ，小林一茶《こばやしいっさ》は農民の生活を題材に取り上げました。また，良寛《りょうかん》の素朴《そぼく》な和歌と書も人々に愛されました。

このころの町人たちは，歌舞伎《かぶき》見物にくり出し，人形浄瑠璃《にんぎょうじょうるり》←p.111

どんなお芝居《しばい》
をしていたの
かな。
歌舞伎《かぶき》の劇場《げきじょう》　当時，歌舞伎は庶民《しょみん》に最も人気のある娯楽《ごらく》で，江戸時代後半に最盛期《さいせいき》をむかえた。（浮絵劇場図《うきえげきじょうず》　平木浮世絵美術館《ひらきうきよえ》蔵）

や寄席《よせ》で演じられる落語を楽しみました。寺や神社の祭りや縁《えん》日《にち》はにぎわいをみせ，余暇《よか》を使っての伊勢参《いせまい》りp.114や四国巡礼《しこくじゅんれい》もさかんに行われました。

浮世絵《うきよえ》の黄金時代

美術の分野でも，すぐれた作品が次々と生み出されました。浮世絵《うきよえ》の分野では，鈴木春信《すずきはるのぶ》が錦絵《にしきえ》とよばれる多色刷りの美しい版画を始めました。錦絵は大流行し，喜多川歌麿《きたがわうたまろ》は美人画《びじんが》に筆をふるい，東洲斎写楽《とうしゅうさいしゃらく》は人物の性格や特徴《とくちょう》をとらえた役者絵《やくしゃえ》の傑作《けっさく》を生み出しました。

また，葛飾北斎《かつしかほくさい》は大胆《だいたん》な構図と華麗《かれい》な色彩《しきさい》を用いた風景画《ふうけいが》で名を高めました。北斎の『富嶽三十六景《ふがくさんじゅうろっけい》』を見ると，西洋絵画の遠近法や陰影《いんえい》のつけ方を消化したうえで，独自《どくじ》の空間表現を行っていることがわかります。歌川《うたがわ》（安藤《あんどう》）広重《ひろしげ》は北斎の影響《えいきょう》を受けながら，『東海道五十三次《とうかいどうごじゅうさんつぎ》』などの情緒《じょうちょ》あふれる風景画をえがきました。これらの浮世絵は，19世紀後半に西洋に紹介《しょうかい》され，西洋近代絵画の形成に大きな影響をあたえました。p.128

浮世絵が江戸の町人に人気を博《はく》した一方で，武士《ぶし》や教養のある町人のあいだでは，池大雅《いけのたいが》や浦上玉堂《うらかみぎょくどう》らによる文人画《ぶんじんが》とよばれる水墨画《すいぼくが》が愛好されました。

座敷八景《ざしきはっけい》　琴路《ことじ》の落雁《らくがん》（鈴木春信《すずきはるのぶ》　作　平木浮世絵美術館蔵）

奴江戸兵衛《やっこえどべえ》を演じる大谷《おおたに》鬼次《おにじ》（東洲斎写楽《とうしゅうさいしゃらく》　作　東京国立博物館蔵）

読み物コラム

浮世絵《うきよえ》の影響《えいきょう》 ―― ジャポニスム

まず下の２枚の絵を見比べてください。左は江戸《えど》時代の浮世絵《うきよえ》，右は19世紀オランダの画家ゴッホの作品です。ゴッホが左の絵をそのまま模写《もしゃ》しているのがわかります。日本の浮世絵は1860年代から数多くヨーロッパに渡《わた》り，新鮮《しんせん》な画風で芸術家たちに大きな影響《えいきょう》をあたえました。彼《かれ》らは浮世絵のどんなところにひかれ，自分たちの絵にそれを生かしたのでしょうか。

↑歌川《うたがわ》(安藤《あんどう》)広重《ひろしげ》「名所江戸百景《めいしょえどひゃっけい》」のうち「亀戸《かめいど》梅屋《うめや》敷《しき》」(東京《とうきょう》国立博物館蔵《ぞう》)

↑ゴッホ「花咲《さ》く梅の木」(ゴッホ美術館蔵)

●浮世絵の発達●

浮世絵は，江戸時代の中ごろから終わりにかけて，さかんにつくられました。その名が示すとおり，江戸の町人《ちょうにん》たちの「浮世」(世の中)を題材に，日本人の生活美をみごとに表現しています。絵師たちは木版画の特徴《とくちょう》をよく生かして，単純な線と色の面を用いながら，その内容をえがいていきました。喜多川歌麿《きたがわうたまろ》←口絵p.5の美人画や葛飾北斎《かつしかほくさい》←p.126，広重《ひろしげ》←p.126の風景画など，人気絵師の錦絵《にしきえ》(多色刷りの版画)は，本屋の店頭で庶民《しょみん》でも買えるほどの安い値段《ねだん》で売られ，人々の評判をよびました。

●印象派《いんしょうは》の運動●

一方，19世紀後半のヨーロッパでは，芸術の分野で，これまでの宗教《しゅうきょう》画や神話《しんわ》画にかわる新たな絵画を求める気運が高まっていました。フランスではモネ，ドガ，ルノアール，セザンヌなど，印象派とよばれる画家たちが光の効果を取り入れて風景や人物をえがく新しい芸術運動をおこしました。

葛飾北斎《かつしかほくさい》「北斎漫画《ほくさいまんが》」（国立国会図書館蔵）

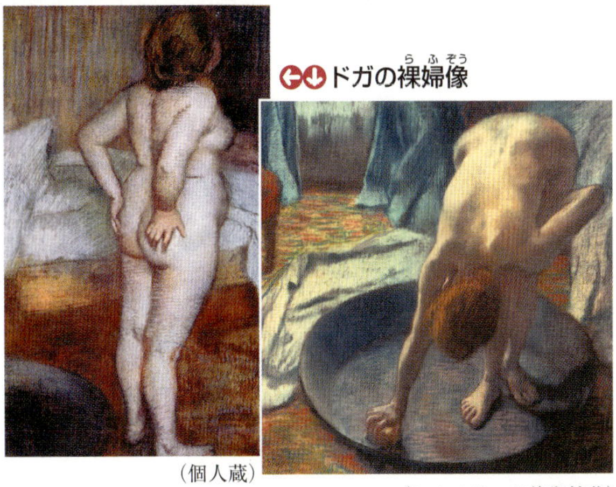

ドガの裸婦像《らふぞう》

（個人蔵）

（ヒルステッド美術館蔵）

●海を渡《わた》った浮世絵●

19世紀後半の，パリやロンドンでの万国博《ばんこくはく》覧会《らんかい》などを機に，浮世絵は西洋に紹介《しょうかい》されました。当時の西洋の画家たちは，浮世絵の明るい色彩《しきさい》や大胆《だいたん》な構図に衝撃《しょうげき》を受けました。先に見たような模写のほかにも，彼らは自分の作品の中に浮世絵をえがきこんだり，着物姿《すがた》のモデルをえがいたりしましたが，影響はもっと深いところまでおよんでいました。

印象派の画家たちがめざした，自然をありのままにえがく姿勢《しせい》や，光に満ちた画面，瞬《しゅん》間《かん》の表情を写し取る方法などは，浮世絵から学んだ部分が大きいのです。このような日本の芸術が西洋にあたえた影響を，フランスでは「ジャポニスム」とよんでいます。

何より，浮世絵は西洋の芸術家に，新しい時代にふさわしい人間や自然の自由な見方を教え，日常生活の中に美があることを示したのでした。

鈴木春信《すずきはるのぶ》「蓮池舟遊美人《はすいけふなあそびびじん》」（東京国立博物館蔵）

モネ「舟遊び」（オルセー美術館蔵）

葛飾北斎「富嶽百景《ふがくひゃっけい》」のうち「快晴の不二《ふじ》」（個人蔵）

セザンヌ「サント・ヴィクトワール山《さん》」（プーシキン美術館蔵）

このページにある印象派の作品に，浮世絵がどのような影響をあたえているかを考えてみよう。

現在の地図
とくらべて
みよう。

伊能忠敬《いのうただたか》の大日本沿海輿地《だいにほんえんかいよち》全図《ぜんず》　すべてが完成したのは，伊能忠敬が病死した３年後だった。（東京《とうきょう》国立博物館蔵《ぞう》）

人物コラム　全国を踏破《とうは》した伊能忠敬《いのうただたか》

（伊能忠敬記念館蔵）

伊能忠敬（1745 ～ 1818）が約200年前に作成した「大日本沿海輿地《だいにほんえんかいよち》全図《ぜんず》」には，当時の最新科学がふんだんに使われていました。例えば，子午線《しごせん》１度の長さを28里《り》２分《ぶ》（110.8km）として計算していましたが，これは当時のヨーロッパの水準以上に正確な数字でした。さらに忠敬は，磁《じ》石《しゃく》にたよる三角測量では土地の緯度《いど》によって磁差が生まれるという知識や，天測によって地上の測量結果の修正をするという技術をも利用していました。忠敬ら一行が測量のために歩いた距離《きょり》は，地球一周を上回る4.4万kmといわれます。

41 新しい学問と思想の動き

◉新しくおこった国学や蘭学は社会をどのように変えていったのだろうか。

本居宣長《もとおりのりなが》（1730 ～ 1801）伊勢《いせ》（三重《みえ》県）松坂《まつざか》の人。古典を研究し日本古来の「もののあわれ」こそが文学の本質であると主張した。（松阪《まつさか》市立図書館蔵）

❶　宣長の師である賀茂真淵《かものまぶち》は，『万葉集《まんようしゅう》』の中に日本人の心を見いだそうとし，目の不自由な塙保己一《はなわほきいち》は，多くの書物を集めた『群書類従《ぐんしょるいじゅう》』を出版した。

新しい学問・国学《こくがく》と蘭学《らんがく》

町人《ちょうにん》文化の発展《はってん》とともに，学問の世界でも自由な研究が行われるようになりました。また，民衆《みんしゅう》の教育水準の向上により，各地に町人や農民の生活に即《そく》した学問が花開きました。

京都《きょうと》の石田梅岩《いしだばいがん》は，儒教《じゅきょう》や仏教《ぶっきょう》などの教えを合わせて心学《しんがく》として説き，正直，勤勉《きんべん》，倹約《けんやく》などの価値《かち》を世に広めました。心学塾《じゅく》には女子席もあり，女性も聴講《ちょうこう》することができました。

18世紀半ばになると，儒教や仏教《ぶっきょう》などの外国の思想が渡来《とらい》する以前の，日本古来の姿《すがた》を学ぼうとする**国学《こくがく》**が生まれました。本居宣長《もとおりのりなが》は，『古事記《こじき》』を研究して『古事記伝《こじきでん》』をあらわし，国学を大成しました。❶皇室《こうしつ》の系統《けいとう》が絶えることなく続いていること（万世一系《ばんせいいっけい》）が，日本が世界にすぐれるゆえんだとする国学は，天皇《てんのう》を尊《とうと》ぶ思想と結びつき，幕末《ばくまつ》の尊王攘夷《そんのうじょうい》運動➡p.146にも影響《えいきょう》をあたえました。

徳川吉宗《とくがわよしむね》の時代には，キリスト教と関係のない漢訳《かんやく》の西洋の書物の輸入が認《みと》められ，西洋の学問や文化をオランダ語で学ぶ**蘭学《らんがく》**がおこりました。蘭学の普及《ふきゅう》は，自然科学のさまざまな分野に影響をあたえました。医学の分野では，前野良沢《まえのりょうたく》や杉田玄白《すぎたげんぱく》らが，オランダ語で書かれた解剖書《かいぼうしょ》を日本語に訳し，『解体新書《かいたいしんしょ》』として出版しました。伊能忠敬《いのうただたか》は全国を測量して歩

コラム Column 解体新書《かいたいしんしょ》と蘭学事始《らんがくことはじめ》

1771(明和《めいわ》８)年，解剖《かいぼう》を見学した杉田玄白《すぎたげんぱく》(1733 ～ 1817)，前野良沢《まえのりょうたく》(1723 ～ 1803)らは，オランダの解剖学書『ターヘル・アナトミア』の正確さに驚嘆《きょうたん》しました。翻訳《ほんやく》をしようとしましたが，辞書もなく，オランダ語の知識はゼロに近い状態でした。それでも玄白らはあきらめず，知っているわずかの単語と挿《さ》し絵をたよりに，翻訳に取りかかったのです。それは困難《こんなん》というより，無謀《むぼう》な挑戦《ちょうせん》でした。

のちに玄白は『蘭学事始《らんがくことはじめ》』に「艫《ろ》や舵《かじ》のない船で大海に乗り出したようなもので，たよるものもなく，ただあきれ果てるばかりだった」と記しています。「眉《まゆ》とは目の上に生えた毛である」という一言が，一日かけても日本語に訳せないこともありました。そうした気の遠くなるような苦労が３年後，『解体新書《かいたいしんしょ》』として結実しました。「神経」「軟骨《なんこつ》」「動脈」などの用語は，このときにつくられました。

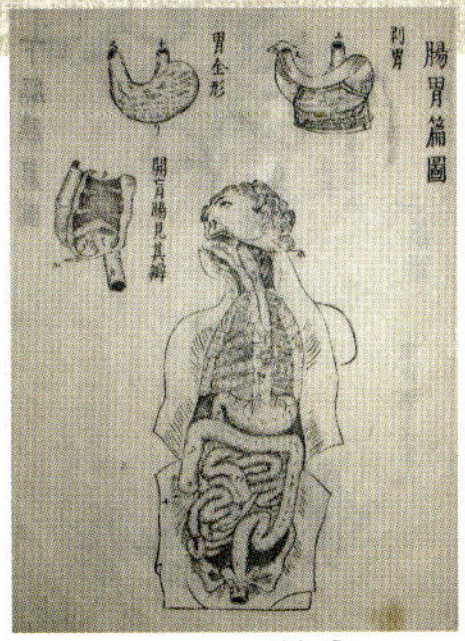

『解体新書』の挿絵《さしえ》(左)と扉《とびら》(右)(神戸《こうべ》市立博物館蔵)

き，正確な日本地図(「大日本沿海輿地全図《だいにほんえんかいよちぜんず》」)をつくりました。また，田沼《たぬま》時代➡p.133に活躍《かつやく》した平賀源内《ひらがげんない》➡p.132は，エレキテル(摩擦起電器《まさつきでん》)などの進んだ西洋文物を実際につくり人々を啓発《けいはつ》しました。コペルニクスの地動説やニュートンの万有引力の法則もこのころ紹介《しょうかい》されました。

心学《しんがく》　７歳《さい》から講義を聴《き》くことが許《ゆる》された。儒教《じゅきょう》の影響《えいきょう》から，男女の席は別々にされていた。(筑波《つくば》大学附《ふ》属《ぞく》図書館蔵)

オランダ商館の医師であったドイツ人シーボルトは，長崎郊外《ながさきこうがい》に診療所《しんりょうじょ》(鳴滝塾《なるたきじゅく》)を開き，多くの日本人医師を育てました。安藤昌益《あんどうしょうえき》のように，すべての人が農耕するのが理想だと説いて，当時の社会を批判《ひはん》する思想家もいました。

また，緒方洪庵《おがたこうあん》が大阪《おおさか》に開いた適塾《てきじゅく》❷のような私塾も各地に生まれ，すぐれた人材を生み出していきました。

海防と尊王《そんのう》思想

18世紀末になると，近海に出没《しゅつぼつ》する外国船⬅p.123に刺激《しげき》を受け，世界の動きにどう対応すべきかについて考える人があらわれました。林子平《はやししへい》は『海国兵談《かいこくへいだん》』をあらわして，海外事情を紹介し，海岸防備《ぼうび》の必要性を説きました。また，水戸学《みとがく》❸の会沢正志斎《あいざわせいしさい》や藤田東湖《ふじたとうこ》のように，外国勢力《せいりょく》に対抗《たいこう》するためには，皇室を尊び外国を打ち払《はら》う尊王攘夷の思想のもとで，国家の再建を急ぐべきだと唱える者もあらわれました。頼山陽《らいさんよう》の歴史書『日本外史《がいし》』も広く読まれ，日本人の自覚をうながし，幕末の尊王思想に影響をあたえました。

❷　門下生には福沢諭吉《ふくざわゆきち》(➡p.163)や橋本左内《はしもとさない》(➡p.146)らがいた。

❸　17世紀に，水戸藩主・徳川光圀《とくがわみつくに》が始めた『大日本史《だいにほんし》』編さんを基礎《きそ》に形成された学問(⬅p.111)。

読み物コラム

江戸《えど》の技術

●人々を驚《おどろ》かせた「エレキテル」～平賀源内《ひらがげんない》●

↑平賀源内(1728 ～ 79)(平賀源内先生顕彰会蔵《けんしょうかいぞう》)

平賀源内《ひらがげんない》は植物学・蘭学《らんがく》・絵画・著作《ちょさく》・商品宣伝《せんでん》など，多くの分野で多彩《たさい》な活躍《かつやく》をした才人として知られます。源内の業績の中でもとりわけ有名なのがエレキテルの実験です。

エレキテルは静電気発生装置《そうち》のことで，18世紀半ばにオランダからわが国に伝えられました。故障《こしょう》したエレキテルを手に入れた源内は，1776(安永《あんえい》5)年，苦心の末に修理・復元することに成功しました。

箱の横にある取っ手を回すと，ガラスびんと金箔《きんぱく》の摩擦《まさつ》によって静電気が発生し，銅線を伝わって放電するというしくみでした。これはもともと医療《いりょう》器具として発明されたものでしたが，江戸《えど》の人々のあいだでは珍《めずら》しい見せ物としてたいへんな評判《ひょうばん》をよびました。

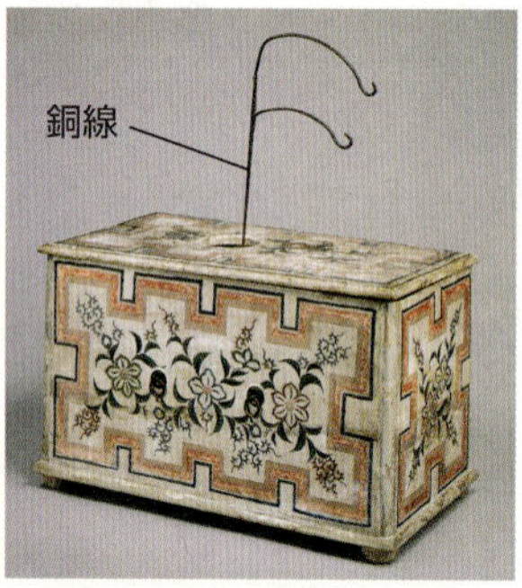
銅線

↑エレキテル(逓信《ていしん》総合博物館蔵)

車
ひも(車の回転をガラスびんに伝える)
ハンドル
ガラスびん
金箔《きんぱく》を巻いた布
鉄くずを入れたびん(静電気をため，箱の上に出ている銅線に伝える)
くさり(静電気を集め，鉄くずを入れたびんに伝える)

源内の旺盛《おうせい》な好奇心《こうきしん》とすぐれた才能は，鎖国《さこく》下にあったわが国の機械学・電気学の始まりを告げるものでした。

●江戸のハイテク科学者～田中久重《たなかひさしげ》●

↑田中久重(1799 ～ 1881)

「東洋のエジソン」ともいうべき発明家が久留米藩《くるめはん》(福岡県《ふくおか》)に生まれた田中久重《たなかひさしげ》です。少年のころから発明の才能を発揮《はっき》していた久重は，当時，流行していた，からくり人形の新しいしかけを次々に生み出し，やがて「からくり儀右衛門《ぎえもん》」とよばれるほどの発明家となりました。

←弓曳童子《ゆみひきどうじ》　江戸時代につくられたからくり人形の一つ。人形が自分で矢を取り，的《まと》をめがけて矢を放つ。体の微妙《びみょう》な動きが人間そっくりで，たいへん人気があった。(トヨタコレクション)

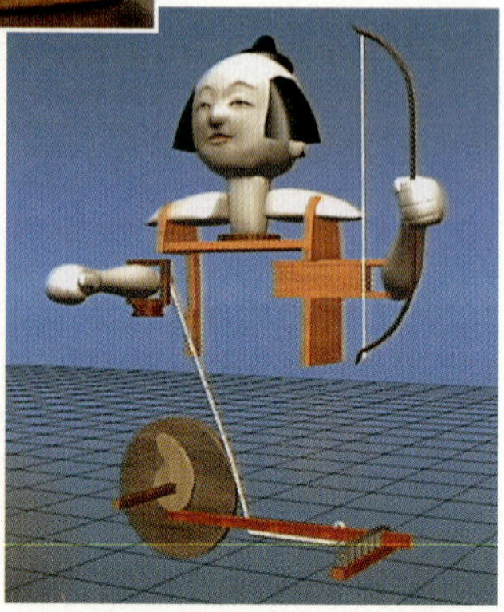

→からくり人形の内部のしかけ　糸，てこ，歯車《はぐるま》，カムなどの組み合わせにより，複雑な動きを実現した。日本のロボットの元祖《がんそ》といえる。(写真提供：NHK)

その代表的な発明品の一つが，1851（嘉永《かえい》4）年につくられた万年自鳴鐘《まんねんじめいしょう》（万年時計）です。これは季節によって変化する昼と夜の時間をそれぞれ正確に6等分するだけでなく，一度ゼンマイのねじを巻くと1年間も動き続けるというハイテク製品でした。

万年自鳴鐘《まんねんじめいしょう》　1000点を超《こ》える部品からつくられ，機械式時計の最高傑作《けっさく》とよばれる。（㈱東芝《とうしば》蔵・国立科学博物館寄託《きたく》）

また，時計の各面には月の満ち欠けや干支《かんし》，二十四節気《にじゅうしせっき》が表示されるなど，西洋の近代技術に日本の生活スタイルを取りこんだオリジナル作品でもありました。

2005（平成《へいせい》17）年，久重を創業者とする電気メーカー・東芝《とうしば》が，時計会社と共同して実物を分解し，すべての部品をつくり直して組み立てるという作業に取り組んだことがありました。そのさい，現在の技術をもってしても，真鍮《しんちゅう》を巻いたゼンマイだけはどうしてもつくることができなかったといいます。

●地図づくりを支えた測量技師〜大野《おおの》一族●

伊能忠敬《いのうただたか》←p.130は17年にわたって全国を測量し，外国人が驚《おどろ》いたほどの正確な日本地図を作成しました。その忠敬がたよりにした数々の測量器具をつくりあげたのも，江戸のすぐれた技術でした。

当時，幕府《ばくふ》のお抱《かか》え職人として，和時計を製作する時計師とよばれる技術者集団がいました。その中で，忠敬の測量器具を実際につくった時計師が大野弥五郎《おおのやごろう》・規行《のりゆき》親子です。

彼らは幕府の指導と資金提供《ていきょう》のもと，象限《しょうげん》儀《ぎ》，望遠鏡，コンパス，方位盤《ほういばん》など多くの器具をつくりあげました。

大野規周《のりちか》（1820〜86）

忠敬の日記には，測量の旅に出かけるにあたり，大野親子が見送りにきたという記録が何度も記されています。

規行の子・大野規周《のりちか》の時代には，測量器具の目録による店頭販売《はんばい》も行われるようになりました。規周が測量器具の製作を本職とするようになったことからも，幕末《ばくまつ》から明治《めいじ》にかけて，多くの注文があったことがわかります。

江戸時代，わが国の技術は，これらの精密な器具を国産できるようになっていました。こうした江戸時代の技術水準の高さは，明治以降《いこう》の日本の科学技術の急速な進歩を支え，今日の技術大国・日本を築く基礎《きそ》となりました。

伊能忠敬《いのうただたか》が使った地図の測定機器（伊能忠敬記念館蔵）
①象限儀《しょうげんぎ》　天体の高度測定を行い，各地点の緯度《いど》をはかる道具。
②半円方位盤《はんえんほういばん》　伊能忠敬自身が考案し，山頂や島の方位を精密《せいみつ》に測定できた。
③杖先《つえさき》方位盤　杖の先に方位盤《ほういばん》がついたもの。杖を地面に立て，先の方位盤を読む。

人物コラム

農村を立て直した二宮尊徳《にのみやそんとく》と大原幽学《おおはらゆうがく》

●二宮尊徳の自立と報徳《ほうとく》の教え●

（報徳《ほうとく》博物館蔵《ぞう》）

武士《ぶし》による藩《はん》の立て直しが行われる一方，農民自身の手でも荒《あ》れた農村を復興《ふっこう》させる努力が重ねられました。

二宮尊徳《にのみやそんとく》(1787 ～ 1856，通称《つうしょう》：金次郎《きんじろう》)は，現在の神奈川《かながわ》県小田原《おだわら》市に生まれました。今も各地に残る二宮金次郎像からは，貧しさの中で，きびしい労働と学問を両立させようと努力した彼《かれ》の少年時代がしのばれます。

両親を失ったのち，親戚《しんせき》に預けられた尊徳は，農業に励《はげ》むかたわら，体験をふまえた学問をおこたりませんでした。例えば，捨てられていた苗《なえ》を荒れ地に植え，一俵《いっぴょう》の米を収穫《しゅうかく》できた体験から，小さなことも積み重ねることで大きな成果となることを学びました。尊徳はこの教えをのちに「積小為大《せきしょういだい》」と名づけています。こうして少しずつ荒れ地の開発を進め，没落《ぼつらく》した生家の再興を20歳《さい》で果たしました。

その後，縁《えん》あって仕えた小田原藩家老《はんかろう》・服《はっ》部《とり》家の財政《ざいせい》立て直しに成功した尊徳は，その才能を見込まれて，下野《しもつけ》国・桜町《さくらまち》領(現・栃木《とちぎ》県真岡《もおか》市)の復興を任されました。

尊徳は，農民を正しい生き方に導くことで自立心や働《はたら》く意欲《いよく》を高めようとしました。困《こん》窮者《きゅうしゃ》の救済《きゅうさい》や荒れ地の開墾《かいこん》，寺や神社の修復，善行者への表彰《ひょうしょう》など，私財《しざい》と生活のすべてをなげうったその努力は，15年後，豊かに生まれ変わった桜町領として実りました。勤勉《きんべん》に働き，収入《しゅうにゅう》の一部を他にゆずることで，自分とまわりの人たちの生活をともに向上させようとする「報徳《ほうとく》」の教えは，その後も多くの村々を救いました。

●世界初の協同組合●

大原幽学《おおはらゆうがく》(1797 ～ 1858)は尾張《おわり》(愛知《あいち》県)出身の武士です。若《わか》くして各地をめぐり，学問とともに農業技術を身につけました。30歳《さい》を過ぎたころ，下総《しもうさ》(千葉《ちば》県)で儒教《じゅきょう》に基《もと》づく道徳と経済《けいざい》の調和を説いて，多くの門人を集めました。やがて彼らの奉仕《ほうし》作業によって「改心楼《かいしんろう》」と名づけた講堂が建てられると，毎月定例会を開き，そこでの学習を基盤《きばん》とした農村改《かい》革《かく》を進めていきました。

（大原幽学記念館蔵）

その具体例が「先祖株《せんぞかぶ》組合」でした。これは基金をもとに，たがいに助け合うことで生活を改《かい》善《ぜん》していこうとする村ぐるみの組織で，世界最初の協同組合ともいわれています。

幽学は農業技術の改善をはじめ，耕地整理や質素倹約《けんやく》の奨励《しょうれい》など，生産から消費まであらゆる面で農民の指導に取り組みました。その結果，長部《ながべ》村(現・千葉県旭《あさひ》市)は模範《もはん》村として領主から表彰を受けるほどの成功を収めました。しかし，あまりに時代を先取りした改革《かいかく》であったため幕府《ばくふ》から目をつけられた幽学は，のちに自殺に追いこまれました。

今も旭市には，幽学の旧宅をはじめ，その精神を伝える多くの資料が残されています。

なでしこ日本史～その3

高台院《こうだいいん》(北政所《きたのまんどころ》)(1549～1624)

天下人《てんかびと》を支えた明るさとおおらかさ

(京都《きょうと》府　高台寺《こうだいじ》蔵)

尾張《おわり》(愛知《あいち》県)の足軽《あしがる》の娘《むすめ》おね(高台院《こうだいいん》の名前)が，見ばえのしない貧しい武士に嫁《とつ》いだのは14歳《さい》のときでした。わらを敷《し》いた土《ど》間《ま》にすわり，欠《か》けた茶《ちゃ》碗《わん》で夫婦《ふうふ》の杯《さかずき》を交わしました。

この夫がのちの豊臣秀吉《とよとみひでよし》です。その夫婦げんかはお国言葉まる出しの派手《はで》なものだったといいます。

織田信長《おだのぶなが》は，そんな彼女《かのじょ》のぐちを聞き，「そなたのようないい女房《にょうぼう》に不足をいうのは秀吉が悪い。そなたも奥方らしく落ちついてすごすように」となだめています。

人をつつみこむおおらかな性格の彼女に，若いころから世話になっていた加藤清正《かとうきよまさ》や福《ふく》島正則《しままさのり》などの秀吉の家臣は，生涯《しょうがい》その恩を忘れませんでした。

春日局《かすがのつぼね》(1579～1643)

徳川《とくがわ》3代将軍家光《しょうぐんいえみつ》を支えた乳母《うば》

(東京《とうきょう》都　麟祥院《りんしょういん》蔵)

春日局《かすがのつぼね》は，明智光秀《あけちみつひで》の家老《かろう》だった斎藤利《さいとうとし》三《みつ》の娘です。彼女が歴史の表舞台《ぶたい》に登場するのは，2代将軍《しょうぐん》・徳川秀忠《ひでただ》の長男・竹千代《たけちよ》の乳母《うば》となってからです。

竹千代には国松《くにまつ》という弟がいて，秀忠も母のお江《ごう》も，利発《りはつ》な国松をかわいがり，次の将軍にと考えていました。

これにあせった彼女《かのじょ》は，駿府《すんぷ》(静岡《しずおか》県)に隠《いん》居《きょ》中の家康に直訴《じきそ》しました。

「もはや実力しだいの戦国の世ではありません。跡継《あとつ》ぎの順を守らねばお家騒動《そうどう》となり，幕府は長続きしないでしょう」

この彼女の説得が，家康を動かしたといわれます。

竹千代はその後，晴れて3代将軍・家光《いえみつ》となり，幕府はいっそうの安定期をむかえました。

加賀千代《かがのちよ》(1703～75)

開かれた地方文化が育てた少女の才能

朝顔に　釣瓶《つるべ》とられて　もらひ水

加賀《かが》(石川《いしかわ》県)の町家に生まれた千代《ちよ》は，幼いころから父の影響《えいきょう》を受け，俳諧《はいかい》に親しむ子どもでした。

(千代女の里俳句館蔵)

この時代，俳諧をつくることさえできれば，年齢《ねんれい》も性別も関係なく句会に参加できるという開かれた文化が，地方にも根づいていたのです。

17歳のとき，千代は北陸《ほくりく》をめぐっていた芭《ば》蕉《しょう》の弟子《でし》の各務支考《かがみしこう》に弟子《でし》入りしようとします。支考はこの少女の季節をよむ才能にひどく驚《おどろ》くとともに，これを絶賛《ぜっさん》し，以後，千代の名は全国に知られるようになりました。

その後，俳諧修行のため各地を旅するなかで，千代の名声はますます高まりました。

とんぼつり　今日はどこまで　いったやら

第3章のまとめ
近世の歴史をキャッチフレーズで表現しよう

❶　近世のおもな歴史の流れをまとめてみたのが下の略年表です。空欄《くうらん》の中に言葉を入れましょう。

年	近世の略年表		
1543	ポルトガル人，［①］を伝える	1639	［⑪］が完成する
1549	ザビエル，［②］を伝える	1709	～16年，［⑫］の政治が行われる
1560	このころ，［③］貿易がさかんになる	1716	～45年，徳川吉宗の［⑬］の改革
1573	［④］，室町幕府をほろぼす	1742	裁判の基準としての［⑭］を定める
1590	［⑤］，全国を統一	1772	～86年，［⑮］の政治が行われる
1592	～98年，豊臣秀吉が［⑥］に出兵	1787	～93年，松平定信の［⑯］の改革
1603	1600年の［⑦］に勝った［⑧］は，征夷大将軍となり［⑨］を開く	1825	［⑰］打払令
		1837	［⑱］の乱
1612	［⑩］禁止令が出される	1841	～43年，水野忠邦の［⑲］の改革

＊上の略年表に，当てはまる人名や語句を入れて，年表を完成させましょう。

❷　近世の時代を象徴《しょうちょう》する出来事《できごと》や人物を選び，それを紹介《しょうかい》する文章とキャッチフレーズ（一言で印象づける短文）を自分なりの視《し》点《てん》でつくってみましょう。

例：【参勤交代の声明文】1635（寛永12）年

　この度，江戸幕府は「参勤交代」を発令しました。大名の皆さんには，江戸に屋敷を構えていただき，年ごとに国もとと江戸を行き来していただきます。妻子は江戸屋敷に住まわせますので，幕府に謀反をおこすことなど考えないでください。街道の整備などでお金もかかりますが，だれもが旅をしやすくなり，ひいては物流もさかんになり，商業も大いに発展します。参勤交代は，この国を豊かにするのでご協力をお願いします。

キャッチフレーズ

「参勤の　旅でうるおう　五街道」【参勤交代】

❸　クラスのみんなで「私の近世日本のキャッチフレーズ」を持ち寄り，「キャッチフレーズ年表」をつくってみましょう。

例：1577年【楽市・楽座】

「『おいでやす！』　楽市・楽座に　咲く笑顔」

1588年【刀狩】

「槍・刀　出してつくろう　平和な世」

18世紀【化政文化】

「浮世絵は　ゴッホもまねた　ジャポニスム」

❹　学習をふり返り，「近世日本の特色」を80字～100字ほどの文章でまとめてみましょう。

書き方は，**第1章のまとめ**の❹を参考にしてね。

歴史絵巻　～近代①～

ペリー
これから近代に行くぞ。
このころ，欧米諸国《おうべいしょこく》で大きな変化がおきたんだ。
蒸気機関車《じょうききかんしゃ》
産業革命《さんぎょうかくめい》がおこって，イギリスが強くなった。
ジョージ・ワシントン
（初代アメリカ大統領《だいとうりょう》）
アメリカはイギリスとの戦争に勝ち，独立した。
欧米諸国は原材料と市場を
て，アジアに進出し，イギ
は清《しん》への影響力《えいきょうりょく》を強めた。
清
天は人の上に人を造《つく》らず人の下に人を造らず
福《ふく》
岩倉使節団《いわくらしせつだん》を派遣《はけん》して欧米《おうべい》
文明を積極的に取り入れた
富国強兵《ふこくきょうへい》を合言葉に，殖産《しょくさん》興業政策《こうぎょうせいさく》に乗り出した。
文明開化《かいか》
大日本帝国憲法の発布（1889年）
明治政府は幕府が結んだ日本に不利な条約を改正するために努力し，鹿鳴館《ろくめいかん》もつくった。
大日本帝国憲法《だいにほんていこくけんぽう》が発布《はっぷ》されて，帝国議会ができた。
近代国家の国民を育てる方針として，教育勅語《きょういくちょくご》も発布されたのよ。
国の基本法である憲法《けんぽう》をつくろうという動きが出た。
自由民権運動《じゆうみんけんうんどう》もおきたんだね。
朝鮮半島《ちょうせん》は当時，日本の生
いわれていたのね。
朝鮮半島を
が対立し日
ロ
ド
フラ
清《しん》
日本
日清戦争《にっしん》（1894 ～ 95年）
日本
ア，

ーの来航(1853年)

泰平《たいへい》の
ねむりをさます
上喜撰《じょうきせん》
たった四はいで
夜も眠れず

め
ス

アメリカからペリーが黒船《くろふね》でやってきて，日本に開国をせまった。

この対応をめぐり，国論が二分してしまったんだね。

尊王攘夷《そんのうじょうい》運動は，天皇《てんのう》を中心に日本の独立を守ろうとする方向に向かった。

開国だ！
VS
攘夷だ！

坂本龍馬《さかもとりょうま》の仲介《ちゅうかい》で，薩長同盟《さっちょうどうめい》が結ばれ倒幕《とうばく》運動が加速された。

明治維新《めいじいしん》

新政府の改革《かいかく》

学制《がくせい》	徴兵令《ちょうへいれい》	地租改正《ちそかいせい》	廃藩置県《はいはんちけん》

明治天皇は国づくりの方針として五箇条《ごかじょう》の御誓文《ごせいもん》を発表した。

大政奉還《たいせいほうかん》(1867年)

約260年続いた江戸幕府《えどばくふ》は終わりを告げる。

諭《ゆ》吉《きち》

の先進
のね。

四民平等《しみんびょうどう》がうたわれ，義務教育も実施《じっし》された。

倉使節団

線と

ロシアはポーツマス条約で日本による韓国《かんこく》の保護権を認《みと》めた。

皇国《こうこく》の興廃《こうはい》
この一戦にあり

朝鮮総督府《ちょうせんそうとくふ》

日本は日露戦争に勝利して，国際的地位が急速に高まった。

日露《にちろ》戦争(1904～05年)

韓国併合《かんこくへいごう》(1910年)

ぐって日本と清の利害
戦争がおこったんだ。

アッンス
三国干渉《さんごくかんしょう》
臥《が》薪《しん》嘗《しょう》胆《たん》

日英同盟《にちえいどうめい》(1902年)

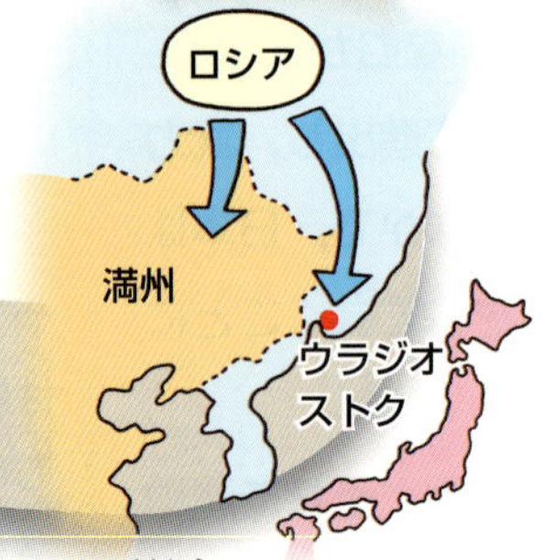

ロシア
満州
ウラジオストク

このころ，条約改正の悲願も達成された。この後，日本はどうなっていくのかな。

勝利し，下関《しものせき》条約を結んだが，ロシ
イツ，フランスが干渉してきた。

ロシアが満州《まんしゅう》を支配しようとして，南下してきた。危機《きき》を感じた日本は，日英同盟を締結《ていけつ》した。

第4章

近代の日本と世界

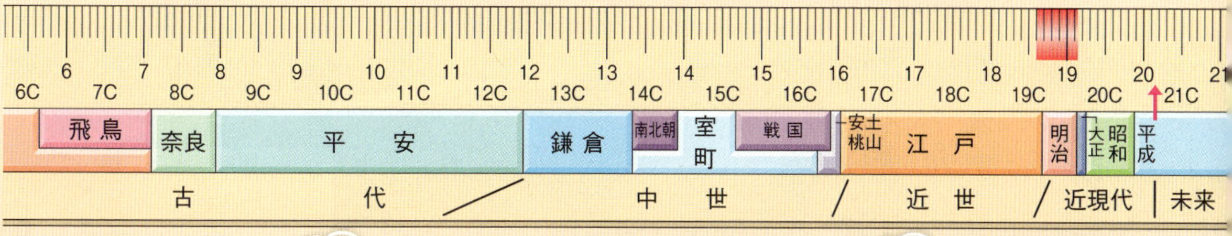
6C 7C 8C 9C 10C 11C 12C 13C 14C 15C 16C 17C 18C 19C 20C 21C
6 7 8 9 10 11 12 13 14 15 16 17 18 19 20 21
飛鳥
奈良
平　安
鎌倉
南北朝
室町
戦国
安土桃山
江　戸
明治
大正
昭和
平成
古　代
中　世
近　世
近現代
未来

黒船《くろふね》「サスケハナ」(財)水府明徳会《すいふめいとくかい》　彰考館徳川《しょうこうかんとくがわ》博物館蔵《ぞう》）　1853(嘉永《かえい》6)年，アメリカ海軍提督《ていとく》のペリーが日本に開国と通商を求め，浦賀沖《うらがおき》(神奈川《かながわ》県)に来航したときに乗っていた船です。全長約78m，全幅《ぜんぷく》約14mで，当時の日本の千石船《せんごくぶね》と比べて10倍から20倍の大きさでした。蒸気機関《じょうききかん》も備《そな》えており，煙突《えんとつ》から煙《けむり》を吐《は》いて進みました。

水漏《も》れや船が腐《くさ》るのを防《ふせ》ぐために，船体に黒いタールを塗《ぬ》っていたから，黒船っていうのよね。
装備《そうび》している大砲《たいほう》の射程距離《しゃていきょり》も，日本の船の倍近くあり，人々は勝ち目がないと思ったんじゃないかな。
風もないのに蒸気機関で動く巨大な軍艦《ぐんかん》に，大きな衝撃《しょうげき》を受けたと思うよ。この危機感《ききかん》から，日本の近代化が始まるんだね。

第1節 欧米諸国の進出と幕末の危機

蒸気機関《じょうききかん》が発明されて，人々の暮《く》らしはどうなったのかな。

産業革命後のイギリス　1830年ごろの，イギリスのグラスゴーの工場。中央に蒸気機関車が走っている。

42 欧米《おうべい》の市民革《かく》命《めい》・産業革命

◉欧米諸国《しょこく》はどのようにして近代社会をつくりあげたのだろうか。

立憲制《りっけんせい》国民国家の形成

わが国が鎖国《さこく》をしていた17世紀後半から19世紀前半にかけて，ヨーロッパやアメリカでは政治や経済《けいざい》，社会のしくみが大きく変化しました。

イギリスでは1688年，伝統的な法を守らない国王を議会が追放して新たな国王をむかえ，翌《よく》89年には国王に対する国民の権《けん》利《り》や議会の権限《けんげん》を認《みと》めさせる権利の章典《しょうてん》を採択《さいたく》しました（名誉《めいよ》革命《かくめい》）。これ以後，イギリスでは立憲君主制《りっけんくんしゅせい》❶が確立しました。

一方，北アメリカのイギリス植民地では，移住した人々が，イギリス本国による新しい税金に反発し，独立戦争に突入《とつにゅう》しました。1776年，植民地側は戦争のさなかに**独立宣言《せんげん》**を発表し，勝利ののち，三権分立《さんけんぶんりつ》❷をかかげた合衆国憲法《がっしゅうこくけんぽう》を制定しました（1787年）。アメリカは国民の投票《とうひょう》で選ばれた大統領《だいとうりょう》を元首《げんしゅ》（国の代表者）とする共和制の連邦《れんぽう》国家となりました❸。

フランスでは，国王が強大な権力《けんりょく》をにぎる絶対王政《ぜったいおうせい》が続いていました。しかし，戦争による重税，貴族《きぞく》の特権《とっけん》や浪費《ろうひ》，不自由な身分制度などに対する国民の不満が爆発《ばくはつ》し，1789年に**フランス革命**がおこりました。国民議会は，自由・平等，私有財産《ざいさん》の尊重《そんちょう》などをかかげた**人権宣言**を発表し，革命政府は国王を処《しょ》刑《けい》しました。

しかし，急激《きゅうげき》な革命政治は多くの人々の命をうばう恐怖《きょうふ》政治

❶　君主制のもとで，憲法《けんぽう》により君主の権限を制限し，議会を設けて法律をつくり，政治を運営する国家のしくみ。

❷　国家の権力《けんりょく》を立法《りっぽう》（法律《ほうりつ》の制定），司法《しほう》（裁判《さいばん》），行《ぎょう》政《せい》（政策の執行《しっこう》）の３つに分け，それぞれ独立させるしくみ。

❸　独立戦争の司令官《しれいかん》，ワシントンが初代大統領《だいとうりょう》に就《しゅう》任《にん》した。

アメリカの独立宣言《せんげん》(1776年)　13の植民地の代表が集まり，イギリスからの独立宣言に調印した。

バスティーユ牢獄《ろうごく》に攻《せ》め寄るパリ市民　バスティーユ陥落《かんらく》をきっかけに，革命はフランス全土に広がった。

となり，革命の影響《えいきょう》をおそれた諸《しょ》外国は出兵して，フランスを包囲しました。これに対し，革命政府の軍司令官《ぐんしれいかん》ナポレオンは相つぐ戦いに勝利を収め，これに乗《じょう》じてフランスの皇帝《こうてい》となり，帝政《ていせい》をしくとともにヨーロッパの大半を征服《せいふく》しました。「自由，平等，博愛」をかかげるフランス革命とナポレオンの政治は，全ヨーロッパに混乱をもたらしながらも，その後の政治に影響をあたえました。このような欧米諸国《おうべいしょこく》の変革を**市民革命**といい，これ以降の時代を近代といいます。

ナポレオン法典

1804年，ナポレオンが制定したフランス民法典。私有財産《ざいさん》の絶対，個人意思の自由，家族の尊重《そんちょう》を基本とし，近代市民社会の基本原理となった。

大量生産の時代

18世紀のヨーロッパでは，生産活動の面でも大きな変化が生まれました。

イギリスで，蒸気機関《じょうききかん》を利用した紡績機《ぼうせきき》が発明されると，綿布の生産が急速にのび，イギリス産綿布は世界に輸出されるようになりました。新しい技術は鉄道や製鉄，機械，造船といった分野にも取り入れられ，工業生産の高まった19世紀のイギリスは「世界の工場」とよばれるようになりました。こうした動きは，フランス，ドイツ，アメリカにも広がりました。

工業生産ののびは，国家の経済力，軍事力を飛躍的《ひやくてき》に増大させ，ヨーロッパの力を全世界に広げていきました。この工業生産方法の大変革は，**産業革命**とよばれます。産業革命が進むなかで，**資本主義《しほんしゅぎ》**[4]という経済のしくみができました。

ワットの蒸気機関　イギリスの技術者，ワットが改良した蒸気機関は大量生産を可能にした。その技術はスティーブンソンによる蒸気機関車実用化にも生かされた。

[4]　資金をもつ資本家《しほんか》が工場・機械・原料などを集め，労働者を雇《やと》って利益を目的に生産するしくみ。

イギリスの軍艦と中国の船とのちがいは何だろう。

アヘン戦争　右奥のイギリス軍艦《ぐんかん》が，中国のジャンクとよばれる帆船《はんせん》を攻撃《こうげき》，破壊《はかい》している。（(財)東洋文庫蔵《ぞう》）

43 欧米列強《おうべいれっきょう》のアジア進出《しんしゅつ》

◉欧米列強はどのようにしてアジアに勢力《せいりょく》をのばしていったのだろうか。

インドの植民地化

産業革命《かくめい》と市民革命によって近代国家となった欧米諸国《おうべいしょこく》は，より多くの富や利益を求め，海外に勢力《せいりょく》をのばし，アフリカやアジアの多くの国や地域《ちいき》が欧米諸国の植民地・半植民地となりました。

イギリスは，フランスとの競争に勝ち，東インド会社←p.91を通じて，インドでの独占的《どくせんてき》な地位を占《し》めました。1857年には，東インド会社に雇《やと》われていたインド人兵士の反乱をきっかけに，全土に反乱が広がりましたが，イギリスは武力で平定しました（**インドの大反乱**）。その後，イギリスはインドを植民地とし，アジア支配の拠点《きょてん》としました。

アヘン戦争

清《しん》は欧米との貿易を管理するため，広州《こうしゅう》の港だけを開いていました。イギリスは清に輸出していた綿織物などが思うように売れず，貿易は赤字の状態が続いていました。また，そのころイギリスでは紅茶を飲む習慣が広まり，清からの茶の輸入が急増しました。イギリスはその支払《しはら》いのための銀が不足すると，インドの農民に麻薬《まやく》のアヘンをつくらせ，清に密輸《みつゆ》して茶を手に入れました（三角貿易《さんかくぼうえき》）。麻薬中毒患者《ちゅうどくかんじゃ》と多額の代金流出に悩《なや》まされた清は，アヘンをきびしく取りしまりましたが，これに対しイギリスは1840年，清に戦いをしかけました（**アヘン戦争**）。

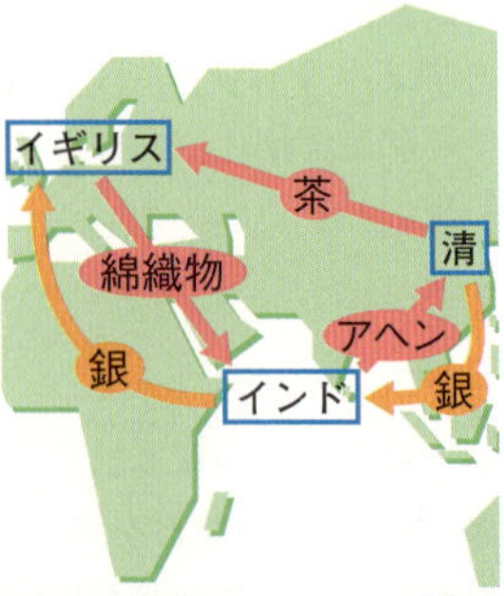
イギリス
茶
清
綿織物
アヘン
銀
インド
銀

イギリス・インド・清《しん》のあいだのおもな商品の流れ

アヘン戦争(1840～42年)時の
イギリス艦隊《かんたい》の進路
沿海州《えんかいしゅう》
ウラジオストク
漢城《かんじょう》(現在のソウル)
朝鮮《ちょうせん》
日本
江戸《えど》
北京《ペキン》
天津
清
南京《ナンキン》
上海《シャンハイ》
ネパール
ブータン
デリー
英領《えいりょう》インド
カルカッタ
ビルマ
広州《こうしゅう》
台湾《たいわん》
マカオ(ポ)
香港《ホンコン》(英)
太平洋
フランス領
インドシナ
フィリピン
ベンガル湾
ゴア
(ポ)
シャム(タイ)
南シナ海
ポンディシェリー(仏)
サイゴン
バンコク
シンガポール(英)
セレベス
セイロン
スマトラ
ボルネオ
オランダ領東インド
ジャワ
バタビア
ポルトガル領ティモール
イギリス領(英)
フランス領(仏)
オランダ領
スペイン領
ポルトガル領(ポ)

欧米列強のアジア進出(19世紀後半のアジア)

インドの大反乱(1857～59年)　インド北部を中心に広がったが，すぐれた指導者があらわれなかった。

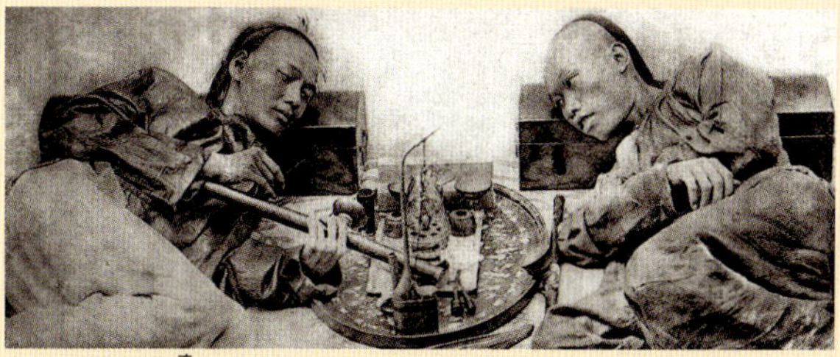

アヘンを吸《す》う清国人　近代の中国ではアヘンを吸う悪習慣が広まり，アヘン栽培《さいばい》も各地で行われた。

イギリス議会では，これを「不道徳な」戦争として非難《ひなん》する声も上がりました。しかし，イギリスは圧倒的《あっとうてき》な海軍力《かいぐんりょく》で勝利を収めると，清にとって不平等な**南京条約《ナンキンじょうやく》**を結び，多額の賠償《ばいしょう》金《きん》と香港《ホンコン》島を手に入れました。

1851年，清では清朝打倒《だとう》をめざす**太平天国《たいへいてんごく》の乱《らん》**❶がおこり，またたく間に広がっていきました。アヘン戦争の戦費や賠償金の支払い，アロー戦争❷で国力を使い果たしていた清国政府は有効な手が打てず，乱の鎮圧《ちんあつ》に10年あまりを要しました。

アヘン戦争での清の敗北やその混乱は，「オランダ風説書《ふうせつがき》」(←p.106)などを通してわが国にも伝えられました。また，外国船もしきりに日本の近海に出没《しゅつぼつ》するようになり，❸武士《ぶし》や学者の中には，日本の安全と独立に危機感《ききかん》をもつ人々があらわれました。

ロシアのシベリア進出

ロシアでは皇帝《こうてい》が絶大な権力《けんりょく》をもつ政治が続いていました。国土のほとんどが内陸に位置するロシアにとって，大洋への出口，とりわけ冬でも氷に閉ざされない不凍港《ふとうこう》を確保することは重要な課題でした。

ロシアはすでに東シベリアに進出し，アラスカを手に入れていましたが，アロー戦争の和平を仲介《ちゅうかい》した代償《だいしょう》として，1860年には清から沿海州《えんかいしゅう》を手に入れ，日本海への出口であるウラジオストクを拠点に，その力を太平洋《たいへいよう》岸へものばし始めました。

❶ キリスト教の影響《えいきょう》を受けた洪秀全《こうしゅうぜん》がおこした反乱。南京を首都とする太平天国《たいへいてんごく》を建国したが，やがて鎮圧《ちんあつ》された。

❷ 広州でイギリス船アロー号の清国人船員が逮捕《たいほ》されたことをきっかけにおこった戦争。清は降伏《こうふく》して北京条約《じょうやく》を結び，公使の北京駐留《ちゅうりゅう》や開港場の増加を認《みと》めた。

❸ 幕府は，異国船打払令《いこくせんうちはらいれい》(←p.123)の継続《けいぞく》はイギリスとの紛争《ふんそう》をまねくおそれがあると判断し，1842(天保《てんぽう》13)年，外国船に水や燃料をあたえて立ち去らせる方針《ほうしん》に転換《てんかん》した。

黒船と日本の船と，どこがちがうのかな。

↑ペリー(1794 ～ 1858)
来航前に日本について書かれた本をよく読み，その知識を参考にして幕府との交《こう》渉《しょう》を進めた。(玉泉寺《ぎょくせんじ》ハリス記念館蔵)

↑浦賀沖《うらがおき》にあらわれた黒船(1853年)　黒船は空砲《くうほう》を撃《う》つなどして，幕府《ばくふ》に圧力をかけた。幕府も，諸藩《しょはん》の藩士を動員して浦賀を警備《けいび》させたが，その武装《ぶそう》は古いものだった。警備に参加した武士《ぶし》たちは，強い危機感《ききかん》を抱《いだ》いた。(横浜《よこはま》市中央図書館蔵《ぞう》)

44 黒船《くろふね》来航の衝撃《しょうげき》

◉開国は日本にどのような影響《えいきょう》をおよぼしたのだろうか。

黒船の来航

1853(嘉永《かえい》6)年6月，江戸《えど》に近い浦賀沖《うらがおき》(神《か》奈川《ながわ》県)にアメリカ海軍提督《かいぐんていとく》ペリーの率いる4隻《せき》の艦隊《かんたい》があらわれました。艦隊は約100門の大砲《たいほう》を積み，ペリーは日本との開国と通商を求める大統領《だいとうりょう》の国書をたずさえていました。❶

幕府《ばくふ》は，武力を背景《はいけい》としたその強硬《きょうこう》な態度におされ，国書を受け取らざるを得ませんでした。ペリーは，国書への返答を求めて，翌年《よくねん》来航することを告げ，いったん退去しました。

事態《じたい》を重く見た老中《ろうじゅう》・阿部正弘《あべまさひろ》らは，従来のように幕府だけで方針《ほうしん》を決めることなく，諸大名《しょだいみょう》の意見を求めました。しかし，結論は出ず，かえって大名の発言力を強める結果になりました。

翌1854(安政《あんせい》元)年，幕府はふたたび来航したペリーと，**日米《にちべい》和親条約《わしんじょうやく》**を結び，下田《しもだ》(静岡《しずおか》県)・函館《はこだて》(北海道《ほっかいどう》)を開港し，さらにアメリカ船へ食料や燃料を提供《ていきょう》することに同意しました。また，下田にはアメリカの総領事館《そうりょうじかん》が置かれることになりました。

その後，幕府はイギリス，オランダ，ロシアとも同様の条約を結び，鎖国《さこく》体制は崩《くず》れていきました。

通商条約《つうしょうじょうやく》

1856(安政3)年，着任したアメリカ総領事ハリスは，幕府の役人に海外の情勢《じょうせい》を説明し，

❶　アメリカは，中国との貿易のために太平洋《たいへいよう》を横断する船と，北太平洋で操業《そうぎょう》する捕鯨船《ほげいせん》の中継地《ちゅうけい》として，日本を開国させようとした。

↑阿部正弘《あべまさひろ》(1819 ～ 57)
福山《ふくやま》藩主。黒船来航に対応するため幕政改革《ばくせいかいかく》を行った。(福山誠之館同窓会《せいしかんどうそうかい》蔵)

ペリー神奈川上陸図《かながわじょうりくず》　1854(嘉永《かえい》７)年２月，ペリーは前年の国書への返答を求めて，７隻《せき》の軍艦《ぐんかん》を率いて来航した。500人の兵士とともに上陸し，出むかえた幕府の役人の前で整然と行進を行った。(東京《とうきょう》国立博物館蔵)

日本人についてのペリー艦隊《かんたい》の報告

「日本人は非常に勤勉《きんべん》で器用《きよう》である。外国人による改良をすばやく観察して理解し，非常なたくみさと正確さによって，それを模倣《もほう》する」

「日本人が，文明世界の現在までの技術をもつならば，将来，機械工業の成功をめざす競争に，強力な競争者として加わるだろう」

「教育は日本中で行われ，日本人の多くは読み書きを知っており，見聞を広めることに熱心である」

「日本人女性の多くは，男と同じように進んだ知識をもち，女性独特《どくとく》の芸事《げいごと》や日本固有《こゆう》の文字によく通じている」

「日本人は，珍《めずら》しいものに対して強い好奇心《こうきしん》をもっている」(ペリー『日本遠征記《えんせいき》』より抜粋《ばっすい》要約)

通商条約の必要性を強調しました。幕府は，朝廷《ちょうてい》の同意を得て通商条約を結ぼうとしました。しかし，朝廷では反対意見が強く，ついに許可はあたえられませんでした。そこで幕府の大老《たいろう》・井伊直弼《いいなおすけ》は，朝廷の許可を得ることなく，1858(安政５)年，**日米修好通商条約《にちべいしゅうこうつうしょうじょうやく》**を結びました。

この条約は，清がイギリスと結んだ不平等条約と同じく，日本には**関税自主権《かんぜいじしゅけん》**❷がなく，外国に**領事裁判権《りょうじさいばんけん》**❸(**治外法権《ちがいほうけん》**)を認《みと》めるなど，わが国にとって不平等な内容でした。同様の不平等な条約は，オランダ，ロシア，イギリス，フランスとも結ばれました。

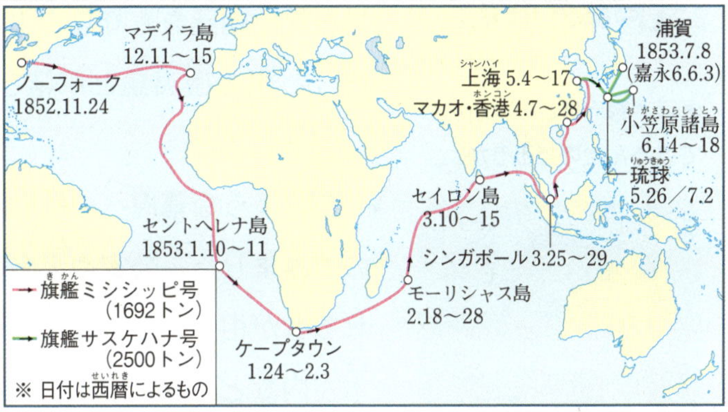

ペリーの航路

ハリス(1804 ～ 78)　元貿易商で東洋に強い関心をもち，志願して領事《りょうじ》となった。(玉泉寺ハリス記念館蔵)

日米修好通商条約《にちべいしゅうこうつうしょうじょうやく》(一部要約)

第４条　日本への輸出品・輸入品はすべて別に定めるとおり，関税《かんぜい》を日本の役所へ納《おさ》めること。

第６条　日本人に対して法を犯《おか》したアメリカ人は，アメリカ領事《りょうじ》裁判所《さいばんしょ》で取り調べた後，アメリカの法律《ほうりつ》によって処罰《しょばつ》すること。

❷　関税とは外国からの輸入品にかける税金で，関税自主権とはその税率を輸入国側が自由に決定する権利《けんり》。

❸　外国人が罪《つみ》を犯したとき，その外国人の本国から派遣《はけん》されている領事が，本国の法律に則《のっと》って裁判を行う権利。

桜田門外の変《さくらだもんがい》　江戸城の門前で幕府の最高権力《けんりょく》者が暗殺されたことは，幕府や諸藩《しょはん》に衝撃《しょうげき》をあたえた。（茨城《いばらき》県立図書館蔵《ぞう》）

井伊直弼《いいなおすけ》（1815～60）　徳川家《とくがわけ》への強い忠義《ちゅうぎ》心をもち，文武にすぐれ，茶《ちゃ》の湯《ゆ》や能《のう》などにも通じていた。（東京《とうきょう》都　豪徳寺《ごうとくじ》蔵）

45 尊王攘夷《そんのうじょうい》と江戸幕府《えどばくふ》の滅亡《めつぼう》

◉江戸幕府はどのようにしてほろんだのだろうか。

尊王攘夷と安政《あんせい》の大獄《たいごく》

幕府《ばくふ》が外国との条約を結んだことに対し，朝廷《ちょうてい》の意向に逆らって外国に屈服《くっぷく》したものであるとの批判《ひはん》がわきおこりました。やがてこうした批判は，天皇《てんのう》を敬い朝廷をもり立てようとする尊王《そんのう》思想と，外国を打ち払《はら》おうとする攘夷論《じょういろん》とが結びついた尊王攘夷運動へと発展《はってん》していきました。

このような幕府への批判に対し，井伊直弼《いいなおすけ》はきびしい態度でのぞみました。公家《くげ》や大名《だいみょう》の中には役職を解かれたり，処罰《しょばつ》される者が相つぎ，長州《ちょうしゅう》（山口《やまぐち》県）の吉田松陰《よしだしょういん》➡p.149や越前《えちぜん》（福井《ふくい》県）の橋本左内《はしもとさない》など，100人あまりに激しい弾圧《だんあつ》が加えられました。これを**安政《あんせい》の大獄《たいごく》**といいます。

これに対し，尊王攘夷派は1860（安政７）年，水戸藩《みとはん》（茨城《いばらき》県）などの浪士《ろうし》を中心として，江戸城桜田門外《えどじょうさくらだもんがい》で井伊直弼を襲《おそ》い，暗殺しました（桜田門外の変《さくらだもんがいのへん》）。この事件によって，幕府の権威《けんい》はさらに低下しました。

幕府は孝明《こうめい》天皇の妹・和宮《かずのみや》を14代将軍家茂《しょうぐんいえもち》の妻にむかえるなどして，権威を維持しようとしました（公武合体《こうぶがったい》）。

攘夷とその影響《えいきょう》

1862（文久《ぶんきゅう》２）年，薩摩《さつま》藩（鹿児島《かごしま》県）は藩の行列を乱したイギリス商人を殺傷《さっしょう》し（生麦事件《なまむぎじけん》），翌年《よくねん》，その賠償《ばいしょう》を求めてきたイギリス艦隊《かんたい》と戦いました

橋本左内《はしもとさない》（1834～59）　福井藩士《ふくいはんし》。緒方洪庵《おがたこうあん》に蘭学《らんがく》を学ぶ。藩主松平慶永《まつだいらよしなが》を補佐《ほさ》して幕府改革《かいかく》の運動に参加。安政の大獄で刑死《けいし》。

和宮《かずのみや》（1846～77）　のちに幕府がたおされると徳川家存続《そんぞく》に尽力《じんりょく》した。

薩英戦争《さつえいせんそう》　薩摩《さつま》藩はイギリス艦隊《かんたい》を砲撃《ほうげき》して損害《そんがい》をあたえたが，反撃《はんげき》を受けて砲台《ほうだい》は破壊《はかい》された。（横浜《よこはま》開港資料館蔵）

薩英戦争で使用された砲弾《ほうだん》　左の日本の砲弾に対し，右のイギリスの砲弾は内部に火薬がつめられ，その破壊力には大きな差があった。（尚古集成館《しょうこしゅうせいかん》蔵）

（薩英戦争《さつえいせんそう》）。艦隊の砲撃《ほうげき》で鹿児島城下には大きな被害が出ました。

1863（文久３）年，長州《ちょうしゅう》藩は攘夷を実行して下関海峡《しものせきかいきょう》を通る外国船を砲撃しましたが，翌年，その報復としてアメリカなどの四国連合艦隊によって下関が攻撃され，砲台《ほうだい》は占拠《せんきょ》されました。➡p.149

この経験によって，薩長《さっちょう》両藩は，単純な攘夷は不可能であり，むしろ欧米《おうべい》のすぐれた文明を導入《どうにゅう》することで，日本の独立を守り，欧米に負けない国家の建設へ向かうことが現実的だと考えるようになりました。[1]

尊王攘夷から倒幕《とうばく》へ

幕府に対抗《たいこう》できる実力と意志を備《そな》えていた藩も，やはり薩摩と長州でした。長州藩は，一部の公家を通じて朝廷に深くくいこみ，都で大きな存在感《そんざいかん》を示していました。長州藩に対抗して主導権《しゅどうけん》をにぎろうとしていた薩摩藩は，会津《あいづ》藩（福島《ふくしま》県）と結び，京都《きょうと》の禁門《きんもん》の変（蛤御門《はまぐりごもん》の変）で長州藩兵を打ち破りました。このようなことから，薩長両藩の関係は複雑にこじれていました。

しかし土佐《とさ》（高知《こうち》県）の坂本龍馬《さかもとりょうま》らは，幕府をたおして新政治体制を築くためには，両藩の和解が必要と考え，苦心の末，1866（慶応《けいおう》２）年，**薩長同盟《さっちょうどうめい》**を結ばせることに成功しました。以後，薩摩藩，長州藩，これに土佐藩，肥前《ひぜん》藩（佐賀《さが》県）を加えた薩《さっ》・長《ちょう》・土《ど》・肥《ひ》が，倒幕《とうばく》運動の中心勢力《せいりょく》となっていきました。

❶　長州《ちょうしゅう》藩では吉田松陰《よしだしょういん》（➡p.149）に学んだ高杉晋作《たかすぎしんさく》，木《き》戸《ど》孝允《たかよし》（桂小五郎《かつらこごろう》），薩摩藩では西郷隆盛《さいごうたかもり》，大久保利通《おおくぼとしみち》らが藩を動かしていくようになっていった。

坂本龍馬《さかもとりょうま》（1835～67）
土佐《とさ》藩士。土佐を脱藩《だっぱん》した後，航海技術を学ぶ。浪士《ろうし》集団の海援隊《かいえんたい》を結成し，これを率いて倒幕《とうばく》運動に活躍《かつやく》した。

↑徳川慶喜《とくがわよしのぶ》(1837～1913)
江戸幕府最後の将軍《しょうぐん》。鳥羽《とば》・伏見《ふしみ》の戦いののち謹慎《きんしん》していたが，晩年《ばんねん》，貴族院《きぞくいん》議員にもなった。

←**大政奉還**　将軍慶喜が重臣《じゅうしん》を二条城《にじょうじょう》に集め，政権返還《せいけんへんかん》の決意を告げている。(聖徳《せいとく》記念絵画館蔵《ぞう》)

大政奉還《たいせいほうかん》

1864(元治《げんち》元)年，幕府は諸大名に命令を下し，幕府に反抗《はんこう》する長州藩を攻《せ》めました(長州征《せい》伐《ばつ》)。長州藩は，全国の兵による包囲に一度は屈服《くっぷく》しました。しかし，高杉晋作《たかすぎしんさく》らが藩の主導権をにぎると，倒幕の方針をとり，1866(慶応２)年の戦いで幕府軍を各方面で破りました。戦いのさなかに将軍家茂が病死したため停戦となりましたが，幕府の権威はさらにおとろえました。

その後，水戸藩出身の徳川慶喜《とくがわよしのぶ》が15代将軍になりました。一方，朝廷では，幕府に理解のあった孝明天皇が亡《な》くなって，明《めい》治《じ》天皇が即位《そくい》し，倒幕派が優勢《ゆうせい》となりました。

慶喜は幕府による政治を続けることはもはや不可能と判断し[2]，1867(慶応３)年10月，京都・二条城《にじょうじょう》で，政権《せいけん》を朝廷に返上すると発表しました(**大政奉還《たいせいほうかん》**)。

↑高杉晋作《たかすぎしんさく》(1839～67)
長州藩士《ちょうしゅうはんし》。中国・上海《シャンハイ》に滞在《たいざい》した経験から，外国による日本の植民地化に危機感《ききかん》をもち，奇兵隊《きへいたい》という武士《ぶし》と庶民《しょみん》で編成された軍隊をつくった。

❷　土佐藩の後藤象二郎《ごとうしょうじろう》や坂本龍馬《さかもとりょうま》が中心となり，土佐藩の意見として幕府に大政奉還をすすめ，慶喜はこれを受け入れた。

王政復古《おうせいふっこ》の大号令《だいごうれい》

慶喜は，天皇のもとに大名が集まる議会をつくり，自《みずか》らは議長として実権《じっけん》をもち続けようと考えていました。しかし，薩摩藩の西郷隆盛《さいごうたかもり》，大久保利通《おおくぼとしみち》や公家の岩倉具視《いわくらともみ》らが朝廷にはたらきかけた結果，朝廷は1867(慶応３)年12月，**王政復古《おうせいふっこ》の大号令《だいごうれい》**を発し，天皇を中心とする新政府をつくることを内外に示しました。これによって，260年あまり続いた江戸《えど》幕府は滅亡《めつぼう》しました。

人物コラム

吉田松陰《よしだしょういん》と松下村塾《しょうかそんじゅく》

（山口県　松陰《しょういん》神社蔵）

幕末《ばくまつ》にあって，その後の日本の将《しょう》来《らい》を大きく変えるはたらきをした人物が吉田松陰(1830 ～ 59)です。

日本が列強に対《たい》抗《こう》する道をさぐっていた松陰は，自《みずか》ら外国を見るために，黒船《くろふね》が来航するとそれに小舟《こぶね》で漕《こ》ぎ寄せて，アメリカに渡《わた》ろうとしたのです。しかし，その要望は拒絶《きょぜつ》され，密航《みっこう》計画は失敗，故郷・萩《はぎ》(山口県《やまぐち》)の牢獄《ろうごく》につながれてしまいました。

松陰は，獄中《ごくちゅう》で囚人《しゅうじん》たちを相手に『孟子《もうし》』*の講義を始めました。松陰は牢獄を「学校」に変えてしまったのです。それは松陰だけが教えるのではなく，それぞれの囚人が，自分の得意なことを皆《みな》に教えるというやり方でした。長い牢獄暮《ぐ》らしに希望を失っていた囚人たちは，自分も人の役に立てることを知り，目を輝《かがや》かせて学問に励《はげ》みました。松陰の講義が始まると，牢役人までが聞き入ったといいます。

松下村塾(山口県萩市)

牢を出た松陰は，自宅のそばに塾《じゅく》を開きました。「松下陋村《しょうかろうそん》といえども，誓《ちか》って神国《しんこく》の幹《みき》たらん(松本村《まつもとむら》のようなさびしい村にある塾だが，必ず日本を支える太い幹となってみせる)」という志《こころざし》から，塾は松下村塾とよばれました。

塾は，松陰がふたたび捕《とら》えられるまでの２年ほどのあいだに，高杉晋作《たかすぎしんさく》，久坂玄瑞《くさかげんずい》，伊藤博文《いとうひろぶみ》，山県有朋《やまがたありとも》など，倒幕《とうばく》・維新《いしん》をになう多くの人材を輩出《はいしゅつ》しました。

* 古代中国の儒教《じゅきょう》思想家・孟子《もうし》の発言の記録

コラム Column

薩長《さっちょう》の志士《しし》のすぐれた現実認識《にんしき》

維新《いしん》にたずさわった世代の多くに共通しているのは，西洋文明の強さを，身をもって味わったという体験です。

四国連合艦隊《かんたい》の下関攻撃《しものせきこうげき》を，自ら受けた経験のある山県有朋(1838 ～ 1922)も，その一人でした。また，長州《ちょうしゅう》からイギリスに留学を命じられた伊藤博文や井上馨《いのうえかおる》らは，出発までは強烈《きょうれつ》な攘夷《じょうい》論者でした。しかし，旅の途中《とちゅう》で考えを改めた彼《かれ》らは，下関攻撃の知らせを聞くと急ぎ帰国し，攘夷論者の攻撃を受けながらも和議《わぎ》の成立につくしました。

彼らの多くは，欧米諸国《おうべいしょこく》の軍事力の強大さを認識《にんしき》しており，その力とまともに対決することの無謀《むぼう》さも知っていました。そのため，ただちに攘夷を行うよりも，まず日本の国力を充実させたのちに，欧米に対抗しようという考えをもっていたのです。

下関砲台《しものせきほうだい》を占拠《せんきょ》した四国連合艦隊《かんたい》の兵士たち

(下関市立長府《ちょうふ》博物館蔵)

明治時代，伊藤や山県らは国家の改革《かいかく》を推進《すいしん》して国力の充実に努め，不平等条約の改正➡p.168や対外戦争の勝利に貢献《こうけん》しました。彼らは，そのすぐれた現実認識や政治手腕《しゅわん》によって，日本を欧米列強《れっきょう》に対抗できる国へと導《みちび》いていったのです。

第2節　明治・日本の国づくり

五箇条の御誓文

一　広ク会議ヲ興《おこ》シ　万機《ばんき》公論《こうろん》ニ決スヘ《べ》シ
一　上下《しょうか》心ヲ一《いつ》ニシテ　盛《さかん》ニ経綸《けいりん》ヲ行フヘ《うべ》シ
一　官武《かんぶ》一途《いっと》庶民《しょみん》ニ至《いた》ル迄《まで》　各其志《おのおのそのこころざし》ヲ遂《と》ケ《げ》
人心《じんしん》ヲシテ倦《う》マサ《ざ》ラシメンコトヲ要ス
一　旧来《きゅうらい》ノ陋習《ろうしゅう》ヲ破リ　天地ノ公道《こうどう》ニ基《もと》クヘ《べ》シ
一　智識《ちしき》ヲ世界ニ求メ　大《おおい》ニ皇基《こうき》ヲ振起《しんき》スヘ《べ》シ

（『法令全書《ほうれいぜんしょ》』より）

五箇条の御誓文の発布《はっぷ》　神前で御誓文を朗読《ろうどく》する三条実美《さんじょうさねとみ》。右側に明治天皇《めいじてんのう》。（聖徳《せいとく》記念絵画館蔵《ぞう》）

この五箇条はどのようなことを言ってるのかな。

46 五箇条《ごかじょう》の御誓文《ごせいもん》と明治維新《めいじいしん》

◉明治政府はどのようにして成立したのだろうか。

維新の内戦

天皇《てんのう》を中心とした新政府の中枢《ちゅうすう》は，倒幕《とうばく》派の公家《くげ》と大名《だいみょう》・武士《ぶし》でかためられました。新政府はさらに，徳川慶喜《とくがわよしのぶ》の官職と領地の返上を命じました。この処置に憤《いきどお》った旧幕《ばくふ》府側は，1868（慶応《けいおう》４）年１月，京都《きょうと》で新政府軍に戦いを挑《いど》み，敗れました（鳥羽《とば》・伏見《ふしみ》の戦い）。

勝利を収めた西郷隆盛《さいごうたかもり》らは，新政府軍を率いて旧幕府軍を追撃《ついげき》し，各地で戦いが行われました。大政奉還《たいせいほうかん》によって，大名に対する権威《けんい》を失った旧幕府軍に対して，錦《にしき》の御旗《みはた》❶をなびかせた新政府軍は，官軍《かんぐん》（天皇側の軍勢）として戦いを有利に進めました。江戸城《えどじょう》は無血開城《むけつかいじょう》し，人々の安全は守られました。官軍は翌年《よくねん》，北海道《ほっかいどう》・函館《はこだて》の五稜郭《ごりょうかく》に立てこもる榎本武揚《えのもとたけあき》を中心とする軍勢を降伏《こうふく》させ，内戦に終止符《しゅうしふ》を打ちました。この一連の戦いを**戊辰戦争《ぼしんせんそう》**❷といいます。

この戦いに当たり，イギリスは官軍に，フランスは旧幕府軍に武器や資金の援助《えんじょ》を申し出ました。しかし，両軍ともそれを断ったことが，外国の介入《かいにゅう》を防《ふせ》ぎ日本の独立を守ることにつながりました。

新政府の方針《ほうしん》

1868（慶応４）年３月，**明治天皇《めいじ》**が，新しい国づくりの方針《ほうしん》を神々に誓《ちか》うという形で，**五箇《ごか》条《じょう》の御誓文《ごせいもん》**として発表しました。天皇はその中で，会議を開き，

❶　天皇《てんのう》の命令を受けた軍であることを示す旗。これに敵対する者は天皇の敵と見なされた。

❷　戊辰戦争《ぼしんせんそう》以来の官軍《かんぐん》の戦没者《せんぼつしゃ》をまつるため，東京《とうきょう》招魂社《しょうこんしゃ》が創建され，のちに靖国《やすくに》神社と改称《かいしょう》された。

榎本武揚《えのもとたけあき》（1836 ～ 1908）旧幕臣《ばくしん》。戊辰戦争で敗れたあとは，新政府の役人となり，樺太《からふと》・千島交換条約《ちしまこうかんじょうやく》を結ぶなど活躍《かつやく》した。

歴史の名場面

江戸城無血開城《えどじょうむけつかいじょう》

（聖徳記念絵画館蔵）

1868（慶応《けいおう》４）年３月14日，江戸薩摩藩邸《えどさつまはんてい》で，幕府陸軍総裁《ばくふりくぐんそうさい》・勝海舟《かつかいしゅう》（1823～99）と官軍《かんぐん》の参謀《さんぼう》・西郷隆盛《さいごうたかもり》（1827～77）が会談しました。西郷率いる１万の官軍は江戸総攻撃《こうげき》の準備を終え，一方，旧幕府に味方する数千人の武士《ぶし》も江戸城に集結，両軍は衝突《しょうとつ》を待つばかりでした。

勝は幕府を代表して，総攻撃の中止を求めるため西郷に会見を申し入れました。江戸で日本人どうしが戦えば，多くの人々を苦しめるだけでなく，外国勢力《せいりょく》にもつけいるすきをあたえます。勝は，官軍が前将軍慶喜《しょうぐんよしのぶ》の命を助け，徳川《とくがわ》家《け》に寛大《かんだい》な処置をとるなら江戸城を無抵抗《むていこう》で明け渡《わた》すと告げ，西郷の言葉を待ちました。

「いろいろむずかしい議論《ぎろん》もありましょうが，私の一身にかけてお引き受けいたしましょう」

西郷の一言で江戸は戦火から救われました。

この江戸城無血開城は，勝と西郷が大局的《たいきょくてき》な視野《しや》に立って決断した結果でした。そして，明《めい》治維新《じいしん》の中で，さまざまな人々が勝や西郷と同じような視野に立って行動し，維新という大事業を成しとげていきました。

世論《よろん》に基《もと》づいた政治をめざすこと，広く知識を世界に求めるべきことなどを明らかにしました。

御誓文の方針に基づき，その後，多くの改革《かいかく》が実行されました。わが国古来の伝統を守るとともに，世界に開かれた近代的な国づくりをめざして行われたこれら一連の改革を**明治維新《めいじいしん》**とよびます。

同年９月，年号《ねんごう》は明治と改められ，一代の天皇に一つの年号を当てる一世一元《いっせいいちげん》の制が定められました。また，明治天皇が京都から東京《とうきょう》❸に移り，わが国の歴史上初めて，首都が関西を離《はな》れました。幕府の将軍の居城《きょじょう》であった江戸城はそのまま新時代の皇居《こうきょ》となりました。

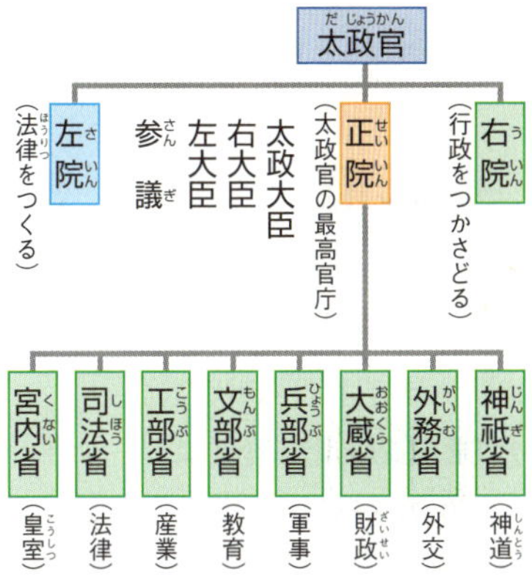

↑明治新政府のしくみ（1871年８月）

↑明治天皇（1852～1912）
率先《そっせん》して近代化を進め，偉《い》大《だい》な近代立憲《りっけん》君主となることをめざし，明治時代の象《しょう》徴《ちょう》的存在となった。

❸　1868（慶応《けいおう》４）年７月，江戸は東京と名前を変えた。

←江戸城に入る天皇の行列
1868（明治元）年，江戸城へ入る橋（現在の二重橋《にじゅうばし》）を渡っているようす。（聖徳記念絵画館蔵）

➡廃藩置県《はいはんちけん》の布告《ふこく》(1871年)
ひそかに廃藩置県を検討していた政府は，皇居《こうきょ》に旧藩主を集めて廃藩置県を発表した。(聖徳《せいとく》記念絵画館蔵《ぞう》)

47

新しい国づくりへの道

◉明治《めいじ》政府は江戸《えど》時代の社会のしくみをどう変えようとしたのだろうか。

藩《はん》から県へ

明治《めいじ》政府がまず着手したのは，幕藩体制《ばくはんたいせい》や身分制度など，長く幕府《ばくふ》政治を支えてきた制度を改革《かいかく》することでした。

1869(明治２)年，新政府の中心となっていた薩《さっ》・長《ちょう》・土《ど》・肥《ひ》⬅p.147の４藩主《はんしゅ》は，その領土(版《はん》)と人民(籍《せき》)を朝廷《ちょうてい》に返還《へんかん》し，ほかの藩もこの動きに従《したが》いました。これを**版籍奉還《はんせきほうかん》**といいます。これにより，全国の土地と人民は国家に属することになりました。

1871(明治４)年，政府は**廃藩置県《はいはんちけん》**❶に踏《ふ》み切り，旧藩主を行政《ぎょうせい》から完全に切りはなし，東京《とうきょう》に集めました。これは，藩にかわって新たに県を置き，政府に任命された県令《けんれい》(のちの知事)が行政を行い，農民が領主《りょうしゅ》に毎年納《おさ》めていた税(年貢《ねんぐ》)も政府が徴収《ちょうしゅう》するという大改革でした。➡p.155

これらの改革によって，わが国は中央集権国家《ちゅうおうしゅうけんこっか》になりました。藩がなくなったため，武士《ぶし》の収入《しゅうにゅう》をしばらくは政府が肩代《かたが》わりしました。しかし，この負担は財政を圧迫《あっぱく》したため，政府は1876(明治９)年に，政府が発行する公債《こうさい》を旧武士にあたえることで解決をはかりました(秩禄処分《ちつろくしょぶん》)。

身分制度の廃止《はいし》

政府は身分制度を改めるため，**四民平等《しみんびょうどう》**の方《ほう》針《しん》を打ち出しました。新しく編成された戸籍《こせき》には，旧武士は士族《しぞく》，大名《だいみょう》や公家《くげ》は華族《かぞく》，それ以外の人々は平《へい》

❶　イギリスの外交官は，廃藩置県を「非常な英断《えいだん》で，日本のために喜ばしいことだ。一枚の詔書《しょうしょ》(天皇の出す命令)でこれが達成できたのは，今までになかった一大快挙《かいきょ》である」と評した。

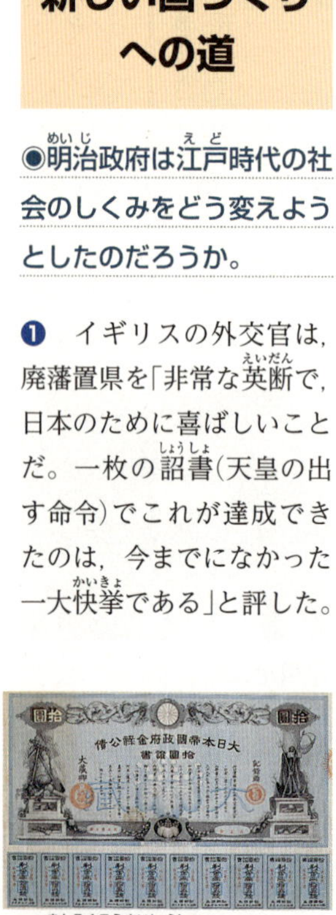

⬆金禄公債証書《きんろくこうさいしょうしょ》　政府が発行した公債。この証書をもっている者は，額面に応じた利子《りし》を受け取ることができた。(日本銀行金融《きんゆう》研究所蔵)

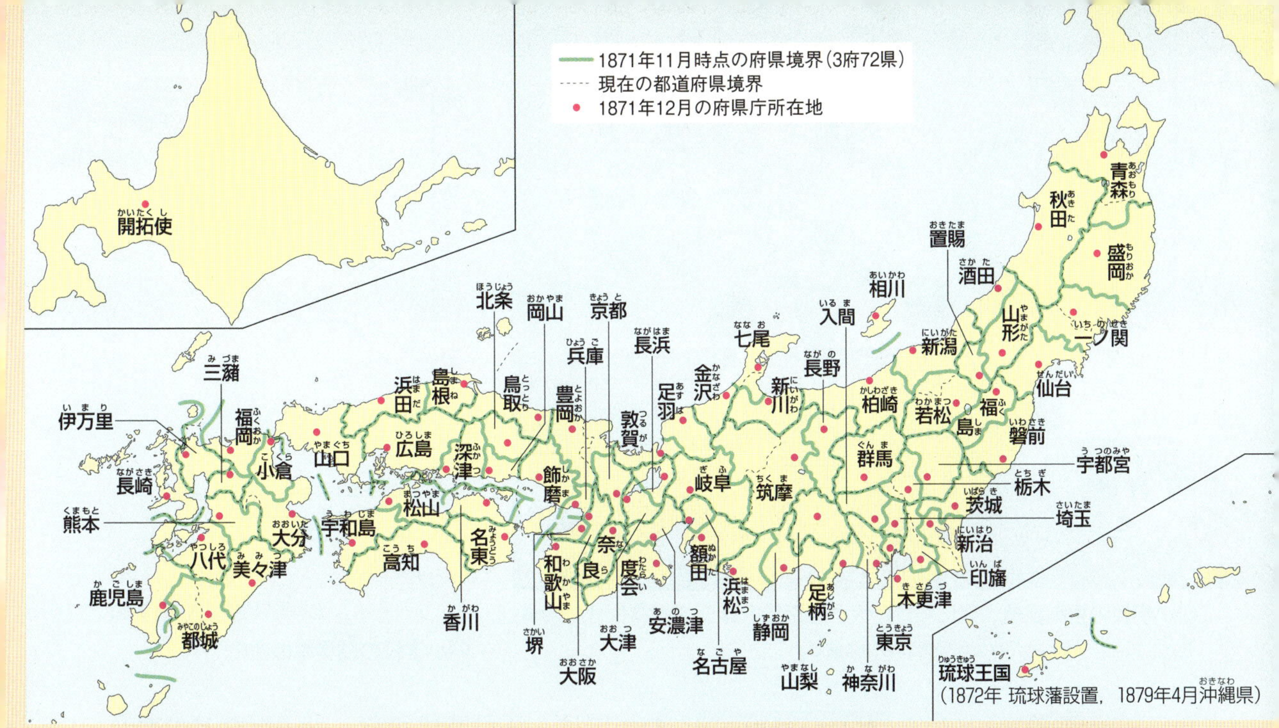
1871年11月時点の府県境界(3府72県)
現在の都道府県境界
1871年12月の府県庁所在地
開拓使《かいたくし》
青森《あおもり》
秋田《あきた》
盛岡《もりおか》
置賜《おきたま》
酒田《さかた》
山形《やまがた》
一ノ関《いちのせき》
相川《あいかわ》
入間《いるま》
新潟《にいがた》
仙台《せんだい》
七尾《ななお》
長野《ながの》
金沢《かなざわ》
新川《にいかわ》
柏崎《かしわざき》
若松《わかまつ》
福島《ふくしま》
磐前《いわさき》
宇都宮《うつのみや》
群馬《ぐんま》
栃木《とちぎ》
茨城《いばらき》
埼玉《さいたま》
新治《にいはり》
印旛《いんば》
木更津《きさらづ》
東京《とうきょう》
神奈川《かながわ》
山梨《やまなし》
足柄《あしがら》
静岡《しずおか》
筑摩《ちくま》
岐阜《ぎふ》
浜松《はままつ》
額田《ぬかた》
名古屋《なごや》
安濃津《あのつ》
度会《わたらい》
大津《おおつ》
奈良《なら》
和歌山《わかやま》
大阪《おおさか》
堺《さかい》
足羽《あすは》
敦賀《つるが》
長浜《ながはま》
京都《きょうと》
兵庫《ひょうご》
豊岡《とよおか》
飾磨《しかま》
岡山《おかやま》
北条《ほうじょう》
鳥取《とっとり》
深津《ふかつ》
島根《しまね》
浜田《はまだ》
広島《ひろしま》
山口《やまぐち》
名東《みょうどう》
香川《かがわ》
松山《まつやま》
宇和島《うわじま》
高知《こうち》
三瀦《みづま》
伊万里《いまり》
福岡《ふくおか》
小倉《こくら》
長崎《ながさき》
熊本《くまもと》
大分《おおいた》
八代《やつしろ》
美々津《みみつ》
鹿児島《かごしま》
都城《みやこのじょう》
琉球王国《りゅうきゅう》
(1872年 琉球藩設置，1879年4月沖縄県《おきなわ》)

↑廃藩置県による新しい府県　1871年７月，全国に３府(東京府《とうきょう》・京都府《きょうと》・大阪府《おおさか》)302県が置かれ，約半年後には３府72県，1888年にほぼ現在の区分に収まった。府には府知事《ふちじ》，県には県令《けんれい》が政府から任命・派遣《はけん》された。この改革《かいかく》によって，中央政府の権力《けんりょく》が確実に高まった。

	版籍奉還《はんせきほうかん》	廃藩置県
実施年月	1869(明治２)年６月	1871(明治４)年７月
内容	藩主が領地・領民を天《てん》皇《のう》に返還《へんかん》。藩は存続《そんぞく》	藩を廃止して府県を置く
統治	旧藩主がそのまま統治	政府が県令(のちの知事)を派遣して統治

↑藩から県へ

↓明治初めの人口構成

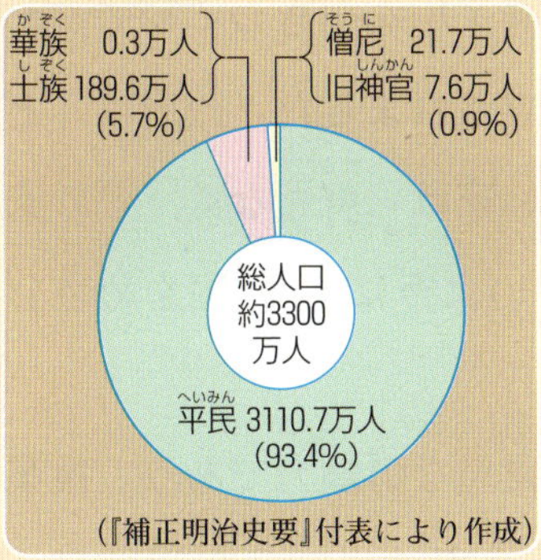
華族《かぞく》　0.3万人
士族《しぞく》 189.6万人
(5.7%)
僧尼《そうに》　21.7万人
旧神官《しんかん》 7.6万人
(0.9%)
総人口
約3300
万人
平民《へいみん》 3110.7万人
(93.4%)
(『補正明治史要』付表により作成)

←四民平等《しみんびょうどう》を表した絵
「天地の秤《はかり》にかけて人民に上下の別なきの図」と題された絵。さまざまな身分の者が，天地の秤のそばでくつろぎ，秤にどんな身分の者がのっても，つり合うことがえがかれている。(『開化の本《もと》』国立国会図書館蔵)

民《みん》として記載《きさい》されました。

　また，職業や結婚《けっこん》，居住の自由が認《みと》められました。武士だけでなくすべての人々が名字《みょうじ》を名のることになり，さらに農地の売買や作付けも自由となりました。

　1871(明治４)年には**「解放令《かいほうれい》」**が出され，それまで，えた・ひにんとよばれて差別されてきた人々も平民となりました。しかし，これらの人々への社会的差別は，その後も根強く残りました。

小学校の授業風景 壁《かべ》にかけた大きな図絵を用いて問答形式で授業を行った。(国立教育政策《せいさく》研究所教育図書館蔵《ぞう》)

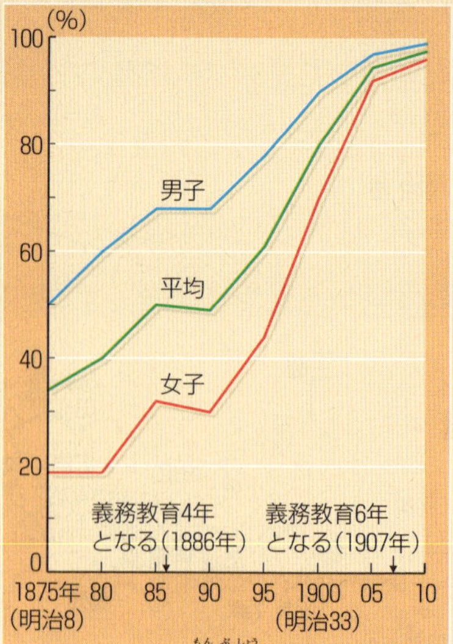

(文部省《もんぶしょう》『学制百年史』より)

小学校の就学《しゅうがく》率の変化

48 学制《がくせい》・兵制《へいせい》・税制《ぜいせい》の改革《かいかく》

◉明治《めいじ》政府が進めた多くの改革は何をめざしていたのだろうか。

新しい教育制度

わが国は，江戸《えど》時代から，寺子屋《てらこや》←p.117などの普及《ふきゅう》により，高い識字《しきじ》率をもつ社会でした。明治《めいじ》政府はそのうえに，欧米諸国《おうべいしょこく》の一部で始まっていた義務教育制度をいち早く導入《どうにゅう》することにしました。

1872(明治5)年，政府は**学制《がくせい》**を公布《こうふ》し，小学校を義務教育と定めました。各地では，江戸時代の寺子屋を引きつぐ形で，わずか数年で2万6000もの小学校が設立されました。政府は，「どの村でも，子どもを学校に行かせない家は一軒《いっけん》もなく，どの家にも，学校に行かない子どもはいないようにする」❶国をめざしたのです。

当時，子どもは家庭の貴重《きちょう》な労働力であり，授業料も必要だったため，就学率は当初3割《わり》程度でした。しかし，政府のすすめと国民の教育熱の高まりにより，明治の終わりには100%近くに達しました。

また，江戸幕府の学問所などの流れをついだ官立大学や，私立学校も設立され，外国人教師も多くわが国にまねかれました。→p.182～183

❶ 「必《カナラ》ス邑《ムラ》ニ不学《フガク》ノ戸《コ》ナク家《イエ》ニ不学《フガク》ノ人《ヒト》ナカラシメン事《コト》ヲ期《キ》ス」(『学事奨励《ガクジショウレイ》ニ関《カン》スル仰《オオ》セ出《イダ》サレ書《ショ》』より)

東京開成学校《とうきょうかいせい》の開校 開校式には明治天皇《てんのう》も出席した。開成学校はのちに東京大学に改編された。
(東京大学総合図書館蔵)

軍隊の編成

国の独立を守るため，近代的で強力な軍隊づくりも進められました。政府がめざしたのは，武士《ぶし》にかわる徴兵制度《ちょうへいせいど》による国民軍の創設でした❷。1873(明

❷ 大村益次郎《おおむらますじろう》，山県有朋《やまがたありとも》らが進めた。

地租改正のための測量　地価《ちか》を定めるため，あらためて土地の調査・測量が行われ，面積や所有者が記録された。（山形県《やまがたけん》　吉田八幡《よしだはちまん》神社蔵）

第１回徴兵検査《ちょうへいけんさ》の記念写真　成人男子は戸長《こちょう》（江戸時代の村役人）に引率《いんそつ》されて検査を受けた。

治６）年に出された**徴兵令《ちょうへいれい》**は，満20歳《さい》以上の男子に兵役《へいえき》の義務を課《か》すものでした。ところが，戦いは武士の特権であり義務であるという考えが根強く，士族《しぞく》だけではなく，平民《へいみん》の中からもこの新しい制度に反対する声が上がりました。

しかし，徴兵令によってつくられた陸《りく》・海軍《かいぐん》は，やがて新しい政府に不満をもつ士族の反乱《はんらん》を平定するという経験を積み，諸《しょ》外国との戦いにのぞむことになります。

地租改正《ちそかいせい》

廃藩置県《はいはんちけん》により，年貢米《ねんぐまい》は政府の収入《しゅうにゅう》となりました。しかし，それまでのように，その年の収穫《しゅうかく》量に応じて年貢を決める制度では，米の品質や値段の変化に左右されて歳入《さいにゅう》が不安定でした。

そのために政府は，1873（明治６）年，土地の所有者に地券《ちけん》という証書を発行して土地の所有権を認《みと》める一方，土地の価格（地価《ちか》）を定め，その３％を地租《ちそ》として現金で徴収《ちょうしゅう》することにしました（**地租改正《ちそかいせい》**）。これによって政府は，一定の収入を確保し，財政《ざいせい》を安定させることができました。

しかし，江戸時代に比べて税の負担《ふたん》が増大した地方もあったため，各地で地租改正反対の一揆《いっき》がおこりました。そこで，政府は1877（明治10）年に，税率を３％から2.5％に引き下げました。

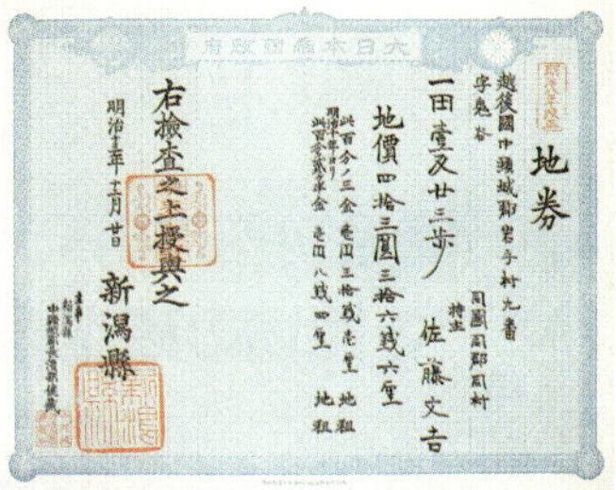

地券《ちけん》（国文学研究資料館蔵）

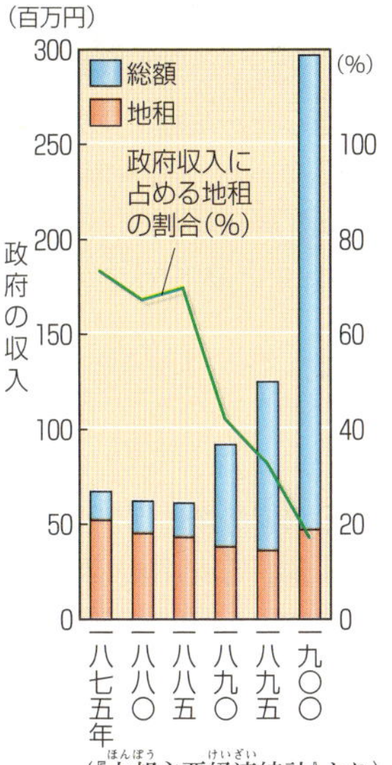

（『本邦《ほんぽう》主要経済《けいざい》統計』より）

政府収入《しゅうにゅう》に占《し》める地租の割合《わりあい》

屯田兵《とんでんへい》による北海道開拓《ほっかいどうかいたく》　(聖徳《せいとく》記念絵画館蔵《ぞう》)

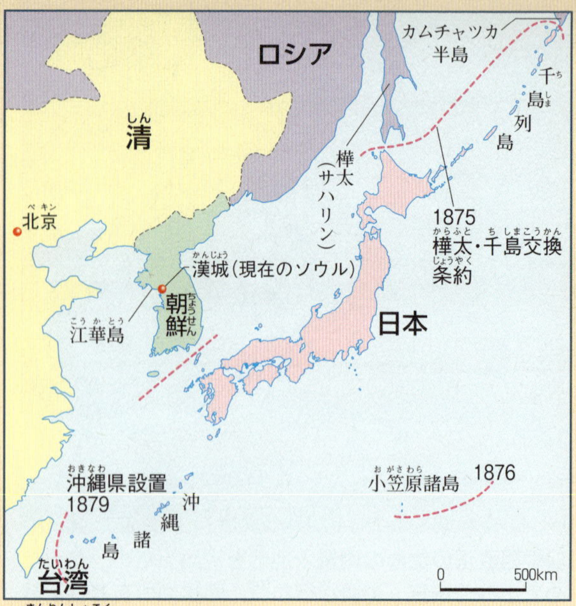

近隣諸国《きんりんしょこく》との国境画定

49 明治《めいじ》初期の外交と国境の画定

◉日本と周辺の国々との国境はどのように決められたのだろうか。

北方の国境と守り

新政府にとって最初の外交課題は，国の範囲をはっきりさせて近隣《きんりん》の国々と国境を取り決め，正式な国交を結ぶことでした。

1854(安政元《あんせい》)年の日露和親条約《にちろわしんじょうやく》では，千島列島《ちしまれっとう》について，択《え》捉《とろふ》島以南は日本領，それより北はロシア領とされていましたが，樺太《からふと》(サハリン)については境界が定められませんでした。そのため樺太は，両国人が雑居《ざっきょ》する地域となっていました。日本は，イギリスの忠告《ちゅうこく》に従《したが》って，1875(明治《めいじ》8)年，ロシアと**樺《から》太《ふと》・千島交換条約《ちしまこうかんじょうやく》**を結び，この結果，千島列島は日本領，樺太はロシア領となりました。

政府は，北海道《ほっかいどう》に開拓使《かいたくし》[1]を置き，全国から屯田兵《とんでんへい》を募集《ぼしゅう》しました。これは北方の警備《けいび》と北海道の開拓をかねた事業でした。全国から集まった士族《しぞく》や農民には，土地や農具，武器があたえられました。屯田兵たちはきびしい自然環境《かんきょう》に耐《た》え，広大な畑をつくり，政府は鉄道や近代的な工場を建設していきました。

清《しん》と沖縄《おきなわ》

1871(明治4)年，**日清修好条規《にっしんしゅうこうじょうき》**が結ばれ，清《しん》との正式な国交が始まりました。この年，台《たい》湾《わん》に漂着《ひょうちゃく》した琉球《りゅうきゅう》島民が，台湾人に殺害されるという事件がおこりました。清は，台湾での事件には責任を負えないという態度だったため，わが国は台湾に出兵しました。政府は，すでに

❶　北海道の行政や開発を担当《たんとう》した行政《ぎょうせい》機関。初め東《とう》京《きょう》に置かれ，1871(明治4)年に札幌《さっぽろ》に移った。1882(明治15)年に廃止《はいし》された。

日清修好条規《にっしんしゅうこうじょうき》(1871年)
第1条　日清両国は友好を深め，たがいに領土を尊《そん》重《ちょう》し，安全を保障し合う。
第2条　もし他国から不当な干渉《かんしょう》があったときは両国はたがいに援助《えんじょ》し合う。
(一部要約)

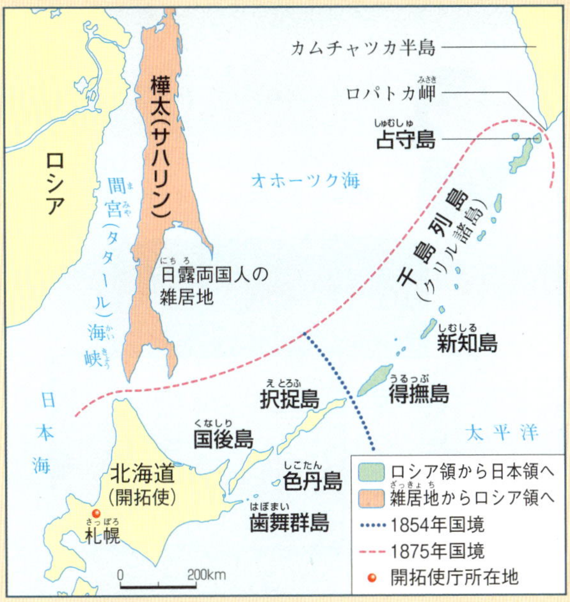

樺太・千島交換条約（1875年）

征韓論《せいかんろん》をめぐる対立（鹿児島《かごしま》県立図書館蔵）

台湾《たいわん》出兵（1874年）の図（靖国《やすくに》神社遊就館《ゆうしゅうかん》蔵）

1872（明治５）年には，琉球《りゅうきゅう》国王を琉球藩王《はんおう》←p.107として，琉球が日本領土であることを確認《かくにん》しましたが，この事件をきっかけに政府は，1879（明治12）年，琉球を沖縄《おきなわ》県としました（**琉球処分**《りゅうきゅうしょぶん》）。

また，政府は1876（明治９）年に，小笠原諸島《おがさわらしょとう》が日本領であることを各国に通告し，国際的に承認《しょうにん》されました。

朝鮮《ちょうせん》との交渉《こうしょう》

江戸《えど》時代，わが国と朝鮮《ちょうせん》は通信使←p.107などを通して良好な関係にありました。しかし，1868（明治元）年，新政府が朝鮮に使節を派遣《はけん》した際，朝鮮側は，国書の文言《もんごん》が従来と異《こと》なることを理由として，日本と外交関係を結ぶことを拒否《きょひ》しました[2]。その後も，政府は朝鮮に開国を求める交渉《こうしょう》を進めましたが，朝鮮側の態度が変わらなかったため，武力を背景に朝鮮に開国を迫《せま》ろうとする，いわゆる**征韓論**《せいかんろん》が唱《とな》えられました。

1875（明治８）年，朝鮮沿岸《えんがん》で測量中のわが国の軍艦《ぐんかん》が砲撃《ほうげき》された江華島事件《こうかとうじけん》[3]をきっかけとして朝鮮と交渉し，翌《よく》年《ねん》，**日朝修好条規**《にっちょうしゅうこうじょうき》[4]を結んで開国させました。

❷　国書には天皇《てんのう》をさす「皇」の文字が使われていたが，「皇」は中国や朝鮮では，中国の皇帝《こうてい》以外には使ってはいけないとされていた。

❸　日本の軍艦が無断で測量するなどの圧力をかけたために砲撃《ほうげき》され戦闘《せんとう》となった。

❹　これは朝鮮にとって不平等な条約だった。

日朝修好条規《にっちょうしゅうこうじょうき》（1876年）

第１款《かん》　朝鮮は自主独立の国であり，日本と平等な権利をもつ。

第10款　朝鮮の開港地で日本人が罪《つみ》を犯《おか》した場合は，日本の領事《りょうじ》が日本の法律で裁判《さいばん》を行う。（一部要約）

コラム Column　「蛍《ほたる》の光」の歌詞《かし》の４番

卒業式などに歌われる「蛍の光」は，もともとスコットランドの曲です。1881（明治《めいじ》14）年に日本語の歌詞がつけられ，当時の文部省《もんぶしょう》から発表されましたが，その４番には次のような歌詞があります。

千島《ちしま》のおくもおきなわも　やしまのうちのまもりなり
いたらん国にいさおしく　つとめよわがせ　つつがなく

千島列島や沖縄《おきなわ》が「やしま（わが国）」の一部である，という国境についての文言《もんごん》が入っているのも，明治という時代を感じさせます。

米欧回覧実記《べいおうかいらんじっき》　岩倉使節団に随行《ずいこう》した久米邦武《くめくにたけ》による欧米観察記。欧米社会を熱心に観察している。（久米美術館蔵《ぞう》）

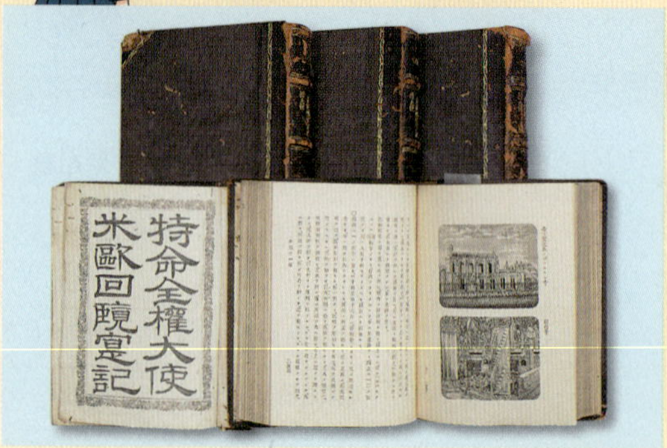

岩倉使節団の出発風景　沖合《おきあい》のアメリカ号に乗りこむために小型艇《てい》に乗る岩倉，大久保《おおくぼ》，木戸《きど》。使節団は横浜《よこはま》港を出港し，サンフランシスコに向かった。（聖徳《せいとく》記念絵画館蔵）

50 岩倉使節団《いわくらしせつだん》と西南戦争《せいなんせんそう》

◉欧米《おうべい》を見聞した岩倉使節団が感じたことは何だったのだろうか。

❶　板垣《いたがき》や江藤新平《えとうしんぺい》は朝鮮《ちょうせん》への軍隊派遣を主張した。西郷《さいごう》は自《みずか》らが全権大使として朝鮮に渡《わた》って，開国を要求することを望んだ。

江藤新平（1834 ～ 74）
佐賀藩《さがはん》出身。司法卿《しほうきょう》として近代的司法制度の整備に力をつくした。のちに佐賀の乱をおこして敗れ，刑死《けいし》した。

岩倉使節団

わが国にとって，幕末《ばくまつ》に結ばれた不平等条約を改正することは，最大の外交課題でした。このため，政府は，条約改正の予備交渉《こうしょう》と海外視察を目的として，1871（明治《めいじ》４）年に岩倉具視《いわくらともみ》を代表とする使節団《しせつだん》を欧米《おうべい》に派遣《はけん》しました（**岩倉使節団**）。使節団は大久保利通《おおくぼとしみち》，木戸孝允《きどたかよし》ら政府の中心人物の約半数が参加した100人以上の大規模《だいきぼ》なもので，期間も２年近くにおよびました。使節団が訪問先での体験やくわしい調査をとおして痛感《つうかん》したのは，わが国の一刻《いっこく》も早い近代化の必要性でした。

条約改正のためには，まず国内を整備し，国力を充実《じゅうじつ》させるべきだという意見で一致《いっち》した一行は，帰国後，征韓論《せいかんろん》←p.157派の板垣《いたがき》退助《たいすけ》らと対立しました。❶西郷隆盛《さいごうたかもり》の朝鮮《ちょうせん》派遣が決まっていましたが，大久保らが強引《ごういん》に中止させたため，板垣，西郷らは政府を去りました（明治六年の政変《せいへん》）。

士族《しぞく》の不満と反乱《はんらん》

1876（明治９）年の秩禄処分《ちつろくしょぶん》←p.152や，刀を帯びることを禁止する廃刀令《はいとうれい》に反発を強めた一部の士《し》族《ぞく》は，武器をとり，各地で反乱《はんらん》をおこしました。

そのうち最大のものが，1877（明治10）年，鹿児島《かごしま》の西郷をお

西南戦争　左側が政府軍で，右側が西郷軍。最強といわれた鹿児島士族《かごしましぞく》の反乱《はんらん》も鎮圧《ちんあつ》され，これが最後の士族の武力反乱となった。（熊本《くまもと》市立熊本博物館蔵）

士族の反乱

し立てた３万もの士族による反政府行動でした。彼《かれ》らは，一時，熊本《くまもと》にまでせまりましたが，近代的な武器で装備《そうび》されつつあった政府軍は，激戦《げきせん》の末，これを打ち破りました（**西南戦争《せいなんせんそう》**）。

コラム Column　刀を捨て，茶畑づくりに精魂《せいこん》を傾《かたむ》けた武士《ぶし》のエリート――静岡県牧之原《しずおかけんまきのはら》お茶物語

静岡県牧之原市は，日本有数のお茶の産地ですが，その歴史は，明治《めいじ》初期に江戸《えど》で活躍《かつやく》していた武士たちが荒《あ》れた大地を開拓《かいたく》して始まりました。

1868（明治元）年，水戸《みと》（茨城《いばらき》県）に謹慎《きんしん》中だった徳川慶喜《とくがわよしのぶ》は駿府《すんぷ》（今の静岡市）に隠居《いんきょ》します。その際，慶喜の身辺警護《けいご》を勤めた武士たちも同行しましたが，その中に剣《けん》の達人である中條景昭《ちゅうじょうかげあき》（1827～96）という旧幕臣《ばくしん》がいました。

1869（明治２）年の版籍奉還《はんせきほうかん》で，警護の任務に当たっていた武士たちは，その職を解かれ失業してしまいます。当時，隊長をしていた中條ほか数百人の隊員は，刀を捨て，牧之原台地での茶畑の開墾《かいこん》を決断します。それは「武士から農民になる」という一大決心でした。

しかし，当時の牧之原台地は荒れていて，水不足は深刻で，苗《なえ》を育てる水はもとより，生活に必要な水にも事欠《ことか》く状態でした。しかも，その開墾を行うのが農業の素人《しろうと》集団だったため，当初は苦労と失敗の連続でした。

このようなきびしい状況《じょうきょう》の中で，中條たちは粘《ねば》り強く着々と開拓を進めました。

そして，開墾開始から４年後の1873（明治６）年，ようやく牧之原で初めての茶摘《つ》みが行われます。

中條景昭像（牧之原の茶畑を一望する。静岡県島田《しまだ》市）

1896（明治29）年，中條はこの世を去りました。葬儀《そうぎ》委員長は，同じ幕臣として，中條を手助けした勝海舟《かつかいしゅう》が務めました。後年，茶葉の品質向上がはかられ，牧之原茶の評判は全国に知れわたるようになりました。

読み物コラム

外国人が見た日本

●考古学者シュリーマンが見た日本人●

トロイア遺跡《いせき》の発掘《はっくつ》で知られるドイツの考古学者ハインリッヒ・シュリーマン(1822 ～ 90)は，1865(慶応《けいおう》元)年，清《しん》に続いて日本を訪《おとず》れています。シュリーマンは，清と日本はまったくちがう文明圏《けん》に属する国だという印象をもち，それらを旅行記に書き残しています。そこには，日本についてこう記されています。

「日本人が世界でいちばん清潔《せいけつ》な国民であることは異論《いろん》の余地がない。どんなに貧しい人でも，少なくとも日に一度は，町のいたるところにある公衆浴場《こうしゅうよくじょう》に通っている」

シュリーマンは，このように日本人の国民性として，清潔好きな点をあげています。

●動物学者モースが見た日本人●

アメリカの動物学者エドワード・S・モース(1838 ～ 1925)は大《おお》森貝塚《もりかいづか》の発見者として知られ，日本考古学の父とよばれています。モースは1877(明治《めいじ》10)年に来日し，東京《とうきょう》大学の教授として各地を回りました。

あるとき瀬戸内海《せとないかい》を旅行したモースは，宿の主人に「1週間ほど留守にするがそのあいだ時計と現金(銀貨と紙幣《しへい》で80ドル)を預かってくれないか」と頼《たの》みました。快《こころよ》く引き受けた主人はふたのない浅いお盆《ぼん》をもって来ると，時計と金を載《の》せ，モースの部屋にそのまま置きました。部屋には鍵《かぎ》もかからないうえ，襖《ふすま》をあければ盆に載った現金は丸見えです。不安になったモースはこれで大丈夫《だいじょうぶ》なのか，と尋《たず》ねましたが，宿の主人は自信満々に請《う》け合いました。

旅を終え宿にもどったモースは，自分のもち物が1週間前とまったく同じ状態であることに驚《おどろ》きました。彼《かれ》は日本がいかに安全で人々がどれほど誠実であるかを知り，感銘《かんめい》を受けたのです。

●女性旅行家バードが見た日本人●

イザベラ・バード(1831～1904)はイギリスの女性旅行家として知られ，1878(明治11)年に来日しました。彼女《かのじょ》は東北から北海道《ほっかいどう》まで旅をし，日本人がいかに礼儀《れいぎ》正しく思いやりがあるかということを，感動をこめて次のように記録しています。

「奥地や北海道を1200マイルにわたって旅をしたが，まったく安全でしかも心配もなかった。世界中で日本ほど，婦人が危険《きけん》にも不作法な目にもあわず旅行できる国はない」

来た道をもどってまで，落とし物を捜《さが》してくれた馬子《まご》(馬に荷を負わせ運ぶ人)に謝礼《しゃれい》を差し出したとき，「旅の終わりまで無事届けるのが当然の責任だ，と言って，彼はお金を受け取らなかった」と記しています。

自分の責任を果たし，富よりも誠実さを重んじ，自分優先《ゆうせん》ではなく，他への気配りをもった日本人の品性にバードは強く心を動かされたのです。

人物コラム

西郷《さいごう》と大久保《おおくぼ》がめざしたもの

●苦労をともにした2人の同志●

西郷隆盛《さいごうたかもり》←p.148と大久保利通《おおくぼとしみち》(1830 ～ 78)は，どちらも鹿児島《かごしま》城下の同じ町で生まれ育った下級武士《ぶし》でした。若《わか》いころからあらゆる苦労をともにした２人は，無二《むに》の親友であり同志だったのです。

維新《いしん》を成功に導いたのちも２人のきずなは強く，大久保が岩倉使節団《いわくらしせつだん》←p.158の一員として長く海外を視察できたのも，西郷という信頼《しんらい》できる相手がいたからでした。

しかし，その後の２人のあいだには大きな溝《みぞ》が広がっていきます。西郷が朝鮮《ちょうせん》の開国を主張したのに対し，大久保は国内の充実《じゅうじつ》を第一とする内治論《ないちろん》をゆずらなかったからです。

●多くの人々に敬愛《けいあい》された人格者・西郷●

西郷は政治家としてだけでなく，そのたぐいまれな人格によって多くの人々から敬愛されました。政府の高官となったのちも質素な家に住み，他の政治家がぜいたくな料理を取り寄せるなか，竹の皮に包んだにぎり飯をほおばっていたといわれます。また，かつて戊辰戦争《ぼしんせんそう》で西郷の率いる官軍《かんぐん》に敗れた東北の藩《はん》は，敗者に対する礼儀《れいぎ》正しく，温情あるあつかいに感動し，藩主以下，西郷を敬い，その教えを乞《こ》いました。

大久保が岩倉使節団の副使《ふくし》として外遊《がいゆう》した留守《るす》をあずかった西郷は，版籍奉還《はんせきほうかん》，廃藩置県《はいはんちけん》の余波《よは》の残る国内の状況をよく治めました。陸軍省《りくぐんしょう》，海軍《かいぐん》省を設置して徴兵令《ちょうへいれい》を布告《ふこく》し，府県の統廃合《とうはいごう》を進め，地租改正《ちそかいせい》条令も布告しました。

その間《かん》，西郷は，板垣退助《いたがきたいすけ》などの征韓論《せいかんろん》に応じ，身の危険を覚悟《かくご》のうえ，特使《とくし》として朝鮮に渡《わた》ることを決意しますが，そこで外遊から帰った大久保と対立しました。

●現実を見つめ続けた政治家・大久保●

一方，その目でじかに海外を見た大久保にとっては，戦争につながりかねない朝鮮の問題にかかわることなど論外《ろんがい》でした。一刻も早く「富国強兵《ふこくきょうへい》」を実現せねばならないとあせる大久保は，国の近代化こそが日本の生きのびる道だと信じました。

西郷が政府を去ったあと，大久保は内務卿《ないむきょう》として，富国強兵をスローガンに殖産興業《しょくさんこうぎょう》政策を推進し，近代日本の基礎《きそ》をかためます。

その後，西南戦争《せいなんせんそう》に西郷が参加していると知った大久保は，自《みずか》ら鹿児島に行き，西郷を説得しようとしました。しかし，それは果たせず，西郷の死を聞いた大久保は，号泣《ごうきゅう》したといいます。

天を敬い，温顔《おんがん》をもって人を愛し，士道《しどう》※1による政府を夢見た西郷と，人に接すること峻厳《しゅんげん》※2，日本の近代化に専心した大久保。いずれもいささかの私心ももたず，日本の将来を考えた政治家でした。

大久保が東京・紀尾井坂《きおいざか》で旧士族に襲《おそ》われて亡《な》くなったのは，西郷の死の翌年《よくねん》のことでした。

※1　武士として踏《ふ》み行うべき道徳。
※2　いかめしくきびしいこと。

文明開化で人々の生活はどう変わったんだろう。

↑文明開化の錦絵《にしきえ》　正面の築地《つきじ》ホテル館は，1868(明治元)年に建てられた外国人用ホテル。右側中段には蒸気《じょうき》車《しゃ》，左右両側の下には乗合《のりあい》馬車が，また，人力車や木製の三輪自転車も見ることができる。(東京繁栄車往来《とうきょうはんえいくるまおうらい》之《の》図《ず》　東京都立中央図書館蔵《ぞう》)

51

殖産興業《しょくさんこうぎょう》と文明開化《ぶんめいかいか》

◉明治《めいじ》政府は日本を欧米《おうべい》に近づけるためにどのような方策《ほうさく》をとったのだろうか。

↑富岡《とみおか》製糸場　1872(明治5)年に群馬《ぐんま》県の富岡に設置された官営《かんえい》の模範《もはん》工場。フランスから技術者と女工をまねき，士族《しぞく》の子女も女工として働いた。(市立岡谷《おかや》蚕糸《さんし》博物館蔵)

❶　岩崎弥太郎《いわさきやたろう》(➡p.178)の郵《ゆう》便《びん》汽《き》船《せん》三菱《みつびし》会社が政府の保護を受けて発展《はってん》した。

豊かで強力な国をめざして

「**富国強兵《ふこくきょうへい》**」は明治《めいじ》日本の合言葉でした。弱肉強食の国際環境《かんきょう》のもとでは，国の独立を守るための軍備《ぐんび》を整えることが第一の課題でした。そのためには工業をさかんにし，生産額・輸出額を増やし，国全体を豊かにする必要がありました。こうして行われた一連の政策《せいさく》を**殖産興業《しょくさんこうぎょう》**といいます。

政府は，それまで幕府《ばくふ》や藩《はん》がもっていた工場や鉱山《こうざん》を引きつぐとともに，各地に製糸や紡績《ぼうせき》などの**官営工場《かんえいこうじょう》**をつくりました。これは欧米《おうべい》の工業をわが国に導入《どうにゅう》するため，日本人の働き手を募集《ぼしゅう》し，外国製の機械と外国人技術者の指導によって生産を行おうとするものでした。

鉄道も1872(明治５)年に新橋《しんばし》・横浜《よこはま》間が開通しました。その後，鉄道は急速に全国に広がり，おもな路線はのちに国有化されました。海運業もめざましい発展《はってん》を見せ❶，国内だけでなく外国航路も次々に開かれ，貿易の発展を支えました。

江戸《えど》時代からつちかわれてきた，すぐれた技術や勤勉な国民性にも支えられ，近代産業はわが国に根づいていき，やがて民間人の中からも工場経営に乗り出そうとする人々があらわれました。官営工場の多くは，のちに民間へ払《はら》い下げられ，殖産興業を推進《すいしん》する役割《やくわり》を果たしました。

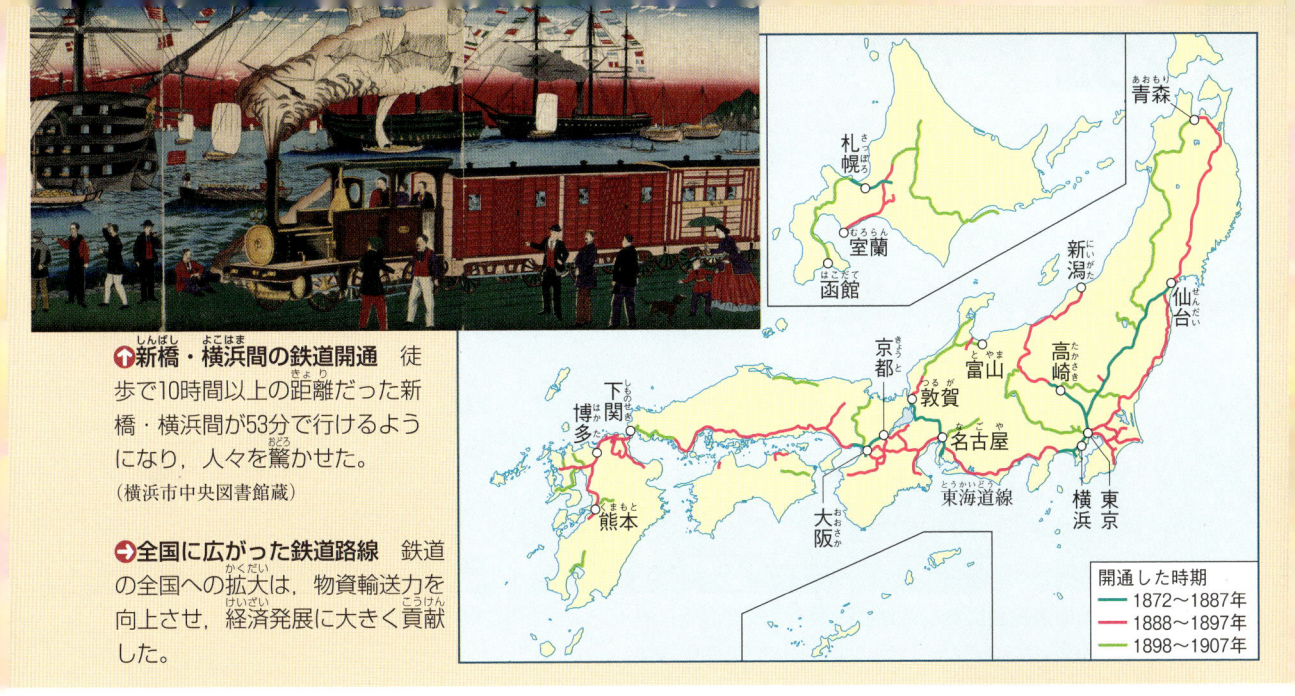

↑**新橋《しんばし》・横浜《よこはま》間の鉄道開通**　徒歩で10時間以上の距離《きょり》だった新橋・横浜間が53分で行けるようになり，人々を驚《おどろ》かせた。
（横浜市中央図書館蔵）

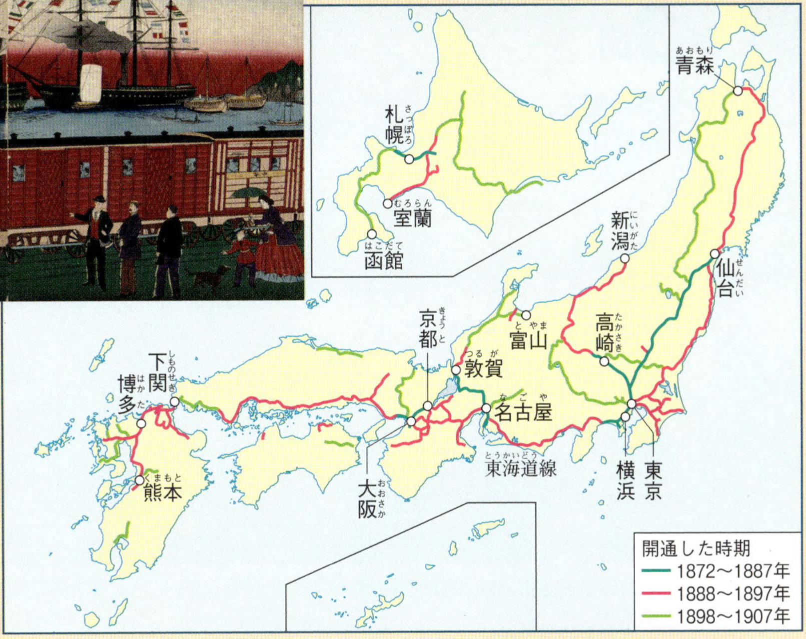
青森《あおもり》
札幌《さっぽろ》
室蘭《むろらん》
函館《はこだて》
新潟《にいがた》
仙台《せんだい》
高崎《たかさき》
富山《とやま》
京都《きょうと》
敦賀《つるが》
下関《しものせき》
博多《はかた》
名古屋《なごや》
東海道線《とうかいどう》
熊本《くまもと》
大阪《おおさか》
横浜
東京
開通した時期
1872～1887年
1888～1897年
1898～1907年

→**全国に広がった鉄道路線**　鉄道の全国への拡大《かくだい》は，物資輸送力を向上させ，経済《けいざい》発展に大きく貢献《こうけん》した。

急速な西欧化《せいおうか》の波

明治の初め，福沢諭吉《ふくざわゆきち》の『西洋事情』や中村《なかむら》正直《まさなお》の『西国立志編《さいごくりっしへん》』などにより，欧米のようすや思想が広く紹介《しょうかい》されました。福沢の『学問のすゝ《す》め』は，人間の平等と自由，個人と国家の独立・繁栄《はんえい》のための学問の大切さを説き，広く読まれました。

維新《いしん》後，急速に流入した欧米❷の文化は，人々の生活に大きな影響《えいきょう》をあたえ，政府もまた，積極的にその導入をはかりました。これを**文明開化《ぶんめいかいか》**とよびます。

太陽暦《たいようれき》の採用により，１年が365日とされたほか，１日24時間制，１週７日制が実施《じっし》され日曜日が休日となりました。洋服の着用や肉食の習慣，ランプの使用もしだいに広がり，都市ではレンガづくりの西洋建築やガス灯《とう》，馬車，電灯なども見られるようになりました。

江戸時代の飛脚《ひきゃく》にかわって，近代的な郵便《ゆうびん》制度や電信が始まったのもこのころです。新聞も相ついで発行され，人々に時代の移り変わりを知らせるとともに，のちの自由民権運動《じゆうみんけんうんどう》などにも大きな影響をあたえました。

また，キリスト教が認《みと》められ，各地に教会も建てられました。一方，維新直後は神道《しんとう》が重視され，寺院や仏像が破壊《はかい》されるといった仏教排斥《ぶっきょうはいせき》の動きもおこりました。

↑**福沢諭吉《ふくざわゆきち》**(1834～1901)
緒方洪庵《おがたこうあん》に蘭学《らんがく》を学ぶ。慶《けい》応義塾《おうぎじゅく》を創設。『学問のすゝ《す》め』の「天は人の上に人を造《つく》らず，人の下に人を造らずと云《い》へり」の言葉は有名。福沢は同書で「一身独立し一国独立す」と，独立の精神の重要性を力説《りきせつ》した。

❷　このほか中江兆民《なかえちょうみん》は，ルソーの思想を紹介《しょうかい》した。

↑**前島密《まえじまひそか》**(1835～1919)
新政府の官僚《かんりょう》として郵便《ゆうびん》制度の創設に力をつくした。「郵便制度の父」とよばれる。

第3節 アジア最初の立憲国家・日本

大勢《おおぜい》の人が来ているね。
何を演説しているのかな。

自由民権派の演説会《えんぜつかい》におし寄せる聴衆《ちょうしゅう》 演説を聞きに多くの人々が集まった。警察《けいさつ》によって演説が中止させられることもあった。（明治会堂演説之《の》図 大分《おおいた》県立先哲《せんてつ》史料館蔵《ぞう》）

52 国会開設へ向けて・自由民権運動《じゆうみんけんうんどう》

◉自由民権運動は何をめざしたのだろうか。

板垣退助《いたがきたいすけ》（1837 ～ 1919）
土佐藩《とさはん》出身。戊辰《ぼしん》戦争で活《かつ》躍《やく》し新政府の要職に就《つ》く。「板垣死すとも自由は死せず」の言葉が伝えられている。

自由民権運動のおこり

五箇条《ごかじょう》の御誓文《ごせいもん》は「広く会議」をおこし，何事も公《おおやけ》の場で議論《ぎろん》して決めようという「万機公論《ばんきこうろん》」の原則を宣言《せんげん》していました。そのため政府も，憲法《けんぽう》のもとで議会を開く立憲《りっけん》政治が望ましいと考えていましたが，なかなか実行には移せませんでした。

征韓論《せいかんろん》を主張して政府を去っていた**板垣退助《いたがきたいすけ》**は，薩摩《さつま》・長州《ちょうしゅう》などの出身者による藩閥《はんばつ》政府を批判し，1874（明治《めいじ》７）年，**民撰《みんせん》議院設立《ぎいんせつりつ》の建白書《けんぱくしょ》**を政府に提出しました。また，高知《こうち》県に立志社《りっししゃ》という団体をつくりました。こうして，国会の開設を求める[1]**自由民権運動《じゆうみんけんうんどう》**が始まりました。天皇《てんのう》のもとで立憲政治を行うべきだという点では，政府と民権派の意見は一致していましたが，実現までの期間については，両者に大きなへだたりがありました。

国会開設の要求

西南戦争《せいなんせんそう》の後，政府に対する反抗《はんこう》は武力ではなく言論によるものが主流になり，自由民権運動は全国に広まって，地主《じぬし》や有力な農民らも参加するようになりました。1880（明治13）年，立志社を中心とする全国組織・愛国社《あいこくしゃ》のよびかけで大阪《おおさか》に集まった民権派の代表は**国会期成同盟《こっかいきせいどうめい》**をつくり，国会開設を急ぐよう政府にうったえました。

政府部内では，ただちに政党内閣《せいとうないかく》をつくるべきだとする大隈《おおくま》

❶ 土佐の士族《しぞく》中心の政治団体。自由民権運動の中心的団体として活動したが，自由党《じゆうとう》結成を機に解散した。

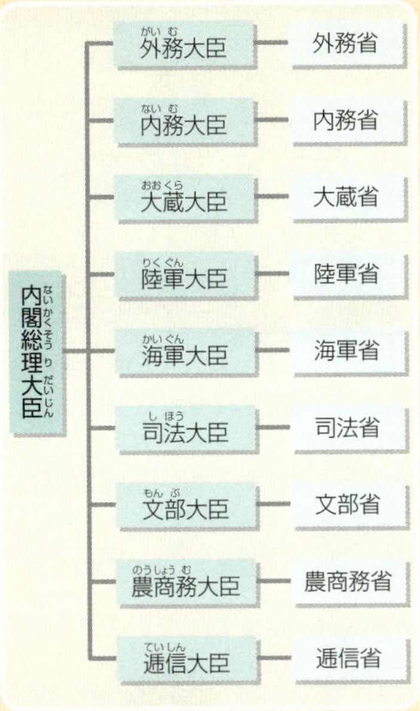
内閣総理大臣《ないかくそうりだいじん》
外務大臣《がいむ》
外務省
内務大臣《ないむ》
内務省
大蔵大臣《おおくら》
大蔵省
陸軍大臣《りくぐん》
陸軍省
海軍大臣《かいぐん》
海軍省
司法大臣《しほう》
司法省
文部大臣《もんぶ》
文部省
農商務大臣《のうしょうむ》
農商務省
逓信大臣《ていしん》
逓信省
↑内閣制度のしくみ

コラム Column 民間でもつくられた憲法草案《けんぽうそうあん》(五日市憲法《いつかいちけんぽう》)

憲法制定の機運が高まると，政府だけでなく，植木枝盛《うえきえもり》ら民間の個人や団体の手で数多くの憲法草案がつくられました。その数は90編以上になります。これら一連の憲法案は，政府に取り上げられることはありませんでしたが，明治半ばにして，早くも国民が憲法に高い関心を寄せていたことを示しています。

その一つ，五日市《いつかいち》(現・東京《とうきょう》都あきる野《の》市)の土蔵《どぞう》から発見された草案は，土地の豪農《ごうのう》や教員たちの手に成るもので，全204条という大作でした。その第一条には，

「日本国ノ帝位《ていい》ハ神武帝《じんむてい》ノ正統《せいとう》タル今上帝《きんじょうてい》(当時の明治天皇《てんのう》)ノ子裔《しえい》(子孫《しそん》)ニ世伝《せでん》ス」と皇位《こうい》の継承《けいしょう》が明記されました。さらに，近代的な権利の保障《ほしょう》や地方自治《ちほうじち》についてもきわめて手厚い規定をほどこしたものとなっていました。

これらの草案からは，国民の教育水準の高さとともに，新時代をつくろうとする若々しいエネルギーが伝わってきます。

重信《しげのぶ》と，それを非現実的だとする**伊藤博文**《いとうひろぶみ》らのあいだで対立がおきました。1881(明治14)年，北海道開拓使《ほっかいどうかいたくし》の施設《しせつ》や財産《ざいさん》を関係者に安く払《はら》い下げようとする事件がおき，民権派から反発を受けた政府は，この世論《せろん》の動きにかかわっているとして大隈を追放しました。同時に，もはや国会開設はさけられないと考え，9年後に国会を開くことを天皇の名で約束しました。

内閣《ないかく》制度の創設

国会開設の動きとともに，政府は伊藤博文が中心になり，ヨーロッパに調査に行くなど，憲法制定の準備に取りかかりました。また，伊藤は帰国後の1885(明治18)年，**内閣**《ないかく》**制度**をつくり，初の内閣総理大臣《ないかくそうりだいじん》(首相《しゅしょう》)に任命されました。また，公家《くげ》や旧大名《だいみょう》，明治維新《いしん》に功績のあった者などを華族《かぞく》とする華族制度も整えました。

民権派は国会開設に備《そな》えて，相ついで政党を結成しました。板垣退助らは国会期成同盟を中心に，フランスの民権思想を取り入れた**自由党**《じゆうとう》を，大隈重信らはイギリスの議会政治を手本にした**立憲改進党**《りっけんかいしんとう》をつくり，演説会《えんぜつかい》や新聞の発行で主張を広めました。自由党員の中には各地で農民とともに実力行使《こうし》に出る人々もあらわれ，❷ 政府はきびしく取りしまりました。政府がすでに国会開設を約束したこともあり，自由民権運動はおとろえていきました。

↑**大隈重信**《おおくましげのぶ》(1838 ～ 1922)
佐賀《さが》藩出身。新政府の高級官僚《かんりょう》として活躍した後，立《りっ》憲改進党《けんかいしんとう》などの政党を結成。1898(明治31)年には，日本最初の政党内閣を組織した(➡p.167)。東京専門学校(現在の早稲田《わせだ》大学)を創設した。

❷ 福島県令《ふくしまけんれい》・三島通庸《みしまみちつね》の政策《せいさく》に反発した福島事件《じけん》や，埼玉《さいたま》県秩父《ちちぶ》地方で生活に困《こま》った農民約1万人が政府をたおそうとした秩父事件などがおきた。

↑**大日本帝国憲法の発布**(1889年)　皇居正殿《こうきょせいでん》での式典で明治天皇《めいじてんのう》が黒田清《くろだきよ》隆首相《たかしゅしょう》に憲法を手渡《てわた》している。(憲政《けんせい》記念館蔵《ぞう》)

憲法發布式櫻田之景

↑**憲法発布を祝う人々**　アジアで最初の本格的な近代憲法の成立を祝い，各地で祝賀行事が行われ，自由民権派《じゆうみんけんは》も新聞も憲法発布を歓迎《かんげい》した。(東京《とうきょう》都立中央図書館蔵)

この憲法ができて，みんなどう思ったのかな。

53

大日本帝国憲法《だいにほんていこくけんぽう》の制定と帝国議会《ていこくぎかい》

◉憲法はどのようにしてつくられ，どのような内容だったのだろうか。

大日本帝国憲法の発布《はっぷ》

ヨーロッパに派遣《はけん》された伊藤博文《いとうひろぶみ》らは，プロシア(ドイツ)やオーストリアの憲法学者《けんぽう》のもとで学びました。伊藤は日本人自《みずか》らの手で日本の歴史に根ざした憲法をつくる必要性を強く感じました。

伊藤は帰国後，井上毅《いのうえこわし》らとともに，憲法草案《そうあん》をつくりました。それは，総理大臣《そうりだいじん》の任命は，議会によらず天皇《てんのう》によるなど，君主権《くんしゅけん》の強いプロシア憲法を参考にしながら，予算は議会の承認《しょうにん》を必要とするなど，議会の力を，より強めたものでした。この草案は枢密院《すうみついん》❶で審議《しんぎ》され，1889(明治《めいじ》22)年２月11日，**大日本帝《だいにほんてい》国憲法《こくけんぽう》**として発布《はっぷ》されました。

この憲法で，天皇はあらためて国の元首《げんしゅ》と規定され，各大臣の輔弼《ほひつ》(助言)と責任により，憲法の規定に従《したが》って統治を行うものと定められました。❷**帝国議会《ていこくぎかい》**には，選挙《せんきょ》で議員を選ぶ衆議院《しゅうぎいん》と，華族《かぞく》や学識者，多額納税者《のうぜいしゃ》の中から議員を任命する貴族院《きぞくいん》の二院が置かれ，法律《ほうりつ》を定める権限《けんげん》があたえられました。また，裁判所《さいばんしょ》で裁判を行う司法《しほう》制度も整えられました。

国民は法律の範囲《はんい》内で，言論や集会，信仰《しんこう》などさまざまな自由が保障《ほしょう》されるとともに，納税，徴兵《ちょうへい》などの義務も負いました。これと前後して，刑法《けいほう》・民法・商法なども制定され，さらには

❶　天皇《てんのう》の相談にこたえる最高機関。1888(明治21)年に憲法草案を審議《しんぎ》するために置かれた。

❷　天皇は，実際には政治的権限《けんげん》を行使《こうし》することはなく，国家統治の精神的よりどころだった。実際の政治は，各大臣《だいじん》(内閣《ないかく》)と憲法に規定のない元老《げんろう》とよばれる政治家たちが行った。元老は黒田清隆，伊藤博文《いとうひろぶみ》，山県有朋《やまがたありとも》，松方正義《まつかたまさよし》，井上馨《いのうえかおる》，西郷従道《さいごうつぐみち》，大山巌《おおやまいわお》，桂太郎《かつらたろう》，西園寺公望《さいおんじきんもち》。

帝国議会　第１回帝国議会では，衆議院《しゅうぎいん》300議席のうち自由民権派《じゆうみんけんは》が171議席を占《し》めた。（憲政記念館蔵）

第１条　大日本帝国は万世一系《ばんせいいっけい》の天皇これを統治す
第３条　天皇は神聖《しんせい》にして侵《おか》すべからず
第４条　天皇は国の元首《げんしゅ》にして統治権《とうちけん》を総攬《そうらん》しこの憲法《けんぽう》の条規によりこれを行う
第５条　天皇は帝国議会の協賛をもって立法権《りっぽうけん》を行う
第11条　天皇は陸海軍《りくかいぐん》を統帥《とうすい》す
第20条　日本臣民《しんみん》は法律《ほうりつ》の定むる所に従《したが》い兵役《へいえき》の義務を有す
第29条　日本臣民は法律の範囲《はんい》内において言論著作《げんろんちょさく》印行《いんこう》集会および結社の自由を有す
第55条　①国務各大臣は天皇を輔弼《ほひつ》しその責《せめ》に任ず
②すべて法律勅令《ちょくれい》その他国務に関する詔勅《しょうちょく》は国務大臣の副署《ふくしょ》を要す
第57条　①司法権《しほうけん》は天皇の名において法律により裁《さい》判所《ばんしょ》これを行う

大日本帝国憲法のおもな条文

地方政治の制度も整備されました。

帝国議会の開設

1890（明治23）年，第１回衆議院議員選挙が行われ，激《はげ》しい選挙戦の結果，300人の議員が誕生《たんじょう》しました。選挙権は，直接国税15円以上を納《おさ》める25歳《さい》以上の男子に限られていました。

当時，内閣《ないかく》は議会とは関係なく組織されていました。しかし，選挙の結果，自由民権派《じゆうみんけんは》の政党《せいとう》議員が過半数を占《し》め，藩閥《はんばつ》政治を攻撃《こうげき》したため，内閣は苦しい立場に追いこまれました。そのため，のちの内閣は政党議員を入閣《にゅうかく》させるようになり，政党はしだいに影響力《えいきょうりょく》を強めていきました。こうして1898（明治31）年には，短い期間でしたが，初の**政党内閣**が成立しました。

教育勅語《きょういくちょくご》の発布

急激な欧米《おうべい》文化の流入にともない，教育界では日本の伝統的な考え方を軽視する動きも生まれ，教育の現場に混乱が生じていました。これに危機感《ききかん》をもった地方長官らの提案をもとに，1890（明治23）年，明治天皇によって**教育勅語《きょういくちょくご》**（教育ニ関スル勅語）が発布されました。

教育勅語は，親への孝行《こうこう》や友人どうしの信義，法を重んじることの大切さなどを説きました。また，国民の務めとして，それぞれの立場で国や社会のためにつくすべきことなどを示し，その後の国民道徳の基盤《きばん》となりました。

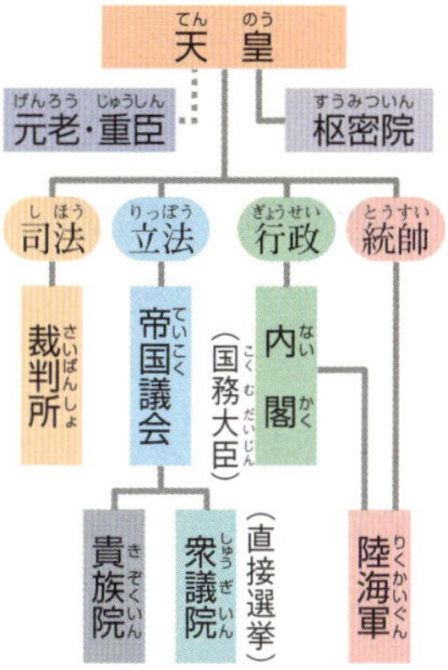

大日本帝国憲法による国家のしくみ

教育勅語《きょういくちょくご》

国民は，両親には孝行《こうこう》をつくし，兄弟とは仲《なか》良く，夫婦《ふうふ》はたがいに親しみ，友人とは信じ合い，自分はつつしみ深く，人々には博愛《はくあい》をもって接しなさい。学業を修《おさ》めて知能を高め，高い人格をつくり，進んで社会に貢献《こうけん》して法律を守り，もし，国や社会に危急《ききゅう》のことがおきたならば，正義と勇気をもって公《おおやけ》のために働き，永久に続く祖国《そこく》を助けなさい。（一部要約）

どうしてこんな舞踏会を開いたのかな。

鹿鳴館《ろくめいかん》の舞踏会《ぶとうかい》　西洋風の舞踏会やバザーが開かれ，政府首脳《しゅのう》が仮装《かそう》をすることもあった。（浅井《あさい》コレクション蔵《ぞう》）

1871～73	岩倉具視《いわくらともみ》の使節団《しせつだん》が欧米《おうべい》を回り，改正希望を伝達。
1878～79	寺島宗則《てらしまむねのり》がアメリカとの関税交渉《かんぜいこうしょう》に成功するが，イギリスの反対により失敗。
1882～87	井上馨《いのうえかおる》が欧化政策《おうかせいさく》によって交渉。外国人裁判官《さいばんかん》任用に国民が反対し失敗。
1888～89	大隈重信《おおくましげのぶ》による交渉。大審院《だいしんいん》（最高裁）での外国人裁判官任用を容認《ようにん》。大隈への爆《ばく》弾襲撃事件《だんしゅうげきじけん》が発生し大隈は辞任。
1891	青木周蔵《あおきしゅうぞう》がイギリスと交渉。来日中のロシア皇太子《こうたいし》への襲撃事件により青木が辞任。
1894	陸奥宗光《むつむねみつ》による交渉。領事裁判権撤廃《りょうじさいばんけんてっぱい》と関税自主権の一部回復に成功。
1911	小村寿太郎《こむらじゅたろう》がアメリカと交渉し，関税自主権を完全回復。

条約改正の動き

54 不平等条約の改正への努力

◉条約改正をめざして日本はどのような努力を重ねたのだろうか。

条約改正をめざして

幕末《ばくまつ》に欧米諸国《おうべいしょこく》と結んだ条約は，領事裁判権《りょうじさいばんけん》p.145を認《みと》めたため，外国人が日本でおこした犯罪《はんざい》を日本の裁判所で裁《さば》くことができないという不平等なものでした。また，関税自主権《かんぜいじしゅけん》があたえられず，関税を自由に定められないことは，国内産業の育成と保護に取り組むわが国にとって，きわめて不利な条件でした。政府はこれらの改正に向け，全力を傾《かたむ》けました。

1883（明治《めいじ》16）年，政府は東京《とうきょう》・日比谷《ひびや》に鹿鳴館《ろくめいかん》というレンガづくりの洋館を建て，各国の公使館員やその夫人などをまねいて毎日のように舞踏会《ぶとうかい》や園遊会を開催《かいさい》しました。多方面にわたる近代化の成果とあわせ，これによって，わが国が東洋の未開国ではなく，西欧文明《せいおう》を十分《じゅうぶん》に身につけた国であることを示し，条約改正を促進《そくしん》しようとしたのです。しかし，鹿鳴館のような極端《きょくたん》な欧化政策《おうかせいさく》は，国内外の批判《ひはん》を受け，必ずしも成功しませんでした。

また，領事裁判権をなくすため，外国人に対する裁判では，外国人裁判官を任命するという政府の提案も，屈辱的《くつじょくてき》だとして国民の反発をまねきました。

条約改正会議　外務大臣《がいむだいじん》の井上馨は各国合同の条約改正会議を開いた。（聖徳《せいとく》記念絵画館蔵）

条約改正の実現

不平等条約が改正されたのは，1894（明治27）年のことでした。外務大臣《がいむだいじん》・陸奥宗光《むつむねみつ》は，そ

人物コラム 陸奥宗光《むつむねみつ》——条約改正と日清戦争《にっしんせんそう》の立役者

陸奥宗光(1844 ~ 97)は，明治を代表する外交官，政治家，政治思想家でした。

19世紀，一足踏《ふ》み外《はず》せば植民地に転落しかねない帝国《ていこく》主義のまっただ中にあって，陸奥は，日清戦争を外交面から指導し，勝利へと導きました。

また，幕末維新《ばくまついしん》以来の最大の課題だった条約改正を達成し，平等の主権《しゅけん》国家としての地位を確立させるなど，その外交は「陸奥外交」とよばれました。

しかし，その最終目的は民主主義の達成でした。臨終《りんじゅう》の床《とこ》で，陸奥は，日清戦争の功績などにはふれもせず，「自分の願うところは条約の改正と憲政の完備にあった。前者はすでに成功したが，後者はまだその半ばまでもいっていない」と，友人にもらしたといいます。

その後，そうした陸奥の理想は，親友だった西園寺公望《さいおんじきんもち》と，陸奥に育てられた原敬《はらたかし》によって，大正《たいしょう》デモクラシーとして達成されることになりました。

れまでのように多くの国々と交《こう》渉《しょう》するのではなく，欧米最大の影《えい》響力《きょうりょく》をもつイギリスに相手をしぼって交渉を重ねた結果，日清戦《にっしんせん》争《そう》直前に日英通商航海条約《にちえいつうしょうこうかいじょうやく》❶を結ぶことに成功しました。これによって領事裁判権は５年後に撤《てっ》廃《ばい》されることになり，各国もこれにならいました。

ノルマントン号事件の風刺《ふうし》画《が》　1886(明治《めいじ》19)年，イギリス汽船ノルマントン号が紀伊《きい》半島沖《おき》で沈没《ちんぼつ》したとき，船長以下26人のイギリス人船員は救命ボートに乗って助かったが，日本人乗客25人全員が溺《でき》死《し》した事件。イギリス領事による裁判のために，船長は禁固３か月という軽い処分《しょぶん》で処理された。この事件によって，国民のあいだには条約改正の要求が高まった。（ビゴー　作）

関税自主権についても，この条約は，1911(明治44)年を期限としていたので，それに備《そな》えて小村寿太郎《こむらじゅたろう》➡p.173が交渉して，関税自主権が回復されることになりました。それは岩倉使節団《いわくらしせつだん》による予備交渉から40年後のことでした。

こうして日本は，アジアで初めて不平等条約の改正を達成した国となりました。その背景には，わが国が憲法《けんぽう》に基《もと》づく議会政治を始め，国内法制を整備し，産業化をおし進めたという近代化の実績が認められたことがありました。また，アジアに勢《せい》力《りょく》をのばそうとするロシアに備え，日本との友好関係を維持《いじ》したいというイギリス側の事情も理由の一つでした。

❶　1894(明治27)年に結ばれ，５年後の1899(明治32)年に発効《はっこう》した。

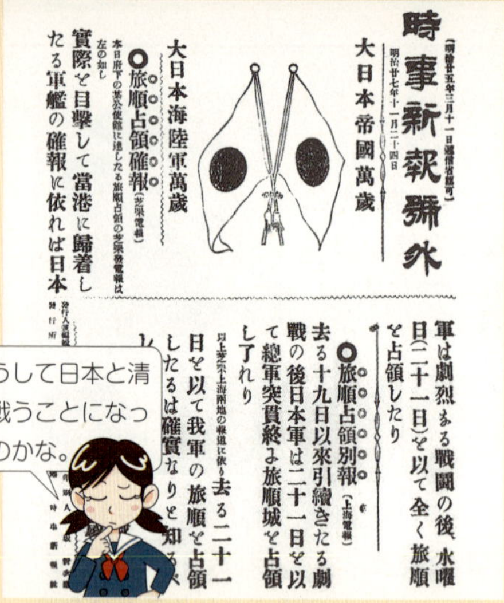
(明治廿五年三月十一日遞信省認可)

時事新報號外

明治廿七年十一月二十四日

大日本帝國萬歲

大日本海陸軍萬歲

○旅順占領確報(芝罘電報)

本日府下の某公使館に達したる旅順占領の芝罘發電報は左の如し

實際を目擊して當港に歸着したる軍艦の確報に依れば日本軍は劇烈なる戰鬪の後、水曜日(二十一日)を以て全く旅順を占領したり

○旅順占領別報(上海電報)

去る十九日以來引續きたる劇戰の後日本軍は二十一日を以て總軍突貫終に旅順城を占領し了れり

以上芝罘上海兩地の報道に依り去る二十一日を以て我軍の旅順を占領したるは確實なりと知る

どうして日本と清は戦うことになったのかな。

日清戦争のようすを伝える新聞(1894年11月24日の号外《ごうがい》) 世論《せろん》のほとんどは，この戦争を強く支持した。

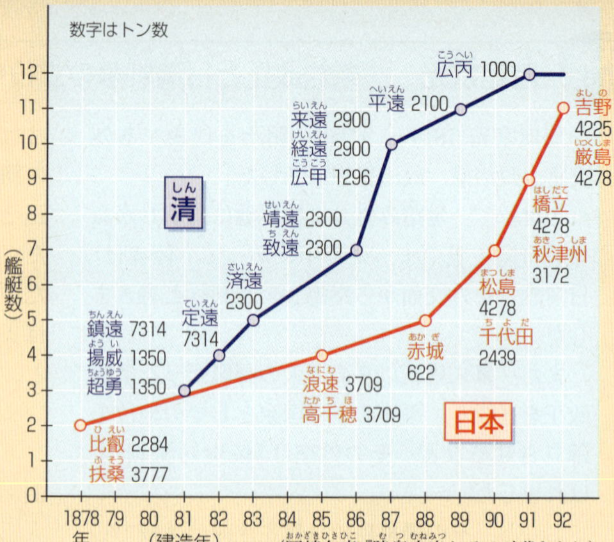
数字はトン数
(艦艇数)
清《しん》
日本
広丙《こうへい》 1000
平遠《へいえん》 2100
来遠《らいえん》 2900
経遠《けいえん》 2900
広甲《こうこう》 1296
靖遠《せいえん》 2300
致遠《ちえん》 2300
済遠《さいえん》 2300
定遠《ていえん》 7314
鎮遠《ちんえん》 7314
揚威《ようい》 1350
超勇《ちょうゆう》 1350
吉野《よしの》 4225
厳島《いつくしま》 4278
橋立《はしだて》 4278
秋津州《あきつしま》 3172
松島《まつしま》 4278
千代田《ちよだ》 2439
赤城《あかぎ》 622
浪速《なにわ》 3709
高千穂《たかちほ》 3709
比叡《ひえい》 2284
扶桑《ふそう》 3777
0 1 2 3 4 5 6 7 8 9 10 11 12
1878年 79 80 81 82 83 84 85 86 87 88 89 90 91 92
(建造年)

(岡崎久彦《おかざきひさひこ》『陸奥宗光《むつむねみつ》とその時代』より)

黄海《こうかい》海戦に参加した日清両軍の艦艇《かんてい》数とその建造年 清は日本より強大な軍艦《ぐんかん》を保有していた。

55 朝鮮《ちょうせん》半島と日清戦争《にっしんせんそう》

◉日清戦争はなぜおこり，どのような結果をもたらしたのだろうか。

金玉均《きんぎょくきん》(1851～94) 甲申事変《こうしんじへん》の失敗後，日本に亡命《ぼうめい》。のちに朝鮮政府によって中国の上海《シャンハイ》で暗殺された。

❶ このころ，長崎に寄港《きこう》した清国軍艦《ぐんかん》の水兵が地元警察と乱闘《らんとう》して両者に死傷者《ししょうしゃ》が出る事件があり，日本国民のあいだに，清に対する反感が高まっていた。

朝鮮をめぐる日清の対立

わが国が日朝修好条規《にっちょうしゅうこうじょうき》←p.157で朝鮮《ちょうせん》を独立国とみなす一方，清《しん》は朝鮮を自《みずか》らの属国《ぞっこく》とみなしていました。わが国は朝鮮の軍制改革を援助《えんじょ》しましたが，朝鮮では，日本にならって近代化を進めようとする独立党《どくりつとう》と，清との関係を維持《いじ》しようとする事大党《じだいとう》が対立しました。そうしたなかで，1882(明治15)年，改革に反発する軍人の暴動《ぼうどう》(壬午事変《じんごじへん》)が発生し，1884(明治17)年には独立党の金玉均《きんぎょくきん》《キムオッキュン》らがクーデター(甲申事変《こうしんじへん》)をおこしましたが，いずれも清の軍隊に鎮圧されました。特に甲申事変では，わが国は清の軍事力を恐《おそ》れて金玉均を強く支援《しえん》できず，清に有利な結果に終わりました。こうして，朝鮮は清の勢力下《せいりょくか》に置かれ，日本の影響力《えいきょうりょく》は後退しました。

また同じころ，大国ロシアがその南下政策《なんかせいさく》により太平洋側に勢力をのばし，これに対抗《たいこう》←p.143しようとしたイギリスが朝鮮南岸の島を占領《せんりょう》する事件もおこりました。こうした朝鮮をめぐる諸外国の動きのなかで，わが国でも，隣接《りんせつ》する朝鮮がロシアなど欧《おう》米列強《べいれっきょう》の勢力下に置かれれば，自国の安全がおびやかされるという危機感《ききかん》が強まりました。そして，まずは朝鮮を勢力下に置く清に対抗するため，軍事力の強化に努めました。❶

日清戦争の始まり

1894(明治《めいじ》27)年，朝鮮で政府や外国勢力に反対する大規模《だいきぼ》な農民の暴動がおきました(甲《こう》

日清戦争の戦場

下関講和会議《しものせきこうわかいぎ》　山口《やまぐち》県の下関で開かれた。陸奥と李《り》鴻章《こうしょう》のあいだでさまざまな駆《か》け引きが行われながら，交渉《こうしょう》は進んだ。(聖徳《せいとく》記念絵画館蔵《ぞう》)

午農民戦争《ごのうみんせんそう》，東学党《とうがくとう》の乱《らん》)。清は朝鮮の求めに応じて，「属国を保護する」という理由で出兵しましたが，これを認めないわが国も，清との取り決めに基《もと》づいて出兵したため，両軍は衝突《しょうとつ》し，**日清戦争《にっしんせんそう》**が始まりました。

朝鮮のほか満州《まんしゅう》(中国東北部)南部などが戦場となり，日本軍は海陸で清国軍を破り，勝利しました。

1895(明治28)年，下関講和会議《しものせきこうわかいぎ》が開かれ，わが国は清と**下関《しものせき》条約《じょうやく》**を結びました。条約には，朝鮮が清の属国ではなく，独立国であることが記されました。

こうして，朝鮮は初めて中国から独立国と認められました。❶また，清は遼東《りょうとう》《リアオトン》半島や台湾《たいわん》などを日本にゆずるとともに，多額の賠償金《ばいしょうきん》❷を支払《しはら》うことにも同意しました。

日清戦争の勝利によって，わが国は近代国家としてその実力が世界に認められるようになりました。一方，それまで「眠《ねむ》れる獅子《しし》」とよばれ，存在感を示していた清はもろさを露呈《ろてい》したため，利権《りけん》を求めるヨーロッパの国々は競《きそ》って清に勢力を広げました。

❶　朝鮮は1897年，国名を大韓帝国《だいかんていこく》(韓国《かんこく》)と改め，朝鮮国王は大韓帝国皇帝《こうてい》となった。

❷　総額は約３億6000万円。当時の日本の歳入《さいにゅう》の約３倍であり，その多くはロシアに対抗するための軍備増強に使われた。

列強の中国進出

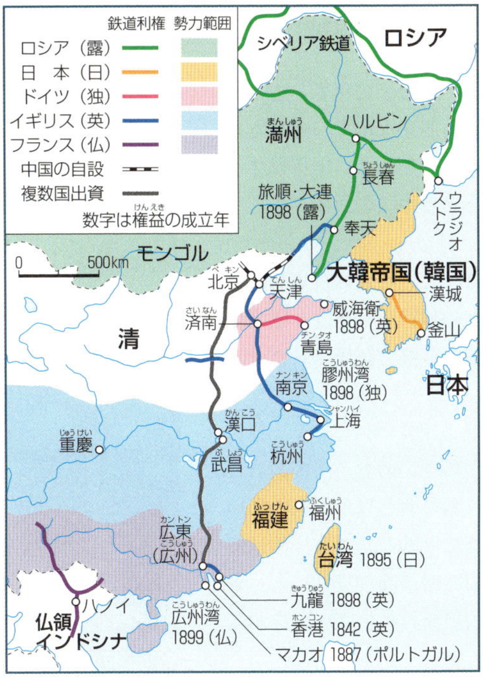

この戦争は日本にとって，どんな意味があるんだろう。

↑**日本海海戦**　戦艦《せんかん》三笠《みかさ》の艦橋《かんきょう》で連合艦隊《れんごうかんたい》を指揮《しき》する東郷平八郎《とうごうへいはちろう》と参謀《さんぼう》たち。東郷の右に，この海戦の作戦を考えた秋山真之《あきやまさねゆき》が見える。（三笠《みかさ》保存会蔵《ぞう》）

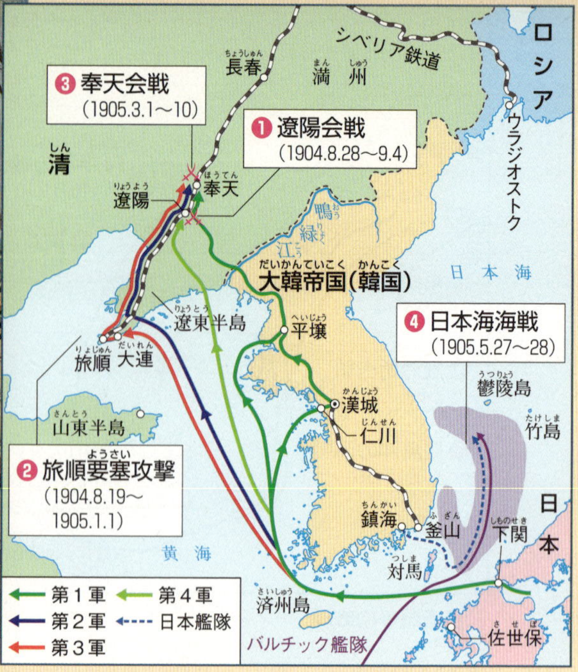

ロシア
シベリア鉄道
長春《ちょうしゅん》
満《まん》　州《しゅう》
❸ 奉天会戦 (1905.3.1～10)
❶ 遼陽会戦 (1904.8.28～9.4)
清《しん》
遼陽《りょうよう》
奉天《ほうてん》
ウラジオストク
鴨《おう》緑《りょく》江《こう》
日本海
大韓帝国《だいかんていこく》(韓国《かんこく》)
遼東《りょうとう》半島
平壌《へいじょう》
❹ 日本海海戦 (1905.5.27～28)
旅順《りょじゅん》
大連《だいれん》
鬱陵島《うつりょう》
漢城《かんじょう》
山東《さんとう》半島
仁川《じんせん》
竹島《たけしま》
❷ 旅順要塞《ようさい》攻撃 (1904.8.19～1905.1.1)
日本
鎮海《ちんかい》
釜山《ふざん》
下関《しものせき》
黄海
対馬《つしま》
済州島《さいしゅう》
第１軍
第４軍
第２軍
日本艦隊
第３軍
バルチック艦隊
佐世保《させぼ》

↑**日露戦争の戦場**

56

ロシアとの激《げき》突《とつ》・日露《にちろ》戦争《せんそう》

◉日露戦争は日本にとってどのような意味をもつ戦争だったのだろうか。

❶　薪《まき》の上に寝《ね》て，または苦《にが》い胆《きも》をなめて，受けた仕打ちを忘れないようにするという中国の故事《こじ》。

❷　このときの日本軍の行動の規律正しさは，欧米諸国《おうべいしょこく》から高く評価された。

❸　1901（明治《めいじ》34）年，義和団事件《ぎわだんじけん》ののち，清国政府と日本を含《ふく》む11か国とのあいだに協約が結ばれ，清は多額の賠償金《ばいしょうきん》の支払《しはら》いと，各国護衛兵《ごえいへい》の北京駐留《ペキンちゅうりゅう》を承認《しょうにん》した。

三国干渉《さんごくかんしょう》と日英同盟《にちえいどうめい》

日清戦争《にっしんせんそう》に勝利し，下関条約《しものせきじょうやく》を結んだわが国に対し，満州《まんしゅう》に勢力《せいりょく》をのばそうとするロシアは，ドイツ・フランスを誘《さそ》い，遼東《りょうとう》《リアオトン》半島を清《しん》に返すよう圧力《あつりょく》を加えました（**三国干渉**《さんごくかんしょう》）。三国に対抗《たいこう》する力をもたないわが国は，これに従《したが》わざるを得ませんでした。やがてロシアは，日本に返還《へんかん》させた遼東半島をその支配下に置き，ドイツは膠州湾《こうしゅうわん》《チヤオチョウ》，フランスは広州湾《こうしゅうわん》《コワンチョウ》に勢力をのばしました。わが国は「臥《が》薪嘗胆《しんしょうたん》」❶を合言葉に，国民が一丸となってロシアに対抗できる国力と軍事力を備《そな》えようとしました。

1900（明治《めいじ》33）年，清で外国人排斥《はいせき》をさけぶ群衆《ぐんしゅう》と，列強《れっきょう》に宣戦布告《せんふこく》をした清の軍隊が，北京《ペキン》の各国公使館を包囲しました（**義和団事件**《ぎわだんじけん》）。このため，日本・ロシアなど８か国は，自国民

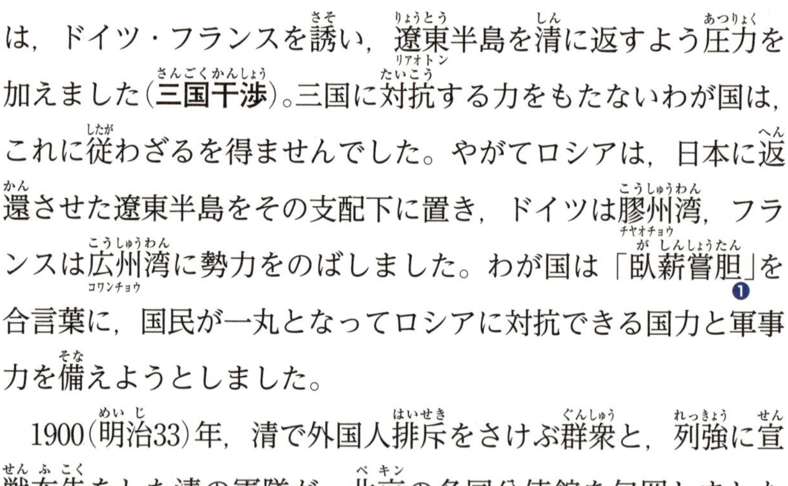

イギリス
アメリカ
ロシア
イギリス植民地（インド）
ドイツ
フランス
オーストリア
イタリア
日本

↑**義和団事件**（1900～01年）に共同出兵した各国の兵士たち

人物コラム　小村寿太郎《こむらじゅたろう》と日英同盟《にちえいどうめい》

小村寿太郎(1855 ～ 1911)は，常に国家の利益(国益《こくえき》)を考え続けていた人でした。

大隈重信外相《おおくましげのぶがいしょう》の条約改正案が，大審院《だいしんいん》に外国人裁判官《さいばんかん》を任命する権限をあたえるという内容であることを知った小村は，ひそかに条約原案をロンドン・タイムズにもらして，条約をほうむったといわれています。

日清戦争《にっしんせんそう》のときは，主戦論者だった小村は，日本が開戦の時期を逃《のが》さないように，訓令《くんれい》を待たず，公使館の旗をおろして引きあげてしまいました。いずれも，免職《めんしょく》を覚悟《かくご》の行動であり，国益以外念頭にない人にしかできないことでした。

日露《にちろ》戦争直前，強大なロシアとの敵対をおそれる元老《げんろう》たちには，日英同盟の利を説き，その後の日本外交の基本となった親英路線を敷《し》きました。

また，日ごとに増大するロシア兵力に心を痛めた小村は，一日も早い開戦に全力を傾けました。これらの努力なくして，日露戦争の勝利はありませんでした。

の保護のために共同で出兵しました。[2] 清は降《こう》伏《ふく》し，[3] 各国の軍隊は撤退《てったい》しましたが，ロシアはこの機会に満州に大軍を送りこみました。

政府では，ロシアを敵に回すのは危険《きけん》だという意見と，イギリスと組みロシアに対抗すべきだとする意見が対立しました。しかし，ロシアとの衝突《しょうとつ》はさけられないとの判断から，1902(明治35)年，**日英同盟《にちえいどうめい》**を結びました。

陸軍	歩兵《ほへい》	騎兵《きへい》	火砲《かほう》	総兵力
ロシア	1740個大隊 (100個大隊)	1085個中隊 (75個中隊)	12000門 (230門)	約207万人 (約 10万人)
日本	156個大隊	54個中隊	636門	約20万人

海軍	戦艦《せんかん》	装甲巡洋艦《そうこうじゅんようかん》	巡洋艦	総トン数
ロシア	11 (7)	12 (4)	ー (10)	約45万トン (約19万トン)
日本	6	6	12	約26万トン

(　　)内は極東の兵力。ただし海軍の表では小型艦を除《のぞ》く隻《せき》数。ロシアの上段《じょうだん》艦船数はバルチック艦隊の隻数。

開戦前のロシアの極東《きょくとう》兵力

日露戦争の開戦と日本の勝利

ロシアの極東《きょくとう》での軍備増強をこのまま黙認《もくにん》すれば，わが国の存立《そんりつ》の危機《きき》をむかえると考えた政府は開戦を決意し，1904(明治37)年２月，**日露戦争《にちろせんそう》**が始まりました。

日本はこの戦いに国力のすべてをつぎこみ，日露両軍は朝鮮《ちょうせん》半島や満州で激戦をくり広げました。陸軍は，ロシアが築いた旅順《りょじゅん》《リュイシュン》の要塞《ようさい》を攻略するため，乃木希典《のぎまれすけ》の率いる軍を送り，多くの犠牲《ぎせい》を払《はら》った末に占領《せんりょう》しました。

シベリア鉄道を使い戦力を増強するロシアに対し，日本側は兵力や弾薬《だんやく》の面で劣勢《れっせい》でした。しかし，わずかながらも優勢《ゆうせい》に戦いを進めた日本軍は，両軍合わせて50万人を超《こ》える奉天《ほうてん》《フォンティエン》の戦いでもロシア軍を退却《たいきゃく》させることに成功しました。

乃木希典《のぎまれすけ》(1849 ～ 1912)
第３軍司令官《しれいかん》として日露戦争を戦い，敵の名誉《めいよ》も尊重《そんちょう》する人格者だった。戦後，負傷兵のために乃木式義手《ぎしゅ》を製作・配布させた。また学習院院長《がくしゅういんいんちょう》として裕仁親王《ひろひとしんのう》(昭和天皇《しょうわてんのう》)の教育に当たった。

⇧ポーツマス講和《こうわ》会議　1905年９月５日，アメリカ大統領《だいとうりょう》セオドア・ルーズベルトの仲介《ちゅうかい》により，アメリカのポーツマスで開かれた。テーブル右がロシアで，その中央（写真右端）が全権ウィッテ。左が日本で，中央が全権小村寿太《こむらじゅた》郎《ろう》。

⇧ポーツマス条約のおもな内容

❶ロシアは日本の韓国における保護権《ほごけん》を認《みと》める。

❷ロシアは遼東半島の租借権《そしゃくけん》を日本にゆずる。

❸ロシアは長春・旅順間の鉄道と鉄道に付属する土地や炭坑《たんこう》などの権利を日本にゆずる。

❹ロシアは北緯《ほくい》50度以南の樺太を日本にゆずる。

❺ロシアは沿海州沿岸《えんがん》の漁業権を日本にあたえる。

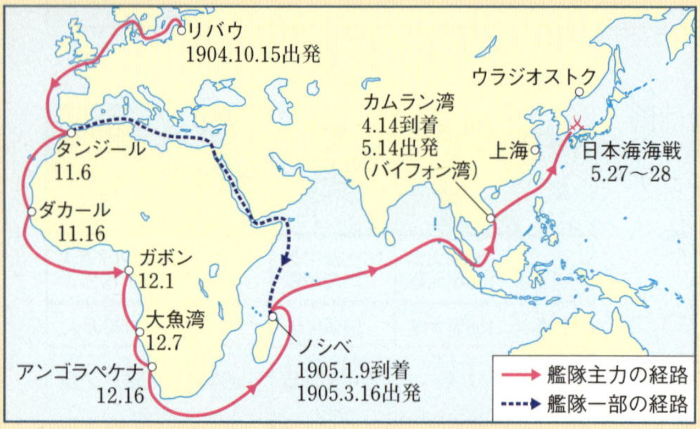

⇦ロシア海軍バルチック艦隊の経路　1904年10月15日バルト海を出発した艦隊は，イギリスの圧力《あつりょく》で寄港先が限られ戦力を消耗《しょうもう》させた。

❹　わが国で最初に開設された愛媛《えひめ》県の松山《まつやま》捕虜《ほりょ》収容《しゅうよう》所《じょ》でのロシア人捕虜に対する厚遇《こうぐう》は，当時から評判となり，亡《な》くなった兵士がほうむられたロシア人墓地では今でも市主催《しゅさい》の慰霊祭《いれいさい》が行われている。

⇧日比谷《ひびや》焼き打ち事件
ポーツマス条約調印の日，東京《とうきょう》の日比谷公園で開かれた国民集会は暴動《ぼうどう》となった。（東京大学法学部附属《ふぞく》明治新聞雑誌《ざっし》文庫蔵）

海上では，東郷平八郎《とうごうへいはちろう》の率いる連合艦隊《れんごうかんたい》がロシアのバルチック艦隊を対馬沖《つしまおき》でむかえ撃《う》ち，全滅《ぜんめつ》させるという世界《せかい》の海戦史に例を見ない戦果を収めました（**日本海海戦**）❹。

しかし，わが国は兵力や武器・弾薬，戦費が底をつき始め，ロシアでも革命《かくめい》の動きが高まっていたため，両国は停戦に向かって動き始めました。

調停役を務めたのは，アメリカ大統領《だいとうりょう》のセオドア・ルーズベルトでした。1905（明治38）年，彼の仲介により，**ポーツマス条約**が結ばれました。わが国は韓国《かんこく》での優越的《ゆうえつてき》な立場を認《みと》められるとともに，樺太《からふと》の南半分や満州南部の鉄道の権利《けんり》，北洋での漁業権などを獲得《かくとく》しました。しかし，国内では犠牲の大きさに比べ，ロシアからの賠償金《ばいしょうきん》は得られず，手に入れた権益《けんえき》があまりに少ないとの不満がわきおこり，暴動《ぼうどう》にまで発展《はってん》しました（**日比谷《ひびや》焼き打ち事件**）。

読み物コラム

日露戦争《にちろせんそう》を勝利に導いた舞台裏《ぶたいうら》

●戦いを有利にした日英同盟《にちえいどうめい》●

日露戦争の勝利の背景には，日英同盟《にちえいどうめい》を基《き》盤《ばん》とするたくみな日本外交がありました。

日本は，日英同盟により，イギリスから列《れっ》国《こく》の軍艦建造《ぐんかんけんぞう》についての情報《じょうほう》を入手し，ロシアより先に軍艦を購入《こうにゅう》して海戦に臨《のぞ》むことができました。一方，バルチック艦隊《かんたい》は，遠征《えんせい》航海中，イギリスの圧力《あつりょく》で寄港先が限られ，燃料の石炭の補給《ほきゅう》も十分《じゅうぶん》に行えず，将兵《しょうへい》も上陸して休養することができなかったため，士気や戦力がそがれました。

●味方を増やした世論《せろん》工作●

また，戦闘《せんとう》の舞台裏《ぶたいうら》では，日本はアメリカ，イギリスなどで親日的世論《しんにちてきせろん》を形成するために積極的な広報外交を展開《てんかい》しました。

伊藤博文《いとうひろぶみ》の強い要請《ようせい》を受け，その側近《そっきん》の金《かね》子堅太郎《こけんたろう》(1853～1942)が1904(明治《めいじ》37)年2月，渡米《とべい》しました。➡p.184

金子はアメリカの主要都市や大学，ホワイトハウスなどを訪《おとず》れ，講演《こうえん》やスピーチ，新聞などで，日本の立場を強くうったえました。「この戦争は，黄色人種《おうしょくじんしゅ》の白人に対する攻撃《こうげき》や，異教徒《いきょうと》のキリスト教徒に対する挑戦《ちょうせん》ではありません。文明と野蛮《やばん》，自衛《じえい》主義と侵略《しんりゃく》主義の戦いです」「ロシアは自由を抑圧《よくあつ》する専《せん》制《せい》国であり，日本は自由を尊重《そんちょう》する立憲《りっけん》国です。自由の国民であるアメリカ人は，日本に同情を寄せないわけにはいかないはずです」

この間，金子はハーバード大学で同窓のセオドア・ルーズベルト大統領《だいとうりょう》と面会を重ね，理解を得ることにも成功しました。のちにルーズベルトが，ポーツマス講和《こうわ》会議の仲裁役《ちゅうさいやく》を務めたのも，金子の裏の外交の成果でした。

⬆金子堅太郎

●戦費の調達に奔走《ほんそう》●

一方，戦費調達のための外債《がいさい》(外国からの借金)募集《ぼしゅう》で活躍《かつやく》したのは日本銀行副総裁《ふくそうさい》の高橋是清《たかはしこれきよ》(1854～1936)でした。高橋は，イギリス，アメリカを訪れ，ねばり強いはたらきかけによってイギリスの銀行家やアメリカのユダヤ系資本家らの理解と信用を得ました。そして英米で合わせて1000万ポンドもの日本公債《こうさい》を発行することに成功し，その後も数回の外債募集で大きな成果を収めました。

⬆高橋是清

●ロシア革命《かくめい》の動きを支援《しえん》●

奉天《ほうてん》会戦，日本海海戦で勝利を収めたわが国は，同時にロシアの国内工作にも力を注《そそ》ぎました。ロシア国内の不穏《ふおん》な状況《じょうきょう》を増大させ，戦争を嫌《きら》う世論をつくり出すために，陸軍大《りくぐんたい》佐《さ》明石元二郎《あかしもとじろう》(1864～1919)は，ロシア革命《かくめい》への動きを支援し，ロシアの世論を講和締結《ていけつ》へと導きました。

日本の命運をかけた日露戦争の勝利は，戦《せん》闘《とう》の舞台裏でくり広げられた，外交戦・情報戦によってもたらされた勝利でもあったのです。

⬆明石元二郎

朝鮮総督府《ちょうせんそうとくふ》　朝鮮総督府は1910(明治《めいじ》43)年に設置され，その建物は京城《けいじょう》(現在のソウル)の朝鮮王宮《おうきゅう》前に建てられた。1945(昭和《しょうわ》20)年に廃止《はいし》。のちに建物は取りこわされて王宮の門が復元《ふくげん》された。

韓国服の伊藤博文《いとうひろぶみ》　伊藤は1906(明治39)年に初代韓国統監《とうかん》として赴任《ふにん》したが，1909(明治42)年，満州《まんしゅう》のハルビンで暗殺された。

57 国際的地位の向上と韓国併合《かんこくへいごう》

◉日露戦争《にちろせんそう》での日本の勝利は，世界にどのような影響《えいきょう》をあたえたのだろうか。

日本への期待と警戒《けいかい》

幕末《ばくまつ》以来，わが国の指導者や国民には，欧《おう》米列強《べいれっきょう》の植民地にされるという根強い危機感《ききかん》がありました。しかしこの危機感は，日露戦争《にちろせんそう》の勝利で解消し，欧米列強と並《なら》ぶ国になったという安心感と自信が生まれました。

また，同じ有色民族が，世界最大の陸軍《りくぐん》国・ロシアを打ち破ったという事実は，列強の圧迫《あっぱく》や，植民地支配の苦しみにあえいでいたアジア・アフリカの民族に，独立への希望をあたえました。インド独立の父ネルーや，中国革命《かくめい》の指導者孫文《そんぶん》《スンウェン》は，日本の勝利がアジア諸国《しょこく》にあたえた感動を語っています。また，その後アジア各地でおこった近代化や独立をめざす一連の動きにも，この戦争の影響《えいきょう》がありました。日本にはアジア諸国から多くの留学生や独立運動家が訪《おとず》れ，わが国もまた政府・民間を問わず，彼《かれ》らを受け入れました。

その反面，欧米では，かつてモンゴル帝国《ていこく》がヨーロッパに侵《しん》入《にゅう》したように，黄色人種《おうしょく》によって白人優位《ゆうい》の体制が揺《ゆ》るがされるのではないかという**黄禍論《こうかろん》**[1]が広がりました。また，アメリカの世論《せろん》も，日本に対する警戒感《けいかいかん》を強めるようになりました。

韓国併合

日露戦争が始まると，日本は，その武力を背《はい》景《けい》に，韓国《かんこく》と日韓議定書《にっかんぎていしょ》を結びました。これは韓国の領土を他国(ロシア)から守るため，日本軍が韓国内に

❶　19世紀半ばから20世紀前半にかけて欧米《おうべい》白人国家であらわれた，黄色《おうしょく》人種を蔑視《べっし》し，同時に脅威《きょうい》とする考え方。古来モンゴル帝国《ていこく》など東方系民族の侵攻《しんこう》に苦しめられたという記憶《きおく》が背《はい》景《けい》にある。三国干渉《さんごくかんしょう》の口実に用いられ，日本がしだいに台頭《たいとう》してきたことから警《けい》戒感《かいかん》が高まった。

調査年度	1911年	1936年
人　口	1383万人	2137万人
戸　数	281万戸	401万戸
農耕地面積	273万町歩《ちょうぶ》	450万町歩
米生産量	978万石《こく》	1941万石
麦生産量	502万石	1040万石
造林植樹数	119万本	1860万本
普通《ふつう》学校数*	306校	2417校
普通学校生徒数	32384人	765706人

*現在の小学校　（『朝鮮総督府統計年報』より）

↑韓国併合後の朝鮮の変化

人物コラム　台湾《たいわん》にダムをつくった八田與一《はったよいち》

八田與一（1886 ～ 1942）は日本統治時代の台湾に足跡《そくせき》を残した土木技師です。八田は東京帝国《とうきょうていこく》大学卒業後，台湾総督府《そうとくふ》に赴任《ふにん》し，干《かん》ばつと浸水《しんすい》をくり返していた嘉南《かなん》平野の灌漑《かんがい》事業に着手しました。それは大型機械と最新の工法でダムと水路を築くという大事業でした。

工事は困難《こんなん》をきわめ，多くの死者を出す事故もおきました。しかし，それらを乗り越えて，10年後の1930（昭和《しょうわ》5）年，烏山頭《うさんとう》ダムが完成しました。この東洋一の巨大ダムと1万6000kmにおよぶ水路により，平野は台湾最大の穀倉《こくそう》地帯に生まれ変わりました。

展開《てんかい》することを認《みと》めるという内容のものでした。また，日露戦争中には，アメリカのフィリピン領有と，日本の韓国保護国化をたがいに支持する内容の合意が日米《にちべい》間で行われました。さらに，更新《こうしん》された日英同盟《にちえいどうめい》や，ポーツマス条約でも，韓国に対する日本の保護権が認められました。その後，日韓協約《にっかんきょうやく》に従《したが》って，日本が韓国の外交権をにぎることになり，韓国統監府《とうかんふ》を置き，初代統監として伊藤博文《いとうひろぶみ》が赴任《ふにん》しました。やがて統監の権限は内政にまでおよぶことになりました。これに対し，韓国から抵抗《ていこう》運動もおこりましたが，やがて鎮圧《ちんあつ》されました。

1909（明治《めいじ》42）年，伊藤博文が満州《まんしゅう》で韓国人の安重根《あんじゅうこん》《アンジュングン》に暗殺される事件がおこりました。1910（明治43）年，政府は**韓国併合《かんこくへいごう》**❷に踏《ふ》み切り，その統治《とうち》のため朝鮮総督府《ちょうせんそうとくふ》を置きました。欧米列強にも，朝鮮半島の問題で日本に干渉《かんしょう》する意図はありませんでした。

日本の朝鮮統治では，植民地経営の一環《いっかん》として米の作づけが強《し》いられたり，日本語教育など同化政策《せいさく》が進められたので，朝鮮の人々の日本への反感は強まりました。

中華民国《ちゅうかみんこく》の成立

日清戦争《にっしんせんそう》の下関条約《しものせきじょうやく》で日本の領土となった台湾《たいわん》でも，日本政府は住民の抵抗をおさえ，台湾総督府《たいわんそうとくふ》を置いて開発を行いました。

一方，清は列強の進出に対処できず，**三民主義《さんみんしゅぎ》**❸を唱《とな》える孫文が，清をたおして近代国家をめざす運動を展開しました。1911年には**辛亥革命《しんがいかくめい》**がおこり，翌年，孫文が臨時大総統《りんじだいそうとう》となって，アジア最初の共和国となる**中華民国《ちゅうかみんこく》**の建国を宣言《せんげん》しました。

❷　日本は武力を背景に韓国内の反対をおさえて，併合を行った。韓国の国内には，民族の独立を失うことへの抵抗《ていこう》がおこり，その後も独立回復の運動が根強く行われた。

❸　民族・民権・民生の3つの主義。孫文《そんぶん》の中国革命《かくめい》理念であり，彼の結成した中国国民党《ちゅうごくこくみんとう》の指導理念となった。

↑孫文（1866 ～ 1925）　中国革命を計画して失敗し，日本に亡命《ぼうめい》。革命運動家の宮崎滔天《みやざきとうてん》らの支援《しえん》を受けて，革命をめざした。中国革命の父とよばれる。

第4節 近代産業の発展と近代文化の形成

この製鉄所ができて日本の産業はどうなったのかな。

↑1910(明治《めいじ》43)年ごろの八幡製鉄所《やはたせいてつじょ》(北九州《きたきゅうしゅう》市) 生産量増加のため，改良・拡張《かくちょう》工事が何度も行われた。

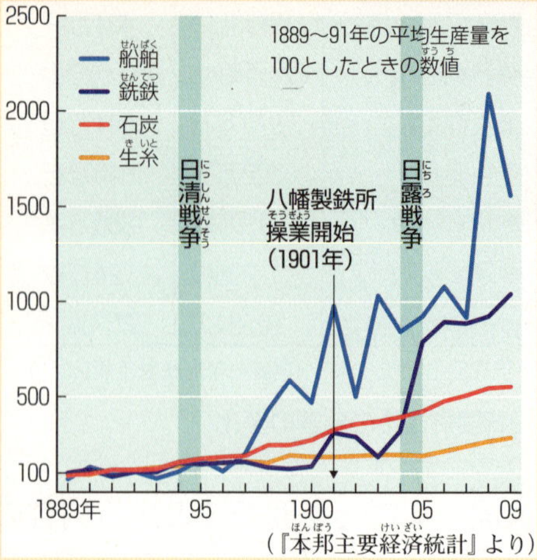
2500
2000
1500
1000
500
100
1889年
95
1900
05
09
船舶《せんぱく》
銑鉄《せんてつ》
石炭
生糸《きいと》
1889～91年の平均生産量を100としたときの数値《すうち》
日清戦争《にっしんせんそう》
八幡製鉄所
操業開始《そうぎょう》
(1901年)
日露戦争《にちろ》

(『本邦《ほんぽう》主要経済《けいざい》統計』より)

↑鉱工業《こうこうぎょう》の生産額の移り変わり　工業が発展していくようすが見てとれる。

58 日本の産業革命《かくめい》と国民生活の変化

◉日本の近代産業はどのようにして発展していったのだろうか。

❶ 福岡《ふくおか》県に設立。当時の国内の鉄生産量の半分以上を生産し，日本の重工業発展の基盤《きばん》となった。

↑岩崎弥太郎《いわさきやたろう》(1834～85) 土佐藩《とさはん》出身。幕末に海援隊《かいえんたい》の経理として活動。明治《めいじ》に入って三菱《みつびし》商会をおこし，政府と結びついて成功した。

工業の発展《はってん》

殖産興業《しょくさんこうぎょう》が進められるなか，新しい産業に供《きょう》給《きゅう》する資金を集めるために，政府の後押しで各地に民営の銀行がつくられました。また，国の金融政策《きんゆうせいさく》を行う中央銀行として，1882(明治《めいじ》15)年に**日本銀行**が設立されるなど，金融の制度が整い，生産活動に拍車《はくしゃ》がかかりました。明治20年代になると，紡績《ぼうせき》・織物業《おりものぎょう》や製糸業などの軽工業が急速に発展《はってん》し，綿糸や生糸《きいと》，織物は輸出品の主力となりました。

1901(明治34)年，下関条約《しものせきじょうやく》で得た賠償金《ばいしょうきん》の一部でつくられた官営**八幡製鉄所《やはたせいてつじょ》**❶が開業し，重工業化が始まりました。造船業もさかんになり，日露戦争《にちろせんそう》後には1万トン級の船が国内で生産されるようになりました。また，石炭の採掘《さいくつ》も進み，九州《きゅうしゅう》や北海《ほっかい》道《どう》では次々に炭鉱《たんこう》が開かれました。工業製品の生産力ではまだ欧米《おうべい》に肩《かた》を並《なら》べることはできませんでしたが，岩崎弥太郎《いわさきやたろう》や渋《しぶ》沢栄一《さわえいいち》➡p.184のような有能な実業家もあらわれました。こうしてわが国は急速な勢いで産業革命《さんぎょうかくめい》を成しとげました。

財閥《ざいばつ》の成長と労働者

産業が活気づくとともに，一部の企業家《きぎょうか》は，しだいに大きな利益をあげるようになり，やがて**財閥《ざいばつ》**へと成長しました。三井《みつい》，三菱《みつびし》，住友《すみとも》などの財閥は，銀行や鉄道，貿易，鉱山《こうざん》などの経営に積極的に参加し，やがてわが国の経済《けいざい》を動かすほどの力をもつようになりました。

↑←自動織機《しょっき》と豊田佐吉《とよださきち》（1867～1930）　大工《だいく》であった佐吉は，独学で人力織機や自動織機を開発。日本の紡績《ぼうせき》産業の発展に大きく寄与《きよ》した。（㈱豊田《とよた》自動織機蔵《ぞう》）

↓生糸の輸出用ラベル　生糸は日本にとって最も重要な輸出品だった。1909（明治42）年には世界最大の生産国となった。（横浜《よこはま》開港資料館蔵）

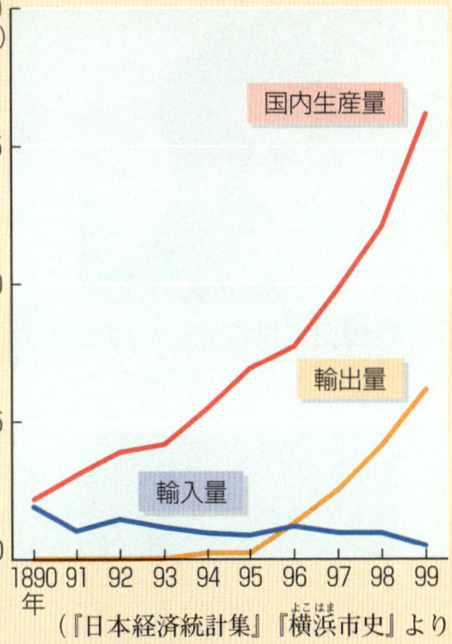

（『日本経済統計集』『横浜《よこはま》市史』より）

↑綿糸の生産量と貿易の変化　綿糸は日本の主要輸出品であり，生産量の増大とともに輸出量ものびていった。

一方，経済の発展とともに，都市では会社や工場で働く中間《ちゅうかん》層《そう》や労働者が増加しました。しかし，賃金《ちんぎん》などの労働条件は一般にきびしいものでした。このような状況《じょうきょう》を背景《はいけい》に，労働運動がおこるようになり，社会主義❷思想も広がりました❸。

産業の急速な発展によって，環境《かんきょう》汚染《おせん》も引きおこされるようになりました。栃木《とちぎ》県では，足尾銅山《あしおどうざん》から出た鉱毒《こうどく》が渡良瀬《わたらせ》川流域の田畑に流れこみ，大きな被害《ひがい》をもたらしました。

社会の変化は，農村にも影響《えいきょう》をあたえました。製品の原料となる茶や麻《あさ》，生糸をつくる蚕《かいこ》のえさとなる桑《くわ》などの栽培《さいばい》がさかんになりました。貧しい農民の中には，収入《しゅうにゅう》を得るため都市の工場に働きに出る者もあらわれました。その一方で，富をたくわえて，大地主や企業家となる豊かな農民も生まれました。

❷ 土地や工場を社会の共有にして，平等な社会をつくろうとする考え。19世紀にドイツのマルクスやエンゲルスが唱《とな》えた。

❸ 片山潜《かたやません》らが社会民主党を結成するなど社会主義運動がおきた。1910（明治43）年には，天皇《てんのう》暗殺を計画したとして幸徳秋水《こうとくしゅうすい》らが逮捕《たいほ》され，翌年《よくねん》，裁判《さいばん》で12人が死刑《しけい》になった（大逆《たいぎゃく》事件）。

足尾銅山鉱毒事件《あしおどうざんこうどく》

政府は問題解決に消極的であり，鉱毒予防令を出しましたが効果はありませんでした。そのため，集団で上京し，陳情《ちんじょう》しようとした人々が警官隊と衝突《しょうとつ》したり，田中正造《たなかしょうぞう》が明治天皇に直訴《じきそ》しようとする事件がおこりました。

↑当時の足尾銅山の風景画　鉱毒のため，山の側面の木が枯《か》れてなくなっている。（国立国会図書館蔵）

↑田中正造（1841～1913）　栃木《とちぎ》県出身。県会議長を経《へ》て国会議員を6期務める。直訴を行うために辞職。

↑野口英世《のぐちひでよ》(1876～1928)
明治・大正《たいしょう》期の細菌《さいきん》学者。

↑坪内逍遙《つぼうちしょうよう》(1859～1935)
写実主義の先駆者《せんくしゃ》。

医学	北里柴三郎《きたさとしばさぶろう》	破傷風血清療法《はしょうふうけっせいりょうほう》の発見
	志賀《しが》　潔《きよし》	赤痢菌《せきりきん》の発見
	秦《はた》　佐八郎《さはちろう》	梅毒《ばいどく》の特効薬の発見
	野口　英世	黄熱病《おうねつびょう》の研究
科学	鈴木梅太郎《すずきうめたろう》	ビタミン B_1 の発見
	高峰《たかみね》　譲吉《じょうきち》	ジアスターゼの創製《そうせい》
	木村《きむら》　栄《ひさし》	緯度《いど》変化の研究
	大森《おおもり》　房吉《ふさきち》	地震計《じしんけい》の発明
	長岡半太郎《ながおかはんたろう》	原子模型《げんしもけい》の研究

↑明治時代の医学者・科学者

写実主義	坪内　逍遙	『小説神髄《しょうせつしんずい》』
	二葉亭四迷《ふたばていしめい》	『浮雲《うきぐも》』
ロマン主義	島崎《しまざき》　藤村《とうそん》	『若菜集《わかなしゅう》』(詩集)
	与謝野晶子《よさのあきこ》	『みだれ髪《がみ》』(歌集)
ロマン主義から自然主義へ	国木田独歩《くにきだどっぽ》	『武蔵野《むさしの》』
	田山《たやま》　花袋《かたい》	『蒲団《ふとん》』
	石川《いしかわ》　啄木《たくぼく》	『一握《いちあく》の砂』(歌集)
	森《もり》　鷗外《おうがい》	『舞姫《まいひめ》』『高瀬舟《たかせぶね》』
	夏目《なつめ》　漱石《そうせき》	『吾輩《わがはい》は猫《ねこ》である』
	正岡《まさおか》　子規《しき》	『病牀六尺《びょうしょうろくしゃく》』

↑明治時代の文学者

59 西洋文化と明治《めいじ》の文化

◉欧米《おうべい》文化が流入するなか，明治の文化はどのように形成されたのだろうか。

↑森鷗外(1862～1922)　ドイツ留学後，軍医を続けながら『舞姫』などの作品を書いた。

↑夏目漱石(1867～1916)　イギリス留学後，東京帝大《とうきょうていだい》講師などを務めた。

教育の普及《ふきゅう》

学校教育では小学校の義務教育の期間が4年から6年に延長され，各地に中学校や女学校，師範《しはん》学校が設立されました。1877(明治《めいじ》10)年，最初の総合大学として東京《とうきょう》大学が開校し，慶応義塾《けいおうぎじゅく》や東京専門《せんもん》学校(のちの早稲田《わせだ》大学)，同志社《どうししゃ》など私立の高等教育機関もつくられ，各方面の指導者となる人材を育成しました。

また，欧米《おうべい》への留学生は，最新の学問をわが国にもち帰り，さらにすぐれた研究成果をあげる者もあらわれました。野口英《のぐちひで》世《よ》，北里柴三郎《きたさとしばさぶろう》らによる細菌学《さいきんがく》の研究や，物理学の長岡半太郎《ながおかはんたろう》らの発見は，世界的に注目される水準に達していました。

新しい文学のおこり

文学では，古い道徳からはなれて，物事をありのままに表現しようとする写実の動きがおこり，坪内逍遙《つぼうちしょうよう》が『小説神髄《しょうせつしんずい》』をあらわしました。文語の表現にかえて，話し言葉に近い口語文で表す言文一致《げんぶんいっち》が主張され，二葉亭四迷《ふたばていしめい》が口語文で小説『浮雲《うきぐも》』を発表しました。

日清戦争《にっしんせんそう》前後には，人間の自由な感情や個性を重んじるロマン主義がさかんになり，樋口一葉《ひぐちいちよう》➡p.185や与謝野晶子《よさのあきこ》➡p.225も活躍《かつやく》しました。日露戦争《にちろせんそう》前後には，社会をありのままに見つめようとする自然主義が主流となりました。森鷗外《もりおうがい》は，ヨーロッパ文学を紹《しょう》介《かい》するとともに，わが国の歴史を題材とした作品を数多く残し

人物コラム　フェノロサと救世観音《くせかんのん》

法隆寺《ほうりゅうじ》の夢殿《ゆめどの》にある救世観音像は，古くから秘仏《ひぶつ》とされ，人の目にふれることなく守られてきました。1884(明治17)年，フェノロサと岡倉《おかくら》天心《てんしん》は，この観音像をぜひ見たいと申し出ましたが，僧《そう》たちは，「仏罰《ぶつばつ》が下る」と強く反対しました。しかし，彼《かれ》らはあきらめず，東京《とうきょう》にもどり政府の許可を得て，ふたたび寺を訪《おとず》れました。

何重にも巻かれた白布が観音像から取りのぞかれるとき，僧たちは逃《に》げ出したといいます。こうして救世観音は，長い時を経《へ》て姿《すがた》をあらわしたのです。それは，信仰《しんこう》の対象であった仏像が，美術作品としても評価される時代が訪れたことを意味していました。

(奈良《なら》県　法隆寺蔵《ぞう》)

ました。夏目漱石《なつめそうせき》は『吾輩《わがはい》は猫《ねこ》である』『こころ』などを書き，わが国の近代文学に大きな足跡《そくせき》を残しました。また，正岡子《まさおかし》規《き》は，写生という手法を取り入れ，俳句《はいく》や短歌の革新《かくしん》に取り組みました。

芸術の動き

明治時代は，日本の芸術家たちが西洋の近代芸術を必死で吸収《きゅうしゅう》すると同時に，日本の伝統文化とは何かを深く追求した時代でもありました。

美術の分野では，欧米の芸術が流入するなかで，日本の古い美術や仏像は価値《かち》がないとする風潮《ふうちょう》が強まりました。←p.163その一方，日本の伝統的な美を再発見しようとする人々もいました。東京大学の外国人教師フェノロサは，岡倉天心《おかくらてんしん》らと日本の伝統芸術の保存と復興に努め，世界にその価値を示しました。狩野芳崖《かのうほうがい》らは新しい日本画のあり方を示し，彫刻《ちょうこく》では高《たか》村光雲《むらこううん》が写実的な作品を発表しました。

洋画ではフランスで絵画を学んだ黒田清輝《くろだせいき》が，明るい光に満ちた作品をえがきました。富岡鉄斎《とみおかてっさい》は，江戸《えど》の文人画《ぶんじんが》の伝統を守りつつ，新しい境地を開きました。

音楽では，西洋の曲をもとにした唱歌《しょうか》が教育に取り入れられ，国民のあいだに広がりました。滝廉太郎《たきれんたろう》は「荒城《こうじょう》の月」や「花」などを作曲して日本人の心をとらえました。

悲母観音《ひぼかんのん》　西洋の方法を取り入れた日本画の作品。(狩野芳崖《かのうほうがい》　作　東京藝術《げいじゅつ》大学蔵《ぞう》)

舞妓《まいこ》　フランス印象派の画法を取り入れている。(黒田清《くろだせい》輝《き》　作　東京国立博物館蔵)

課題学習

お雇《やと》い外国人

◆お雇い外国人とは◆

激動《げきどう》の幕末《ばくまつ》を乗り越《こ》えて成立した明治《めいじ》政府でしたが，当時の日本は，近代国家としてまだ国際社会に産声《うぶごえ》をあげたばかりの国でした。欧米諸国《おうべいしょこく》に追いつくためには，その最新知識やすぐれた技術，文化を１日も早く取り入れる必要がありました。そのためわが国は，海外から多くの専門家《せんもんか》をまねき，彼《かれ》らの力で近代化への道筋をつけようとしました。こうして来日した人々のことを「お雇《やと》い外国人」といい，3000人以上いたといわれています。

■クラーク

“少年よ，大志を抱《いだ》け”

1876（明治９）年，札幌《さっぽろ》農学校の教頭としてまねかれたのが，アメリカ人のウィリアム・スミス・クラーク（1826 ～ 86）でした。着任したクラーク博士は，学生に対する細かい規則や心構えなどについての説明を受けましたが，これを笑い飛ばし，「このようなきまりや取りしまりで人を育てることはできない。私が学生に求めるのは，『紳士《しんし》であれ（Be gentleman）』，この一言だけだ」と告げました。ともすれば羽目《はめ》をはずしがちな血気《けっき》さかんな学生たちも，一人前の紳士としてあつかわれることを知り，その言動をつつしんだといいます。

さっぽろ羊ヶ丘《ひつじがおか》展望台に立つクラーク像

クラークは授業を英語で行うとともに，一人ひとりのノートのまちがいを丹念《たんねん》に直しました。また，しばしば学生を引き連れ，山や森，原野に出かけ，動物学や鉱物学《こうぶつがく》を実地に教えました。その日本滞在《たいざい》はわずか１年足らずでしたが，学生はクラークを深く信頼《しんらい》し，別れを惜《お》しみました。見送りにきた人々に向かい，クラークが馬上から声高くさけんだのが，有名な「少年よ，大志を抱《いだ》け（Boys, be ambitious）」という言葉でした。

アメリカに帰国後，事業に失敗したクラークは，失意の中で亡《な》くなりますが，死に臨《のぞ》んで，「神に報告できることが一つだけある。それは札幌における８か月だ」と語ったといわれます。キリスト教に基《もと》づいたクラークの教えは，のちに国際連盟《こくさいれんめい》→p.194事務次長となった新渡戸稲造《にとべいなぞう》→p.199や，思想家の内村鑑三《うちむらかんぞう》らに受けつがれました。

■ナウマン

「フォッサマグナ」を発見した地質学者

ハインリッヒ・エドムント・ナウマン（1854 ～ 1927）はドイツの地質学者です。1875（明治８）年，政府のまねきで来日したとき，わずか20歳《さい》という若《わか》さでした。その後，ナウマンは多くの日本人学者を育て，国の地質調査所の設立に尽力《じんりょく》しますが，最大の業績は日本初の本格的な地質図を完成させたことです。

当時の日本には，地質調査に必要な地図がありませんでした。江戸《えど》時代に伊能忠敬《いのうただたか》がつくりあげた日本全図は精巧《せいこう》なものでしたが，海岸線の輪郭《りんかく》がおもであり，等高線もなく，内陸部の情報もとぼしいものでした。そのため，ナウマンの仕事は地質調査と地形図づくりを並行《へいこう》して行うというたいへんなものとなりました。鉄道もほとんど普及《ふきゅう》していなかった当時，ナウマンは馬に乗ったり，歩いたりして調査を進め，その距離《きょり》は９年間で１万kmにも達しました。

この調査で，北陸《ほくりく》から東海《とうかい》に横たわる新しい地質による大規模《だいきぼ》なU字帯が発見されました。ナウマンはこれを「フォッサマグナ（ラテン語で，“大きな溝《みぞ》”の意味）」と命名しました。野尻湖《のじりこ》（長野《ながの》県）の湖底で発掘《はっくつ》されたナウマンゾウは，日本で初めてゾウの化石を研究した博士の名前にちなんで名づけられたものです。

■パーマー

横浜《よこはま》水道をつくった「近代水道の父」

ヘンリー・スペンサー・パーマー（1838～93）はイギリス陸軍《りくぐん》の軍人であり，土木技師でもありました。２度にわたって来日したパーマーは，横浜に上水道を建設してほしいという依頼《いらい》を神奈川《かながわ》県から受けます。その背《はい》景《けい》には，横浜がわが国を代表する海の玄関《げんかん》として発展《はってん》し，外国人も含《ふく》め人口も急増しているのに，埋立地《うめたてち》が多いため良質の水にめぐまれていないこと，また1877（明治10）年にコレラが大流行したことなどがありました。

パーマーの指揮《しき》のもと，２年にわたって続けられた工事は，1887（明治20）年に終了しました。総延長《そうえんちょう》48kmにおよぶ日本初の近代的な水道が完成した結果，横浜市野毛山《のげやま》貯水池から鉄管をとおして家々に給水が開始されました。この水は横浜の人々に「おいしい水」としてよろこばれ，外国船の船員のあいだでも「赤道を越《こ》えても腐《くさ》らない」と評判になりました。

日本近代水道最古の水道管

パーマーはその後も日本に腰《こし》を落ちつけ，横浜の港湾《こうわん》設備の工事を指揮したり，各地の水道施設《しせつ》の建設に腕《うで》をふるいました。

「近代水道の父」とよばれたパーマーは，晩《ばん》年《ねん》，日本人女性と結婚《けっこん》し，日本で亡くなりました。今日《こんにち》なお野毛山の地下には，当時のイギリス製水道管が埋設《まいせつ》されていて，多くの人々の生活をうるおし続けています。

おもなお雇い外国人の業績

幕末から明治時代にかけて，日本に来た「お雇い外国人」の中から，興味をもった人物を取り上げ，調べてみよう。

人名（出身国）	おもな業績
フルベッキ（蘭《らん》）	徴兵制《ちょうへいせい》・学制の制定
ボアソナード（仏《ふつ》）	民法・刑法《けいほう》の基礎《きそ》づくり
ロエスレル（独《どく》）	大日本帝国憲法《だいにほんていこくけんぽう》の制定に協力
キンドル（英《えい》）	造幣《ぞうへい》事業の基礎《きそ》を築く
ワグネル（独）	殖産興業《しょくさんこうぎょう》を推進《すいしん》
モレル（英）	新橋《しんばし》～横浜《よこはま》に鉄道を建設
コンドル（英）	鹿鳴館《ろくめいかん》など西洋建築を移入
ベルツ（独）	医学教育と臨床《りんしょう》，明治天皇《めいじてんのう》の侍医《じい》
ヘボン（米《べい》）	英語教育，明治学院を創設
モース（米）←p.160	大森貝塚《おおもりかいづか》を発見
ハーン（小泉八雲《こいずみやくも》）（英）	小説家，随筆家《ずいひつか》，のちに日本に帰化
フェノロサ（米）←p.181	東京《とうきょう》美術学校の創設に尽力《じんりょく》

人物コラム

明治《めいじ》を築いた二人——伊藤博文《いとうひろぶみ》と渋沢栄一《しぶさわえいいち》

●政治の基礎《きそ》を築いた伊藤博文●

伊藤博文《いとうひろぶみ》(1841～1909)は，明治《めいじ》政府の骨格をつくりあげた代表的な人物です。

長州藩《ちょうしゅうはん》(山口県《やまぐち》)の下級武士《ぶし》の家に生まれた伊藤は，17歳《さい》で松下村塾《しょうかそんじゅく》に入門します。吉田松陰《よしだしょういん》が「俊輔《しゅんすけ》(伊藤のかつての名)，周旋《しゅうせん》の才あり」と評したように，初めは人のあいだをとりもつ気が利《き》く若者，といった程度の役回りでした。

しかし，幕末の風雲の中で，高杉晋作《たかすぎしんさく》や桂《かつら》小五郎《こごろう》など，すぐれた人々と行動をともにするなかで，政治家としての資質を磨《みが》き上げていきました。

イギリスに留学し，維新《いしん》後は岩倉使節団《いわくらしせつだん》の一員として世界に目を開き，大久保利通《おおくぼとしみち》が凶《きょう》刃《じん》にたおれたのちは，憲法《けんぽう》の制定や国会の開設など，国の舵《かじ》取り役としての大任を果たしました。

晩年《ばんねん》，ロシアとの開戦が決まったとき，伊藤はアメリカの調停に期待して，金子堅太郎《かねこけんたろう》←p.175を派遣《はけん》します。成功する可能性の低いこの任務にしりごみする金子に，伊藤は「もしすべての陸海軍《りくかいぐん》が敗れ，ロシアが日本に迫《せま》った場合，長州の一隊を率いて戦った昔《むかし》を思い，わし自身一人の兵として銃《じゅう》をとり，ロシア軍を防《ふせ》ぎ，砲火《ほうか》の中で死ぬつもりだ」と語ったといいます。伊藤の熱い思いに動かされた金子は，アメリカ大統領《だいとうりょう》セオドア・ルーズベルトとの交渉《こうしょう》を重ね，日露戦争《にちろせんそう》を日本に有利な形で終結させることに成功しました。

暗殺という突然《とつぜん》の死をむかえるまで，内閣《ないかく》総理大臣《そうりだいじん》や枢密院《すうみついん》議長など，多くの要職をこなした伊藤でしたが，その胸の中には常に国への思いが波うっていました。

●経済《けいざい》の土台を築いた渋沢栄一●

渋沢栄一《しぶさわえいいち》(1840～1931)は，わが国の近代化を経済《けいざい》面から支えた第一人者であり，日本資本主義《しほんしゅぎ》の父とよばれる人物です。

現在の埼玉《さいたま》県深谷《ふかや》市に生まれた渋沢は，27歳のとき，幕臣《ばくしん》としてフランスを訪《おとず》れます。パリの大博覧会を目《ま》の当たりにして，その進んだ文化や技術，すぐれた社会制度に強い衝撃《しょうげき》を受けました。渋沢は身なりを洋風に改め，議会や銀行，会社，工場などの見学・研究に没頭《ぼっとう》しました。

帰国後，実業界に身を投じると，留学で得た知識を生かして，国立第一銀行をはじめ500以上の会社設立にかかわり，実業界の最高指導者として長く活躍《かつやく》しました。

渋沢の活動は経済分野だけでなく，福祉《ふくし》や教育の分野にもおよびました。身寄りのない子どもや老人のための養育院を設立し，半世紀以上もその院長を務めたり，貧しい人々を救うための法律《ほうりつ》の制定にも尽力《じんりょく》しました。

渋沢の理想は単なる利益の追求ではなく，経済活動を通して『論語《ろんご》』←p.23の精神である忠恕《ちゅうじょ》(まごころと思いやり)の心を実現することにありました。真の経済発展は道徳に裏づけられなければならない，という信念は，生涯《しょうがい》を通して変わることはありませんでした。

なでしこ日本史～その4

天璋院《てんしょういん》(篤姫《あつひめ》)(1836～83)

最期《さいご》まで徳川《とくがわ》家につくした薩摩《さつま》女性

篤姫《あつひめ》は，薩摩《さつま》・島津《しまづ》家の分家に生まれながら，江戸幕府《えどばくふ》の13代将軍《しょうぐん》・徳川家定《とくがわいえさだ》の妻となりました。しかし病弱だった家定は嫁《とつ》いでから約１年半後に亡《な》くなり，篤姫は22歳《さい》で仏門に入って天璋院《てんしょういん》と名のり，江戸城の女性たちを取り仕切りました。

皇室《こうしつ》から14代将軍・家茂《いえもち》に嫁いだ和宮《かずのみや》とは←p.146不仲でしたが，やがて徳川家存続のために力を合わせます。江戸城総攻撃《こうげき》を前に，天璋院は同郷の西郷隆盛《さいごうたかもり》に手紙を書き，思いとどまるよう懇願《こんがん》しました。

明治《めいじ》になってからも一度も鹿児島《かごしま》に帰らず，東京《とうきょう》で質素な暮《く》らしをしながら，徳川家を継《つ》いだ幼い家達《いえさと》の教育に情熱を注ぎました。最期《さいご》まで徳川家を守った彼女《かのじょ》は，今も上《うえ》野《の》・寛永寺《かんえいじ》の墓所で家定の隣《となり》に眠っています。

津田梅子《つだうめこ》(1864～1929)

わが国初の女性留学生

1871(明治４)年，横《よこ》浜《はま》を出港した岩倉使《いわくらし》節団《せつだん》の中に小さな少女がいました。それが津田梅子《つだうめこ》，満６歳でした。

幕臣《ばくしん》だった父の推薦《すいせん》で留学生となった彼女の行く先はアメリカでした。のちに当時のセオドア・ルーズベルト大統領《だいとうりょう》との面会の場で，「日本人が大切にしている伝統は何か」と問われた彼女は，「犠牲《ぎせい》の精神と忠誠心《ちゅうせいしん》」と答え，大統領を感心させました。

計14年にわたって学んだ梅子は，幅広《はばひろ》い教養と多くの支援者《しえんしゃ》を得て帰国しました。その後は世界に通用する自立した人材を育てようと，女子英学塾《えいがくじゅく》(現在の津田塾《つだじゅく》大学)を設立し，女子教育と英語教育に力を注ぎました。

一方で，日本の良き伝統を大切にした梅子は，式典の場には和服で出席したといいます。

樋口一葉《ひぐちいちよう》(1872～96)

貧しさの底に咲いた名花

五千円札の肖像画《しょうぞうが》で知られる樋口一葉《ひぐちいちよう》は，

24歳で世を去った短命な作家です。少女のころからすぐれた才能を見せていた一葉でしたが，父の事業の失敗で生活が一変しました。家族は小さな借家に住み，針仕事で細々と暮らすことになりました。一葉が小説を書いたのも，生活の足《た》しになればと考えたからでした。

貧苦の中で，しっかりと人間を見つめる作品が新聞に掲載《けいさい》されるようになると，たちまち文壇《ぶんだん》の注目を集めました。しかし，紫式部《むらさきしきぶ》や清少納言《せいしょうなごん》以来の才女という評判が聞かれ始めた矢先，一葉は肺結核《はいけっかく》にたおれました。

わずか14か月のあいだに執筆《しっぴつ》された『たけくらべ』『にごりえ』『十三夜』などの作品は，近代日本文学の不朽《ふきゅう》の名作として，今なお輝《かがや》いています。

第４章のまとめ

近代で重要な役割《やくわり》を果たした人物ベスト５

❶　下の表には，近代の歴史で活躍《かつやく》したおもな人物の名前が記されています。右の年表の空欄《くうらん》に，その人物を当てはめてみましょう。

【近代で活躍したおもな人物】

ペリー，井伊直弼，坂本龍馬，西郷隆盛，徳川慶喜，　明治天皇，岩倉具視，大久保利通，福沢諭吉，板垣退助，伊藤博文，陸奥宗光，小村寿太郎

❷　右の年表に下の事項《じこう》・人名などを加えて，近代の歴史理解を深める年表づくりをしてみましょう。

日米和親条約，日米修好通商条約，吉田松陰，版籍奉還，廃藩置県，日清修好条規，解放令，学制，征韓論，地租改正，日朝修好条規，琉球処分，自由民権運動，第一回帝国議会，教育勅語，条約改正，東郷平八郎，渋沢栄一，夏目漱石

これ以外にも大事な項目がたくさんあるね。

年	近代のおもな人物関連年表
1853	［①］が黒船を率いて来航
1860	桜田門外の変：［②］が暗殺される
1866	［③］，薩摩藩の［④］，長州藩の木戸孝允を引き合わせ薩長同盟を結ぶ
1867	将軍［⑤］が朝廷に政権を返上：大政奉還。朝廷は王政復古の大号令を発す
1868	［⑥］，国づくりの方針として五箇条の御誓文を発す：明治維新の始まり
1871	全権大使［⑦］や［⑧］（薩摩藩出身）が欧米に派遣される：岩倉使節団
1872	［⑨］の『学問のすゝ《(す)》め』出版
1874	［⑩］らの民撰議院設立の建白書
1889	大日本帝国憲法の発布：85年に初代内閣総理大臣となった［⑪］らが草案作成
1894	外相［⑫］，領事裁判権の撤廃に成功
1895	94年に始まった日清戦争で日本は勝利し，下関条約を結ぶが三国干渉にあう
1902	外相［⑬］，日英同盟の締結
1905	95年に始まった日露戦争で日本は勝利し，ポーツマス条約を結ぶ
1910	韓国併合
1911	関税自主権の回復，条約改正が成る

❸　近代で重要な役割を果たした人物の中からベスト５を選び出し，その理由を書き，クラスのみんなと意見交換《こうかん》してみましょう。

例：**【近代で活躍した人物ベスト５】**

第１位　伊藤博文	近代的な立憲政治をつくりあげたから。
第２位	
第５位　渋沢栄一	経済界で活躍し，日本の近代産業の育成に努めたから。

❹　学習をふり返り，「近代日本の特色」を80字～100字ほどの文章でまとめてみましょう。

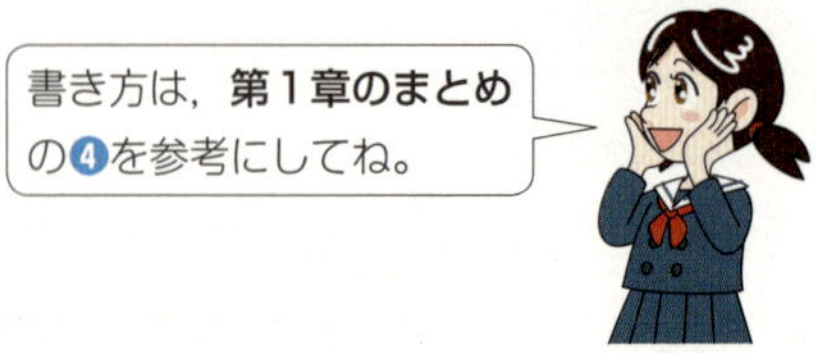
書き方は，第１章のまとめの❹を参考にしてね。

歴史絵巻　～近代②～

日露《にちろ》戦争で大国ロシアに勝った日本は，その後どうなったのだろう？

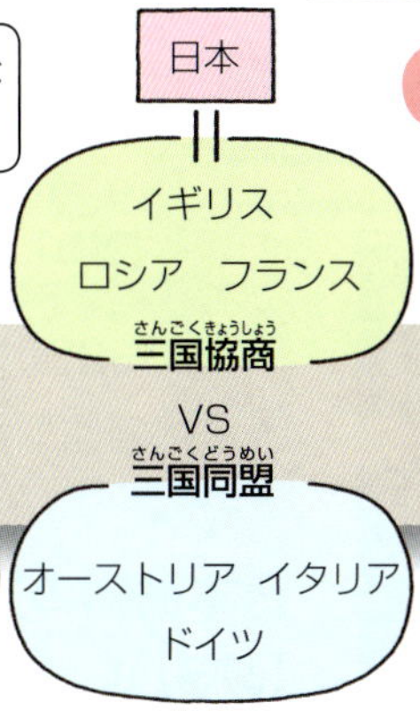
日本
イギリス
ロシア　フランス
三国協商《さんごくきょうしょう》
VS
三国同盟《さんごくどうめい》
オーストリア　イタリア
ドイツ

第一次世界大戦(1914 ～ 18年)

日英同盟《にちえいどうめい》を結んでいた日本は三国協商側について参戦し，ドイツに宣戦布告《せんせんふこく》。

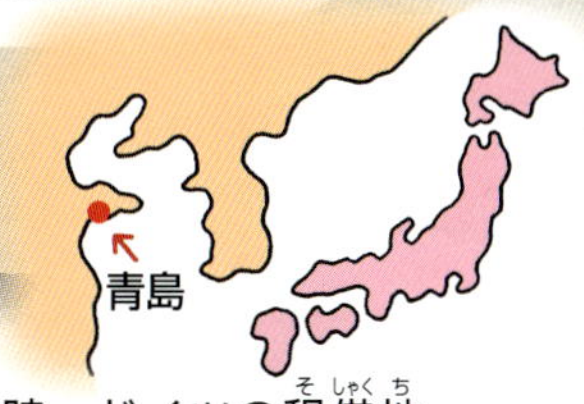
青島

日本は当時，ドイツの租借地《そしゃくち》だった中国の青島《チンタオ》を占領《せんりょう》した。

話せばわかる！
問答無用《もんどうむよう》

犬養毅《いぬかいつよし》

満州《まんしゅう》で日本と中国のあいだに衝突《しょうとつ》がおこり，満州事変《じへん》へと発展《はってん》していったのね。
不況《ふきょう》の中，政党政治に失望し，軍部《ぐんぶ》に期待を寄せる動きが生まれた。
満州

アメリカへの輸出にたよっていた日本の経済はダメージを受けたんだね(昭和《しょうわ》恐慌)。

話し合いで満州事変を解決しようとした犬養首相《しゅしょう》は，軍人に暗殺されてしまう(五《ご》・一五《いちご》事件《じけん》)。

日本は，出兵地からの撤退《てったい》と，国際管理を勧告《かんこく》した国際連盟から脱退《だったい》した。

盧溝橋《ろこうきょう》事件をきっかけに，日中《にっちゅう》戦争が始まった。

日中戦争(1937 ～ 45年)

太平洋《たいへいよう》(大東《だいとう》…

日本はドイツ，イタリアと軍事同盟を結んだ。

松岡洋右《まつおかようすけ》

第二次世界大戦(1939 ～ 45年)

一方，ヨーロッパでも第二次世界大戦が始まった。

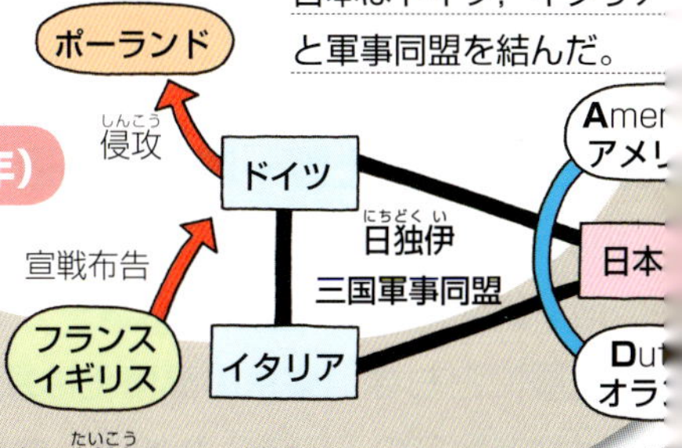
ポーランド
侵攻《しんこう》
ドイツ
宣戦布告
フランス
イギリス
イタリア
日独伊《にちどくい》
三国軍事同盟
日本
Amer
アメリ
Dut
オラン

欧米《おうべい》のブロック経済に対抗《たいこう》して，日本は東アジアで勢力圏《せいりょくけん》を築こうとする。

アメリカは，イギ…もに，日本を経済…

ーニン

このころ，ロシアでは革命《かくめい》がおきて，ソ連が誕生《たんじょう》した。

日本は五大国の一員として，パリ講和《こうわ》会議に出席した。
国際連盟《こくさいれんめい》も発足したのよね。

国内では大戦景気《たいせんけいき》で国力が急速に拡大した。

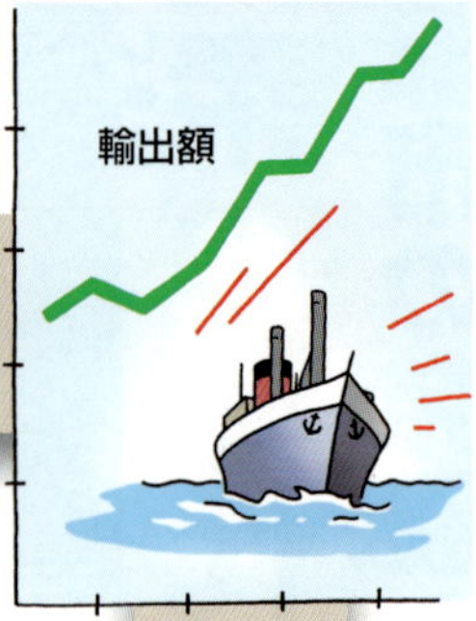
輸出額

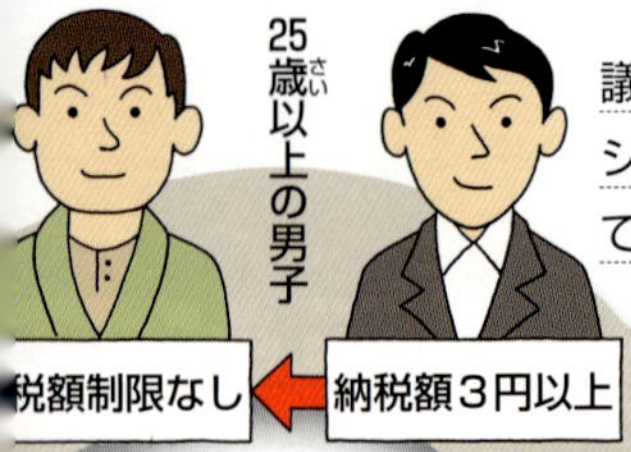
25歳《さい》以上の男子
税額制限なし
納税額３円以上

議会政治が定着して，大正《たいしょう》デモクラシーとよばれた。普通選挙法が成立して，選挙権が大幅《おおはば》に拡大された。

政党の力が増大して，政党内《ない》閣《かく》が組織された。

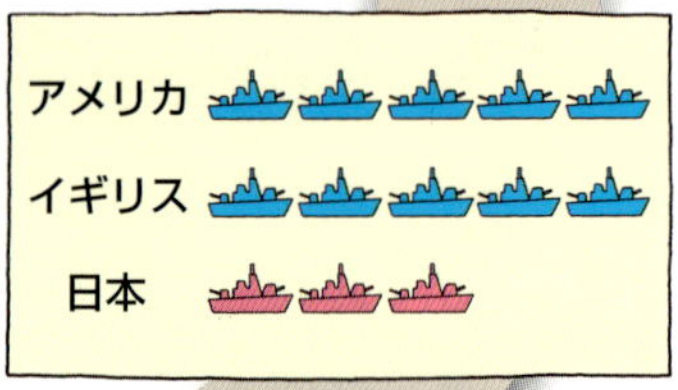
アメリカ
イギリス
日本

ワシントン会議（1921年）

日本は国際協調《きょうちょう》に努め，ワシントン条約を結び軍縮《ぐんしゅく》の取り決めを守った。
このとき，日英同盟が廃棄《はいき》されたんだね。

界一の経済大国となったメリカで株価《かぶか》が大暴落《だいぼうらく》，世界恐慌《きょうこう》がおきた。

関東大震災《かんとうだいしんさい》（1923年）

関東大震災がおきて，日本の経済《けいざい》は大きなダメージを受けた。

昭和天皇《しょうわてんのう》はポツダム宣言を受諾《じゅだく》する決断をして，戦争は終わりを告げた。

終戦

堪《た》ヘ難《がた》キヲ堪ヘ忍《しの》ヒ難キヲ忍ヒ…

洋)戦争（1941～45年）

経済封鎖《ふうさ》で追いつめられた日本は，アメリカとの戦争を決意して，真珠湾《しんじゅわん》を攻撃《こうげき》した。

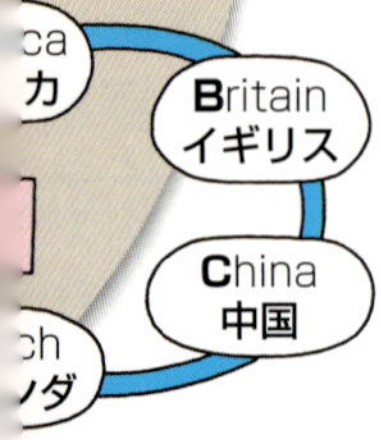
ca
カ
Britain
イギリス
China
中国
ch
ンダ

リス，中国，オランダととに圧迫《あっぱく》した。

ソ連も中立条約を破って宣戦布告《せんせんふこく》してきたんだよね。
アメリカは，広島《ひろしま》と長《なが》崎《さき》に原爆《げんばく》を落とした。

焼け野原となった日本はどのように立ち直っていったのかしら？

第5章

二度の世界大戦と日本

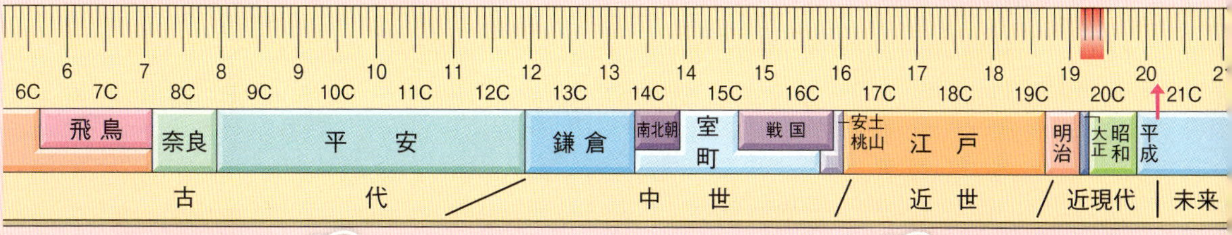
6C 7C 8C 9C 10C 11C 12C 13C 14C 15C 16C 17C 18C 19C 20C 21C
6 7 8 9 10 11 12 13 14 15 16 17 18 19 20
飛鳥
奈良
平安
鎌倉
南北朝
室町
戦国
安土桃山
江戸
明治
大正
昭和
平成
古代
中世
近世
近現代
未来

装備《そうび》を取りつけている戦艦大和《せんかんやまと》(1941年９月撮影《さつえい》，資料提供：大和ミュージアム) 日本はペリー来航後，イギリスなどの指導を受けて造船に取り組み，1919(大正《たいしょう》８)年には，世界第３位の造船大国になりました。その後，世界最大の戦艦建造に着手し，1941(昭和《しょうわ》16)年12月，戦艦大和は完成しました(全長263m，最大幅《さいだいはば》約39m，約６万9000排水《はいすい》トン)。しかし，大和は1945(昭和20)年４月，沖縄《おきなわ》戦への出撃途中《しゅつげきとちゅう》，九州《きゅうしゅう》南方海上でアメリカ軍機の攻撃《こうげき》を受け沈没《ちんぼつ》しました。

大和は，もてる能力を十分《じゅうぶん》に発揮《はっき》できずに，海に沈《しず》んだのね。
巨大な戦艦ではなく，航空戦が勝敗を分ける時代だったようだね。
戦艦大和の建造は，当時の最高技術を導入した壮大《そうだい》なプロジェクトだった。この経験が，戦後の技術立国・日本につながっていくのだよ。

第1節 第一次世界大戦前後の日本と世界

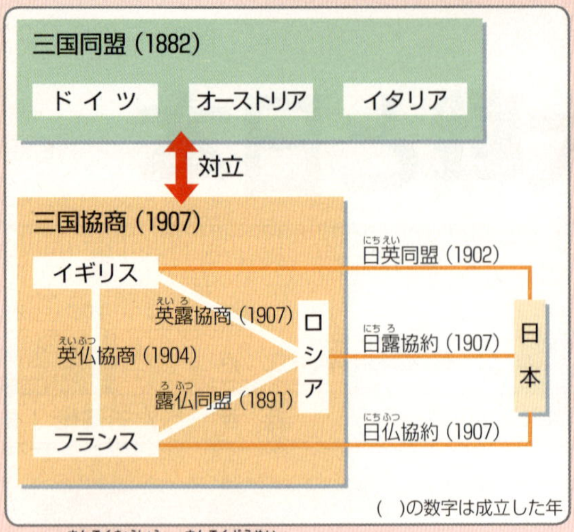

三国協商《さんごくきょうしょう》と三国同盟《さんごくどうめい》　イタリアは，第一次世界大戦勃発《ぼっぱつ》後，有利な領土条件を示されたため協商側に立って参戦した。

第一次世界大戦中のヨーロッパ　東部・西部の戦線では，長期間にわたって一進一退の戦闘《せんとう》がくり広げられた。

60 第一次世界大戦

◉第一次世界大戦はなぜおこり，日本はどうかかわったのだろうか。

❶　オーストリア皇帝《こうてい》はハンガリー国王を兼《か》ねていたためオーストリア・ハンガリー帝国《ていこく》とよばれた。

サラエボ事件　犯人《はんにん》はセルビア民族主義者。当時のセルビアはオーストリアの圧迫《あっぱく》を受けていた。

第一次世界大戦

ヨーロッパでは，オーストリア❶，イタリアと**三国同盟《さんごくどうめい》**を結んだドイツが急速に国力を増大させ，イギリスの優位《ゆうい》をおびやかすようになりました。

一方，日英同盟《にちえいどうめい》によって，どこの国とも組まない孤立政策《こりつせいさく》を転換《てんかん》したイギリスは，日露戦争《にちろせんそう》後ふたたびヨーロッパに関心を向け始めたロシア，そしてフランスに接近し，1907年，**三国協《さんごくきょう》商《しょう》**を成立させ，ドイツの動きに対抗《たいこう》しました。

バルカン半島では，独立をめざす諸民族《しょみんぞく》のあいだで対立と抗《こう》争《そう》が激《はげ》しくなっていました。列強《れっきょう》は独立運動を利用して勢力拡《せいりょくかく》大《だい》をはかったため紛争《ふんそう》が絶えず，バルカン半島は「ヨーロッパの火薬庫」とよばれました。特《とく》にセルビア人などスラブ系の民族は，ロシアの力を背景《はいけい》にオーストリアに抵抗《ていこう》しようとしました。

1914年，オーストリアの皇太子《こうたいし》夫妻がサラエボでセルビアの青年に暗殺されました（サラエボ事件）。この事件をきっかけに，セルビアとオーストリアの戦争が始まると，三国協商，三国同盟の各国もそれぞれの側に参戦し，**第一次世界大戦**が始まりました。

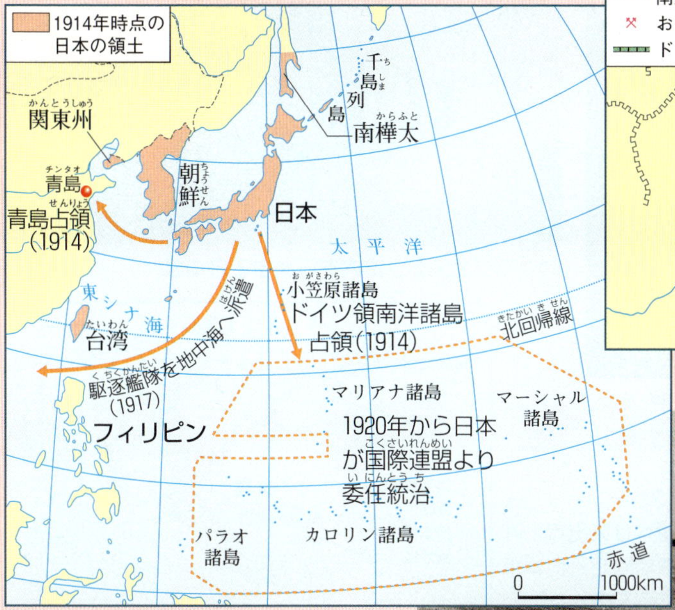

第一次世界大戦での日本の行動

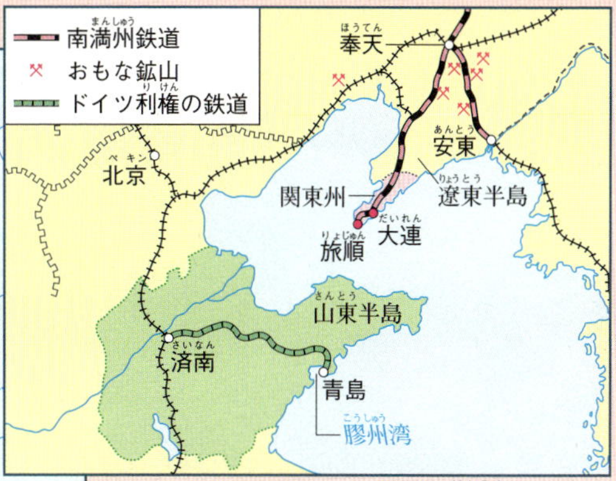

二十一か条の要求における権益《けんえき》

地中海《ちちゅうかい》の日本海軍艦隊《かいぐんかんたい》 ドイツ海軍の潜水艦《せんすいかん》の攻撃《こうげき》から，三国協商側の輸送船や商船を守るために活躍《かつやく》した。

日本の参戦と二十一か条の要求

わが国は，日英同盟に基《もと》づき三国協商側に立ち，ドイツに宣戦布告《せんせんふこく》して，ドイツの租借地《そしゃくち》だった山東《さんとう》《シャントン》半島の青島《チンタオ》や太平洋上のドイツ領の島々などを占領《せんりょう》しました。さらに協商側の要請《ようせい》で地中海《ちちゅうかい》に艦隊《かんたい》を派遣《はけん》し，商船などの警護《けいご》に当たりました。

大戦のさなか，わが国は，山東省のドイツ権益《けんえき》を日本が引きつぐことや，関東州《かんとうしゅう》・**南満州鉄道**《みなみまんしゅう》(**満鉄**《まんてつ》)❷の租借期限の延長《えんちょう》などを中華民国《ちゅうかみんこく》➡p.194政府に要求しました(**二十一か条の要求**)。そのうち，中国政府への日本人顧問《こもん》の受け入れなどは，希望条項《じょうこう》という理由で，日本は列国に通知しませんでしたが，中国はこれを列国に知らせて抵抗《ていこう》しました。

イギリスとアメリカは，日本が中国での独占《どくせん》的地位を得ようとしているとして非難しました。わが国は希望条項を撤回《てっかい》しましたが，最後通告を発して中国に強硬《きょうこう》な姿勢《しせい》でのぞみ，要求の多くを受け入れさせました。❸中国では日本への反発が強まり，反対運動もおこりました。列国の不信感をまねいた交渉《こうしょう》のやり方には，日本国内でも批判《ひはん》がおこりました。

❷ 日本が獲得《かくとく》した満州の鉄道を経営するために，1906(明治《めいじ》39)年に設立された株式会社。日本の満州経営に大きな役割《やくわり》を果たした。

❸ 日本はドイツから山東省の権益を引きついだが，ワシントン会議の決定により，中国に引き渡した(➡p.198)。

二十一か条の要求

一 中国政府は，山東省に関するドイツの権益《けんえき》が，日本にゆずり渡されることを認《みと》めること。

一 日本の旅順，大連の租《そ》借《しゃく》の期限，南満州鉄道の権利保有の期限を，99年延長《えんちょう》すること。

一 中国政府は，南満州と東部内《うち》モンゴルにある鉱《こう》山《ざん》の採掘権《さいくつけん》を日本にあたえること。 (一部要約)

演説《えんぜつ》するレーニン　兵士と労働者から支持を集めて革命に成功したレーニンは，共産党《きょうさんとう》の一党独裁《いっとうどくさい》による共産社会の実現をめざした。

ウラジオストク市内を行進する日本軍

日本軍のシベリア出兵　4年以上の出兵期間で，日本軍は数千の戦死者を出した。

61 ロシア革命《かくめい》と第一次世界大戦の終結

◉大戦や革命をとおして世界はどのように変わっていったのだろうか。

ソビエトの出現

ロシアでは，相つぐ敗戦による生活物資の不足に民衆《みんしゅう》の不満が噴出《ふんしゅつ》して，1917年，レーニンの率いるソビエト[1]政権《せいけん》が成立しました（**ロシア革命《かくめい》**）。

革命政府はドイツと講和《こうわ》を結び戦争を中止し，革命に反対する国内勢力《せいりょく》との内戦に入りました。退位したロシア皇帝《こうてい》やその家族は処刑《しょけい》され，資本家や地主，知識《ちしき》階級は捕《とら》えられ，多数の人々が殺害されたり，シベリアに追放されたりしました。

共産主義《きょうさんしゅぎ》の拡大

ソビエトは世界初の共産主義《きょうさんしゅぎ》社会の実現をめざす政府でした[2]。貧富《ひんぷ》の差を生むとして自由な生産活動を禁止し，土地や農場，銀行，鉱山《こうざん》，鉄道などほとんどすべての企業《きぎょう》を国有化し，国家が管理することになりました。議会政治を否定し，共産党《きょうさんとう》にすべての権力《けんりょく》が集中する一《いっ》党独裁《とうどくさい》政治が行われ，市民の自由はうばわれました。共産主義国家の成立は，各国の知識人や農民，労働者に影響《えいきょう》をあたえ，資本主義国では，共産主義にどう対応していくかが大きな政治問題になりました。

革命の影響を警戒《けいかい》した欧米諸国《おうべいしょこく》は，シベリアに兵を送り，革命政府に圧力を加えました。わが国も1918（大正《たいしょう》７）年，アメリカなどとともにシベリア出兵を行い，共産系《けい》軍と戦いましたが，成果がないまま撤退《てったい》しました。

❶　ロシア語で「会議」の意味。ロシア革命では，帝政がたおれ，労働者と兵士の代表会議を基盤《きばん》として，レーニン率いるロシア共産党中心の政権《せいけん》が成立した。この代表会議をソビエトという。1922年にソビエト社《しゃ》会主義共和国連邦《かいしゅぎきょうわこくれんぽう》（ソ連）が成立した。

❷　ドイツの思想家マルクスの考えに基《もと》づき，革命によって労働者が資本家をたおし，階級のない社会の実現をめざすとした。

⬇塹壕戦《ざんごうせん》のようす　塹壕の劣悪《れつあく》な環境《かんきょう》の中での長期戦は，兵士たちを非常に苦しめた。

⬆兵器工場で働く女性（イギリス）　ヨーロッパでは，男性が戦争に動員されたため労働力不足が発生し，女性労働者が増加した。これは女性の社会進出が進む背《はい》景《けい》となった。

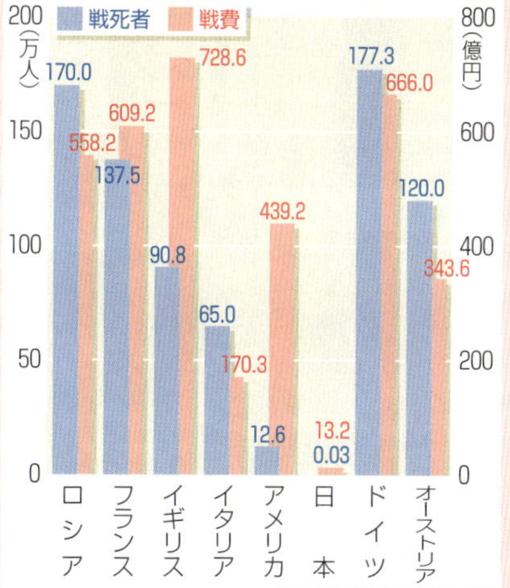

戦死者
戦費
200（万人）
150
100
50
0
800（億円）
600
400
200
0
170.0
558.2
137.5
609.2
90.8
728.6
65.0
170.3
12.6
439.2
0.03
13.2
177.3
666.0
120.0
343.6
ロシア
フランス
イギリス
イタリア
アメリカ
日本
ドイツ
オーストリア

（日本陸軍省調査など）

⬆第一次世界大戦での主要参戦国の戦死者と戦費　ヨーロッパ諸国《しょこく》の被《ひ》害《がい》は，過去の戦争とは比べものにならないほど大きなものだった。

1919年，世界に共産主義を広めるため，コミンテルン❸とよばれる革命指導組織がつくられました。各国の共産党❹はコミンテルンの支部として結成され，それぞれの国を共産化するための活動を始めました。

レーニンの死後，権力をにぎったスターリンは，農業の集団化をおし進めるとともに，工業国への転換《てんかん》をめざしました。そのあいだ，スターリンは秘密警察《ひみつけいさつ》による情報網《じょうほうもう》をはりめぐらせ，共産党に反対する人々を摘発《てきはつ》して収容所《しゅうようじょ》➡p.205に送り，おびただしい数の犠牲者《ぎせいしゃ》を出しました。わが国は，北の国境で共産主義という新たな脅威《きょうい》と直面することになりました。

第一次世界大戦の終結

第一次世界大戦は，武器の発達や塹壕《ざんごう》❺戦術によって長期戦となり，各国は軍事力のみならず，国力のすべてを動員して戦いを続けました（**総力戦**）。この戦争では，飛行機や飛行船，戦車，潜水艦《せんすいかん》，毒ガスなどの新兵器が用いられ，戦死者はおよそ900万人にもおよび，主戦場となったヨーロッパは荒廃《こうはい》しました。

当初戦争に加わらなかったアメリカの参戦によって，三国《さんごく》協商《きょうしょう》側の勝利で大戦が終わったのは1918（大正７）年のことでした。戦争で国力を使い果たしたヨーロッパ諸国《しょこく》の国際的な地位は低下し，かわってアメリカの発言力が大きくなりました。

❸　正式名称は共産主義インターナショナル。レーニンによって設立され，世界革命をめざし，世界各地の共産党を指導した。

❹　ロシア革命の発生は，日本の社会主義者を強く刺《し》激《げき》した。彼《かれ》らの一部は，コミンテルンの支援《しえん》と指導を受けて，1922年，ひそかに日本共産党を結成した。

❺　陣地《じんち》のまわりに掘る溝《みぞ》。

⬆戦車　塹壕を突破《とっぱ》するために開発された兵器。のちにはスピードも向上し，すぐれた突破力によって戦争の様相《ようそう》を変えた。

この会議の結果，世界はどうなっていったのかな。
フランス首相
ウィルソン米大統領
イギリス首相
ドイツ代表

パリ講和《こうわ》会議　アメリカのウィルソン大統領《だいとうりょう》，イギリスのロイド・ジョージ首相《しゅしょう》，フランスのクレマンソー首相，日本の西園寺公望全権《さいおんじきんもちぜんけん》などが出席した。

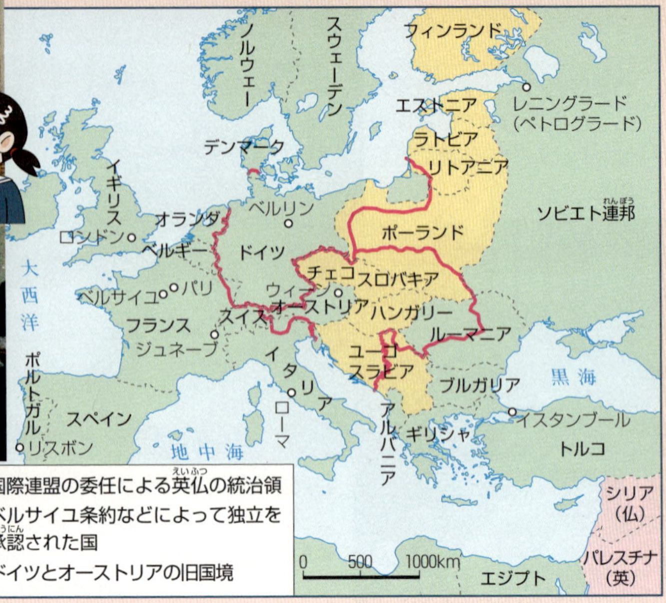
ノルウェー
スウェーデン
フィンランド
エストニア
レニングラード（ペトログラード）
ラトビア
リトアニア
デンマーク
イギリス
オランダ
ベルリン
ソビエト連邦《れんぼう》
ロンドン
ベルギー
ドイツ
ポーランド
チェコスロバキア
大西洋
ベルサイユ
パリ
ウィーン
オーストリア
ハンガリー
スイス
フランス
ルーマニア
ジュネーブ
イタリア
ユーゴスラビア
黒海
ポルトガル
ブルガリア
スペイン
ローマ
アルバニア
イスタンブール
ギリシャ
リスボン
地中海
トルコ
国際連盟の委任による英仏《えいふつ》の統治領
ベルサイユ条約などによって独立を承認《しょうにん》された国
ドイツとオーストリアの旧国境
シリア（仏）
0　500　1000km
パレスチナ（英）
エジプト

第一次世界大戦後のヨーロッパ

62 ベルサイユ条約と国際協調の動き

◉国際社会は平和や自由をめざしてどのように動き始めたのだろうか。

ウィルソン(1856～1924)　第28代アメリカ大統領。

❶　各民族が自主的に帰属《きぞく》や政治を決定し，他の民族・国家の干渉《かんしょう》を認《みと》めないとする原則。この原則により，東欧《とうおう》や北欧《ほくおう》で多くの国が独立した。

国際協調の動き

第一次世界大戦の戦後処理《しょり》をめぐり，1919年，パリで講和《こうわ》会議が開かれ，**ベルサイユ条約**が結ばれました。ドイツはこの条約で領土の一部とすべての植民地を失い，軍備《ぐんび》を制限されたうえに，巨額《きょがく》の賠償金《ばいしょうきん》の支払《しはら》いを義務づけられました。

パリ講和会議で，アメリカ大統領《だいとうりょう》のウィルソンは，国際平和を守る機関として**国際連盟**《こくさいれんめい》をつくることを提案しました。その意義や効果に疑問《ぎもん》をもつ国もありましたが，1920年，国際連盟が発足《ほっそく》しました。日本は戦勝国として，イギリス，フランスなどとともに常任理事国《じょうにんりじこく》になりました。しかし提案国のアメリカは，議会の反対で参加できませんでした。

アジアの民族運動

ウィルソンが提唱した**民族自決**《みんぞくじけつ》の原則❶は，列強《れっきょう》の支配や圧迫《あっぱく》のもとで苦しんでいた諸民族《しょみんぞく》に希望をあたえました。しかし実際は，ヨーロッパ以外でこの原則を実現できた地域《ちいき》はありませんでした。

辛亥革命《しんがいかくめい》により成立した中華民国《ちゅうかみんこく》（→p.177）では，清朝《しんちょう》をたおした軍人の袁世凱《えんせいがい》《ユワンシーカイ》が孫文《そんぶん》《スンウェン》にかわって大総統《だいそうとう》となり，独裁的《どくさいてき》権力をにぎろうとしたため，各地で反乱がおき混乱状態になりました。

パリ講和会議で，山東省《さんとうしょう》《シャントン》の旧《きゅう》ドイツ権益《けんえき》が日本に引きつがれることが決まると，これに対する抗議《こうぎ》活動が，北京《ペキン》の学生運動

三《さん》・一《いち》独立運動 右は女学生によるデモ行進。

ガンジー(1869～1948) 人種差別に反対し,「非暴力《ひぼうりょく》・不《ふ》服従《ふくじゅう》」の運動によってインド独立をイギリスに要求した。

ネルー(1889～1964) ガンジーとインド独立運動を主導《しゅどう》。第二次世界大戦後,インド独立後の初代首相となった。

五《ご》・四《し》運動 中国政府内の親日派《しんにちは》や日本を強く非難《ひなん》した。これを支援《しえん》するストライキが中国各地で行われた。

から始まりました(**五《ご》・四《し》運動**)。

一方,朝鮮《ちょうせん》でも日本からの「独立万歳《ばんざい》」をさけぶ大規模《だいきぼ》なデモ行進がソウルでおこり,全国に広がりました(**三《さん》・一《いち》独立運動**)。朝鮮総督府《そうとくふ》←p.176は,軍隊の力で鎮圧《ちんあつ》しましたが,以後,武力でおさえつける統治のしかたをあらためました。

第一次世界大戦でイギリスに協力したインドは,戦争後に自《じ》治権《ちけん》をあたえられることが約束されていました。しかし結局,イギリスはこれを認《みと》めず,弾圧《だんあつ》を強化したため,ガンジーやネルーらを中心とする独立運動がインド全土に広がりました。

トルコでは,オスマン帝国が第一次世界大戦にドイツ側として参戦して敗れ,それにともなう英仏軍の占領《せんりょう》や領内の諸民族の独立により,領土が縮小《しゅくしょう》しました。しかし1922年,トルコ共《きょう》和国《わこく》が樹立され,近代国家への改革が進められました。

アタテュルク(1881～1938) トルコ共和国《きょうわこく》建国の父。オスマン帝国《ていこく》の軍人で,オスマン帝国の敗戦後,トルコ共和国を樹立《じゅりつ》して初代大統領となる。西欧《せいおう》化・近代化政策を断行した。

コラム Column 幻《まぼろし》の人種平等案

1919(大正《たいしょう》8)年,パリ講和《こうわ》会議で日本代表は,国際連盟《こくさいれんめい》の規約に「人種差別撤廃《てっぱい》」を盛《も》りこもうという画期的な提案を行います。その目的は移民への差別を撤廃することにあったので,オーストラリア→p.199など,有色人種の移民を制限していた国は強硬《きょうこう》に反対しました。

アメリカ政府は当初この提案に同情的でしたが,カリフォルニアなど西部の州の反発をおそれて反対にまわり,日本の提案は,国際連盟規約委員会の出席者16人中11人の賛成《さんせい》を得たにもかかわらず,「全会一致《いっち》ではない」というウィルソン議長の判断で否決《ひけつ》されました。しかし,日本の提案は会議開催国《かいさいこく》フランスをはじめ,多くの国々の共感をよびました。

すごい人数だね。この人たちは何を求めて集まっているんだろう。

衆議院《しゅうぎいん》の門前におし寄せた民衆《みんしゅう》　護憲《ごけん》運動は都市部から全国に広がり，さまざまな層《そう》の人々が熱心に参加した。

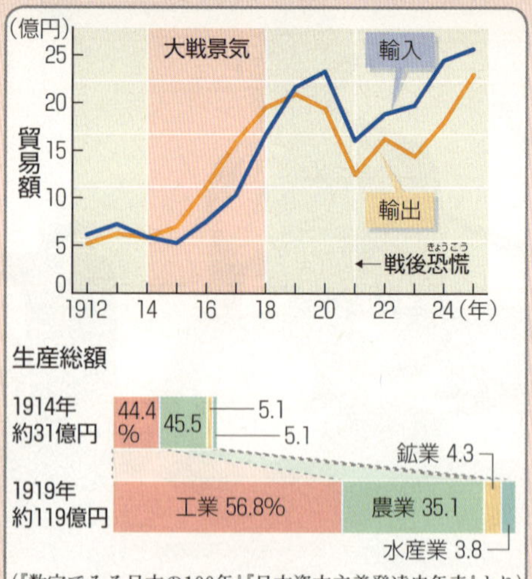

(億円)
25
20
15
10
5
0
貿易額
大戦景気
輸入
輸出
←戦後恐慌《きょうこう》
1912
14
16
18
20
22
24(年)
生産総額
1914年
約31億円
44.4
%
45.5
5.1
5.1
鉱業 4.3
1919年
約119億円
工業 56.8%
農業 35.1
水産業 3.8

(『数字でみる日本の100年』『日本資本主義発達史年表』より)

大正時代の貿易と産業　大戦景気によって，日本の産業構造も変化していった。

63

大正《たいしょう》デモクラシーと政党《せいとう》政治

◉日本の政党政治はどのようにして実現したのだろうか。

吉野作造《よしのさくぞう》(1878 ～ 1933)　大正デモクラシーの理論的指導者となった。

原敬《はらたかし》(1856 ～ 1921)　華《か》族《ぞく》出身ではない初めての首相《しゅしょう》で，「平民宰相《へいみんさいしょう》」とよばれた。

大戦と好景気《こうけいき》

第一次世界大戦による軍需品《ぐんじゅひん》の需要《じゅよう》から，日本には大量の物資の注文が入り，かつてない好況《こうきょう》をむかえました(大戦景気《けいき》)。わが国は一挙に貿易黒字国に転じ，鉄鋼《てっこう》や造船を中心とする重化学工業が発展《はってん》しました。

大正デモクラシー

日露戦争《にちろせんそう》後，日本の政界では，立憲政友会総《りっけんせいゆうかいそう》裁《さい》の西園寺公望《さいおんじきんもち》と，藩閥《はんばつ》を背後にもつ桂太郎《かつらたろう》が交互に内閣《ないかく》を組織していました。明治天皇《めいじてんのう》が亡《な》くなり，大正《たいしょう》天皇が即位《そくい》した1912(大正元)年，西園寺内閣が陸軍の圧力《あつりょく》でたおれ，桂内閣が成立すると，藩閥への批判《ひはん》や政党《せいとう》による議会政治を求める運動(**護憲運動**《ごけん》)が尾崎行雄《おざきゆきお》や犬養毅《いぬかいつよし》を中心に展開《てんかい》され，桂内閣は退陣《たいじん》に追いこまれました。

政治学者の吉野作造《よしのさくぞう》は，民本主義《みんぽんしゅぎ》を唱《とな》え，選挙《せんきょ》で多数を占《し》めた政党が内閣を組織すること(**政党政治**)が大切であると主張しました。第一次世界大戦後，国際社会に確かな地位を占《し》めていたわが国は，世界的な民主主義の風潮《ふうちょう》の中，政党政治をめざす方向に向かいました。以後，昭和初期にいたるまでの，こうした風潮の高まりを**大正デモクラシー**といいます。

1918(大正７)年，米の値上がりを予測した商人が米を買い占め，米価がはね上がりました。そうしたなか，民衆が米の安価な販売を求めて米問屋に押し寄せる事件が富山《とやま》県でおこりました。この動きは全国に拡大し，暴動《ぼうどう》を引きおこしました(**米騒**《こめそう》

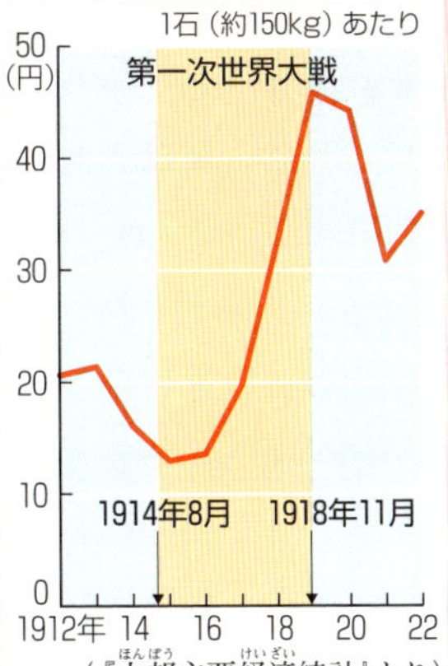

（『本邦《ほんぽう》主要経済《けいざい》統計』より）

米の値段《ねだん》の移り変わり

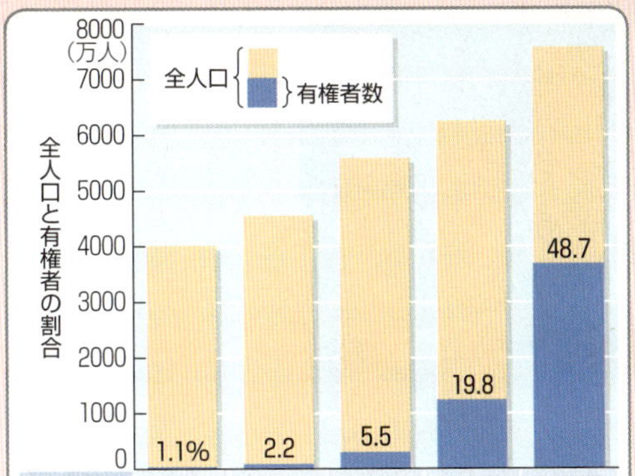

有権者数		45万	98万	307万	1241万	3688万
選挙実施		1890年（明治《めいじ》23）	1902年（明治35）	1920年（大正9）	1928年（昭和3）	1946年（昭和21）
選挙法成立		1889年	1900年	1919年	1925年	1945年
資格	性別	男	男	男	男	男女
	年齢（以上）	25歳	25歳	25歳	25歳	20歳
	税金（以上）	国税15円	国税10円	国税3円	無制限	無制限

有権者数の変化　1928（昭和《しょうわ》３）年の普通選挙で約４倍に増えた。

おもな首相《しゅしょう》（○数字は何代の総理《そうり》大臣かを表す）

1885	伊藤博文《いとうひろぶみ》（①，⑤，⑦，⑩）◆	藩閥内閣《はんばつないかく》　おもに長州《ちょうしゅう》・薩摩《さつま》出身者が内閣を組織
～	山県有朋《やまがたありとも》（③，⑨）◆	
	黒田清隆《くろだきよたか》（②）■	
1900	松方正義《まつかたまさよし》（④，⑥）■	
1901	桂《かつら》 太郎《たろう》（⑪，⑬，⑮）◆	藩閥勢力と立憲《りっけん》政友会《せいゆうかい》が交互に内閣を組織
～ 1912	西園寺公望《さいおんじきんもち》（⑫，⑭）★	
1913	山本権兵衛《やまもとごんべえ》（⑯★，㉒）	政党《せいとう》が力を強める
	大隈重信《おおくましげのぶ》（⑧，⑰）	
～	寺内正毅《てらうちまさたけ》（⑱）◆	
	原《はら》　敬《たかし》（⑲）★	
1922	高橋是清《たかはしこれきよ》（⑳）★	
		非政党内閣
1924	加藤高明《かとうたかあき》（㉔）	政党内閣
	若槻礼次郎《わかつきれいじろう》（㉕，㉘）	
～	田中義一《たなかぎいち》（㉖）★	
	浜口雄幸《はまぐちおさち》（㉗）	
1931	犬養《いぬかい》　毅《つよし》（㉙）★	

◆は長州，■は薩摩，★は立憲政友会

歴代内閣の移り変わり

動《どう》）。騒動で内閣がたおれると，立憲政友会の原敬《はらたかし》が首相《しゅしょう》となり，外務《がいむ》，陸《りく》・海軍《かいぐん》以外の閣僚《かくりょう》が政党人からなる本格的な**政党内閣**を組織しました。しかし，反対勢力《せいりょく》も根強く，原が東京《とうきょう》駅で暗殺されると，その後は非政党内閣が３代続きました。

ふたたび護憲運動が高まり，1924（大正13）年，護憲派《ごけんは》が総選挙で多数を占めると，衆議院《しゅうぎいん》の第一党になった憲政会《けんせいかい》の加藤高《かとうたか》明《あき》が，政党内閣をつくりました。その後，８年間は，内閣が辞職した場合，野党《やとう》第一党の党首が次の内閣を組織するようになり（憲政《けんせい》の常道《じょうどう》），政党内閣が続きました。

加藤内閣は，1925（大正14）年，**普通選挙法**を成立させ，納税額《のうぜいがく》にかかわらず25歳《さい》以上の男子全員に選挙権《せんきょけん》があたえられました。

社会運動の高まり

大戦景気の反動で不景気になると，**労働運動**もさかんになり，1921（大正10）年，日本労働総同盟《どうめい》が，翌年《よくねん》，日本農民組合が結成されました。また，**全国《ぜんこく》水平社《すいへいしゃ》**が組織され，部落《ぶらく》差別撤廃《てっぱい》を求める運動が本格化しました。女性の地位向上や参政権《さんせいけん》を求める動きも活発になりました。❶

一方，ロシア革命《かくめい》の影響《えいきょう》で共産主義《きょうさんしゅぎ》の思想や運動が知識人《ちしきじん》や学生のあいだに広がっていきました。ソ連と国交を結んだこともあり，共産主義運動が国内に広がることをおそれた政府は，1925（大正14）年，君主制の廃止《はいし》や私有財産制度の否認《ひにん》などをめざす活動を取りしまる**治安維持法《ちあんいじほう》**を制定しました。

全国水平社創立大会宣言《ぜんこくすいへいしゃそうりつたいかいせんげん》

我々《われわれ》は，かならず卑屈《ひくつ》なる言葉と怯懦《きょうだ》なる行為《こうい》によって，祖先《そせん》を辱《はずか》しめ人間を冒瀆《ぼうとく》してはならぬ。そうして人の世の冷《つめ》たさが，何《ど》んなに冷たいか，人間をいたわる事が何《な》んであるかをよく知っている吾々《われわれ》は，心から人生《じんせい》の熱と光を願求礼《がんぐらい》讃《さん》するものである。

水平社は，かくして生《うま》れた。

人の世に熱あれ，人間に光あれ。　（一部抜粋《ばっすい》）

❶ 平塚《ひらつか》らいてう《(ちょう)》（➡p.225），市川房枝《いちかわふさえ》らが活躍《かつやく》した。

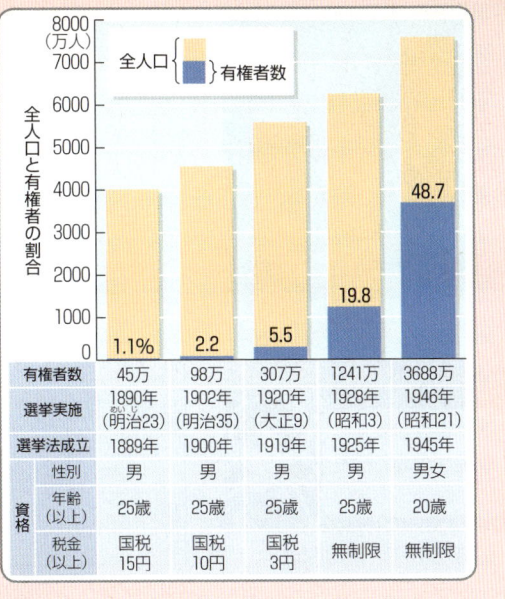

⬆ワシントン会議（1921年11月～ 1922年２月）　参加国は，アメリカ・日本・イギリス・フランス・イタリア・ベルギー・オランダ・ポルトガル・中国の９か国。

	国　名	制限保有量（各国の比率）	一艦あたりの制限排水量
主力艦	イギリス	52.5万t (5)	3.5万t（各国共通）
	アメリカ	52.5万t (5)	
	日　本	31.5万t (3)	
	フランス	17.5万t (1.67)	
	イタリア	17.5万t (1.67)	
航空母艦	イギリス	13.5万t (5)	2.7万t（各国共通）
	アメリカ	13.5万t (5)	
	日　本	8.1万t (3)	
	フランス	6.0万t (2.22)	
	イタリア	6.0万t (2.22)	
補助艦	各国共通	無制限	1.0万t

⬆ワシントン会議における軍縮の取り決め

（『日本史資料』より）

64 ワシントン会議と日米関係

◉軍縮に向かう世界の流れに日本はどうかかわっていったのだろうか。

軍縮《ぐんしゅく》の時代

1921（大正《たいしょう》10）年，アメリカのよびかけで開かれた**ワシントン会議**には日本など９か国が参加し，太平洋《たいへいよう》をめぐる海軍《かいぐん》の軍縮《ぐんしゅく》や中国問題について話し合いました。会議では米・英・日が保有する主力艦《しゅりょくかん》❶の割合《わりあい》が５：５：３と決められたほか，中国の領土保全・貿易の機会均等の方針《ほうしん》が確認されました。日本は山東省《さんとうしょう》《シャントン》の権益《けんえき》を中国に返しました。

わが国は，大正末期から昭和初期にかけて，外務《がいむ》大臣・幣原《しではら》喜重郎《きじゅうろう》の国際協調主義のもとで，ワシントン体制❷に協力しました。軍縮は軍事費の増大に苦しんでいた財政《ざいせい》を助けました。加《か》藤友三郎《とうともさぶろう》が首相《しゅしょう》になると，多数の戦艦《せんかん》を廃棄《はいき》しました。陸軍の人員削減《さくげん》も実行され，加藤高明内閣《かとうたかあきないかく》はさらに軍縮を進めました。

また，ワシントン会議ではアメリカの強い意向で日英同盟《にちえいどうめい》が解消され，新たに日米英仏による四か国条約が結ばれました。しかし，ロシア革命による日露協約《にちろきょうやく》の消滅と日英同盟の解消によって，わが国はのちに外交的孤立を深めることになりました。

日本人移民の問題

日露戦争では，わが国とアメリカのあいだには，ロシアの進出をくいとめるという共通の利益がありました。しかし，日本が東アジアの実力者となり，フィリピンを領有したアメリカが，中国の市場に期待をも

❶　排水《はいすい》量１万トン以上の軍艦《ぐんかん》を指す。軍縮条約のうえでは，主力艦《しゅりょくかん》と航空母艦《こうくうぼかん》以外の軍艦を補助艦《ほじょかん》という。

⬆幣原喜重郎《しではらきじゅうろう》（1872 ～ 1951）
外務省《がいむしょう》に入り駐米《ちゅうべい》大使などを経《へ》たのち，外務大臣となる。幣原外交とよばれる協調的外交を展開《てんかい》した。

❷　ワシントン会議で決まった国際秩序《ちつじょ》。

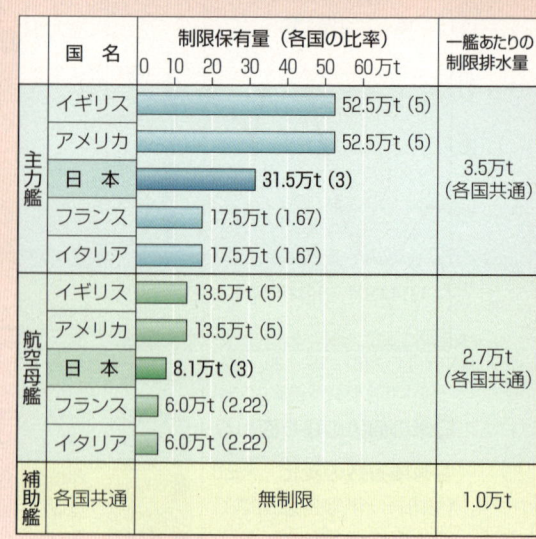

年	会議	条約	おもな内容
1919	パリ講和《こうわ》会議	ベルサイユ条約	国際連盟《こくさいれんめい》設立
1921	ワシントン会議	四か国条約	日英同盟廃棄《にちえいどうめいはいき》
1922		ワシントン海軍軍縮条約	主力艦の制限
1922		九か国条約	中国の主権尊重《そんちょう》 中国での門戸《もんこ》開《かい》放《ほう》と機会均等
1928	パリ会議	不戦条約	戦争の放棄《ほうき》
1930	ロンドン会議	ロンドン海軍軍縮条約	補助艦の制限

軍縮と平和のあゆみ

関東大震災(1923年９月)　写真は発生直後の東京《とうきょう》·日比谷《ひびや》交差点。発生が正午直前で，多くの家が火を使う時間帯だったため，あちこちで火災が発生して燃え広がった。

つようになると，日米関係にも競争・対立関係が生じるようになりました。両国の友好関係は，基本的には守られていましたが，日本人移民排斥《はいせき》の問題[3]が友好関係に悪影響をあたえました。

関東大震災《かんとうだいしんさい》

1923(大正12)年９月１日，関東《かんとう》地方で発生した大地震《じしん》は東京《とうきょう》・横浜《よこはま》という人口密集地を直《ちょく》撃《げき》しました(**関東大震災《だいしんさい》**)。この地震は死者・行方《ゆくえ》不明者10万数千人，焼失家屋《かおく》約45万戸という大被害《ひがい》をもたらし，わが国の経《けい》済《ざい》に深刻《しんこく》な打撃《だげき》をあたえました。交通や通信がとだえた混乱の中で，朝鮮人《ちょうせんじん》や社会主義者が，住民たちのつくる自警団《じけいだん》などに殺害されるという事件もおきました。なお，震災後は，後藤新《ごとうしん》平《ぺい》らによって新たな都市計画が進められました。

❸　日本人のアメリカへの移民は明治《めいじ》初期から行われていた。1890年代からカリフォルニア州を中心に日本人移民排斥《はいせき》運動がおこり，日露戦争以降《にちろせんそういこう》は，アメリカの議会・政府も移民流入を制限していった。1924年，日本人の新移民が禁止され，日本の世論《せろん》はアメリカを強く非難《ひなん》した。

人物コラム　世界の平和に力をつくした新渡戸稲造《にとべいなぞう》

国際連盟《こくさいれんめい》の事務次長を務めるなど，国際社会を舞台《ぶたい》に活躍《かつやく》した人物に新渡戸稲造(1862 ~ 1933)がいます。新渡戸はクラーク博士が「少年よ，大志を抱《いだ》け」の言葉を残した札幌《さっぽろ》農学校に学びました。同期に内村鑑三《うちむらかんぞう》(1861 ~ 1930)←p.182がいて，ともにキリスト教徒となっています。

「太平洋《たいへいよう》のかけ橋になりたい」という志をいだいていた新渡戸は東京《とうきょう》大学に入学し，アメリカ，ドイツの大学へ留学しました。帰国後は札幌農学校，東京帝国《ていこく》大学の教授を務め，女子教育にも力を注ぎ，東京女子大学の初代学長も務めました。

晩年《ばんねん》は，日本が国際社会での孤立《こりつ》を深めるなかで，反日感情をやわらげるためにアメリカに渡《わた》るなど，日本の立場を諸《しょ》外国に理解してもらうために全力をつくしました。日本人の道徳的規範《きはん》を英文で記した『武士道《ぶしどう》』はベストセラーとなり，各国語に翻訳《ほんやく》され，日本人の精神性を伝える名著として読みつがれています。

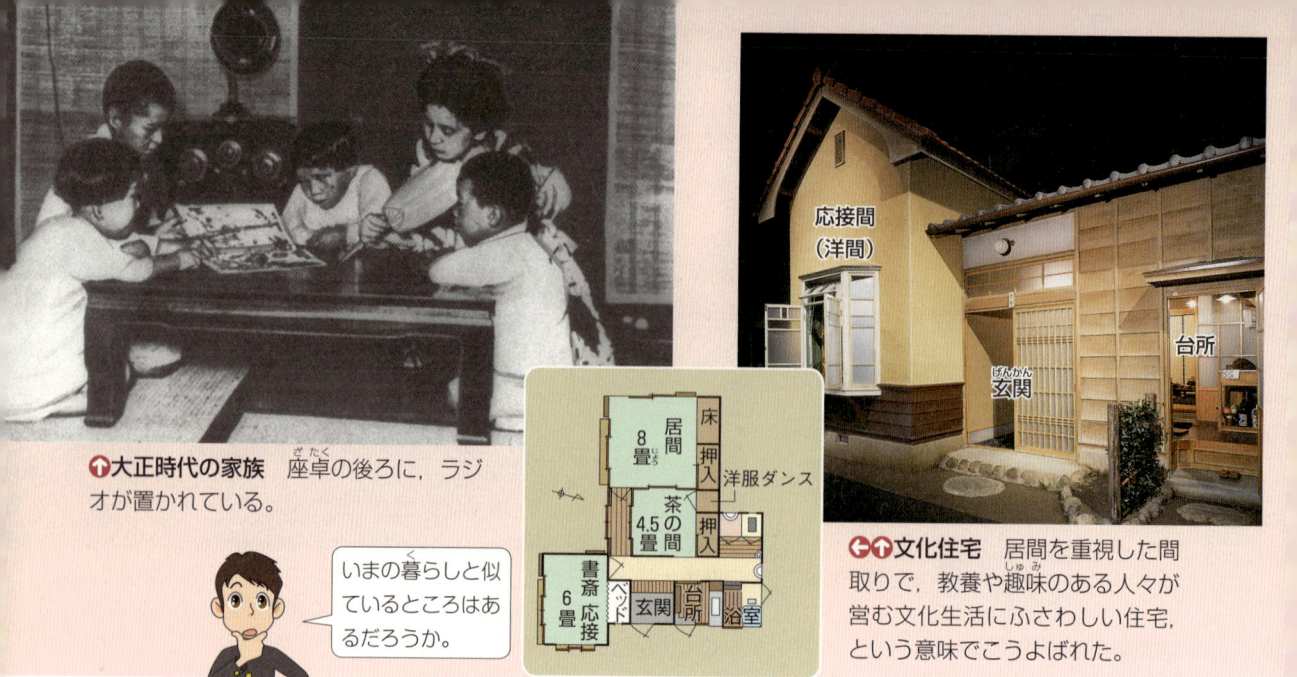

大正時代の家族　座卓《ざたく》の後ろに，ラジオが置かれている。

いまの暮《く》らしと似ているところはあるだろうか。

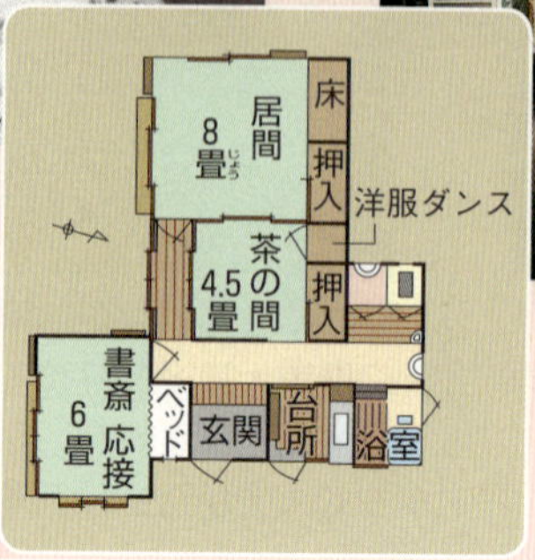

居間
8畳《じょう》
床
押入
洋服ダンス
茶の間
4.5畳
押入
書斎
6畳
応接
ベッド
玄関
台所
浴室

応接間
(洋間)
台所
玄関《げんかん》

文化住宅　居間を重視した間取りで，教養や趣味《しゅみ》のある人々が営む文化生活にふさわしい住宅，という意味でこうよばれた。

65 文化の大衆化《たいしゅうか》・大正《たいしょう》の文化

◉大正時代の都市文化は現代にどのようにつながっているのだろうか。

街を歩く若《わか》い女性　大正期の若者は最先端《さいせんたん》のファッションで銀座《ぎんざ》にくり出した。

都市化と文化の大衆化

大正《たいしょう》時代になると，産業の発展にともない，都市への人口移動が進みました。都市では電気・ガス・水道が普及《ふきゅう》し，サラリーマン向けに西洋風の部屋をもつ文化住宅も建てられるようになりました。都市と郊外《こうがい》を結ぶ私鉄が開通し，バスや路面電車の路線も増え，タクシーの利用も始まりました。

洋服が職場や学校の制服にも取り入れられ，女性の社会進出が進み，都会には洋装《ようそう》の女性も見られるようになりました。食生活の面でも，ライスカレーやトンカツ，コロッケなどの洋食が普及し，今日《こんにち》の都市生活の原型ができあがりました。また，明治《めいじ》時代にアメリカから伝わった野球は，各地の中学・高校や大学から全国に広がりました。❶

1918(大正７)年には大学令が出され，私立の学校も正式に大学と認《みと》められました。高等女学校や中学校も数多く開校され，小学校では，個性と自主性を重んじる自由教育の運動もおこりました。❷

教育の普及とともに，知識層《ちしきそう》も形成され，新聞，書籍《しょせき》の発行部数が増大し，『文藝春秋《ぶんげいしゅんじゅう》』や『中央公論《ちゅうおうこうろん》』『改造《かいぞう》』などの総合雑誌《ざっし》や『キング』などの大衆《たいしゅう》雑誌が相ついで刊行《かんこう》されました。文学全集も数多く出版《しゅっぱん》され，大衆文学とよばれる分野も誕生《たんじょう》し，

❶　1924(大正13)年には兵庫《ひょうご》県に甲子園《こうしえん》球場がつくられ，野球は人気スポーツに成長していった。

❷　フランス・アメリカにおこり，日本では大正初期にさかんになった。

『改造《かいぞう》』創刊号の表紙　自由主義や社会主義の立場からの論文が発表された。

西田幾多郎《にしだきたろう》(1870～1945)　『善《ぜん》の研究』をあらわし，その哲学《てつがく》の体系は西田哲学とよばれた。

柳田国男《やなぎたくにお》(1875～1962)　庶《しょ》民《みん》生活の歴史について，現地調査による研究手法を確立した。

映画のポスター　テレビのない当時，映画は最も人気のある大衆娯楽《ごらく》だった。

谷崎潤一郎《たにざきじゅんいちろう》(1886～1965)　『痴人《ちじん》の愛《あい》』など，美を追求した耽美《たんび》主義の作品を発表した。

芥川龍之介《あくたがわりゅうのすけ》(1892～1927)　『羅生門《らしょうもん》』『鼻《はな》』など人間の本性をえがいた短編を書いた。

黒船屋　大正ロマンの代表作。(竹久夢二《たけひさゆめじ》　作　竹久夢二伊香保《いかほ》記念館蔵《ぞう》)

のちに吉川英治《よしかわえいじ》や江戸川乱歩《えどがわらんぽ》らが人気を集めました。

また，ラジオ放送も開始されて，各種のメディアの発達とともに文化の大衆化が進みました。

大正時代の学問と文化

大正デモクラシーとよばれる自由な時代の風潮《ふうちょう》を背景《はいけい》に，人々の関心は国家よりも個人の内面に向かい，教養が重視されるようになりました。

西田幾多郎《にしだきたろう》は，東洋的な禅《ぜん》の体験と西洋の哲学《てつがく》の統一をはかり，柳田国男《やなぎたくにお》は日本の庶民《しょみん》の生活風俗《ふうぞく》を研究する民俗学《みんぞくがく》を始め，柳宗悦《やなぎむねよし》は日本の民芸《みんげい》(民衆《みんしゅう》に伝わる工芸)を研究しました。

文学では，人道主義をかかげた志賀直哉《しがなおや》や武者小路実篤《むしゃのこうじさねあつ》，有《あり》島武郎《しまたけお》など，同人雑誌『白樺《しらかば》』による白樺派《しらかばは》の作家が活躍し，谷崎潤一郎《たにざきじゅんいちろう》や芥川龍之介《あくたがわりゅうのすけ》もすぐれた作品を発表しました。大正時代後期には，労働者や農民の生活をえがいた小林多喜二《こばやしたきじ》らのプロレタリア文学もあらわれました。また，童謡《どうよう》・童話の雑誌『赤い鳥』は，児童文学に大きな足跡《そくせき》を残しました。

音楽では，山田耕筰《やまだこうさく》らが活躍《かつやく》し，「赤とんぼ」「月の沙漠《さばく》」などのすぐれた童謡がつくられました。美術では，日本画に新たな画風を生んだ横山大観《よこやまたいかん》や，すぐれた肖像画《しょうぞうが》をえがいた安井曾太郎《やすいそうたろう》，大正ロマンを象徴《しょうちょう》する女性風俗画をえがいた竹久夢二《たけひさゆめじ》などが活躍しました。

柳宗悦《やなぎむねよし》(1889～1961)　民衆《みんしゅう》の日用品の美を重視する「民芸運動《みんげい》」を提唱《ていしょう》。沖縄《おきなわ》や朝鮮《ちょうせん》の伝統的な美術文化も研究した。

横山大観《よこやまたいかん》(1868～1958)　橋本雅邦《はしもとがほう》に日本画を，岡倉《おかくら》天心《てんしん》に美術思想を学ぶ。「無我《むが》」「屈原《くつげん》」などが代表作。

第2節 第二次世界大戦終結までの日本と世界

➔ブレッドライン 失業者がパンなどの配給を待つ列はブレッドラインとよばれた。

66 世界恐慌《きょうこう》と協調外交の行きづまり

◉恐慌は世界と日本にどのような影響《えいきょう》をおよぼしたのだろうか。

世界恐慌おこる

1926(大正《たいしょう》15)年，大正天皇《てんのう》が亡《な》くなり，摂政《せっしょう》の皇太子《こうたいし》が即位して，昭和時代が始まりました。

一方，世界では第一次世界大戦後，アメリカがヨーロッパにかわり，政治だけでなく経済《けいざい》面でも世界を主導《しゅどう》するようになっていました。ところが，1929年，ニューヨークの証券《しょうけん》取引所で，それまで上昇《じょうしょう》を続けていた株価《かぶか》が大暴落《ぼうらく》すると，アメリカで急激《きゅうげき》な景気後退が始まりました。そのため銀行や工場が倒産《とうさん》し，街に失業者があふれました。

アメリカは国内産業を保護しようと輸入品に高率の関税《かんぜい》をかけたため，世界の国々はアメリカに輸出することが困難になりました。アメリカに発した景気後退は，世界をまきこみ，長く深刻《しんこく》な不況《ふきょう》へと突入《とつにゅう》していきました(**世界恐慌《きょうこう》**)。

イギリスやフランスはこれに対処《たいしょ》するため，植民地の代表を集めて会議を開き，地域内の貿易の関税を低くし，それ以外の国からの輸入品には高い関税を課《か》すという**ブロック経済**のしくみを打ち出しました。また，アメリカはフランクリン・ルーズベルト大統領《だいとうりょう》のもと，1933年から**ニューディール政策《せいさく》**を実施《じっし》し，大規模《だいきぼ》な公共事業をおこして，国民に仕事と賃金《ちんぎん》をあたえることで恐慌を乗り切ろうとしました。

このように，世界のおもだった国が自由貿易をやめ，自国や

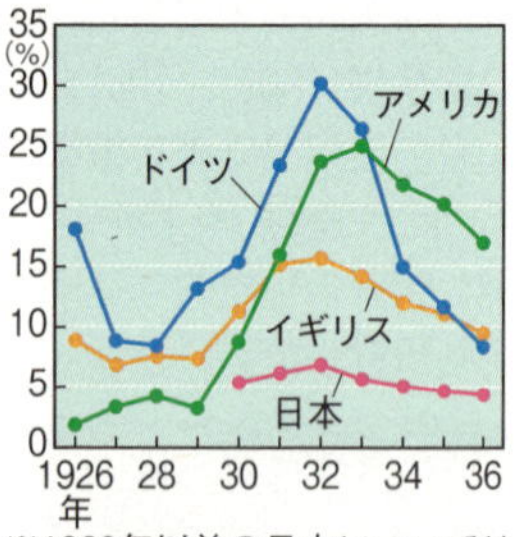

※1929年以前の日本についてはデータなし

(『世界歴史統計』より)

⇧おもな国の失業率の移り変わり 世界恐慌を境に，各国で失業率は急激《きゅうげき》に上昇《じょうしょう》した。

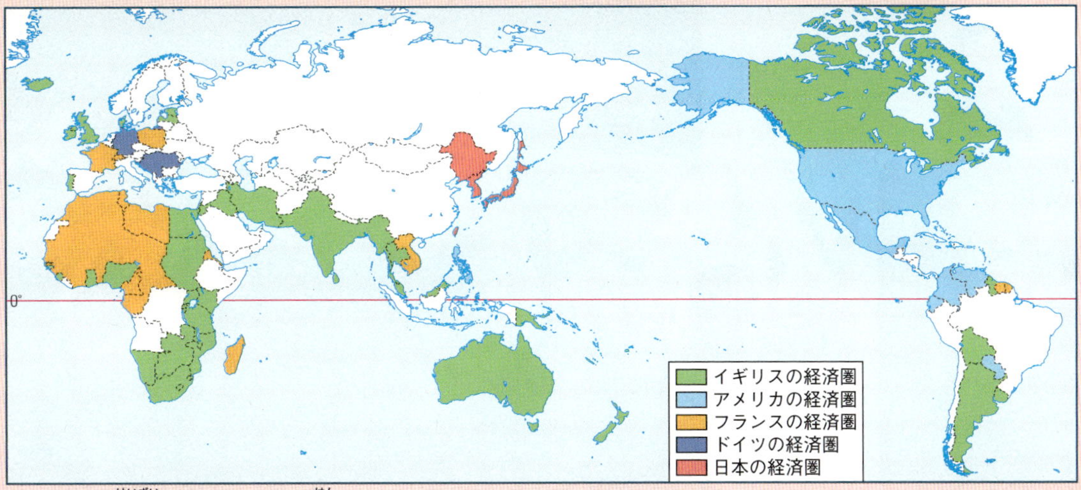

ブロック経済《けいざい》での各国の経済圏《けん》(1930年代) 各国の経済圏の広さが，その国の経済に大きく影響した。

ブロック内での自給自足をめざす体制をしいたため，各国の利害《りがい》が鋭《するど》く対立しました。

恐慌の影響《えいきょう》を最も強く受けたのは，米·英·仏のブロックに入れず，広い植民地をもたない日本やドイツ，イタリアといった新興の工業国でした。これらの国々は海外から原材料や資源《しげん》を輸入し，加工した製品を輸出する加工貿易で国の経済を支えていたからです。

世界恐慌の荒波《あらなみ》は，国際協調時代の終わりを告げました。

木の実や草の芽を食べる青森《あおもり》県の農民 恐慌と冷《れい》害《がい》による大凶作《きょうさく》のために，東北《とうほく》地方を中心に，農村は深刻な不況《ふきょう》となった。

昭和《しょうわ》の恐慌

世界恐慌は，アメリカとの貿易にたよっていたわが国にも深刻な影響をおよぼしました。当時のわが国は，生糸《きいと》や綿織物，安い雑貨類などを輸出し，産業の発展《はってん》に必要な物資を輸入していました。世界経済のブロック化により貿易が縮小《しゅくしょう》したため，都市では会社の倒産や経営難による大量の失業者が生まれました。農村でも米や生糸の値段《ねだん》が暴落《ぼうらく》し，さらに東北《とうほく》地方や北海道《ほっかいどう》の凶作《きょうさく》が追い打ちをかけたため，小作争議《こさくそうぎ》が相ついでおこりました(**昭和恐慌《しょうわきょうこう》**)。

そうしたなかで，政府は財政《ざいせい》支出を増やして経済を刺激《しげき》するとともに，輸出を増やす努力を重ね，恐慌からいち早くぬけ出すことに成功しました。

日本経済の恐慌からの回復 1931(昭和《しょうわ》6)年12月から大蔵《おおくら》大臣を務めた高橋是清《たかはしこれきよ》は，財政《ざいせい》支出を増やして直接経済を刺激《しげき》する政策《せいさく》を行った。これによって，日本経済は急速に回復していった。

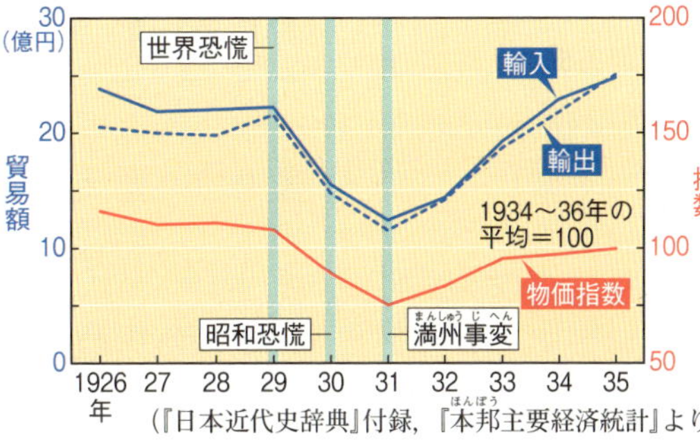

(『日本近代史辞典』付録，『本邦《ほんぽう》主要経済統計』より)

この３人に共通することは何かな。

🅞スターリン（1879～1953）　自分に敵対する可能性のある人々を次々に処刑《しょけい》した。

🅞ムッソリーニ（左）とヒトラー　ヒトラーは，ムッソリーニの政治手法を参考にした。

🅞ナチスの大会　巧妙《こうみょう》な宣伝政策《せんでんせいさく》と速効性のある経《けい》済《ざい》政策，さらには強硬《きょうこう》な外交によって，ヒトラーとナチスはドイツ国民から絶大な支持を受けた。

67 共産主義《きょうさんしゅぎ》とファシズムの台頭《たいとう》

◉恐慌《きょうこう》のあと，全体主義の動きが高まってきたのはなぜだろうか。

❶　全体主義の一種。自由や民主主義を否定《ひてい》し，暴力《ぼうりょく》的な独裁《どくさい》政治を行う体制。

❷　ムッソリーニが結成したファシズム政党。選挙《せんきょ》での躍進《やくしん》と示威《じい》行動によって政権《せいけん》を獲得《かくとく》した。

❸　正式名称《めいしょう》は国家社会主義ドイツ労働者党。

全体主義の広がり

資本主義諸国《しほんしゅぎしょこく》が恐慌《きょうこう》に苦しむなか，スターリンの率いるソ連は←p.193，共産主義《きょうさんしゅぎ》の理論どおりの大恐慌が資本主義社会におこったことに自信を深め，計画経済《けいざい》をおし進めました。もともとの経済水準が低かったこともあり，その成果は着々とあがりました。

ヨーロッパでも，政策《せいさく》決定に時間のかかる議会政治や，経済的な不安や貧富《ひんぷ》の差を生む資本主義←p.141よりも，強い国家権力《けんりょく》で経済を統制するソ連のようなやり方のほうが効率的ではないかという考えが広がりました。そして，この考えが個人の権利《けんり》や自由を制限してでも，国家や民族の目標を優先《ゆうせん》しようとする全体主義の動きにつながりました。

ファシズム❶

1922年，イタリアでは国民の不満を背景《はいけい》に，ムッソリーニの率いる**ファシスト党**❷が政権《せいけん》をにぎり，やがて独裁《どくさい》を始め，1936年には，武力でエチオピアを併《へい》合《ごう》しました。

ドイツでは，**ナチス**❸を率いるヒトラーがベルサイユ条約の破《は》棄《き》をうったえ，国民の支持を集めました。選挙の結果，1933年にナチスが第一党の座を占《し》めると，ヒトラーは憲法《けんぽう》を停止し，一党独裁《いっとうどくさい》の政治を始めました。そして，ドイツ民族の優秀《ゆうしゅう》さと栄光の回復を主張してユダヤ人を迫害《はくがい》→p.212し，自由主義や民主主義

ソ連の強制収容所《しゅうようじょ》(白海《はっかい》・バルト海運河建設現場の囚人《しゅうじん》) ソ連政府によって，反政府的と見られた人々が数多く収容された。

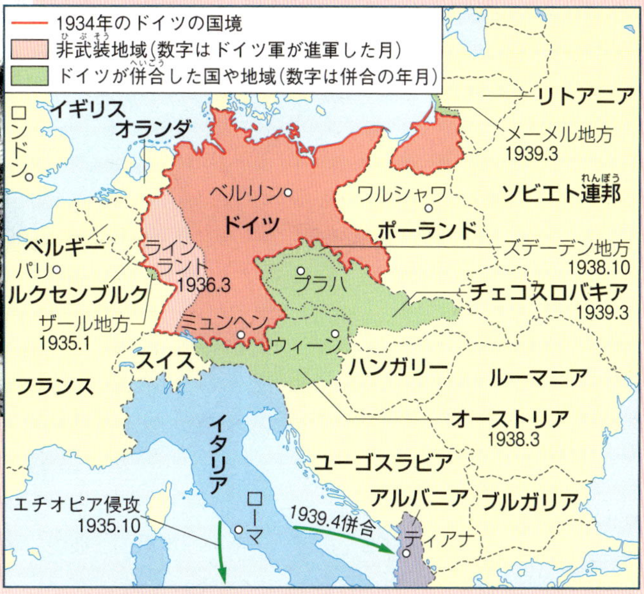

ドイツとイタリアの侵攻《しんこう》

を弾圧《だんあつ》しました。また，ベルサイユ条約を無視《むし》して軍隊を増強し，周辺国の併合に乗り出しました。英仏や国際連盟《こくさいれんめい》はこうした動きに対して，有効な手を打つことができませんでした。スペインや東ヨーロッパ諸国でも全体主義政権が次々に誕生《たんじょう》しました。

ゲルニカ スペインでおきた内戦にドイツ軍が介入《かいにゅう》し，スペイン北部の都市ゲルニカに無差別爆撃《ばくげき》を行った。画家のピカソはこれに抗議《こうぎ》して「ゲルニカ」をえがいた。

政党《せいとう》政治の混乱

わが国でも，貧困《ひんこん》に苦しむ人々への同情や，大陸で日本の権益《けんえき》が侵害《しんがい》されることに対する憤《いきどお》りなどから，軍を中心とする政治をめざす思想が生まれました。政党《せいとう》政治に対しては，財閥《ざいばつ》の利益を優先し，国民の声を聞かず，政争に明け暮《く》れているとの批判《ひはん》が高まりました。

1930(昭和《しょうわ》5)年，政府は**ロンドン軍縮《ぐんしゅく》会議**に参加し，補助艦《ほじょかん》p.198の制限に合意しました。これに対して野党の政友会《せいゆうかい》は，一部の軍部の意見に同調して，政府が天皇《てんのう》の統帥権《とうすいけん》❹を犯《おか》しているとして激《はげ》しく攻撃《こうげき》しました。首相《しゅしょう》の浜口雄幸《はまぐちおさち》はそうした反対意見をおさえて，政府の方針《ほうしん》を貫《つらぬ》きましたが，暴漢《ぼうかん》に襲《おそ》われ重傷を負い退陣《たいじん》に追いこまれました。その後，天皇の統帥権が政府から独立しているとする考えは，軍の独走をまねくこととなりました。

❹ 天皇が軍を統率《とうそつ》するとする憲法上の権限《けんげん》。

銃撃《じゅうげき》された浜口首相《はまぐちしゅしょう》 東《とう》京《きょう》駅で右翼《うよく》青年に狙撃《そげき》され入院したが，無理をおして国会に登院したために，症《しょう》状《じょう》が悪化し翌年死亡《よくねんしぼう》した。

だれが何の目的でこの事件をおこしたのかな。

張作霖爆殺事件《ちょうさくりんばくさつじけん》　張作霖は日本の意向に従《したが》わず，また，満州権益《けんえき》を圧迫《あっぱく》することもあったので，一部の日本軍人が彼《かれ》を排除《はいじょ》しようと考えた。

蒋介石による国内統一（北伐《ほくばつ》）の動き

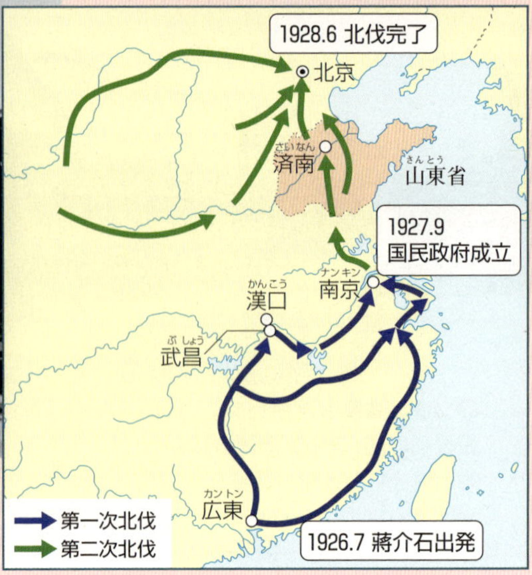
1928.6 北伐完了
北京
済南《さいなん》
山東省《さんとう》
1927.9
国民政府成立
南京《ナンキン》
漢口《かんこう》
武昌《ぶしょう》
広東《カントン》
1926.7 蒋介石出発
第一次北伐
第二次北伐

68 中国の排日《はいにち》運動と満州事変《まんしゅうじへん》

◉満州をめぐり日中間で対立が深まったのはなぜだろうか。

中国の国内統一への動き

中国では，辛亥革命《しんがいかくめい》←p.177のあと，軍閥《ぐんばつ》による地方政権《せいけん》が各地に分立していました。←p.194孫文《そんぶん》《スンウェン》の後を継《つ》いだ国民党《こくみんとう》の蒋介石《しょうかいせき》《チャンチエシー》は，南京《ナンキン》に国民政府《こくみんせいふ》を樹立しました。そして軍の近代化をはかるとともに，中国の統一をめざし，張作霖《ちょうさくりん》《チャンツオリン》が率いる北京《ペキン》政府[1]を打倒《だとう》する戦いを開始しました（北伐《ほくばつ》）[2]。

広東《カントン》から南京，上海《シャンハイ》にまで勢力《せいりょく》をのばした国民党軍に危機感《ききかん》をもったイギリスは，それまでの権益《けんえき》を守るため，列強《れっきょう》に共同出兵を強くうながしました。わが国でもこれに同調する意見がありましたが，外相《がいしょう》の幣原喜重郎《しではらきじゅうろう》は出兵に応じませんでした。しかし1928（昭和《しょうわ》３）年，北伐を進める国民党軍が済南《さいなん》にせまると，田中義一内閣《たなかぎいちないかく》は日本人居留民《きょりゅうみん》保護のため山東省《さんとうしょう》《シャントン》への出兵を決定し，日中両軍は衝突《しょうとつ》しました。

国民党軍の北京占領《せんりょう》を目前にした張作霖は，日本政府の説得で，満州《まんしゅう》に引きあげようとしましたが，途中，日本軍によって列車を爆破《ばくは》され死亡《しぼう》しました。これは，一部の軍人の独断によるものでしたが，政府は，犯人《はんにん》をきびしく処罰《しょばつ》することができず，これがその後の軍の独走を許す原因ともなりました。

満州事変のおこり

日本が権益をもった満州では，日本人による事業が有利に進んだため，日本人の移住者が増えていました。昭和初期の満州には，すでに20万人以上の

❶　袁世凱《えんせいがい》が政権獲得《せいけんかくとく》後に北京《ペキン》に置いた政府。袁世凱の死後は，軍閥《ぐんばつ》が政府内で権力《けんりょく》争いをくり広げていた。

❷　北方の敵を討《う》ちほろぼす戦いのこと。

❸　宣戦布告《せんせんふこく》のない国家間の戦闘《せんとう》を事変《じへん》という。

蒋介石《しょうかいせき》（1887 ～ 1975）
軍人として孫文《そんぶん》の信頼《しんらい》を得て，孫文の死後その後継者となった。

建国１周年の満州国　建国に際しては，「五族協和《ごぞくきょうわ》」などの理想が掲《かか》げられた。

溥儀《ふぎ》(1906〜67)　清朝《しんちょう》最後の皇帝《こうてい》で，1911年の辛亥革命《しんがいかくめい》のため翌年《よくねん》退位した。1932年満州国執政《しっせい》となり，1934年皇帝に即《そく》位《い》した。

満州事変

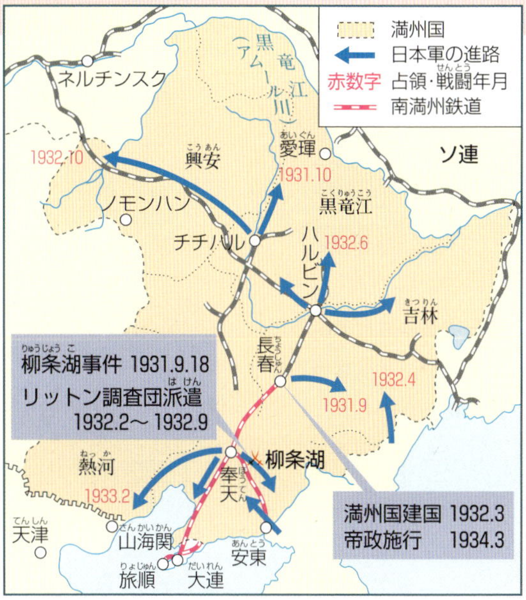

日本人が住んでいて，その保護と南満州鉄道《みなみまんしゅう》p.191（満鉄《まんてつ》）などの警備《けいび》のため，１万人の陸軍《りくぐん》部隊（関東軍《かんとうぐん》）が置かれていました。

済南での日本軍との衝突以降《いこう》，中国では，国民党が中心となって，日本の中国権益《けんえき》の解消をめざす排日《はいにち》運動が強化されました。排日運動の激化に対し，日本国内では日本軍による満州権益確保への期待が高まりました。

1931（昭和６）年９月，満州を軍事占領して問題を解決しようとした関東軍は，奉天郊外《ほうてんこうがい》の柳条湖《りゅうじょうこ》で満鉄線路を爆破し，これを中国のしわざとして軍事行動をおこしました（**満州事変《じへん》**）。[3]

日本政府は不拡大《ふかくだい》方針を発表し，関東軍の動きをおさえようとしました。しかし，関東軍は満州全土を占領し，翌年《よくねん》には**満州国**を建国し，清朝最後の皇帝《こうてい》であった溥儀《ふぎ》《ブーイー》がその元首《げんしゅ》の座に就《つ》きました。

新聞や世論《せろん》はこの動きを熱狂的《ねっきょうてき》に支持し，政府の外交を弱腰《よわごし》だと批判《ひはん》しました。中国との話し合いによる解決をさぐっていた首相《しゅしょう》・犬養毅《いぬかいつよし》は1932（昭和７）年５月15日，海軍の将校《しょうこう》らによって暗殺され，政党内閣《せいとうないかく》は終わりを告げました（**五《ご》・一五事件《いちごじけん》**）。

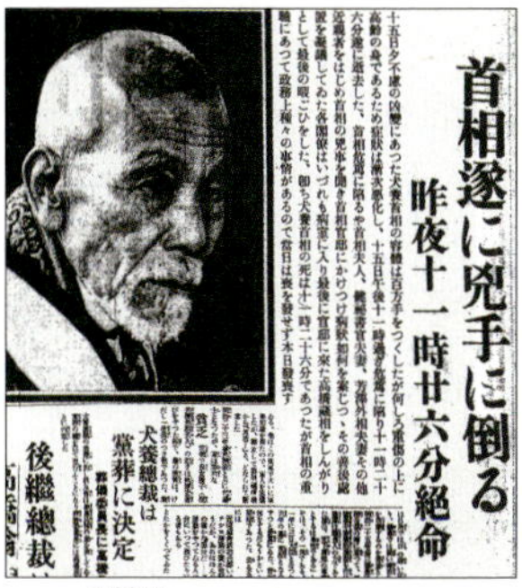
首相遂に兇手に倒る
昨夜十一時廿六分絶命
犬養總裁は
黨葬に決定
後繼總裁

犬養《いぬかい》暗殺を伝える新聞
犬養は「話せばわかる」といって，最後まで犯人《はんにん》を説得しようとした。（朝日新聞 1932. 5.16）

🅾リットン調査団　事変《じへん》発生現場を調べるリットン調査団。イギリスの元インド総督《そうとく》リットンを団長とし，フランス・アメリカ・イタリア・ドイツから委員が派遣《はけん》された。

彼《かれ》らはどんな結論を出したのかな。

国際連盟総会《こくさいれんめいそうかい》　右側で立っているのが松岡洋右首席全権《まつおかようすけしゅせきぜんけん》。採決の内容に抗議《こうぎ》して，このあと，総会から退場する。

69 日中戦争《にっちゅうせんそう》（支那事変《しなじへん》）

◉日中戦争はどのようにしておこり，どうなっていったのだろうか。

満州国《まんしゅうこく》の発展《はってん》

国際連盟《こくさいれんめい》は満州《まんしゅう》にリットン調査団を派遣《はけん》しました。調査団は中国側の排日《はいにち》運動を批判し，日本の権益《けんえき》が侵害《しんがい》されていた事実は認《みと》めましたが，満州国を認めず，日本軍の撤兵《てっぺい》を要求しました。国際連盟も同様の結論を出しましたが，日本はこれを受け入れず，1933（昭和《しょうわ》８）年，連盟の脱退《だったい》を表明しました。同年，日本と蒋介石《しょうかいせき》《チャンチエシー》の国民政府《こくみんせいふ》のあいだに停戦協定が結ばれ，満州事変《じへん》は一応の決着をみました。

「王道楽土《おうどうらくど》」「五族協和《ごぞくきょうわ》」「共存共栄《きょうぞんきょうえい》」をスローガンに掲《かか》げる満州国は，実質的には日本が支配する国でしたが，中国本土や朝鮮《ちょうせん》などから多くの人々が流入し，産業が急速に発展《はってん》しました。日本からも企業《きぎょう》が進出し，開拓団《かいたくだん》が入植しました。❶

一方，日本軍が満州に隣接《りんせつ》する華北《かほく》地域に親日政権《しんにちせいけん》をつくると，中国で抗日《こうにち》運動が高まりました。中国では，国民政府と共産党《きょうさんとう》の内戦が続いており，共産党が劣勢《れっせい》でした。しかし，西安《せいあん》《シーアン》事件❷をきっかけに，国民政府と共産党は協力して日本に対抗《たいこう》するようになり，両者による抗日民族統一戦線《こうにちみんぞくとういつせんせん》がつくられました。

二《に》・二六事件《にろくじけん》

1936（昭和11）年２月26日，陸軍《りくぐん》の一部青年将校《しょうこう》らは，それまでの政治勢力《せいりょく》をたおし，天皇《てんのう》を中心とする軍事政権樹立《じゅりつ》をめざして，武力行使に踏《ふ》み切りました。千数百名の兵が東京《とうきょう》の中心部を占拠《せんきょ》し，首相官邸《しゅしょうかんてい》や警《けい》

❶　開拓団《かいたくだん》をはじめ日本から多くの人々が移住した。開拓団では，1945（昭和《しょうわ》20）年までに約27万人が入植した。

❷　抗日《こうにち》を唱《とな》える共産党《きょうさんとう》に，国民政府軍の張学良《ちょうがくりょう》（張作霖《ちょうさくりん》の子）が同調して，西安《せいあん》で蒋介石《しょうかいせき》を監禁《かんきん》して，内戦の停止と共産党と協力しての抗日を要求した事件。

二・二六事件
占拠《せんきょ》された警視庁《けいしちょう》。

下士官兵ニ告グ
一、今カラデモ遅クナイカラ原隊ヘ歸レ
二、抵抗スル者ハ全部逆賊デアルカラ射殺スル
三、オ前達ノ父母兄弟ハ國賊トナルノデ皆泣イテオルゾ
二月二十九日
戒嚴司令部

反乱《はんらん》部隊に投降《とうこう》(降《こう》伏《ふく》)をよびかけるビラ

日中戦争

視庁《しちょう》を襲《おそ》い，おもだった政治家や大臣らを殺害しました(**二《に》・二六事件《にろくじけん》**)。これに対し，昭和天皇《しょうわてんのう》が鎮圧《ちんあつ》の意思を示したため，降伏《こうふく》する兵が相つぎ，反乱《はんらん》は失敗しました。しかし以後，政治は軍の意向を無視《むし》できなくなりました。

日中戦争

日本は義和団事件《ぎわだんじけん》←p.172のあと，条約により北京《ペキン》周辺に5000人の軍を駐屯《ちゅうとん》させていました。1937(昭和12)年７月，北京郊外《こうがい》の盧溝橋《ろこうきょう》《ルーコウチアオ》付近で日本軍は何者かに銃《じゅう》撃《げき》を加えられ，中国側と撃《う》ち合いとなりました(**盧溝橋事件《ろこうきょうじけん》**)。これに対して日本政府は不拡大方針《ふかくだいほうしん》をとる一方で，兵力の増強を決定しました。その後も日本軍と国民政府軍との戦闘《せんとう》は終わらず，８月には日本軍将校《しょうこう》殺害をきっかけに上海《シャンハイ》にも戦闘が拡大しました。ここにいたって日本政府は不拡大方針を撤回《てっかい》し，日本と中国は全面戦争に突入していきました(**日中戦争《にっちゅうせんそう》**)❸。日本軍は12月に首都・南京《ナンキン》を占領《せんりょう》しましたが❹，蔣介石は奥地の重慶《じゅうけい》《チョンチン》に首都を移し，徹底抗戦《てっていこうせん》を続けたため，長期戦に突入《とつにゅう》しました。

その間，何度か和平交渉《こうしょう》が行われましたが，日本軍も，米ソなどの援助《えんじょ》を得ていた蔣介石も，強硬《きょうこう》な姿勢を崩《くず》さず，和平にはいたりませんでした。中国戦線の長期化により，わが国の国力はしだいに低下していきました。

事件直後の盧溝橋《ろこうきょう》

❸ 日本政府はこの戦争を「支那事変《しなじへん》」とよんだ。

❹ このとき，日本軍によって，中国の軍民に多数の死《し》傷者《しょうしゃ》が出た(南京《ナンキン》事件)。この事件の犠牲者《ぎせいしゃ》数などの実態については，さまざまな見解があり，今日《こんにち》でも論争《ろんそう》が続いている。

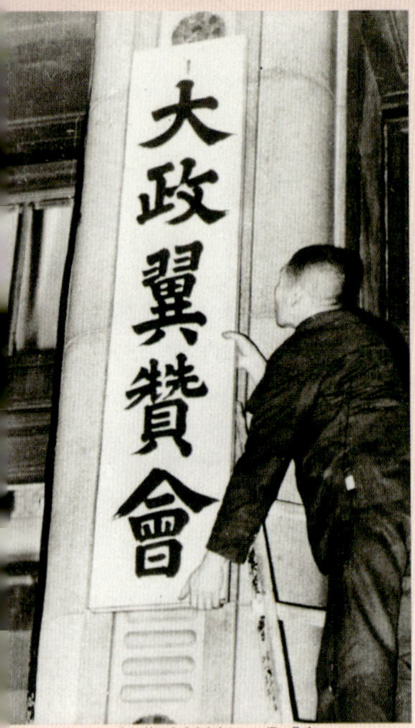

大政翼賛会《たいせいよくさんかい》の発足《ほっそく》　政府の政策《せいさく》を推進《すいしん》するために結成された。

国家総動員法《こっかそうどういんほう》を成立させた近《この》衛《え》内閣　前列中央は近衛文麿《ふみまろ》。

国家予算に占《し》める軍事費の割合《わりあい》　日中戦争によって飛躍的《ひやくてき》に増大した。

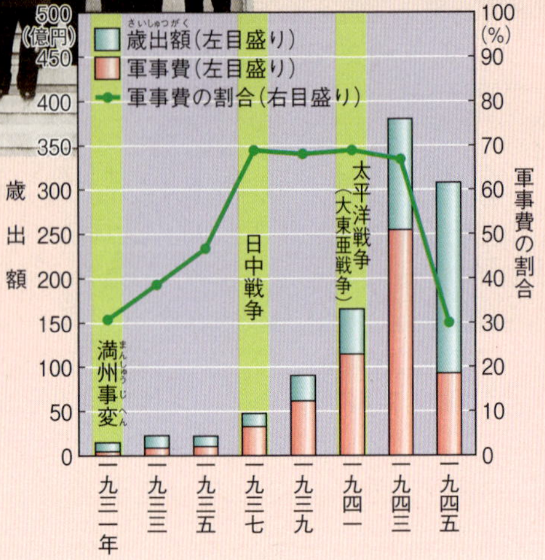

70 緊迫《きんぱく》する日米《にちべい》関係

◉日中戦争《にっちゅうせんそう》は国民生活や日米関係にどのような影響《えいきょう》をあたえたのだろうか。

強まる戦時体制

戦火が中国全土に拡大《かくだい》するなか，政府は1938(昭和《しょうわ》13)年，**国家総動員法《こっかそうどういんほう》**を成立させました。これは議会の同意なしに政府が物資や労働力を動員できる戦時体制を築くための法律でした。軍需品《ぐんじゅひん》の生産が優先《ゆうせん》されたため，国民生活に必要な品々はしだいに不足し，米や砂糖《さとう》，衣類などの多くが配給制《はいきゅうせい》になりました(統制経済《けいざい》)。また，言論や文化の面でも検閲《けんえつ》などの統制が強まり，市民の自由はしだいに制限されていきました。

1940(昭和15)年，立憲民政党《りっけんみんせいとう》の斎藤隆夫《さいとうたかお》は帝国議会《ていこくぎかい》で，日中《にっちゅう》戦争《せんそう》解決に関する演説《えんぜつ》(いわゆる反軍《はんぐん》演説)を行ったため，軍部《ぐんぶ》の怒《いか》りを買い，議員を除名されました。軍部の圧力《あつりょく》で内閣《ないかく》がたおれたあと，首相《しゅしょう》となった近衛文麿《このえふみまろ》が，新体制の樹立《じゅりつ》をよびかけると，各政党《せいとう》は解党を宣言し，10月には近衛首相を総裁《そうさい》とする**大政翼賛会《たいせいよくさんかい》**が発足《ほっそく》しました。

しかし，ドイツやイタリアの一党独裁《いっとうどくさい》とは異《こと》なり，帝国議会は制約を加えられながらも戦時中も停止されませんでした。

斎藤隆夫《さいとうたかお》の演説《えんぜつ》(1940年2月2日)　日中戦争の目的と解決方法について質問したが，政府は明確な答えをすることができなかった。

悪化する日米関係

日中戦争が始まってから3か月後の1937(昭和12)年10月，アメリカ大統領《だいとうりょう》フランクリン・

コラム Column 幻《まぼろし》の東京《とうきょう》オリンピック

1935(昭和《しょうわ》10)年，ＩＯＣ(国際オリンピック委員会)は５年後のオリンピックをアジア初となる東京で開催《かいさい》すると発表しました。

ローマをはじめとする多くの候補地にせり勝っての決定は，日本中をわかせる明るいニュースとなりました。

東京のあちこちで競技場の建設が進み，実況中継《じっきょうちゅうけい》するためのテレビ放送の技術も実用化されつつありました。

昭和10年代の日本は，高《たか》橋是清蔵相《はしこれきよぞうしょう》らによるたくみな経済政策《けいざいせいさく》によって他国よりも早く不景気《ふけいき》を脱《だっ》し，世《せ》界恐慌《かいきょうこう》以前の水準に経済を回復させていました。オリンピック開催への名のりも，この自信と実績から生まれたものでした。

その反面，中国との戦争は長期戦のようすを見せていました。日本に対する各国の反応も冷ややかになり，また建設物資をめぐって軍との調整もむずかしくなっていきました。

このような理由から，1938(昭和13)年，政府は正式に開催を辞退し，東京オリンピックは幻に終わったのです。

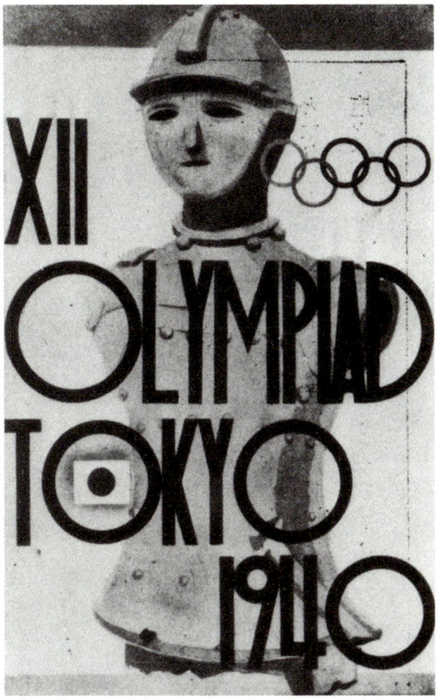

幻の第12回東京オリンピックのポスター

ルーズベルトは議会での演説で，無法《むほう》な国を世界から隔離《かくり》すべきだと，日本を非難《ひなん》しました。日本は石油をはじめとする多くの物資をアメリカにたよっていましたが，アメリカは，1939(昭和14)年には日米通商航海条約《つうしょうこうかいじょうやく》の廃棄《はいき》を通告し，対日輸出制限をしだいに強化しました。

一方，わが国の陸軍《りくぐん》には，ソ連の脅威《きょうい》に対抗《たいこう》する北進《ほくしん》論の考えがありましたが，東南アジアに進出しようという南進《なんしん》論が強くなりました。

しかし，東南アジアに軍を進めるということは，そこに植民地をもつアメリカ，イギリス，オランダ，フランスとの対立を深めることを意味していました。

結局，わが国は，1940(昭和15)年，アメリカ，イギリスによる中国への軍事援助ルート(援蔣《えんしょう》ルート)を断《た》ち切ることで日中戦争を有利に進めようとし，フランス領インドシナ[1]北部に兵を進めました(北部仏印進駐《ふついんしんちゅう》)。これに反発したアメリカは，日本に対する鉄などの輸出を禁じました。

フランクリン・ルーズベルト(1882 ～ 1945)　第32代アメリカ大統領《だいとうりょう》。恐慌《きょうこう》の続くなか，ニューディール政策を実施《じっし》して指導力《しどうりょく》を発《はっ》揮《き》した。

❶　19世紀後半に，インドシナ半島に形成されたフランスの植民地。ハノイに総《そう》督府《とくふ》が置かれていた。現在のベトナム，ラオス，カンボジアの領域に相当する。

大戦の始まりは日本にどんな影響《えいきょう》をあたえたのかな。

ポーランドに侵攻《しんこう》するドイツ軍（1939年９月）
航空機と戦車を組み合わせた電撃《でんげき》戦とよばれる戦術によって，ドイツ軍は快進撃《かいしんげき》を続けた。

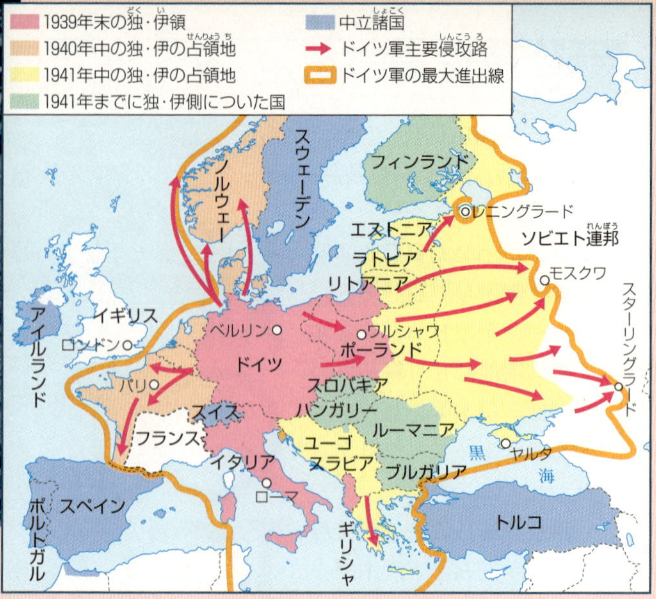
1939年末の独《どく》・伊《い》領
1940年中の独・伊の占領地《せんりょうち》
1941年中の独・伊の占領地
1941年までに独・伊側についた国
中立諸国《しょこく》
ドイツ軍主要侵攻路《しんこうろ》
ドイツ軍の最大進出線
スウェーデン
フィンランド
ノルウェー
レニングラード
エストニア
ソビエト連邦《れんぽう》
ラトビア
リトアニア
モスクワ
スターリングラード
イギリス
アイルランド
ロンドン
ベルリン
ワルシャワ
ポーランド
ドイツ
パリ
スロバキア
ハンガリー
スイス
ルーマニア
フランス
ユーゴスラビア
ヤルタ
黒海
イタリア
ブルガリア
ローマ
スペイン
ポルトガル
トルコ
ギリシャ

ヨーロッパでの第二次世界大戦の広がり

71 第二次世界大戦

◉第二次世界大戦はなぜ始まり，日米《にちべい》関係はどうなっていったのだろうか。

BEIT MACHT FREI

ナチスの強制収容所《しゅうようじょ》（ポーランドのアウシュビッツ）

アンネ・フランク（1929～45）　ユダヤ人のアンネ・フランクはナチスから逃《のが》れる日々を『アンネの日記』に記した。

ドイツの攻勢《こうせい》

ヨーロッパでは，ヒトラーの率いるドイツがイタリアと枢軸同盟《すうじくどうめい》を結び，オーストリア，チェコを併合《へいごう》しました。1939年にはソ連と不可侵《ふかしん》条約を結んでポーランドに電撃的《でんげきてき》に侵攻《しんこう》し，ソ連とともに分割占領《せんりょう》しました。これに対しイギリス，フランスはドイツに宣戦布告《せんせんふこく》し，**第二次世界大戦**が始まりました。

ドイツは近隣諸国《きんりんしょこく》を占領し，1940年にはフランスを降伏《こうふく》させました。アメリカは中立法のため参戦できませんでしたが，武器貸与《たいよ》法を成立させ，イギリスに大量の軍需品《ぐんじゅひん》を送りました。

ドイツはユダヤ人に対し徹底《てってい》した迫害《はくがい》を加え，収容所《しゅうようじょ》に送られて殺害されたユダヤ人は数百万人にのぼるといわれます。

日独伊三国《にちどくいさんごく》軍事同盟《ぐんじどうめい》

ドイツの快進撃《かいしんげき》に目をうばわれた日本政府は，1940（昭和《しょうわ》15）年，**日独伊三国軍事同盟《にちどくいさんごくぐんじどうめい》**の締結《ていけつ》に踏《ふ》み切りました。さらに米英に圧力《あつりょく》をかけて譲歩《じょうほ》させるため，ソ連を含《ふく》めての四か国協商《きょうしょう》を結ぼうとして，日ソ中立条約を結びました。しかし，ドイツが日本に事前の協議もなく，不可侵条約を破ってソ連に攻《せ》めこんだことでその期待は裏切られました。また，三国軍事同盟の最大の敵国はイギリスだったため，すでにイギリスと事実上の同盟関係にあったアメリカと日本の関係は決定的に悪化しました。

人物コラム 杉原千畝《すぎはらちうね》と樋口季一郎《ひぐちきいちろう》

ドイツの迫害《はくがい》によって大量のユダヤ難民《なんみん》が発生したため，各国はその対応をせまられました。当時，ユダヤ人がビザなしで上陸できるのは中国の上海《シャンハイ》だけでした。ユダヤ人は，日本を通過して海路で上海に入るか，シベリア鉄道で満州《まんしゅう》のハルビンを経由して陸路で上海をめざすしかありませんでした。前者のルートを通ろうとしたユダヤ人に対し，リトアニア領事《りょうじ》・杉原千畝は必死の思いで6000枚もの入国ビザを書き上げ，その命を救いました。しかし，後者のルートを選んだ数千人のユダヤ人は，満州国が入国を拒否《きょひ》したため，ソ連領で立ち往生《おうじょう》せざるを得ませんでした。

杉原千畝

これを聞いた陸軍《りくぐん》のハルビン特務機関長・樋口季一郎は，ただちに救出のため列車の手配にとりかかりました。満州国の許可を得ないこの行動は明らかに職務を逸脱《いつだつ》した行為《こうい》でした。しかし，このままユダヤ人を見殺しにすることは，民族の協和《きょうわ》という満州国の理想にも，人種差別撤廃《てっぱい》という日本の方針《ほうしん》にも反する，と樋口は考えたのです。

樋口季一郎

戦後，イスラエル政府は杉原への感謝を顕彰《けんしょう》碑《ひ》に表し，樋口の名を「偉大《いだい》な人道主義者」としてその歴史に刻《きざ》みました。

日米交渉《こうしょう》の破たん

1941(昭和16)年4月，悪化の一途《いっと》をたどる日《にち》米《べい》関係を修復するため，ワシントンで日米交《こう》渉《しょう》が始まりました。三国軍事同盟を敵視し，中国で蒋介石《しょうかいせき》《チャンチエシー》政権を支援するアメリカとの交渉は難航《なんこう》しました。

わが国は，すでにインドネシアを領有するオランダとの交渉に失敗し，石油のほとんどをアメリカからの輸入にたよらざるを得なくなっていました。そのため，石油資源が得られる東南アジアに勢力《せいりょく》をのばすことができるフランス領インドシナ南部に軍を進めました(南部仏印進駐《ふついんしんちゅう》)。

これに対しアメリカは，国内にある日本の資産を差しおさえるとともに石油の対日輸出全面禁止に踏《ふ》み切りました。

また，アメリカは，イギリス，中国，オランダとともにわが国を経済的に圧《あっ》迫《ぱく》し，封《ふう》じこめを強化しました[1]。

首相《しゅしょう》の近衛文麿《このえふみまろ》は，アメリカ大統領《だいとうりょう》ルーズベルトとの会談を提案しましたが実現せず，開戦に消極的だった海軍《かいぐん》も石油問題に危機感《ききかん》を強めていきました。

日独伊三国軍事同盟《にちどくいさんごくぐんじどうめい》の調印祝賀会　中央に立っているのが三国同盟を推進《すいしん》した松岡洋右外相《まつおかようすけがいしょう》。

❶ 日本はこれを「ABCD包囲網《ほういもう》」とよんだ。

三国同盟と「ABCD包囲網」

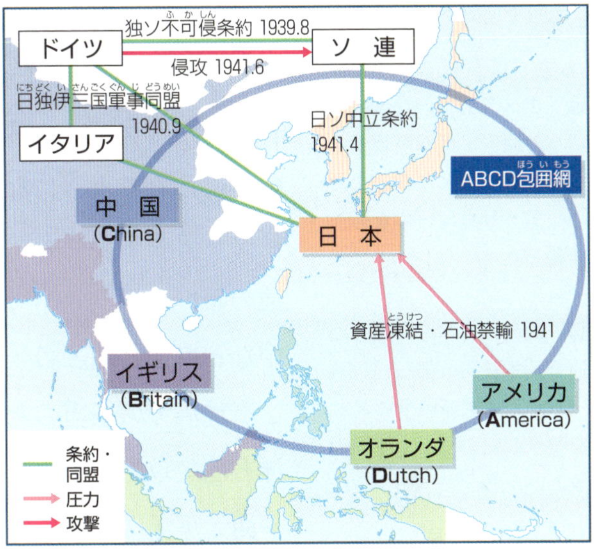

↑ハワイの真珠湾攻撃　黒煙《こくえん》につつまれる戦艦《せんかん》アリゾナ。このとき，戦艦４隻《せき》を沈《しず》め，他の４隻に被害をあたえたが，空母は不在で損害《そんがい》をあたえられなかった。

帝國、米英に宣戰を布告
畏し大詔渙發さる
詔書
英米の暴政を排し東亞の本然を復す
政府、宣戰の使命聲明
東條首相斷乎たる決意を力說
御名御璽
新嘉坡、
陸軍、香港
マニラ爆撃
米輸送船雷撃
グゥム大火

↑開戦の新聞記事　写真は首相《しゅしょう》の東条英機《とうじょうひでき》。（東《とう》京《きょう》日日新聞1941.12.9）

→アメリカの戦意高揚《こうよう》ポスター
「真珠湾を忘れるな！」はアメリカ国民の合言葉となった。

72
太平洋戦争《たいへいようせんそう》（大東亜戦争《だいとうあせんそう》）

◉日本とアメリカはなぜ戦争をし，その戦いはどうなっていったのだろうか。

真珠湾攻撃《しんじゅわんこうげき》

日米交渉《こうしょう》が行きづまるなか，軍部では対米開戦も主張されるようになりました。1941（昭《しょう》和《わ》16）年11月，アメリカは，中国やインドシナからの日本軍の無条件即時撤退《てったい》，蔣介石《しょうかいせき》《チャンチエシー》政権《せいけん》以外の中国政権の否認《ひにん》，三国同盟の事実上の破棄《はき》などを要求する強硬案《きょうこうあん》（**ハル・ノート**）❶を日本に提示しました。東条英機《とうじょうひでき》内閣《ないかく》は，これをアメリカ側の最後通告と受け止め，交渉を断念し，開戦を決断しました。

1941（昭和16）年12月８日，日本海軍《かいぐん》はハワイの米軍基地を攻撃《こうげき》し，太平洋艦隊《たいへいようかんたい》に壊滅《かいめつ》的な損害《そんがい》をあたえました（真珠湾攻撃《しんじゅわんこうげき》）❷。また，マレー半島に上陸した陸軍《りくぐん》もイギリス軍を撃破《げきは》し，シンガポールをめざして南下し，短期間で占領《せんりょう》しました。

日本は米英に宣戦布告《せんせんふこく》し，この戦争を「自存自衛《じそんじえい》」の戦争と宣言《せんげん》したうえで，**大東亜戦争**《だいとうあせんそう》と名づけました（戦後は**太平洋戦**《たいへいようせん》**争**《そう》とよばれるようになりました）❸。また，三国同盟によりドイツ，イタリアもアメリカに宣戦布告しました。これにより，この一連の戦いは日・独《どく》・伊《い》などの枢軸国《すうじくこく》と米・英・蘭《らん》（オランダ）・ソ・中などの連合国との全面戦争となりました。

真珠湾での損害《そんがい》のため，アメリカは開戦からしばらく，太平洋方面で攻勢《こうせい》に出られませんでした。そのあいだに東南アジアや西太平洋に進撃《しんげき》した日本軍は，それらの全域を占領しました。

❶　日米交渉《にちべいこうしょう》のアメリカ側当事者で，国務《こくむ》長官（外務《がいむ》大臣に当たる）のコーデル・ハルの名前から，こうよばれる。

❷　アメリカへの交渉打ち切りの通告が真珠湾攻撃よりも遅《おく》れることになったため，アメリカは日本を強く非難した。

❸　戦後，日本を占領《せんりょう》した連合国軍総司令部（ＧＨＱ）（➡p.230）が大東亜戦争の名称《めいしょう》を禁止したので，太平洋戦争という用語が一般化した。

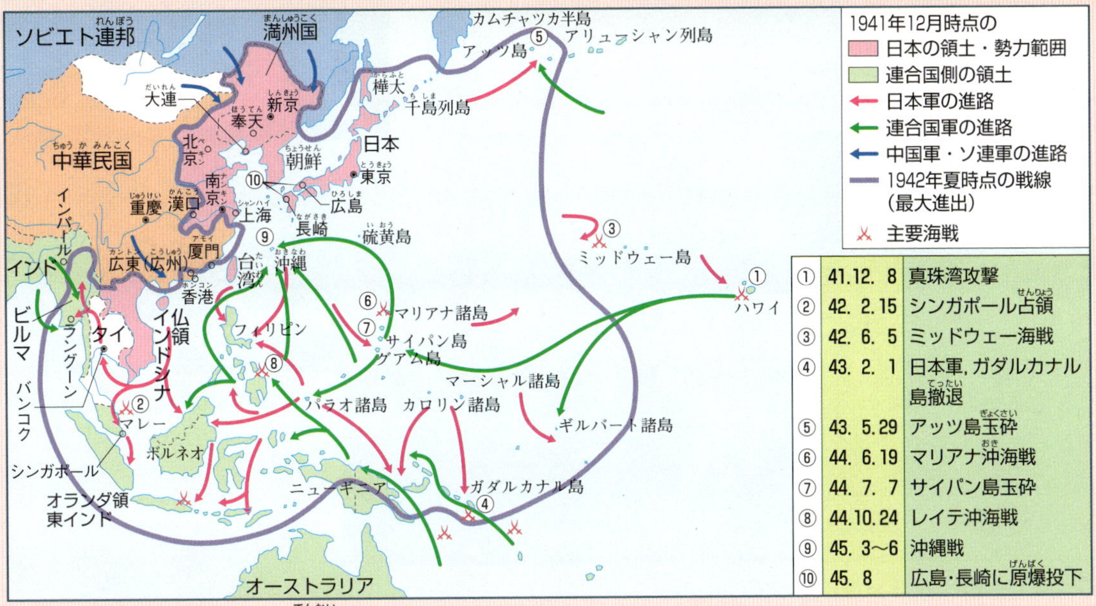
1941年12月時点の
日本の領土・勢力範囲
連合国側の領土
日本軍の進路
連合国軍の進路
中国軍・ソ連軍の進路
1942年夏時点の戦線
(最大進出)
主要海戦
① 41.12. 8 真珠湾攻撃
② 42. 2.15 シンガポール占領《せんりょう》
③ 42. 6. 5 ミッドウェー海戦
④ 43. 2. 1 日本軍, ガダルカナル島撤退《てったい》
⑤ 43. 5.29 アッツ島玉砕《ぎょくさい》
⑥ 44. 6.19 マリアナ沖《おき》海戦
⑦ 44. 7. 7 サイパン島玉砕
⑧ 44.10.24 レイテ沖海戦
⑨ 45. 3〜6 沖縄戦
⑩ 45. 8 広島・長崎に原爆《げんばく》投下
ソビエト連邦《れんぽう》
満州国《まんしゅうこく》
カムチャツカ半島
アリューシャン列島
アッツ島
樺太《からふと》
千島《ちしま》列島
大連《だいれん》
新京《しんきょう》
奉天《ほうてん》
北京《ペキン》
中華民国《ちゅうかみんこく》
朝鮮《ちょうせん》
日本
東京《とうきょう》
南京《ナンキン》
広島《ひろしま》
重慶《じゅうけい》
漢口《かんこう》
上海《シャンハイ》
長崎《ながさき》
インパール
硫黄島《いおう》
インド
広東《カントン》(広州《こうしゅう》)
厦門《アモイ》
台湾《たいわん》
沖縄《おきなわ》
香港《ホンコン》
ミッドウェー島
ハワイ
ビルマ
タイ
仏領インドシナ
ラングーン
フィリピン
マリアナ諸島
サイパン島
グアム島
マーシャル諸島
バンコク
マレー
パラオ諸島
カロリン諸島
ギルバート諸島
ボルネオ
シンガポール
ガダルカナル島
ニューギニア
オランダ領東インド
オーストラリア

太平洋戦争(大東亜戦争)の展開図《てんかいず》

暗転する戦局

日米戦の転換《てんかん》点となったのは, 1942(昭和17)年6月のミッドウェー海戦でした。この戦いで日本海軍は多くの空母と航空機, 優秀《ゆうしゅう》なパイロットの大半を失い, これ以後, わが国は守勢《しゅせい》に立たされることになりました。

その後, 米軍は太平洋上の島々を占領し, 日本本土への包囲《ほうい》網《もう》をせばめました。1944(昭和19)年6月, 日本海軍が最後の反《はん》攻《こう》をかけたマリアナ沖《おき》海戦に敗れ, サイパン島が陥落《かんらく》すると, 太平洋の制海権と制空権はほぼ米軍のものとなりました。サイパン島を飛び立った長距離爆撃機《ちょうきょりばくげきき》B29により, 日本の都市はたび重なる空襲《くうしゅう》にみまわれることになりました。

ミッドウェー海戦で, 大《たい》破《は》し炎上《えんじょう》する空母飛龍《ひりゅう》

コラム Column 何がアメリカ国民を戦争に導いたか

戦後, アメリカの外交官H・A・キッシンジャーは, その著書《ちょしょ》『外交』で, 日米開戦について次のように記しています。

「ルーズベルトは, 日本がハル・ノートを受諾《じゅだく》する可能性はないと知っていたにちがいない。(中略)アメリカの参戦は, ルーズベルトという偉大《いだい》で勇気のある指導者の並々《なみなみ》ならぬ外交努力なしでは達成できない偉大な成果だった。3年もかからないうちに, 彼《かれ》は, 孤立《こりつ》主義的なアメリカ国民を大規模《だいきぼ》な戦争に導いた。(中略)もし日本が米国を攻撃《こうげき》せず, 東南アジアだけにその攻撃を集中していたならば, アメリカ国民を, 何とか戦争に導かなければならないというルーズベルトの仕事は, もっと複雑困難《こんなん》になっていたであろうが, 結局は彼が必要と考えた戦争を実現したのである」

決してアメリカを戦争にまきこむことはない, とうったえ続けつつも, 反ファシズムの考えをもっていたルーズベルトにとって, 真珠湾《しんじゅわん》での日本軍による攻撃はアメリカ国民を戦争に誘《さそ》う, このうえない材料となったのでした。

この会議はどんな目的で開かれたのだろう。

日本の占領《せんりょう》統治　現地の児童に日本語教育を行っているようす。

大東亜《だいとうあ》会議(1943年11月)　中央の東条英機《とうじょうひでき》首相《しゅしょう》をはさみ，左からビルマ，満州国《まんしゅうこく》，中華民国《ちゅうかみんこく》(南京《ナンキン》政府)，タイ，フィリピン，自由インド仮《かり》政府の代表。

73 日本軍の進出とアジア諸国《しょこく》

◉戦争中，日本はアジア諸国にどのような影響《えいきょう》をおよぼしたのだろうか。

アジア独立への希望

戦争初期のわが国の勝利は，東南《とうなん》アジアやインドの人々に独立への希望をあたえました。長く東南アジアを植民地として支配していた欧米諸国《おうべいしょこく》の軍隊は，開戦から半年で，ほとんどが日本軍によって破られました。

タイは日米開戦直後に日本と同盟《どうめい》を結び，米英両国に宣戦布《せんせんふ》告《こく》しました。イギリス軍として戦ったインド兵の多くは，捕虜《ほりょ》となった後，インド国民軍❶に加わり，独立をめざして日本軍と行動をともにしました。ビルマでは日本軍の進攻《しんこう》に応じてビルマ独立義勇軍《ぎゆうぐん》がつくられ，日本軍に協力しました。インドネシアでも義勇軍ができ，日本軍の指導で軍事訓練が行われました。

大東亜《だいとうあ》会議の開催《かいさい》

東条内閣《とうじょうないかく》の外務《がいむ》大臣・重光葵《しげみつまもる》の提案で，わが国は1943(昭和《しょうわ》18)年11月，東京で**大東亜《だいとうあ》会議**を開きました。会議には中国(南京《ナンキン》政府❷)，タイ，満州国《まんしゅうこく》，フィリピン，ビルマ，インドの代表者が集まり，各国の自主独立，相互《そうご》の提携《ていけい》による経済発展《けいざいはってん》，人種差別の撤廃《てっぱい》などをうたった**大東亜共同宣言《せんげん》**❸が採択《さいたく》されました。

わが国の南方進出は石油資源の獲得《かくとく》をおもな目的としていましたが，この会議以降，欧米による植民地支配からアジアの国々を解放し，**大東亜共栄圏《きょうえいけん》**を建設することが，戦争の表向きの目的として，より明確に掲《かか》げられるようになりました。

❶　日本軍が，捕虜《ほりょ》のインド人将兵《しょうへい》にインド独立をよびかけて編成した部隊。

重光葵《しげみつまもる》(1887 ～ 1957)
駐《ちゅう》ソ連大使，駐英大使を経《へ》て，東条内閣《とうじょうないかく》の外務《がいむ》大臣に就任。

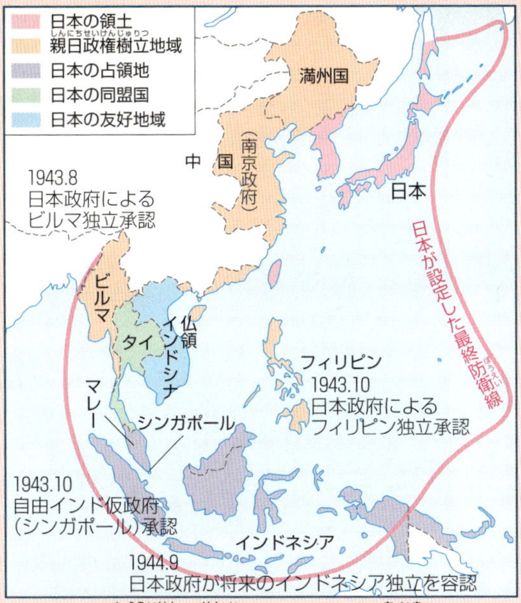
日本の領土
親日政権樹立地域《しんにちせいけんじゅりつちいき》
日本の占領地
日本の同盟国
日本の友好地域
満州国
中国
（南京政府）
日本
1943.8
日本政府による
ビルマ独立承認
ビルマ
タイ
仏領インドシナ
マレー
シンガポール
フィリピン
1943.10
日本政府による
フィリピン独立承認
日本が設定した最終防衛線《ぼうえいせん》
1943.10
自由インド仮政府
（シンガポール）承認
インドネシア
1944.9
日本政府が将来のインドネシア独立を容認

大東亜共栄圏《きょうえいけん》の範囲《はんい》にある国々と地域《ちいき》

チャンドラ・ボース（1897～1945）**とインド国民軍**
ボースはガンジー（←p.195），ネルー（←p.195）と並《なら》ぶインド独立運動指導者。自由インド仮政府を樹立し，インド国民軍を率いて日本に協力した。

日本の占領《せんりょう》とアジア諸国　中国や東南アジアなど日本軍が進攻した地域では，兵士や民衆に多くの犠牲者《ぎせいしゃ》が出ました。インドネシアでは，日本語教育や神社参拝《さんぱい》を強《し》いたことに対する反発もありました。フィリピンでは，アメリカと結んでゲリラ活動を行う勢力《せいりょく》に日本軍はきびしく対処し，多くの一般市民も犠牲となりました。連合国軍の反攻《はんこう》が激《はげ》しくなると，物資や労働力の確保を優先する日本軍によって，現地の人々が過酷《かこく》な労働に従事させられることもしばしばありました。

欧米諸国による支配からの独立を求めていたこれらの植民地は，戦争が終わった後，十数年のあいだに次々と自力で独立国となりました。

❷　重慶《じゅうけい》にのがれた蔣介石《しょうかいせき》政権《せいけん》内の和平派が，日本の支援《しえん》を受けて南京《ナンキン》に樹立した政府。日本はこの政府を実質的に支配し，これを中国の正統政府と位置づけた。

❸　1941年８月に米英首脳《しゅのう》が表明した大西洋憲章《たいせいようけんしょう》に対抗《たいこう》する意味もあった。大西洋憲章には，領土不拡大，国境線不変更《へんこう》，民族自決などがうたわれていた。

コラム Column　トインビーが見た「第二次世界大戦と日本」

イギリスの歴史家A・トインビーは，日本はその近代の歩みの中で，第二次世界大戦での破局《はきょく》をむかえたが，日本人は，はからずも歴史的なことを成しとげたとして，こう記しています。
「アジア・アフリカを支配してきた西洋の帝国主義者《ていこくしゅぎしゃ》たちが，過去200年間そう思われてきたような無敵の半神的存在ではないことを，日本人は他の人種の人々に証明した。われわれ欧米人《おうべいじん》はみな，日本人によって，次々とたおされたのである」
また，「日本は，敗戦という痛ましい経験によって国家主義の限界を学んだ。今，日本は，世界史の新しい時代の中で，先覚者《せんかくしゃ》的な役割《やくわり》があるものと確信する」とも述べています。

泰緬《たいめん》鉄道　日本軍の物資輸送のため，タイ・ビルマ間につくられた鉄道。日本軍や東南アジア各地からの労働者，イギリス軍捕虜を大量に動員して建設したが，多くの犠牲者《ぎせいしゃ》が出た。

学生たちはどういう思いで戦地に向かったのだろう。

学徒出陣《がくとしゅつじん》の壮行《そうこう》大会（東京《とうきょう》・明治神宮外苑《めいじじんぐうがいえん》，1943年10月21日）雨の中，関東《かんとう》地方の学生約７万人が参加した。

勤労動員《きんろうどういん》　工場で働く女学生。25歳《さい》未満の未婚《みこん》女子は勤労挺身隊《ていしんたい》として軍需《ぐんじゅ》工場に動員された。

74 戦時下の暮《く》らし

●戦争中の国民生活はどのようなものだったのだろうか。

国家総動員《こっかそうどういん》体制

この戦争は，わが国が初めて経験する総力戦←p.193でした。1943（昭和《しょうわ》18）年になると，それまで徴兵《ちょうへい》を猶予《ゆうよ》されていた大学生も軍に入隊することになりました（**学徒出陣《がくとしゅつじん》**）。

男子の多くが戦地に向かったため，女性が職場を支えました。中学生以上の生徒は工場での生産活動や奉仕《ほうし》作業にたずさわりました（**勤労動員《きんろうどういん》**）。

物資もしだいに欠乏《けつぼう》し，金属類は兵器の材料として供出《きょうしゅつ》を命じられました。食生活はきびしさを増し，服装《ふくそう》も質素なモンペ姿《すがた》や国民服が日常服となりました。英語は敵国語として使用が制限され，新聞や雑誌《ざっし》，映画《えいが》も戦争への協力をよびかける内容が大半を占《し》めるようになりました。また，報道も政府の指導下に置かれ，戦力の急速な低下により戦争継続《けいぞく》が困難《こんなん》になっている実態は知らされませんでした。国民の多くはひたすら日本の勝利を願い，励《はげ》まし合って苦しい生活に耐《た》え続けました。

一方，わが国が統治していた朝鮮《ちょうせん》半島では，日本式の姓名《せいめい》を名のらせる創氏改名《そうしかいめい》など，朝鮮人を日本人化する政策《せいさく》が進められました。戦争の末期には，朝鮮や台湾《たいわん》にも徴兵や徴用が適用され，人々に苦しみを強《し》いることになりました。日本の鉱山《こうざん》などに連れてこられ，きびしい労働を強いられる朝鮮人や中国人

戦時農園で作業をする人々

東京大空襲《とうきょうだいくうしゅう》の惨状《さんじょう》　米軍は，東西５km，南北６kmの区域《くいき》内に焼夷弾《しょういだん》を落とし，火の壁《かべ》で人々の退路を断《た》って爆撃《ばくげき》した。（鈴木誠《すずきまこと》　作　国立近代美術館蔵《ぞう》　無期限貸与《たいよ》作品）

特攻隊《とっこうたい》　鹿児島《かごしま》県の知覧《ちらん》基地を飛び立つ特攻機の隊員を，地元の女学生が桜の枝を振《ふ》って見送っているところ。

もいました。

空襲《くうしゅう》の被害《ひがい》と沖縄《おきなわ》戦

米軍はマリアナ諸島《しょとう》，さらに硫黄島《いおうとう》を占領《せんりょう》したのち，日本の都市への空襲《くうしゅう》を強化しました。そのため都市の学童《がくどう》は，親元をはなれ，集団で地方の農山村に疎開《そかい》しました（学童疎開）。

爆撃《ばくげき》は軍の施設《しせつ》や軍需《ぐんじゅ》工場だけでなく，国際法で禁じられている商業地，住宅地にも無差別に行われるようになり，軍人以外の非戦闘員《ひせんとういん》にもおびただしい被害《ひがい》をもたらしました。とりわけ1945（昭和20）年３月の東京大空襲《とうきょうだいくうしゅう》は，一夜にして死者約10万人，焼失家屋《かおく》約27万戸という大きな被害をもたらしました。

４月になると米軍は沖縄《おきなわ》本島に上陸し，激《はげ》しい地上戦がくり広げられました。日本軍は沖縄県民とともに必死の防戦《ぼうせん》を展開《てんかい》し，米軍に大きな損害《そんがい》をあたえました。また，若《わか》い兵士たちの航空機による体当たり攻撃《こうげき》（特攻《とっこう》）や，戦艦大和《せんかんやまと》による水上特攻も行われ，数多くの命が失われました。そうしたなかで，沖縄の中学生や女学生の中には，この戦いに従軍して，命を落とす人も少なくありませんでした。➡p.222米軍の猛攻《もうこう》で逃げ場を失い，集団自決する人もいました。

圧倒的《あっとうてき》な物量を誇《ほこ》る米軍は６月に沖縄を占領すると，九州に上陸する態勢を整えました。

学童疎開《がくどうそかい》　空襲などの危《き》険《けん》を避けるため地方に向かう子どもたち。

沖縄《おきなわ》戦　沖縄に上陸する米軍。日本側は東京大空襲を上回る18万～19万人の死者を出し，その半数以上は一般《いっぱん》市民だった。

↑ポツダム会談《かいだん》の3首脳《しゅのう》（1945年7月）
左からイギリスのチャーチル，アメリカのトルーマン，ソ連のスターリン。

日本について，どんな話し合いをしたのだろう。

ポツダム宣言《せんげん》（一部要約）

われらの条件は次のとおりである。

- 日本国の主権《しゅけん》は本州《ほんしゅう》，北海道《ほっかいどう》，九州《きゅうしゅう》，四国《しこく》さらにわれらが指定する島々に限定される。
- 日本政府は，国民の中に民主的傾向《けいこう》が復活し，強まることに対する障害《しょうがい》をすべて除去《じょきょ》し，基本的人権の尊重《そんちょう》を確立しなければならない。
- われらは，日本政府がただちに日本軍全軍の無条件降伏《こうふく》を宣言し，その行動について誠実《せいじつ》に保《ほ》障《しょう》することを要求する。

75 戦争の終結

◉日本はどのようにして敗戦をむかえたのだろうか。

ドイツの降伏《こうふく》

ヨーロッパでは，アメリカの参戦で連合軍の反攻《はんこう》が開始され，1943年9月，まずイタリアが降伏《こうふく》しました。ドイツも，スターリングラードでソ連軍に敗れ，以後敗退を続けました。1944年，連合軍はフランスに上陸してパリを解放すると，東西からドイツに攻《せ》めこみました。ヒトラーは自殺し，1945年5月にドイツは無条件降伏をしました。

これより先，米・英・ソの首脳《しゅのう》はソ連のヤルタに集まり，戦後処理《しょり》について話し合いました（**ヤルタ会談《かいだん》**）。アメリカのルーズベルト大統領《だいとうりょう》はソ連の対日参戦を求め，ソ連のスターリンは，その代償《だいしょう》に日本領である樺太《からふと》（サハリン）の南半分と千島《ちしま》列島を要求しました。ドイツ降伏後の7月，ドイツのベルリン郊外《こうがい》でポツダム会談が行われ，連合国は日本への降伏条件を示した**ポツダム宣言《せんげん》**をアメリカ，イギリス，中国の名で発表しました。[1]

原爆《げんばく》投下とソ連の参戦

このころ日本政府は，ソ連がひそかに対日参戦の約束をしていることを知らず，ソ連に講《こう》和《わ》の仲介《ちゅうかい》を求めていました。

1945（昭和《しょうわ》20）年8月6日，アメリカは完成したばかりの**原子《げんし》爆弾《ばくだん》（原爆《げんばく》）**を広島《ひろしま》市に投下しました。人類史上初の核兵器《かくへいき》は上空で炸裂《さくれつ》し，想像を絶する高熱と爆風《ばくふう》，そして放射能《ほうしゃのう》が約14万～15万人の一般《いっぱん》市民の命をうばいました。その3日後，原子

❶　ソ連は日ソ中立条約のためこの宣言に対日参戦後に加わった。また，アメリカはルーズベルト大統領《だいとうりょう》が1945年4月急死し，副大統領のトルーマンが大統領に就任した。

↑破壊《はかい》された浦上天主堂《うらかみてんしゅどう》
明治《めいじ》の建設以来，長崎《ながさき》のキリスト教徒の信仰《しんこう》を集めていた天主堂も破壊《はかい》された。

原爆《げんばく》ドーム　核兵器《かくへいき》使用の悲惨《ひさん》さを後世に伝えるため，アメリカに反対されながらも，1996（平成《へいせい》8）年に世界遺産《いさん》に登録された。

敗戦当日の皇居《こうきょ》前　多くの人々が，戦争に敗れたことを天皇におわびしている。

シベリア抑留《よくりゅう》　証言を元に強制収《しゅう》容所《ようじょ》での生活を再現したもの。

爆弾はふたたび長崎《ながさき》に投下され，約７万～８万人が犠牲《ぎせい》となりました。

ソ連は８月８日に**日ソ中立条約《ちゅうりつじょうやく》**を一方的に破棄《はき》して日本に宣戦布告《せんせんふこく》し，満州《まんしゅう》や朝鮮《ちょうせん》，南樺太，千島に侵攻《しんこう》しました。

日本の敗戦

相つぐ悲報の中，政府では昭和天皇《しょうわてんのう》の[2]臨席《りんせき》のもと，ポツダム宣言の受け入れをめぐる会議が開かれました（御前《ごぜん》会議）。賛否が同数に分かれたため，首相《しゅしょう》の鈴木貫太郎《すずきかんたろう》は天皇の判断（聖断《せいだん》）を仰《あお》ぎ，天皇はポツダム宣言を受諾《じゅだく》し降伏するという外務《がいむ》大臣の意見を支持しました。それにより内閣《ないかく》は，受諾を決定しました。８月15日正午，ラジオで天皇の声を録音した玉音《ぎょくおん》放送が全国に流れ，戦争の終結が知らされました。日本軍は武器を置き，戦争は終わりました。

戦地からの軍人の復員と，民間人の引きあげが始まりました。中国本土からは，軍人約110万人，民間人約50万人が引きあげました。しかし，満州・北朝鮮にいた約200万の人々は，ソ連軍の攻撃《こうげき》や略奪《りゃくだつ》にあい，多くの犠牲者を生みました。また，ソ連は満州や樺太，朝鮮などで武装《ぶそう》解除した軍人など約57万～70万人をシベリアなどに連行し，長期間苛酷《かこく》な労働に従事させたため約６万人が死亡しました。第二次世界大戦全体の世界中の戦死者は2200万人，負傷者は3400万人とも推定されています。

[2]　ソ連軍は終戦後に択捉《えとろふ》島以南に侵攻《しんこう》し，ソ連がロシアになった今日《こんにち》にいたるまで不法占拠《ふほうせんきょ》している（北《ほっ》方領土問題《ぽうりょうどもんだい》）。

御前会議での昭和天皇の発言

私は世界の現状と国内の事情を十分検討《じゅうぶんけんとう》した結果，これ以上戦争を続けることは無理だと考える。

国体《こくたい》の問題（天皇をいただく国の体制が守られるかどうか）に疑問があるというが，私は疑いたくない。それは，国民全体の信念と覚悟《かくご》の問題である。

私は自分がどうなろうとも国民の命を助けたい。日本がまったくなくなるより，少しでも種子が残るなら，復興《ふっこう》する希望もある。

将兵の気持ちをなだめることは困難《こんなん》だろうが，陸海軍大臣は努力してほしい。必要なら私が説得してもかまわない。（下村海南《しもむらかいなん》『終戦記』より要約）

読み物コラム　昭和《しょうわ》20年，戦局の悪化と終戦 ── さまざまな思い

●戦火に逃《に》げまどう沖縄《おきなわ》県民●

昭和《しょうわ》20(1945)年３月，アメリカの機動《きどう》部隊が沖縄《おきなわ》に進攻《しんこう》してきたときのようすを，沖縄県本部《もとぶ》町に住むある母親は，次のように述べています。

「米軍が上陸してきて激《はげ》しい銃撃《じゅうげき》戦が始まった。私たち10人家族は，ほかの避難《ひなん》民とともに，ただ死の恐怖《きょうふ》におびえて山の中を右往左《うおうさ》往《おう》するばかりであった。多くの人々が死んで行き，私の４女も銃弾《じゅうだん》に当たって死んでしまった。私たちは悲しみにくれ，恐怖におびえていたが，一刻も早くどこかへ移動しなければならなかった。……暗い山道を越えてある山に辿《たど》り着いたが，もう食糧《しょくりょう》はほとんどなく，飢《う》えと寒さに苦しみながら，マラリア(伝染病《でんせんびょう》)の猛威《もうい》の前になすすべもなく，毎日のように誰《だれ》かが死んでいくのであった」(『沖縄県史』10巻より抜粋《ばっすい》)

↑戦後建てられた「ひめゆりの塔《とう》」(手前が「壕《ごう》」の跡《あと》)

●沖縄戦，ひめゆり学徒隊《がくとたい》の看護《かんご》活動●

一方，このとき，沖縄師範《しはん》学校女子部と沖縄県立第一高等女学校の教師18人，生徒222人の「ひめゆり学徒隊《がくとたい》」は，沖縄陸軍《りくぐん》病院の看護《かんご》要員として動員されました。

丘《おか》の斜面《しゃめん》に横穴を掘《ほ》った「壕《ごう》」というものが40近くあり，むき出しの土壁《つちかべ》に二段ベッドが置かれ，そこが病棟《びょうとう》になりました。ひめゆり学徒隊は，そこで献身的《けんしんてき》に負傷兵《ふしょうへい》の看護に当たり，そのようすは次のようなものでした。

「４月も末になると戦いは激しくなる一方で，各壕に負傷兵はあふれてきた。あらたに運ばれてきた負傷兵は受け付けられても，軍医の治療《ちりょう》がすむまでは壕に入ることを許《ゆる》されず，木の下で担架《たんか》に乗せられたままうなっている。

『看護婦さんお願いします。早く治療してください』。そう頼《たの》む傷兵を目の前にしても，私たちはどうすることもできない。『少々お待ちください。すぐ治療がすめば壕に入れますから』。涙《なみだ》をのんでこういうより他に言葉はなかった。そのときの胸の苦しさ……」(『ひめゆりの塔《とう》をめぐる人々の手記』より抜粋)

絶え間なく砲弾《ほうだん》が飛び交《か》う中での危険《きけん》な看護活動を行い，ひめゆり学徒隊のうち半数以上が沖縄戦で命を落としました。

●大田実少将《おおたみのるしょうしょう》の電文●

この沖縄戦で，海軍《かいぐん》の陸上部隊の指揮《しき》をとっていたのが大田実少将《おおたみのるしょうしょう》でした。日本軍の敗色《はいしょく》が濃厚《のうこう》となった昭和20年６月，彼は，沖縄の人たちの戦闘《せんとう》協力に感謝し，海軍次官に次のように打電をしました。

「敵が沖縄攻略《こうりゃく》を開始してから，陸海軍は防衛戦闘に専念《せんねん》し，県民を顧《かえり》みる余裕《よゆう》がなかった。しかし，県民は青年・壮年《そうねん》の全部が防衛召集《しょうしゅう》に応募《おうぼ》してくれた。しかも若《わか》き婦人は率《そっ》先《せん》して軍に身を捧《ささ》げ，看護婦や炊事婦《すいじふ》はもとより，砲弾運びを申し出る人もいる。看護婦においては，軍の移動で置き去りにされた重《じゅう》傷者《しょうしゃ》を助けている」(要約)と述べ，「沖縄県民かく戦えり。県民に対し後世《こうせい》，特別のご高配《こうはい》を賜《たまわ》らんことを」と結んでいます。そして，この部隊は全滅《ぜんめつ》し，大田少将は，司令部のあった那覇《なは》の海軍壕で自決《じけつ》しました。

●特攻《とっこう》隊員の思い●

昭和20年５月，鹿児島《かごしま》県・鹿屋《かのや》基地で，沖縄防衛のために特攻《とっこう》の出撃日《しゅつげきび》を待っている士《し》官《かん》の一人に，西田《にしだ》高光《たかみつ》中尉《ちゅうい》(22歳《さい》，大分《おおいた》県師《し》範《はん》学校の出身)がいました。

当時，従軍《じゅうぐん》作家として各戦線を回っていた小説家の山岡荘八《やまおかそうはち》の質問に，西田中尉は，重い口調で，自《みずか》ら特攻に志願したことを述べ，最後にこうつけ加えました。

「学鷲《がくわし》*は一応インテリです。そう簡単《かんたん》に勝てるなどとは思っていません。しかし負けたとしても，そのあとはどうなるのです……おわかりでしょう。われわれの生命は講和《こうわ》の条件にも，その後の日本人の運命にもつながっていますよ。そう，民族の誇《ほこ》りに……」(山岡荘八「最後の従軍」より)

そして２日後の５月11日，西田中尉は出撃し，南西諸島《なんせいしょとう》洋上で戦死しました。

*学鷲：学歴を有する飛行予備士官。

●作家のさまざまな思い●

昭和20年８月15日，昭和天皇《しょうわてんのう》の玉音《ぎょくおん》放送は，日本の終戦を告げました。作家たちは，終戦をどう受け止めたのでしょうか。

大佛次郎《おさらぎじろう》(1897 ～ 1973)

昭和39年に文化勲章《ぶんかくんしょう》を受章。

「(８月15日の夜の闇《やみ》には)私の身のまわりからも征《い》って護国《ごこく》の神となった数人の人たちの面影《おもかげ》が拭《ぬぐ》い去《さ》りようもなく次から次へと浮《う》かんで来た。(中略)白い明け方の空に，一つずつ星が消えてゆくように，一人ずつ君たちは離《はな》れていった。(中略)切ない日が来た。生き残った私どもの胸をつらぬいている苦悩《くのう》は，君たちを無駄《むだ》に死なせたかという一事《いちじ》に尽《つ》きる」(「英霊《えいれい》に詫《わ》びる」朝日新聞，昭和20年８月21日より抜粋)

藤原《ふじわら》てい(1918 ～)

満州《まんしゅう》の気象台に勤務《きんむ》していた夫から引きはなされ日本に帰国。そのようすは，『流れる星は生きている』にまとめられ，大反響《だいはんきょう》をよんだ。

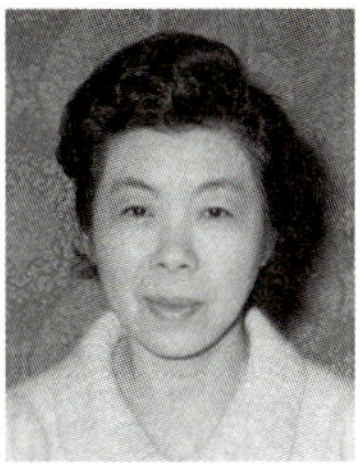

暑い日だった。私は３人の子供を連れて，北朝鮮《きたちょうせん》の宣川《ソンチョン》という小さな町にいた。「負けました，戦争に負けたのです」。泣きながら「そんなはずはない」とくりかえしている人もいる。「みなさん，おちついて下さい」。その声は，あたかも絶叫《ぜっきょう》になっている。私は３人の子供達を抱《だ》き寄せた。「みんな靴《くつ》をはいて！」するどい声が飛んだ。逃《に》げ出す準備である。私はあわてて，子供達の身じたくをすると，娘《むすめ》を背負った。どこへ逃げ出したらいいのか。「お父さん，助けて！」私は北の空の下にいる夫にむかって，大声で叫《さけ》んでいた。(『証言の昭和史⑤』より抜粋)

徳富蘇峰《とくとみそほう》(1863 ～ 1957)

平民《へいみん》主義を提唱《ていしょう》し，のちに国家主義に。戦時中，大日本言論報国《ほうこく》会《かい》の会長を務め，戦後公職追放に。

徳富蘇峰は，『終戦後日記《しゅうせんごにっき》』(昭和20年９月23日)で次のように記しています。

「自分は戦争犯罪《はんざい》とか，戦争責任とかいう言葉が，今日《こんにち》通用することについて，いささか不審《ふしん》がある。なるほど捕虜虐待《ほりょぎゃくたい》とか，病院船を打沈《うちしず》めたとか，大きくいえば，原子爆弾《げんしばくだん》などを無暗《むやみ》に投下したる者は，戦争犯罪者といっても可《よ》かろう。しかし勝った方から負けた方を吟味《ぎんみ》して，(中略)これは犯罪者であるなぞという事は，如何《いか》なるものであるか」

戦争については，さまざまな思いが証言や手記などの文章で残されています。それらを読んで，戦争について考えてみましょう。

大阪松竹《しょうちく》座　映画の上映を待って，劇場前に並ぶ人々。舞台公演も行われた。

昭和初期の手回し式蓄音《ちくおん》機《き》

「のらくろ」　『少年倶楽部《しょうねんくらぶ》』に連載《れんさい》された漫画《まんが》。主人公ののら犬・黒吉《くろきち》の軍隊生活をえがいた。

76 戦前・戦中の昭和《しょうわ》の文化

◉敗戦をむかえるまでの昭和の文化には，どんな特色があったのだろうか。

200m平泳ぎで優勝し，表彰台《ひょうしょうだい》に立つ前畑秀子。

戦前・戦中の文化

昭和《しょうわ》に入ると，文化の大衆《たいしゅう》化がいっそう進み，マスメディアが発達しました。ラジオ局が統合されて，1926（大正《たいしょう》15）年に設立されていた日本放送協会（ＮＨＫ）によるドラマやスポーツ中継《ちゅうけい》は人気をよびました。新聞や雑誌《ざっし》も部数を増やし，レコードが大量に売れて流行歌が広まりました。映画では，活動写真（無声映画）にかわってトーキー（有声映画）が登場し，アメリカ映画が人気をよびました。

文学では，芸術的表現に重きを置いた新感覚派《しんかんかくは》とよばれる川《かわ》端康成《ばたやすなり》，横光利一《よこみつりいち》らの作家が登場しました。新美南吉《にいみなんきち》は『ごんぎつね』などのすぐれた児童文学を残しました。また，不況《ふきょう》などの社会の変動によって，社会主義思想やプロレタリア文学も一時さかんになりました。

スポーツは学校や軍隊を通じてさかんになり，大正の末に甲《こう》子園《しえん》球場に会場を移していた全国中等学校優勝野球大会は，国民的人気をよびました。オリンピックでも日本人選手が活躍《かつやく》するようになり，1936年のベルリン大会では，水泳の前畑秀子《まえはたひでこ》が日本女子選手として初の金メダルを獲得《かくとく》しました。

日中戦争《にっちゅうせんそう》が始まると，言論・思想に対する取り締《し》まりが強められ，戦争文学がさかんになったほか，新聞や雑誌，音楽なども戦時色の強いものになりました。

なでしこ日本史～その5

クーデンホーフ光子《みつこ》(1874～1941)

異国でも日本人の誇《ほこ》りを忘れず

商家の娘《むすめ》だった光《みつ》子《こ》は，ふとしたことから日本に駐在《ちゅうざい》するオーストリア大使クーデンホーフ伯爵《はくしゃく》に見そめられ，妻となりました。

夫に従《したが》い渡欧《とおう》することが決まった光子は，宮中《きゅうちゅう》に召《め》され，皇后《こうごう》から「異国でも日本人の誇《ほこ》りを忘れないように」との言葉を賜《たまわ》りました。

7人の子をもうけ，2番目の男子が今日《こんにち》のＥＵ（ヨーロッパ連合）につながる考えを唱えたリヒャルト栄次郎《えいじろう》です。このため光子は「汎《はん》ヨーロッパ主義※の母」とよばれています。

また，その美しさや優雅《ゆうが》なふるまい，高い教養から，「黒髪《くろかみ》の貴婦人《きふじん》」として社交界の評判を集めました。日本女性としての彼女《かのじょ》の生き方は，ヨーロッパでも確かな存在感を示したのです。

※ヨーロッパの平和や統合を主張する思想や運動

平塚《ひらつか》らいてう《（ちょう）》(1886～1971)

女性解放運動のさきがけとなった新しい女性

「元始《げんし》，女性は実に太陽であった」。これは，1911（明治《めいじ》44）年に創刊《そうかん》された『青鞜《せいとう》』の冒頭《ぼうとう》に記された，らいてう《（ちょう）》の言葉です。ここでらいてうは，古代の日本女性を思い浮《う》かべて，明治のころのさまざまな制約からの女性の解放を求めたのです。

自分の生き方に悩《なや》んだらいてうは，宗教書や哲学《てつがく》書を読み，禅《ぜん》に没頭《ぼっとう》しました。そして恋愛《れんあい》問題をきっかけに，日本女性のあるべき姿《すがた》に強い関心をもつようになりました。そうしたなかで生まれた『青鞜』は，日本女性解放運動の先がけとなり，らいてうは生涯《しょうがい》にわたってこの運動にたずさわり続けました。

与謝野晶子《よさのあきこ》(1878～1942)

奔放《ほんぽう》に恋《こい》をよんだ情熱の歌人

少女のころから文学に親しんだ晶子《あきこ》は，22歳《さい》のときに出会った与謝野鉄幹《よさのてっかん》と激《はげ》しい恋《こい》に落ちました。鉄幹を慕《した》って大阪《おおさか》から上京すると，自由奔放《ほんぽう》で情熱的な短歌を次々に『明星《みょうじょう》』に発表し，一躍《いちやく》世間の注目を集めました。それは，しとやかでつつましいとされた，明治の女性像を大きく揺《ゆ》さぶるものでした。

日露《にちろ》戦争の際には，出征《しゅっせい》した弟の無事を願う詩「君死にたまふ《（う）》ことなかれ」を発表し，話題となりました。

しかし，太平洋《たいへいよう》戦争（大東亜《だいとうあ》戦争）の際には，

水軍の　大尉《たいい》となりて　わが四郎《しろう》
み軍《いくさ》にゆく　たけく戦へ

と，海軍大尉《かいぐんたいい》として出征する四男を励《はげ》ます歌も残しました。

11人の子の母親として，家族を愛し，家を重んじたその姿勢《しせい》は，当時さかんだった女性解放運動とは一線を画《かく》するものでした。

第5章のまとめ

「世界大戦の時代」のおもな出来事《できごと》トップ5

❶　下の表には，「世界大戦の時代」のおもな歴史事項《じこう》が記されています。右の年表の空欄《くうらん》に，その事項を当てはめてみましょう。

【「世界大戦の時代」のおもな歴史事項】

第一次世界大戦，ロシア革命，政党内閣，ベルサイユ条約，国際連盟，ワシントン会議，普通選挙法，世界恐慌，満州事変，二･二六事件，日中戦争，第二次世界大戦，日独伊三国軍事同盟，太平洋戦争（大東亜戦争），原爆，終戦

年	「世界大戦の時代」のおもな歴史年表
1914	①おこり，日本も参戦
1917	②おこる
1918	原敬による日本で最初の本格的③ができる
1919	パリで講和会議が開かれ，日本が五大国の一員として参加し④を締結
1920	日本が常任理事国として⑤に加盟
1921	～22年，海軍軍縮と中国問題を議論する⑥が開かれる
1925	治安維持法と⑦を制定
1929	アメリカで株価大暴落，⑧となる
1931	満鉄の鉄道爆破を機に⑨おこる
1933	日本が国際連盟から脱退
1936	陸軍の青年将校らによる⑩おこる
1937	盧溝橋事件を機に⑪おこる
1939	⑫がおこる
1940	⑬を結ぶ
1941	日本が真珠湾攻撃をして⑭おこる
1945	アメリカが，広島，長崎に⑮投下。ポツダム宣言を受諾し⑯となる

❷　右の年表に，下の事項・人名などを加えて，この時代の歴史理解を深める年表づくりをしてみましょう。

護憲運動，大正デモクラシー，米騒動，全国水平社，関東大震災，ラジオ放送，リットン調査団，五･一五事件，ブロック経済，国家総動員法，日ソ中立条約，経済封鎖，ヒトラー

これ以外にも大事な項目がたくさんあるね。

❸　「世界大戦の時代」の 出来事の中から重要なトップ5を選び出し，その理由づけを書き，クラスのみんなで意見交換《こうかん》してみましょう。

例：**【この時代のおもな出来事トップ5】**

第1位 太平洋戦争 （大東亜戦争）	日本は国を挙げて戦争を行ったが，大きな被害が出たから。
第2位	
第5位 世界恐慌	経済の行きづまりが国際社会を戦争へ導いたから。

❹　学習をふり返り，「世界大戦の時代の特色」を80字～100字ほどの文章でまとめてみましょう。

書き方は，**第1章のまとめ**の❹を参考にしてね。

五大改革指令《かいかくしれい》（1945年10月）	①婦人の解放《かいほう》　②労働組合の結成　③教育の自由主義化　④圧政的諸《しょ》制度の撤廃《てっぱい》　⑤経済《けいざい》の民主化
経済《けいざい》の改革《かいかく》	財閥解体《ざいばつかいたい》，農地改革，労働組合法，労働基準《きじゅん》法，独占《どくせん》禁止法
教育の改革	教育基本法，学校教育法（6・3・3・４制と義務教育９年制の導入）
政治の改革	新選挙法，公職追放，日本国憲法《けんぽう》（国民主権《しゅけん》・基本的人権《じんけん》の尊重《そんちょう》・平和主義の基本原則）

戦後の諸改革　これらの改革は，GHQの命令に基《もと》づき，日本政府の手で行われた。

憲法公布《こうふ》の祝賀《しゅくが》大会　昭和天皇（中央左）の出席のもと，皇居《こうきょ》前で開催《かいさい》された。日本国憲法は，大日本帝国《ていこく》憲法の改正という形で制定された。

日本国憲法の制定

GHQは，わが国に対し憲法《けんぽう》の改正を要求しました。日本側は，大日本帝国《だいにほんていこく》憲法は近代立憲主義に基《もと》づいたものであり，部分的な修正で十分《じゅうぶん》と考えました。しかし，GHQは日本側の改正案を拒否《きょひ》し，自《みずか》ら全面的な改正案を作成すると，これを受け入れるよう日本側に強くせまりました。

天皇《てんのう》の地位に影響《えいきょう》がおよぶことをおそれた政府は，これを受け入れ，日本語に翻訳《ほんやく》された改正案を，政府提案として帝国議会で審議《しんぎ》しました[4]。議会審議では，細かな点までGHQとの協議が必要であり，議員はGHQの意向に反対の声を上げることができず，ほとんど無修正で採択《さいたく》されました。

こうして1946（昭和《しょうわ》21）年11月3日，**日本国憲法**が公布《こうふ》され，半年後の5月3日から施行《しこう》されました。

日本国憲法の最大の特色は，交戦権の否認《ひにん》，戦力の不保持などを定めた，他国に例を見ない徹底した戦争放棄《ほうき》（平和主義）[5]の考えでした。この規定は，占領が終わり，わが国が独立国家として国際社会に責任ある地位を占《し》めるようになるにつれ，多くの議論をよぶことになりました。

新憲法にともない，民法《みんぽう》など多くの法律や制度も改められ，地方自治法《じちほう》[6]や**教育基本法**[7]などが制定されました。

[4] この憲法の改正案がGHQの手によるものであることを公表するのはかたく禁止された。

[5] 国民主権，基本的人権の尊重とともに日本国憲法の三大原則とされた。また，天皇については，日本国および日本国民の統合の象徴《しょうちょう》と定めた（象徴天皇制）。

[6] 1947（昭和22）年公布。地方公共団体の民主化，効率化を目的として，首長《しゅちょう》（知事や市町村長）の公選制などを定めた。

[7] 教育の機会均等，9年間の義務教育，男女共学などを定めた。

読み物 コラム

東京裁判《とうきょうさいばん》

東京裁判の法廷《ほうてい》　左奥が裁判官席，右奥が被告《ひこく》席。実際の審理《しんり》では，検察側の証拠《しょうこ》の多くはそのまま採用されたが，弁護側の証拠は却下《きゃっか》されることが多かった。

●戦犯《せんぱん》として裁《さば》かれた人たち●

マッカーサーは，戦後につくられた裁判所《さいばんしょ》条例に基《もと》づいて，極東国際軍事裁判《きょくとうこくさいぐんじさいばん》（東京裁判《とうきょうさいばん》）を開きました。罪《つみ》を追及《ついきゅう》する検事《けんじ》や判決を下す裁判官《さいばんかん》は，すべて戦勝国とその植民地から任命され，日本人の弁護団はわずかでした。

裁判は，戦争指導にたずさわった政治家や軍人を，侵略《しんりゃく》戦争を行った「平和に対する罪」で裁《さば》こうとするものでした。弁護団は，この罪は新しく導入された考え方であり，過去の戦争にさかのぼらせて適用することは不当であると異議を申し立てましたが，却下《きゃっか》されたまま裁判は始まりました。

1948（昭和《しょうわ》23）年11月，25人に判決が下り，翌月《よくげつ》，東条英機《とうじょうひでき》元首相《しゅしょう》以下７人が死刑《しけい》となりました。判決に当たって，インドやオランダなど５か国の裁判官は少数意見を提出しました。その中でインド代表のパール判事は，「復讐《ふくしゅう》の欲望を満たすために，たんに法律的な手続きを踏《ふ》んだにすぎないようなやり方は，国際正義の観念とはおよそ縁《えん》遠い」として，全被告《ひこく》を無罪《むざい》とする意見を述べています。

➡ラダ・ビノード・パール（1886～1967）東京裁判でただ一人，被告《ひこく》全員無罪を主張した。

また，捕虜虐待《ほりょぎゃくたい》などの戦争犯罪《はんざい》に問われた軍人なども，横浜《よこはま》やシンガポール，マニラなど各地の裁判所で裁かれ，1000人を超《こ》える人々が，十分《じゅうぶん》な弁護を受けることもなく死刑に処《しょ》せられました。

●東京裁判についてのみかた●

このように，東京裁判では，日本の政治家・軍人たちが戦争犯罪者として裁かれました。その一方で，米ソなどの戦勝国に対しては，当時の国際法から見て戦争犯罪とされるものでも，罪に問われることはありませんでした。

東京大空襲《とうきょうだいくうしゅう》や原爆《げんばく》投下などのアメリカ軍による都市空襲では，多くの一般市民の命がうばわれました。ソ連軍の満州侵攻《まんしゅうしんこう》でも，満州に住む日本人への暴行《ぼうこう》や日本人捕虜のシベリア抑留《よくりゅう》によって，多くの人々が被害《ひがい》を受けました。しかし，こうした戦勝国の行為《こうい》を裁く裁判は，行われませんでした。

そのほかに，東京裁判については，「平和に対する罪」を過去にさかのぼって適用したことの不当性を，批判《ひはん》する意見があります。一方では，世界平和に向けて国際法の新しい発展《はってん》を示した裁判として，積極的に肯定《こうてい》する意見もあり，その評価は現在でも定まっていません。

人物コラム

国民とともに歩んだ昭和天皇《しょうわてんのう》

●戦争への苦悩《くのう》，開戦の決断●

1901（明治《めいじ》34）年，大正天皇《たいしょうてんのう》の第一皇子《おうじ》として生まれた昭和《しょうわ》天皇は，19歳《さい》のとき，病弱だった大正天皇の摂政《せっしょう》となり，25歳で即位《そくい》しました。

1931（昭和６）年に満州事変《まんしゅうじへん》がおこり，天皇は戦闘《せんとう》の拡大を憂慮《ゆうりょ》しましたが，時代はしだいに戦争へと向かいます。

大日本帝国憲法《だいにほんていこくけんぽう》では，天皇は国の元首《げんしゅ》で統治権を総攬《そうらん》し，国務大臣の輔弼《ほひつ》により統治権を行使するとされていました。そして，自分の考えと異《こと》なる政府の決定であっても，天皇はこれを認《みと》めることが原則となっていました。

ただし，1936（昭和11）年に二《に》・二六事件《にろくじけん》がおきたときは，天皇は事件をおこした将校《しょうこう》に同情的な意見をしりぞけ，鎮圧《ちんあつ》を求めました。

日米関係が緊迫《きんぱく》していった1941（昭和16）年９月の御前《ごぜん》会議では，

四方《よも》の海　みな同朋《はらから》と　思ふ世《よ》に
など波風の　立ちさわぐらん

と，平和を願う明治天皇の御製《ぎょせい》（天皇の和歌）を読み上げ，戦争よりも日米交渉の継続を重《じゅう》臣《しん》たちに示唆《しさ》しました。しかし，結局，開戦を回避《かいひ》できず，苦渋《くじゅう》の末に12月，「まことにやむを得ないものがある」などと記した宣戦《せんせん》の詔《しょう》書《しょ》（天皇の出す公文書）を発しました。

●敗戦と昭和天皇●

昭和20（1945）年８月敗戦。日本は史上初めて，外国軍によって国土を占領《せんりょう》され，９月，天皇は連合国軍の最高司令官《しれいかん》であるマッカーサーを訪問します。マッカーサーは天皇が命乞《ご》いに来たと思いました。

ところが，天皇の言葉は，私の身はどうなろうと構わないから，国民を救ってほしいというものでした。マッカーサーは驚《おどろ》きます。「この勇気に満ちた態度は，私の骨のズイまでもゆり動かした」（『マッカーサー回想記』）。彼は，天皇がいなくなれば日本は分裂《ぶんれつ》し占領は不可能になる，という考えを強めました。

身はいかに　なるともいくさ　とどめけり
ただたふれゆく　民をおもひて

これは終戦を決断したときの御製ですが，ここにも天皇の覚悟《かくご》が見てとれます。

戦後すぐに，天皇は国民を励《はげ》まそうと，全国への巡幸《じゅんこう》を始めました。日本国憲法により「国民統合の象徴《しょうちょう》」となった天皇に対する，国民の敬愛《けいあい》は以前と変わらず，天皇は全国各地で国民から歓迎《かんげい》を受けました。

●国民とともに生きる●

敗戦前後の誰もが生活が苦しかったころ，天皇は配給量を一般国民と同じにせよと命じ，粗末《そまつ》な食事をとっていました。空襲《くうしゅう》で焼けた宮殿《きゅうでん》の再建も許さず，防空用の建物を1961（昭和36）年まで住まいとしました。

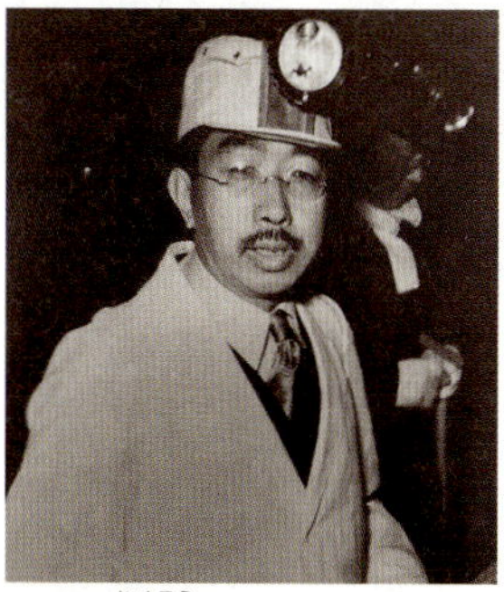

↑天皇巡幸《じゅんこう》　地下1000mの炭鉱《たんこう》，福岡《ふくおか》県三池鉱業所《みいけこうぎょうしょ》に巡幸時のようす。

最晩年の病《やまい》の床にあっても，「今年の稲《いね》の出来はどうか」と，庶民《しょみん》の暮《く》らしに思いを寄せています。国民とともに生涯《しょうがい》を歩んだ昭和天皇は，1989（昭和64）年１月７日に崩御《ほうぎょ》しました。

➡p.241

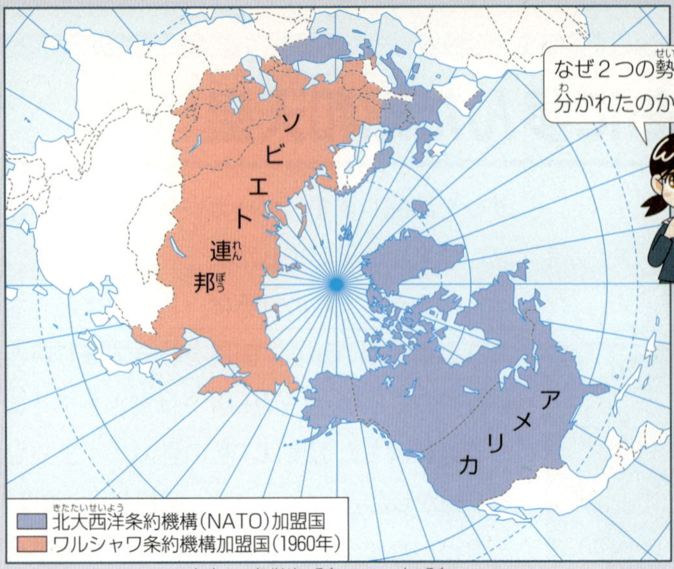

冷戦のようす　NATO《ナトー》加盟諸国《かめいしょこく》は西側諸国《しょこく》，ワルシャワ条約機構加盟諸国は東側諸国とよばれ，東西両陣営《じんえい》の対立が続いた。

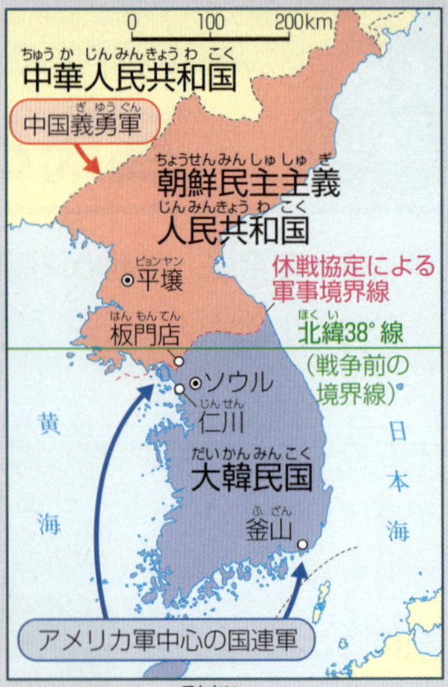

朝鮮戦争の展開《てんかい》　1953年に休戦協定が結ばれたが，現在も休戦のまま，戦争は終結していない。

78 朝鮮戦争《ちょうせんせんそう》と日本の独立回復

◉冷戦《れいせん》は世界と日本をどのように変えていったのだろうか。

第1回国連総会《こくれんそうかい》　世界の51か国が国連憲章《けんしょう》に調印した。

❶　安全保障理事会は，米・ソ(現・ロシア)・英・仏・中の常任理事国のうち，1国でも反対すると決議できないことになっている。

冷戦の始まり

1945年10月，連合国は，戦時中からのアメリカの構想に従《したが》って，新たな国際機構として**国際連合(国連《こくれん》)**を設立しました。

しかし，ソ連は，戦時体制をゆるめず，東ヨーロッパの共産《きょうさん》主義《しゅぎ》支配を強め，世界的な共産主義運動を支援《しえん》しました。国連もソ連の拒否権《きょひけん》❶のために有効に機能しませんでした。

アメリカは，西ヨーロッパに大規模《だいきぼ》な経済援助《けいざいえんじょ》を行うとともに，軍事面では1949年に北大西洋《きたたいせいよう》条約機構(NATO《ナトー》)を結成しました。一方，核兵器《かくへいき》の開発に成功したソ連も，1955年に東ヨーロッパ諸国《しょこく》とワルシャワ条約機構を結んでNATOに対抗《たいこう》し，**冷戦《れいせん》**(冷たい戦争)とよばれる対立が深まりました。

冷戦はアジアにもおよび，中国では日本軍の撤退《てったい》後，ソ連の援助を受けた共産党が，アメリカの支援する国民政府を破り，1949年，毛沢東《もうたくとう》《マオツォトン》を主席とする**中華人民共和国《ちゅうかじんみんきょうわこく》**が建国されました。一方，蔣介石《しょうかいせき》《チャンチエシー》が率いる国民党は台湾《たいわん》に逃《のが》れました。

朝鮮戦争と日本の独立

戦後，米ソによって分割占領《ぶんかつせんりょう》された朝鮮《ちょうせん》半島では，占領分割線である北緯《ほくい》38度線をはさみ，南に大韓民国《だいかんみんこく》(韓国《かんこく》)，北に朝鮮民主主義人民共和国《ちょうせんみんしゅしゅぎじんみんきょうわこく》(北朝鮮《きたちょうせん》)が成立しました。

1950年，北朝鮮はソ連の支援のもと，武力統一をめざし韓国

朝鮮戦争　朝鮮半島全土で，多くの民衆《みんしゅう》や将兵《しょうへい》が命を失った。

サンフランシスコ平和条約に署名《しょめい》する吉田茂首相《よしだしげるしゅしょう》　条約締結《ていけつ》により，ＧＨＱによる日本占領《せんりょう》は1952(昭和《しょうわ》27)年４月に終了し，日本は主権《しゅけん》を回復した。

に侵攻《しんこう》しました。不意を打たれた韓国軍は南部に後退しましたが，米軍を中心とする国連軍の支援を得て，逆におし返しました。その後，北朝鮮には中国が加勢し，戦いは一進一退をくり返し，1953年に休戦協定が結ばれました(**朝鮮戦争**)。

冷戦が激化《げきか》するに従い，アメリカの占領政策《せいさく》は，日本を自由主義陣営《じんえい》の一員として強化する方向に向かいました。朝鮮戦争が勃発《ぼっぱつ》し，駐留《ちゅうりゅう》していた米軍が朝鮮半島に出動すると，ＧＨＱは日本政府に，警察予備隊《けいさつよびたい》を組織する指令《しれい》を出しました。警察予備隊はその後，保安隊《ほあんたい》を経《へ》て自衛隊《じえいたい》へと発展《はってん》しました。また，朝鮮戦争で，米軍がわが国に大量の軍需品《ぐんじゅひん》を注文したことにより，日本経済は急速に回復し始めました(朝鮮特需《とくじゅ》)。

1951(昭和《しょうわ》26)年９月，サンフランシスコで講和《こうわ》会議が開かれ，わが国は自由主義諸国など48か国とのあいだに**サンフランシスコ平和条約**を締結《ていけつ》し，翌年《よくねん》４月28日に主権を回復しました。[2]同時に，**日米安全保障《ほしょう》条約**(日米安保《あんぽ》条約)も結ばれ，アメリカが日本および東アジアの平和と安全を保障するとともに，占領終了後も日本国内に米軍基地が置かれることになりました。

また，1956(昭和31)年，**日ソ共同宣言《せんげん》**が出され，ソ連との国交が回復しました。この結果，ソ連が賛成《さんせい》に回り，日本の国際連合加盟《かめい》が実現しました。

自衛隊《じえいたい》の発足《ほっそく》式(1954年７月)　自衛隊を監督《かんとく》する防衛庁《ぼうえいちょう》も設置された。

❷　沖縄などは引き続きアメリカの施政下《しせいか》に置かれた。一方，欧米の植民地だったアジアやアフリカは，戦後，相ついで独立国が誕生し，1955(昭和30)年，インドネシアのバンドンで国際会議が開かれた(アジア・アフリカ会議)。

日本の国連加盟決る

全会一致で可決

安保理事会　80番目・宿願達す

さっとあがる右手

加瀬大使　お祝いの握手攻

「日ソ宣言」の

批准書交換・

日本の国連加盟を伝える新聞(毎日新聞1956.12.13)

この壁はなぜつくられたのだろう。

米海軍機
ソ連船

ベルリンの壁《かべ》　壁の建設によって，さまざまな悲劇《ひげき》が生まれた。この壁は東西冷戦の象徴《しょうちょう》となった。

ウィーン会談(1961年)　ケネディ大統領《だいとうりょう》(アメリカ，右)とフルシチョフ首相《しゅしょう》(ソ連，左)はベルリンのあつかいをめぐって対立し，ベルリンの壁建設につながった。

キューバ危機《きき》　ミサイルを運ぶソ連船を上空から監視する米軍機。

79 冷戦《れいせん》と日本

◉冷戦の進行にともない，日本にはどのような動きがおきたのだろうか。

第五福竜丸《ふくりゅうまる》事件　1954(昭和《しょうわ》29)年３月，アメリカの水爆《すいばく》実験で日本の漁船第五福竜丸の船員23人が「死の灰」を浴び，うち１人が死亡した。

ハンガリー動乱　ハンガリーの首都ブダペストを占拠《せんきょ》したソ連軍を取りまくブダペスト市民。

冷戦の進行

米ソを中心とする東西両陣営《じんえい》の対立はきびしさを増していきました。ソ連は，アメリカに続いて水素爆弾《ばくだん》(水爆《すいばく》)を開発すると，世界初の人工衛星の打ち上げにも成功しました。その後，両国は，相手国に壊滅的《かいめつてき》な打撃《だげき》をあたえることのできる戦略核《せんりゃくかく》ミサイルをたがいに保有し，相対《あいたい》するようになり，東西の冷戦は進行しました。

1956年，ハンガリーでソ連の支配に反対する暴動《ぼうどう》がおこると，ソ連は軍隊で弾圧《だんあつ》しました(ハンガリー動乱)。また，東西に分断されたドイツでは，1961年，東西ベルリンを隔《へだ》てるベルリンの壁《かべ》が築かれました。これは，東ドイツ側住民の西ドイツへの脱走《だっそう》を防《ふせ》ぐためのものでした。

1962年，キューバで革命《かくめい》がおこり社会主義政権《せいけん》ができると，ソ連はキューバにミサイル基地を建設しました。これに対しアメリカは，基地の撤去《てっきょ》を求めてキューバを海上封鎖《ふうさ》し，米ソ戦争の危機《きき》がせまりました(キューバ危機)。しかしこの危機は，アメリカの抗議《こうぎ》でソ連がミサイルを撤去し，回避《かいひ》されました。

1965年には，インドシナ半島の共産化《きょうさんか》をくい止めるため，アメリカは南ベトナム軍を援助《えんじょ》する軍を送り，中国，ソ連，北ベトナムが支援《しえん》する南ベトナムの反政府勢力《せいりょく》や北ベトナム軍と戦いました(**ベトナム戦争**)。しかし，長引く戦争に，米国の世《せ》

ベトナム戦争　アメリカ軍は泥沼化《どろぬまか》する戦争に苦しんだ。南北ベトナムでも，軍と民衆《みんしゅう》に数百万人の死者が出た。

安保闘争《あんぽとうそう》　国会周辺でデモ隊と警察の衝突《しょうとつ》事件がおこった。

論《ろん》はこの戦争への介入《かいにゅう》反対へと傾《かたむ》き，1973年にアメリカ軍は撤《てっ》退《たい》しました。1975年，北ベトナムは南部に侵攻《しんこう》し，南ベトナムを併合《へいごう》しました。

安保闘争《あんぽとうそう》と経済発展《けいざいはってん》

1955（昭和《しょうわ》30）年，わが国では，分裂《ぶんれつ》していた日本社会党《にっぽんしゃかいとう》（社会党）が再統一し，保守政党の合同によって自由民主党《じゆうみんしゅとう》（自民党《じみんとう》）も結成されました。以後，政権をにぎる自民党に社会党が挑《いど》む形の政治が1990年代の前半まで続きました（55年体制）。このころ，わが国の経済《けいざい》は急速に回復し，すでに戦前の水準《すいじゅん》を上回りました。

1960（昭和35）年，首相《しゅしょう》の岸信介《きしのぶすけ》は日米安保《あんぽ》条約を改定し，アメリカとの関係をより対等な立場にしようとしました。これに対し，社会党などは安保条約そのものに反対の立場をとり，鋭《するど》く対立しました。新安保条約が衆議院《しゅうぎいん》で承認されると，大規模《だいきぼ》な反対運動がおこり，国会周辺は連日デモ隊に取り囲まれる騒《そう》動《どう》となりました（安保闘争《あんぽとうそう》）。新条約は成立しましたが，アメリカ大統領《だいとうりょう》アイゼンハワーの訪日は中止され，岸内閣《ないかく》は総辞職《そうじしょく》しました。

後任の池田勇人《いけだはやと》は，所得倍増計画を発表しました。池田内閣は，安保問題での国内対立をさけ，経済成長を重視する路線をとりました。

歴代内閣《ないかく》のおもな仕事
総理大臣

1948 **吉田《よしだ》　茂《しげる》**
サンフランシスコ平和条約
1954 **鳩山一郎《はとやまいちろう》**
日ソ共同宣言
1956 **石橋湛山《いしばしたんざん》**
1957 **岸《きし》　信介《のぶすけ》**
日米安保《あんぽ》条約の改定
1960 **池田勇人《いけだはやと》**
所得倍増計画

岸信介（1896～1987）

池田勇人（1899～1965）

第2節　経済大国・日本の国際的役割

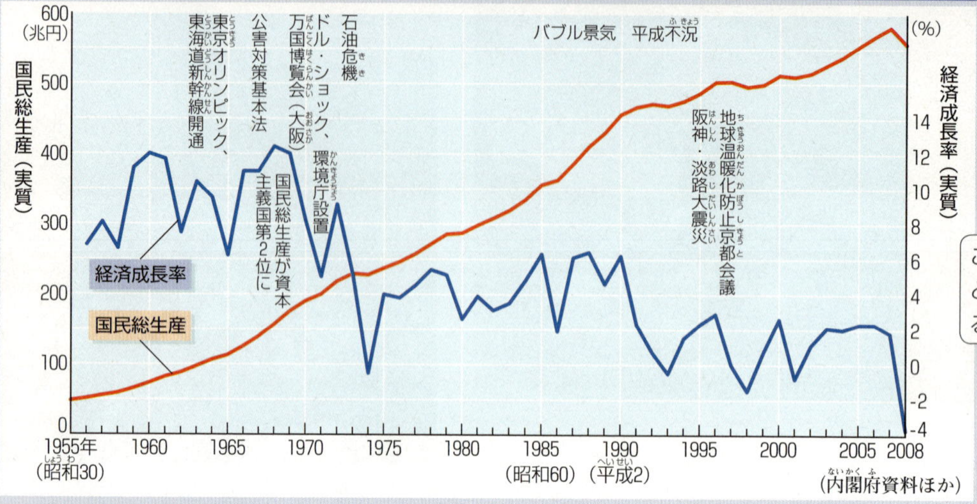

↑国民総生産と経済成長率　日本経済は，1960年ごろから約10年，年率約10%の成長を続けた。

80　世界の奇跡《きせき》・高度経済《けいざい》成長

◉高度経済成長によって日本はどのように変わっていったのだろうか。

高度経済成長

わが国では，昭和《しょうわ》30年代の初めから40年代の終わりまで高い率の経済《けいざい》成長が続きました（**高度経済成長**）。

その間《かん》，1964（昭和39）年には，アジア初のオリンピックが東京《とうきょう》で開かれ，これに合わせて東海道新幹線《とうかいどうしんかんせん》や高速道路も開通しました。また，1970（昭和45）年には，アジア初の万国博覧会《ばんこくはくらんかい》が大阪《おおさか》で開かれました。

日本人の勤勉《きんべん》さと高度な技術，徹底《てってい》した品質管理は，世界に通用する価格と品質の製品を次々と生み出しました。戦後の自由貿易体制にも支えられ，日本製品は世界に進出し，貿易黒字をのばしていきました。1968（昭和43）年には，国民総生産（ＧＮＰ）でアメリカにせまる資本主義国第２位を記録し，経済大国としての地位をかためました。

人々の生活も便利で快適《かいてき》なものに変わりました。収入《しゅうにゅう》の増加は，テレビや洗濯機《せんたくき》，冷蔵庫などの電化製品や自動車の急速な普及《ふきゅう》につながり，国内需要《じゅよう》の高まりは，さらに増産や新製品の開発に結びつきました。❶

大都市への人口の集中も進み，郊外《こうがい》に団地や住宅を建てるため，急速に宅地開発が進みました。また，余暇《よか》を楽しむ余裕《よゆう》が生まれて観光やレジャー産業もさかんになり，多くの人々が観

↑日本万国博覧会《ばんこくはくらんかい》　通称，大阪万博《おおさかばんぱく》。総入場者は6420万人で，万博史上最多を記録した。写真の「太陽の塔《とう》」（岡本太郎《おかもとたろう》 作）は大阪万博のシンボルとなった。

ひばりが丘団地《おかだんち》　日本住宅公団によって1959(昭和34)年に東京郊外《とうきょうこうがい》に造成された，当時の日本最大の公団住宅。

東京タワー　テレビ・ラジオの各放送局の電波塔《とう》を一つにまとめるため，1958(昭和33)年に建設され，東京都のシンボルとなった。

四日市《よっかいち》コンビナート(三重《みえ》県)　初期の石油化学コンビナートの一つ。四日市ぜんそくなどの公害病問題が発生した。

光地や商業都市に集まるようになりました。

経済成長のひずみ

高度経済成長は，世界を驚《おどろ》かせる速さでわが国を豊かにしていきましたが，同時に，新しい問題も生み出しました。

最大の問題は**公害**でした。大量の産業廃棄物《はいきぶつ》や有害物質による環境破壊《かんきょうはかい》をまねいたのです。1960年代には，河川《かせん》や海の水質汚濁《おだく》，大気汚染《おせん》が進み，それらは水俣病《みなまたびょう》など深刻《しんこく》な公害病を引きおこしました。利益を追求し，その結果を予測できず，公害の歯止めに有効な手だてを講じなかった政府や自治体《じちたい》，企業《きぎょう》の責任がきびしく問われました。

1967(昭和42)年，政府は公害対策《たいさく》基本法を制定し，さらに1971(昭和46)年には環境庁《かんきょうちょう》[2]を発足《ほっそく》させました。こうして公害防《ぼう》止《し》と環境保護に努めた結果，大きな改善《かいぜん》が見られるようになりました。

また，工業化・都市化にともない，都市に移り住む人々が増えたため，農林水産業に従事《じゅうじ》する人々が減少していきました。この結果，農山村では過疎化《かそか》が進み，鉄道などの公共交通機関の廃止《はいし》や学校の閉校など，地域《ちいき》のコミュニティが失われていくところもありました。逆に，都市では，過密《かみつ》による住宅不足や交通渋滞《じゅうたい》，地価の値上がりなどが社会問題となりました。

❶　昭和30年代，白黒テレビ，洗濯機《せんたくき》，冷蔵庫は「三種の神器《じんぎ》」とよばれ，人気を集めた。昭和40年代になると，カー(自動車)，クーラー，カラーテレビが「新三種の神器(３Ｃ)」とよばれた。

列車で東京に向かう集団就職の人々　職業安定所などの紹介《しょうかい》で，地方の中学校卒業者が集団で大都市に就職し，日本の高度経済成長を支えた。

❷　2001(平成13)年，環境省《かんきょうしょう》に昇格《しょうかく》した。

沖縄復帰記念式典
沖縄が本土復帰できたのは，なぜなのだろう。
沖縄《おきなわ》本土復帰記念式典　東京《とうきょう》と沖縄の２か所で同時に開催《かいさい》された。写真は東京の式典で，中央は，昭和天皇《しょうわてんのう》と香淳皇后《こうじゅんこうごう》。

日中《にっちゅう》国交正常化　会談する田中角栄首相《たなかかくえいしゅしょう》(右)と毛沢東《もうたくとう》主席(中央)，周恩来《しゅうおんらい》首相(左)。田中は首相就任《しゅうにん》時から国交正常化を唱えていた。

81 冷戦《れいせん》と昭和《しょうわ》時代の終わり

◉石油危機《きき》のあと，日本と世界はどのように歩んでいったのだろうか。

石油危機の混乱　原油不足による紙生産量の減少がうわさされ，トイレットペーパーを買い占《し》める人々が続出したが，実際の紙生産量はあまり減っていなかった。

石油危機

1973(昭和《しょうわ》48)年，中東《ちゅうとう》戦争の影響《えいきょう》を受け，原油価格が大幅《おおはば》にはね上がるという**石油危機《きき》**(オイル･ショック)が日本を襲《おそ》い，物価が上がったり，トイレットペーパーなどの品物が一時的に不足しました。安価で豊富な石油に依存《いぞん》してきたわが国の産業界は大きな打撃《だげき》を受け，高度経済《けいざい》成長の時代は終わりを告げました。以後，わが国は省エネルギー技術の開発に力を注ぎました。

また，アジアには韓国《かんこく》，シンガポールなどの新興《しんこう》の工業国(NIES《ニーズ》)❶があらわれ，日本の競争相手となってきました。

アジア諸国《しょこく》との関係

わが国は1965(昭和40)年，韓国と**日韓《にっかん》基本条約**を結び，韓国政府を朝鮮《ちょうせん》半島にあるただ一つの合法的な政府として認《みと》めました。

中華人民共和国《ちゅうかじんみんきょうわこく》は1971年の国連《こくれん》総会で，国連の代表権を認められました。アメリカのニクソン大統領《だいとうりょう》は，ベトナム戦争の行きづまりを打開するために，ソ連と対立する中国との接近をはかりました。わが国も，1972(昭和47)年に日中《にっちゅう》共同声明を発表して中国との国交を正常化し❷，1978(昭和53)年には**日中平和友好条約**を結びました。

戦後，沖縄《おきなわ》はアメリカが施政権《しせいけん》をもっていましたが，本土復帰をめざす沖縄の人々の長年の願いが実を結び，1972(昭和47)

❶　新興工業経済地域。Newly Industrializing Economiesの略。

❷　このとき日本は，中華《ちゅうか》民国《みんこく》(台湾《たいわん》)とは断交《だんこう》した。現在は，貿易など民間レベルでの関係が続いている。

ベルリンの壁の崩壊　多くの東ベルリン市民がおし寄せたために検問所が開放され，これをきっかけに壁は崩壊した。

昭和天皇の崩御《ほうぎょ》　弔問《ちょうもん》の記帳をするために，大勢《おおぜい》の国民が皇居《こうきょ》前広場を訪《おとず》れた。

年５月，佐藤栄作内閣《さとうえいさくないかく》によって**沖縄本土復帰**が実現しました。

冷戦の終わり

1970年代になると，アメリカはベトナムから撤退《てったい》し，ヨーロッパでは，一時は東西陣営《じんえい》が歩み寄る緊張緩和《きんちょうかんわ》(デタント)時代が訪《おとず》れます。しかしその間《かん》にもソ連は軍備《ぐんび》を拡張《かくちょう》し，アメリカをしのぐ勢いを示しました。1979年のソ連のアフガニスタン侵攻《しんこう》により，西側諸国《しょこく》は軍備を増強し，ふたたび緊張《きんちょう》が高まりました。1983年，アメリカのレーガン大統領はＳＤＩ（ミサイル防衛《ぼうえい》計画）を発表しました。ソ連はこれに軍事的に対抗しようとしましたが，社会主義経済が行きづまりました。

ソ連は経済の市場化や情報《じょうほう》公開により危機を乗り切ろうとしましたが，かえって国内では自由を求める声が高まり，混乱《こんらん》をまねきました。さらに東欧《とうおう》諸国でもソ連から離脱《りだつ》しようという動きが高まり，1989年にはベルリンの壁《かべ》がこわされ，翌年《よくねん》には西ドイツが東ドイツを統合しました。こうして半世紀におよぶ冷戦《れいせん》は終結し，20世紀を通じて世界の政治・経済に影響《えいきょう》をあたえ続けてきたヨーロッパの共産《きょうさん》主義国家はなくなりました。

わが国では，1989（昭和64）年１月７日，昭和天皇《しょうわてんのう》が崩御《ほうぎょ》し，←p.233激動《げきどう》の昭和時代は幕《まく》を閉《と》じました。皇位《こうい》は皇太子《こうたいし》の明仁親王《あきひとしんのう》が継承《けいしょう》し，年号《ねんごう》は平成《へいせい》と定められました。

平成改元《へいせい》　新しい年号は「平成」と発表された。

コラム Column　核《かく》と世界

核戦争への恐怖《きょうふ》は，核兵器の数量や実験を制限する条約の締結《ていけつ》をうながし，1960年代には部分的核実験禁止条約や核拡散《かくさん》防止条約が結ばれました。また，1970年代になると，国連《こくれん》でも軍縮《ぐんしゅく》のための特別総会が開かれました。

ところが，1986年にはチェルノブイリ（旧ソ連）で原子力発電所が爆発《ばくはつ》し，原子炉《げんしろ》からもれた放《ほう》射能《しゃのう》が広範囲《はんい》に飛び散るという事故が世界を揺《ゆ》るがしました。

戦後になって，どんな文化が生まれたのかな。

川端康成《かわばたやすなり》(1899 ～ 1972)　『伊豆《いず》の踊子《おどりこ》』『雪国《ゆきぐに》』などの小説で，1968(昭和43)年12月，ノーベル文学賞を受賞した。受賞記念講演は「美しい日本の私」と題され，同時通訳で行われた(スウェーデン・ストックホルムにて)。

湯川《ゆかわ》　秀樹《ひでき》	物理学賞	(1949)
朝永振一郎《ともながしんいちろう》	物理学賞	(1965)
川端　康成	文学賞	(1968)
江崎玲於奈《えさきれおな》	物理学賞	(1973)
佐藤《さとう》　栄作《えいさく》	平和賞	(1974)
福井《ふくい》　謙一《けんいち》	化学賞	(1981)
利根川《とねがわ》　進《すすむ》	医学生理学賞	(1987)
大江健三郎《おおえけんざぶろう》	文学賞	(1994)
白川《しらかわ》　英樹《ひでき》	化学賞	(2000)
野依《のより》　良治《りょうじ》	化学賞	(2001)
小柴《こしば》　昌俊《まさとし》	物理学賞	(2002)
田中《たなか》　耕一《こういち》	化学賞	(2002)
南部陽一郎《なんぶよういちろう》	物理学賞	(2008)
小林《こばやし》　誠《まこと》	物理学賞	(2008)
益川《ますかわ》　敏英《としひで》	物理学賞	(2008)
下村《しもむら》　脩《おさむ》	化学賞	(2008)
鈴木《すずき》　章《あきら》	化学賞	(2010)
根岸《ねぎし》　英一《えいいち》	化学賞	(2010)

日本人のノーベル賞受賞者(　)内は受賞年

82 戦後と現代の文化

◉昭和の戦後の文化にはどのような特色があるのだろうか。

戦後の文化

戦後，文化の面でもわが国は復興《ふっこう》を始めました。1951(昭和《しょうわ》26)年にラジオの民間放送が始まり，1953(昭和28)年にはＮＨＫp.224と民間放送が相次いでテレビの本放送を始めました。映画界では黒澤明監督《くろさわあきらかんとく》の『羅生門《らしょうもん》』がベネチア映画祭でグランプリを受賞して国際的な評価を受け，戦後の新しい映画から生まれた「リンゴの唄《うた》」「青い山脈」などの流行歌も人々に明るさをあたえました。

1949(昭和24)年に湯川秀樹《ゆかわひでき》が日本人で初めてノーベル賞を受賞したことは国民を勇気づけました。その後，数多くの日本人科学者がノーベル賞を受賞するようになりました。

また，貴重な文化財を守るため文化財保護法が制定され，のちに文化庁が設置されました。

戦後になると，文学の分野では，野間宏《のまひろし》，大岡昇平《おおおかしょうへい》，太宰《だざい》治《おさむ》，坂口安吾《さかぐちあんご》などが敗戦と向き合った作品を発表しましたが，日本の伝統を書き続けた文学者もいました。小説では三島由紀《みしまゆき》夫《お》が，評論では小林秀雄《こばやしひでお》が活躍《かつやく》しました。一方，安部公房《あべこうぼう》，大《おお》江健三郎《えけんざぶろう》，石原慎太郎《いしはらしんたろう》など，伝統から離《はな》れ，新しい文学をめざす作家もあらわれました。

美術の分野では，棟方志功《むなかたしこう》が単純な力強い表現による版画で日本の伝統的な世界を表し，藤田嗣治《ふじたつぐはる》はフランスで独自《どくじ》の画風

黒澤明《くろさわあきら》(1910 ～ 98)　映画監督。『羅生門《らしょうもん》』は日本映画を海外に認《みと》めさせるきっかけとなった。ほかに『生きる』などの作品がある。

黒澤　明	『七人の侍《さむらい》』
小津安二郎《おづやすじろう》	『東京物語』
溝口《みぞぐち》　健二《けんじ》	『雨月《うげつ》物語』
今村《いまむら》　昌平《しょうへい》	『楢山節考《ならやまぶしこう》』

おもな映画監督とその作品

弁財天妃《べんざいてんひ》の柵《さく》　色あざやかにえがかれた丸顔で大きな瞳《ひとみ》の女性には，生命の躍動感《やくどうかん》が満ちあふれている。（棟方志功《むなかたしこう》 作　棟方版画美術館蔵《ぞう》）

街頭《がいとう》テレビに集まった人たち　テレビ放送が開始された当時，テレビの値段《ねだん》は高額だったため，街角《まちかど》に設置された街頭テレビが人気をよんだ。

国産第一号のテレビ　1953（昭和28）年製の箱型白黒テレビ。（江戸《えど》東京博物館蔵）

現在のテレビ　薄型《うすがた》大画面の液晶《えきしょう》テレビ。

を確立し高い評価を得ました。

このように芸術の分野では，日本の伝統を受けつぐ流れと，新しい動きを模索《もさく》する流れの，二つの流れが生まれました。

思想界では，ソ連や中国の社会主義←p.179の影響《えいきょう》を受けた思想が流行しました。しかし，社会主義諸国《しょこく》の崩壊《ほうかい》によって，社会主義的な思想の限界が明らかになりました。

スポーツや大衆芸能の分野では，「フジヤマのトビウオ」とよばれた水泳の古橋広之進《ふるはしひろのしん》，868本の本塁打《ほんるいだ》を記録した王貞治《おうさだはる》や数々のタイトルに輝いた長嶋茂雄《ながしましげお》らプロ野球選手，相撲《すもう》の大《たい》鵬《ほう》，プロレスの力道山《りきどうざん》，多くの流行歌を生んだ歌手の美空《みそら》ひばり，俳優《はいゆう》の石原裕次郎《いしはらゆうじろう》らが国民に夢と希望をあたえました。

日本文化の国際化と多様化

手塚治虫《てづかおさむ》の『鉄腕《てつわん》アトム』に代表される漫画《まんが》や宮崎駿《みやざきはやお》などのアニメは，国内外の人々の心をとらえ世界中で親しまれています。また，音楽やファッションなどの分野でも，日本人が世界的な活躍をしています。

一方，テレビの普及とともに映画館は数を減らしました。大衆文化のにない手であるテレビはカラー放送，衛星放送と発展し，地上デジタル放送の時代をむかえて，その可能性をさらに広げています。インターネットの普及など通信技術の進歩は，文化の伝達をよりいっそう多様なものにしています。

三島由紀夫《みしまゆきお》（1925 ～ 70）
川端康成の推薦《すいせん》で小説を発表。代表作は『金閣寺《きんかくじ》』『豊《ほう》饒《じょう》の海』など。

手塚治虫《てづかおさむ》（1928 ～ 89）
学生のころからストーリー漫画《まんが》をえがき，その後，第一人者となる。テレビのアニメ番組も制作。代表作は『鉄腕《てつわん》アトム』『火の鳥』など。

これからの世界と
日本はどうなって
いくのかな。

湾岸戦争《わんがんせんそう》 アメリカを中心とする多国籍軍《たこくせきぐん》はクウェートを解放したが，フセイン政権《せいけん》は存続した。

9.11アメリカ同時多発テロ イスラム過激派《かげきは》にハイジャックされた旅客機が，ニューヨークの高層ビルに激突《げきとつ》した。

83 冷戦の終結と日本の役割《やくわり》

◉冷戦後の国際社会の課題に，どう取り組んでいけばよいのだろうか。

ペルシャ湾で機雷《きらい》の処分をする海上自衛隊《じえいたい》隊員 湾岸戦争後，わが国は海上自衛隊の掃海《そうかい》部隊をペルシャ湾に派遣《はけん》した。写真は掃海艇《てい》「ひこしま」上で機雷処分具に爆雷《ばくらい》を入れているところ。自衛隊にとって初の海外実任務となった。その後，自衛隊が海外活動を行うため，国連平和維持《いじ》活動（PKO）協力法が制定された。（海上自衛隊提供）

冷戦後の世界

冷戦《れいせん》の終結後も，宗教《しゅうきょう》や民族，領土問題などの地域紛争《ちいきふんそう》や内戦が各地でおこっています。

中東《ちゅうとう》ではイラン・イラク戦争に続き，1991年に**湾岸《わんがん》戦争**がおこりました。イラクのクウェート侵攻《しんこう》に対し，国連《こくれん》決議に基《もと》づくアメリカなどの多国籍軍《たこくせきぐん》が編成され，イラク軍を敗退させました。このとき，日本は巨額《きょがく》の戦費を負担《ふたん》しましたが，憲法《けんぽう》の規定を理由に人員を派遣《はけん》しなかったため国際社会の評価は低く，国際貢献《こうけん》のあり方があらためて問われる結果となりました。2001年，ニューヨークなどがテロリストの攻撃《こうげき》を受け，アメリカはそれをかくまっていたアフガニスタンのタリバン政《せい》権《けん》を攻撃し，ついで，イラクのフセイン政権をたおしました。

アメリカでは2009年，黒人初の大統領《だいとうりょう》としてオバマが就任し，「核《かく》なき世界」をうったえてノーベル平和賞を受賞しました。しかし，北朝鮮《きたちょうせん》が核実験やミサイル発射をくり返すなど，世界から核兵器の脅威《きょうい》は去っていません。

ヨーロッパ諸国《しょこく》は1993年にヨーロッパ連合（ＥＵ）を発足《ほっそく》させ，やがて統一通貨《つうか》ユーロが発行されました。ソ連の影響力《えいきょうりょく》から解放された東ヨーロッパ諸国も次々にＥＵに加盟《かめい》するなど地域の統合が進んでいます。

段階的に市場経済《けいざい》を導入《どうにゅう》してきた中国は，1992年以降《いこう》，めざ

発展《はってん》する中国　ビルが立ち並《なら》ぶ上海《シャンハイ》市。中国は，上海や広東《カントン》省など，南部沿岸地域を中心に経済《けいざい》開発を進めた。

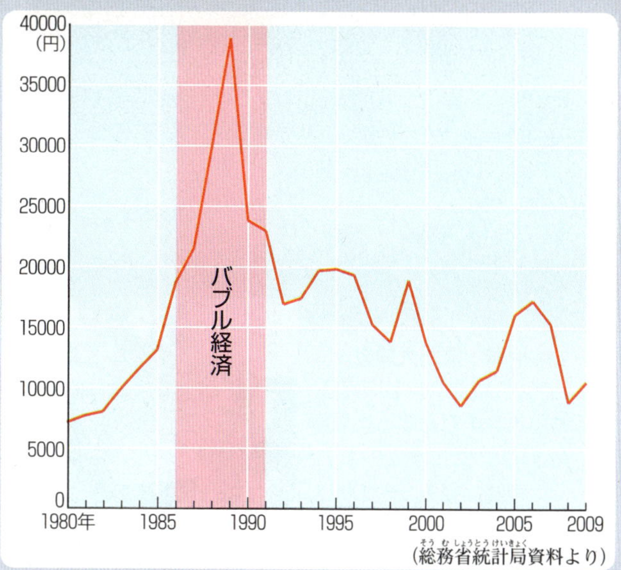

(総務省統計局《そうむしょうとうけいきょく》資料より)

最近の日本の株価《かぶか》の推移《すいい》　バブル経済の到来《とうらい》と崩壊《ほうかい》は，数年のあいだにおこった。

ましい経済成長を達成しました。しかし，その間《かん》，軍事的にも拡張《かくちょう》を続けており，東アジアの軍事バランスに変化がおこりつつあります。また，チベットやウイグルなどの少数民族に対する人権抑圧《じんけんよくあつ》が国際社会の批判《ひはん》を受けているほか，工業化による環境汚染《かんきょうおせん》などの問題にも直面しています。

チベットの人権擁護《じんけんようご》をうったえるダライ・ラマ14世　チベット仏教《ぶっきょう》の最高指導者。中国によるチベット侵攻《しんこう》後，インドに亡命《ぼうめい》し，チベット人の自治と人権擁護《じんけんようご》を求めて活動を続けている。

南北格差《かくさ》と進む温暖化《おんだんか》

先進工業国と発展途上《とじょう》国の経済格差《かくさ》(南北問題)を解消するための援助《えんじょ》が求められています。

また，地球温暖化《ちきゅうおんだんか》への対応が緊急《きんきゅう》の課題となり，1997(平成《へいせい》9)年に京都《きょうと》で開かれた地球温暖化防止《ぼうし》京都会議で，先進国の2008年から2012年までの温室効果ガス削減《さくげん》率を定めた京都議定書《ぎていしょ》が採択《さいたく》されました。しかし，アメリカが離脱《りだつ》したことや，中国やインドなどの排出《はいしゅつ》量の急増により，参加した先進国の排出量が世界全体の約3割にすぎなくなったこともあり，各国のあいだで新しい枠組《わくぐ》みについて議論されています。

こうした課題は，主要国首脳《しゅのう》会議(サミット)やアジア太平洋経済協力会議(APEC《エーペック》)でも重要なテーマになっています。

地球温暖化《ちきゅうおんだんか》防止《ぼうし》京都《きょうと》会議(1997年)　日本が議長国となって会議が運営された。

日本の現状と今後

平成をむかえたわが国も多くの課題に直面《ちょくめん》しています。

1980年代後半から1990年代初めまで続いた，地価や株価《かぶか》の急《きゅう》激《げき》な値上がりによる経済の活況《かっきょう》(バブル経済)が一気に崩壊《ほうかい》す

↑→阪神《はんしん》・淡路大震災《あわじだいしんさい》
1995(平成《へいせい》7)年1月17日，神戸《こうべ》市を中心とする兵庫《ひょうご》県南部でマグニチュード7.2の大地震《おおじしん》が発生。約6300人の死者を出した。被災地《ひさいち》の人々を救援《きゅうえん》するために，全国から集まった若者《わかもの》ボランティアが活躍《かつやく》した。

↑北朝鮮《きたちょうせん》に拉致《らち》されて帰国した人たち(2002.10.15)
2002(平成14)年9月，訪朝《ほうちょう》した小泉純一郎首相《こいずみじゅんいちろうしゅしょう》に対し，北朝鮮は日本人を拉致した事実を認《みと》めた。その後，拉致被害者の一部は帰国したものの，今なお拉致されたとされる多数の日本人の消息《しょうそく》が不明であり，問題は解決していない。

ると，わが国は長い不況《ふきょう》の時期に入りました。不良債権《ふりょうさいけん》や経営不振《ふしん》で倒産《とうさん》する銀行や企業《きぎょう》が相つぎ，失業や雇用《こよう》の問題が深《しん》刻《こく》な社会問題となりました。その処理《しょり》が一段落したところで，2008年後半以降，アメリカの金融破《きんゆうは》たんの影響を受けることになりました。その間，1995(平成7)年には兵庫《ひょうご》県南部で阪神《はんしん》・淡路大震災《あわじだいしんさい》がおこり，多くの命が失われました。

また，かつてない少子高齢化《こうれいか》が進み，子育てや年金，高齢者医療《いりょう》，介護《かいご》などが大きな課題になっています。

憲法や外交，防衛《ぼうえい》，教育など戦後の国のあり方をめぐる問題は常に議論になり，しくみの見直しも徐々《じょじょ》に進んでいます。[1]

外交には，国際協調の精神とわが国の主権《しゅけん》を守る姿勢《しせい》が必要です。ロシアに不法占拠《せんきょ》されたままの北方領土《ほっぽうりょうど》などの領土問題や，北朝鮮の工作員に多くの日本人が拉致《らち》された事件，中国の軍事力拡大《かくだい》にともなう問題などの解決が急がれています。

わが国は，過去の歴史を通じて，国民が一体感をもち続け，勤勉《きんべん》に，礼節《れいせつ》を重んじてくるなかで，さまざまな困難《こんなん》を克服《こくふく》し，世界でもまれな安全で豊かな国をつくってきました。これからもすぐれた国民性を発揮《はっき》して国内の問題を解決するとともに，世界の人々から信頼《しんらい》され，感謝《かんしゃ》されるような国際貢献《こうけん》に努めていくことが求められています。

❶ 2006(平成18)年，安倍《あべ》晋三内閣《しんぞうないかく》のときに教育基本法が改正され，教育の目標として「伝統と文化を尊重《そんちょう》し，それらを育《はぐく》んできたわが国と郷土を愛するとともに，他国を尊重し，国際社会の平和と発展《はってん》に寄与《きよ》する態度を養うこと」などが盛《も》りこまれた。また，同内閣は憲法改正のための国民投《とう》票《ひょう》法の制定や防衛庁《ぼうえいちょう》の省昇《しょう》格《かく》を行った。

第６章のまとめ

「現代の日本の歩み」をキャッチフレーズで表現しよう

❶ 「現代の日本と世界」のおもな歩みをまとめたのが下の略年表です。空欄《くうらん》の中に言葉を入れましょう。

年	現代の日本と世界の略年表	年	
1945	連合国軍総司令部（ＧＨＱ）の日本占領	1960	日米安保条約の改定
1946	極東国際軍事裁判の開始	1965	日韓基本条約
	［①］の公布	1972	沖縄の本土復帰，日中国交正常化
1950	～53年，朝鮮戦争	1978	［⑥］平和友好条約
1951	［②］平和条約と［③］の調印	1992	国連平和維持活動（PKO）協力法
1952	日本の独立回復	1995	阪神・淡路大震災
1953	NHKが［④］放送を開始	2001	アメリカで同時多発テロおきる
1954	自衛隊の発足	2002	［⑦］による拉致被害者５人帰国
1956	［⑤］国交回復，国際連合に加盟	2003	自衛隊の［⑧］派遣

＊上の略年表に，あてはまる語句を記入し，年表を完成させましょう。

❷ 「現代の日本の歩み」を象徴《しょうちょう》する出来事《できごと》や人物を選び，それを紹介《しょうかい》する文章とキャッチフレーズ（一言で印象づける短文）を自分なりの視点でつくってみましょう。

例：【東京オリンピックの声明文】

1964（昭和39）年

この度，東京オリンピックが開催される運びとなりました。戦争の終結から19年。戦後の焼け野原から国民が団結して立ち上がった復興《ふっこう》の象徴としてぜひとも成功させたいので，国民の皆さんに協力をお願いします。これを機に，高速道路が開通し，夢の超特急・新幹線も開通します。世界中の人々をおまねきし，わが国の成長ぶりを見ていただこうではありませんか。

キャッチフレーズ

「東京の　空に　結ぼう　五色の輪」【東京オリンピック】

❸ クラスのみんなで「『現代の日本の歩み』のキャッチフレーズ」をもち寄り，「キャッチフレーズ年表」をつくってみましょう。

例：**1946年【日本国憲法】**

「新しい憲法の基本原則は　国民主権　平和主義　基本的人権の尊重」

1968年【高度経済成長】〔公害防止〕

「高度経済成長で　ニッポン世界第２位　世界の驚異」

「とりもどせ　緑・青空　澄んだ川」

1990年代【環境問題】

「CO_2　エコで防ごう　温暖化」

❹ 学習をふり返り，「現代の日本の歩みの特色」を100字ほどの文章でまとめてみましょう。

書き方は，**第１章のまとめ**の❹を参考にしてね。

課題学習　歴史新聞をつくろう

歴史の現場をスクープ！

歴史の学習を進めていくと，皆《みな》さんの頭の中に各時代のイメージが浮《う》かんでくるでしょう。そのイメージをもっとふくらませ，歴史を身近に感じるためには，歴史新聞をつくってみるのが有効です。それぞれの時代の現場にいる新聞記者になったつもりで，歴史上の出来事《できごと》や人物，文化遺産《いさん》などについて「取材(調べ)」をして歴史新聞にまとめてみると，その時代へのイメージがより確かなものになってくるでしょう。

歴史新聞をつくるにあたって

手順1…テーマを決めて，それにふさわしい新聞名をつけよう。楽しい名前，ユニークな名前などいろいろと考えてみよう。

手順2…テーマの内容に関する「取材(調べ)」をしよう。教科書・資料集・図書館・博物館・インターネットなどを利用するとよい。また，事件と関連のある場所に出かけて見学をしたり，いろいろな人に直接話を聞いたりもしてみよう。

手順3…新聞紙面の構成を考えよう(右ページの新聞例を参考に)。新聞紙面には一定の形式がある。自分の家で購読《こうどく》している新聞をよく見て，形式を研究してみよう。

図版・写真…現場の地図，事件のようすや場所，人物などの写真を入れて，視覚的《しかくてき》にも充実《じゅうじつ》させよう。

社説…自分の考えや感想をまとめてみよう。

その他
- 段《だん》の組み方…読み手にわかりやすいようにくふうしよう。
- 広告欄《らん》…新聞のテーマやその時代に関連するユニークな内容で自由につくってみよう。

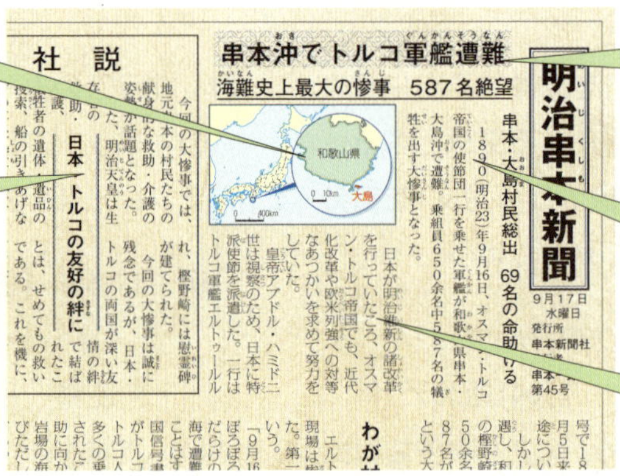

明治串本新聞
9月17日　水曜日
発行所
串本新聞社
第45号

串本沖《おき》でトルコ軍艦遭難《ぐんかんそうなん》
海難《かいなん》史上最大の惨事《さんじ》　587名絶望

串本・大島村民総出　69名の命助ける

1890(明治23)年9月16日、オスマン・トルコ帝国の使節団一行を乗せた軍艦が和歌山県串本・大島沖で遭難。乗組員650余名中587名の犠牲を出す大惨事となった。

日本が明治維新の諸改革を行っていたころ、オスマン・トルコ帝国でも、近代化改革や欧米列強への対等なあつかいを求めて努力をしていた。

皇帝アブドル・ハミド二世は視察のため、日本に特派使節を派遣した。一行はトルコ軍艦エルトゥールル

わが

社　説

日本・トルコの友好の絆に

今回の大惨事では、地元串本の村民たちの献身的な救助・介護の姿勢が話題となった。明治天皇は生存者の救助・介護、犠牲者の遺体・遺品の捜索、船の引きあげな

れ、樫野崎には慰霊碑が建てられた。

今回の大惨事は誠に残念であるが、日本・トルコの両国が深い友情の絆で結ばれたことは、せめてもの救いである。これを機に、

見出し…見ただけで内容がつかめるような，インパクトのあるものを考えよう。

リード…本文の内容が大まかにわかるように簡潔《かんけつ》にまとめよう。

本文…事件の内容を的確《てきかく》に，新聞記者として自分の言葉で伝えよう。

手順4…発表会を開く。発表会ではおたがいの新聞を批評《ひひょう》し，特に相手の新聞のよいところを認《みと》めるように心がけよう。

地域《ちいき》の歴史を考える新聞づくり

歴史新聞をつくるにあたってもう一つ大切なことは，「地域《ちいき》の歴史」を考えるということです。皆さんの地域には，遺跡《いせき》・史跡《しせき》，歴史に関する石碑《せきひ》や古いいわれ，生活の中にあるしきたりや習慣，お年寄りに語りつがれている話などがあるでしょう。それらには必ず「歴史」があります。そのような身近にある「地域の歴史」を掘《ほ》りおこした新聞づくりは，歴史をより身近なものにしてくれます。

右ページの「明治串本新聞《めいじくしもと》」は，近代化をめざす日本とオスマン・トルコ帝国《ていこく》(オスマン帝国)に関連した悲劇的《ひげきてき》な事件から，両国の深い絆《きずな》が結ばれるまでを記事にしたものです。この新聞を参考にして，皆さんの「地域の歴史」を考える新聞をつくってみましょう。

「地域の歴史」は単なる一地方の歴史にとどまることなく，わが国や世界の歴史に大きな影響《えいきょう》をあたえることもあります。地域の小さな歴史と思われることが，実は世界の大きな歴史と深く関係しているかもしれません。

明治串本《めいじくしもと》新聞

9月17日
水曜日
発行所
串本新聞社
発行者
串本一郎
第45号

串本沖《おき》でトルコ軍艦遭難《ぐんかんそうなん》

海難《かいなん》史上最大の惨事《さんじ》　587名絶望

串本・大島《おおしま》村民総出　69名の命助ける

1890(明治23)年9月16日、オスマン・トルコ帝国《ていこく》の使節団一行を乗せた軍艦《ぐんかん》が和歌山《わかやま》県串本・大島沖《おき》で遭難《そうなん》。乗組員650余名中587名の犠《ぎ》牲《せい》を出す大惨事《だいさんじ》となった。

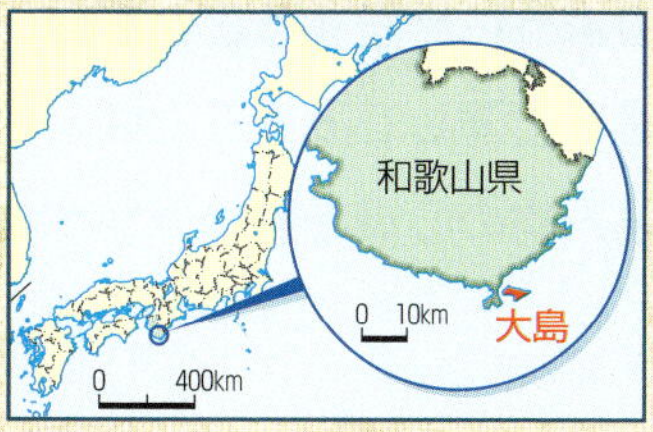

日本が明治維新《めいじいしん》の諸改革《しょかいかく》を行っていたころ、オスマン・トルコ帝国でも、近代化改革や欧米列強《おうべいれっきょう》への対等なあつかいを求めて努力をしていた。

皇帝《こうてい》アブドル・ハミド二世は視察《しさつ》のため、日本に特《とく》派《は》使節を派遣《はけん》した。一行はトルコ軍艦エルトゥールル号で1890(明治23)年6月5日来日、9月15日に帰《き》途《と》についた。

しかし、一行は台風に遭《そう》遇《ぐう》し、和歌山県串本・大島の樫野崎沖《かしのざきおき》で遭難した。650余名の乗組員のうち587名が死亡《しぼう》、生存者《せいぞんしゃ》69名という大惨事となった。

わが村民の献身的《けんしんてき》な救助・介護《かいご》活動

エルトゥールル号の遭難現場は惨憺《さんたん》たる状況《じょうきょう》だった。第一発見者の灯台守《とうだいもり》はいう。

「9月16日の真夜中、服はぼろぼろで裸《はだか》同然、全身傷《きず》だらけの男がやって来た。海で遭難した外国人であることはすぐにわかった。『万国信号書』を見せると、彼《かれ》がトルコ軍艦に乗っていたトルコ人であること、また多くの乗組員が海に投げ出されたことがわかった。救助に向かった村の男たちが岩場の海岸におりると、おびただしい船の破片《はへん》と遺体《いたい》があった。男たちは裸になって、息がある人たちをだきおこし、冷えきった体を暖めた」

助けられた人々は村の寺や小学校に収容《しゅうよう》され、手厚い介護を受けた。村では非常食用の鶏《にわとり》など、村にあるすべてのものを提供《ていきょう》した。

こうして69名の命は救われたのである。

樫野崎《かしのざき》に建つ遭難慰霊碑《いれいひ》

社　説

日本・トルコの友好の絆《きずな》に

今回の大惨事では、地元串本の村民たちの献身的な救助・介護の姿勢《しせい》が話題となった。

また、明治天皇《めいじてんのう》は生存者の救助・介護、犠牲者の遺体・遺品《いひん》の捜索《そうさく》、船の引きあげなどの事後処置《しょち》を手厚く行うよう指示された。義援金《ぎえんきん》の募金も行われ、樫野崎には慰霊碑《いれいひ》が建てられた。

今回の大惨事は誠《まこと》に残念であるが、日本・トルコの両国が深い友情の絆《きずな》で結ばれたことは、せめてもの救いである。これを機に、両国が協力して、さらなる発展《はってん》をとげていくことを願ってやまない。

政府公報

このたびのエルトゥールル号遭難にさいし、犠牲となった方々のご冥福《めいふく》を心よりお祈《いの》りいたします。

ついては、ご遺族《いぞく》の方々への弔慰金《ちょういきん》・慰霊碑建立《こんりゅう》のための義援金にご協力下さいますようお願い申し上げます。

内閣総理大臣《ないかくそうりだいじん》　山県有朋《やまがたありとも》

歴史のロールプレイをしてみよう　歴史を実感

それぞれが配役を決めて，劇《げき》のように発表することをロールプレイといいます。歴史上の出《で》来事《きごと》を登場人物になりきって教室で上演してみることは，歴史を実感できる一つのよい方法です。当時の現場を想定して，登場人物の心情を思い浮《う》かべながら，ロールプレイに挑戦《ちょうせん》してみましょう。

～ロールプレイの手順～

1. 歴史の名場面を選ぶ
2. その内容や時代背景《はいけい》，登場人物の心情などを調べる
3. 脚本《きゃくほん》をつくる（多少のフィクションがあってもよい）
4. 配役を決め，練習をする
5. 発表会をする
6. 批評会《ひ ひょうかい》を行う

はずかしがらずに，役になりきろう。

事前に劇の内容をパンフレットにまとめて配っておくといいわね。

テヘラン

日本人救出劇《きゅうしゅつげき》をロールプレイしよう

（エルトゥールル号事件の恩返《おんがえ》し）

前ページの歴史新聞で紹介《しょうかい》した「エルトゥールル号の遭難《そうなん》事故」には，95年後に感動的な後日談《ご じつだん》があります。以下の内容を読んで，自分たちでも調べてみたうえで，ロールプレイをやってみましょう。

TURKISH

1985（昭和《しょうわ》60）年３月，イランとイラクが戦争をしていたときのことである。イラクのフセイン大《だい》統領《とうりょう》は，48時間の猶予《ゆうよ》ののち，イラン上空を飛ぶすべての航空機を無差別に攻撃《こうげき》するとの指令を出した。さっそく世界各国から，自国の国民を助けるために救援機《きゅうえんき》が出されたが，日本政府の対応《たいおう》は遅《おく》れ，日本企業《きぎょう》で働く日本人とその家族がイランに取り残されてしまった。彼《かれ》らはイランのテヘラン空港で，帰国のすべもなくパニック状態になっていた。

タイムリミットを目前にして，２機の飛行機が空港におり立った。トルコから日本人救出のために送られた救援機だった。トルコ機は日本人215名を乗せて，イラン上空を脱出《だっしゅつ》しトルコに向かった。

なぜ，トルコは日本人を救ってくれたのか。元駐日《もとちゅうにち》トルコ大使はこう説明した。

「私たちは，日本人がエルトゥールル号の遭難事故の際に示してくれた，献身的《けんしんてき》な救助活動を忘れていません。教科書にもその話はのっていて，トルコ人ならだれでも知っています。だから，困《こま》っている日本人を助けるのは，私たちにとって当然のことなのです」

あっ！
トルコ航空機だ！
日本の皆さん！　私たちがあなた方をここからお連れします！
エルトゥールル号の恩返し

日本の歴史を大観《たいかん》する

原始・古代から現代まで歴史の勉強をしてきましたが，これまでの学習のまとめとして，以下の３つの課題を行ってみましょう。

① 「日本の歴史“10大事件”」を選ぶ。
② 「日本の歴史で重要な役割《やくわり》を果たした人物ベスト10」を選ぶ。
③ 「日本の歴史を学んで」というテーマを400字程度の文章にまとめ，それにキャッチフレーズをつける。

この①～③の中から，１つを選んでもいいし，３つ全部を行うのもいいでしょう。各自でやったことを発表し合い，クラスの意見としてまとめてみるのも，いいかもしれません。

そのさいに大事なことは，まず，この教科書を読み直してみること，次に，巻末にある年表で歴史の流れを確認《かくにん》すること，そして，これまでの勉強で養った歴史を見る目(歴史観)をもとに考えていくこと，の３つです。

下に，この課題をまとめるための様式があるので，参考にしてください。これを終えたら，皆《みな》さんの歴史学習は，いっそう，深まりのあるものになるでしょう。

①「日本の歴史“10大事件”」

順位	日本の歴史“10大事件”	その事件を選んだ理由
1		
2		
3		
4		
5		
6		
7		
8		
9		
10		

＊政治，経済《けいざい》，社会，文化，対外関係など，さまざまな視点から選んでみてください。

②「日本の歴史で重要な役割《やくわり》を果たした人物ベスト10」

順位	日本の歴史に貢献《こうけん》した人物名	その人物を選んだ理由
1		
2		
3		
4		
5		
6		
7		
8		
9		
10		

＊政治，経済，社会，文化で活躍《かつやく》した人や，外国人で活躍した人など，さまざまな視点から選んでみてください。

これはボクが書いた原稿《げんこう》だよ。

③「日本の歴史を学んで」というテーマを400字程度の文章にまとめ，それにキャッチフレーズをつける。

この課題は，まず，歴史の学習をとおして皆さんが考えた日本の歴史の特色について記述してみてください。次に，それを踏《ふ》まえ，歴史で学んだことを将来《しょうらい》，どういかしていきたいかを書いてみましょう。皆さんなりのさまざまな視点《してん》でまとめましょう。

例：日本の歴史はおもしろい。江戸時代，鎖国をしていたときでさえ，長崎の出島で海外との貿易を行い世界の文化に触れ，海外の情報を得ていた。このような蓄積があったから，明治維新以降，日本はいち早く近代化ができたのだと思う。

また，日本は，海外の文化を取り入れるだけでなく，それを日本に合うように改善し，独自の文化に育ててきたという歴史もある。

例えば，私の好きな野球も，明治になってアメリカから伝えられたスポーツだ。ルールは同じでも，野球とベースボールは微妙に違う。野球では走者を次の塁に進める送りバントを多用するが，アメリカの大リーグではあまり行われない。そんな日本の野球が，世界大会でアメリカに勝ち，優勝すると誇らしく思う。

世界の国々は，文化がちがうからこそおもしろいのだろう。私は，語学を学び，世界の人々と交流し，歴史で学んだ日本のすぐれた文化を伝えることができればいいなと思う。

キャッチフレーズ

「野球とベースボール　ここにも文化のちがい　日本のすぐれた文化を　世界に伝えるぞ」

歴史の旅の終わりに

●古いものが新しいものと共存する国

長い歴史の旅が終わりました。この旅を終えて，どんなことに気づいたでしょうか。皆《みな》さんに考えてほしいことがあります。

日本には創業《そうぎょう》200年以上の企業《きぎょう》が3500社ほどあるといわれ，2位以下のドイツ，フランス，イギリスなどを大きく引き離《はな》しています。創業100年以上の企業となると，製造業だけでも4万5000社ほどあり，さらに創業1000年以上の会社もあります。これほど老舗《しにせ》の多い国は，他にありません。

他の国に比べて老舗が多いのは，日本では，人々が安心して暮《く》らすことのできる，穏《おだ》やかで安定した歴史があったことの反映《はんえい》といえるでしょう。日本では，異なる民族が入り乱れての動乱はおこりませんでした。外国の植民地になったこともありません。国のあり方が今日《こんにち》まで変わることなく続いています。

老舗に限らず，日本は古くからのものと新しいものがたくみに共存しています。古いものが否定されず，古くからのものと新しいものとが融合《ゆうごう》しているのが，わが国の歴史の特色といえます。

●東西文明の生きた博物館

日本は，他国からの大きな人口の流入もありませんでした。縄文《じょうもん》時代の人々も，奈良《なら》時代や平安《へいあん》時代の人々も，私たちと血のつながるご先祖《せんぞ》様ということができます。日本の歴史は，私たちのご先祖様の歩みなのです。

しかし，自分たちだけで国をつくりあげてきたわけではありません。海外の文化も積極的に取り入れてきました。

現在の京都《きょうと》では，奈良・平安時代に伝わった中国黄河《こうが》流域の唐《とう》の文化と，鎌倉《かまくら》・室町《むろまち》時代に伝わった長江《ちょうこう》流域の南宋《なんそう》・明《みん》の文化を見ることができます。中国ではすでになくなったものもあります。明治維新《めいじいしん》以降は，おもに欧米《おうべい》から知識《ちしき》を吸収しました。その結果，現在の日本では，東洋のみならず，西洋のあらゆる学問や芸術を知ることができます。世界の国々との交流を続けた結果，日本は「東西文明の生きた博物館」になったのです。

●「日本文明」のにない手として

そうした多様な外国の文化を受け入れても，日本は，文化の独自性《どくじせい》を変えることはありませんでした。

例えば仏教では，伝来したばかりのころ，その導入をめぐる対立がおこりましたが，聖《しょう》徳太子《とくたいし》はこれを積極的に取り入れました。その後は，日本古来の神々への信仰（のちの神《しん》道《とう》）と融合《ゆうごう》するなどして，インドや中国の仏教とは異なる日本独特《どくとく》の形で広がりました。一方，西洋の思想や技術も，日本語に翻訳《ほんやく》して理解し，くふうを加えるなど「和魂洋才《わこんようさい》」とよばれる受容のしかたをしてきました。

このように，東西の文化を積極的に取り入れて消化し，独自のものにしてきた結果，わが国は西洋文明とも中国文明ともちがう独自の「日本文明」をつくり出したのです。

皆さんにはそういう目でもう一度，日本の歴史を振《ふ》り返ってほしいと思います。そして今後は，皆さん自身が，「日本文明」のにない手になるのだという思いをもって，勉強をしていってほしいと願っています。

さくいん

人名

数字❶～❺は口絵「日本の美の形」のページ数を表す。

あ

会沢正志斎(1782～1863) ……… 131
青木昆陽(1698～1769) ………… 119
明石元二郎(1864～1919) ……… 175
明仁親王(1933～) ……………… 241
秋山真之(1868～1918) ………… 172
芥川龍之介(1892～1927) ……… 201
明智光秀(1528～82) ………… 95,135
足利尊氏(1305～58) ……………… 74
足利義昭(1537～97) ……………… 94
足利義政(1436～90) ………… 82,85
足利義満(1358～1408) …… 12,76,82
アタテュルク(1881～1938) …… 195
アテルイ(?～802) ………………… 50
安部公房(1924～93) …………… 242
安倍晋三(1954～) ……………… 246
阿倍仲麻呂(698?～770?) ………… 41
阿部正弘(1819～57) …………… 144
天草四郎(1623?～38) …………… 105
雨森芳洲(1668～1755) ………… 107
新井白石(1657～1725) …… 110,111
有島武郎(1878～1923) ………… 201
安重根(1879～1910) …………… 177
安藤昌益(1707?～62) …………… 131
安徳天皇(1178～85) ……………… 66
アンネ・フランク(1929～45) …… 212
井伊直弼(1815～60) ……… 145,146
イエス(前4?～後30?) ……………… 33
池田勇人(1899～1965) ………… 237
池禅尼(?) …………………………… 85
池大雅(1723～76) ……………… 127
石川啄木(1886～1912) ………… 180
石田梅岩(1685～1744) ………… 130
石田三成(1560～1600) ………… 102
石橋湛山(1884～1973) ………… 237
石原慎太郎(1932～) …………… 242
石原裕次郎(1934～87) ………… 243
板垣退助(1837～1919) ……………… 158,161,164
市川団十郎(1660～1704) ……… 111
市川房枝(1893～1981) ………… 197
一遍(1239～89) ………… 62,69,70,71
伊藤博文(1841～1909) …12,138,149,165,166,176,177,184,197
伊東マンショ(1569?～1612) …… 93
犬養毅(1855～1932) … 196,197,207
井上馨(1835～1915) … 149,166,168
井上毅(1843～95) ……………… 166
伊能忠敬(1745～1818) ……………… 12,123,130,133,182
井原西鶴(1642～93) ……… 110,111
今川義元(1519～60) ……………… 94
今村昌平(1926～2006) ………… 242
岩倉具視(1825～83) … 138,148,158
岩崎弥太郎(1834～85) …… 162,178
ウィッテ(1849～1915) ………… 174
ウィルソン(1856～1924) … 194,195
植木枝盛(1857～92) …………… 165
上杉謙信(1530～78) ……………… 79
上杉治憲(鷹山)(1751～1822) … 119
歌川(安藤)広重(1797～1858) ……………… 127,128
内村鑑三(1861～1930) ……………… 115,182,199
浦上玉堂(1745～1820) ………… 127
運慶(?～1223) …………… ❸,70,71
栄西(1141～1215) ………… 70,100
江崎玲於奈(1925～) …………… 242
江藤新平(1834～74) …………… 158
江戸川乱歩(1894～1965) ……… 201
榎本武揚(1836～1908) ………… 150
円空(1632～95) …………………… ❺
エンゲルス(1820～95) ………… 179
袁世凱(1859～1916) ……… 194,206
王貞治(1940～) ………………… 243
大海人皇子(天武天皇)(631?～686) ……………… 39
大石良雄(内蔵助)(1659～1703) ……………… 115
大江健三郎(1935～) …………… 242
大岡昇平(1909～88) …………… 242
大岡忠相(1677～1751) ………… 119
大久保利通(1830～78) ……………… 12,138,147,148,158,161
大隈重信(1838～1922) ……………… 164,165,173,197
大塩平八郎(1793～1837) ……… 124
太田道灌(1432～86) …………… 102
大田実(1891～1945) …………… 222
大友皇子(648～672) ……………… 39
大友宗麟(1530～87) ……………… 93
大伴家持(?～785) ……………… 44,55
大野規周(1820～86) …………… 133
大野規行(?) ……………………… 133
大野弥五郎(?) …………………… 133
太安万侶(?～723) ………………… 44
大原幽学(1797～1858) ………… 134
大村益次郎(1824～69) ………… 154
大森房吉(1868～1923) ………… 180
大山巌(1842～1916) …………… 166
岡倉天心(1862～1913) …… 181,201
緒方洪庵(1810～63) … 131,146,163
尾形光琳(1658～1716) ………… 111
荻生徂徠(1666～1728) ………… 111
阿国(出雲阿国)(?) ………………… 99
尾崎行雄(1858～1954) ………… 196
大佛次郎(1897～1973) ………… 223
織田信長(1534～82) … 12,94,98,135
小津安二郎(1903～63) ………… 242
小野妹子(?) ………………………… 37
オバマ(1961～) ………………… 244

か

快慶(?) ……………………… 70,71
加賀千代(1703～75) …………… 135
柿本人麻呂(?) ……………………… 44
春日局(1579～1643) …………… 135
和宮(1846～77) ………………… 146
片山潜(1859～1933) …………… 179
勝海舟(1823～99) ………… 151,159
葛飾北斎(1760～1849) ……………… ❺,126,127,128,129
桂太郎(1847～1913) … 166,196,197
加藤清正(1562～1611) ……… 97,135
加藤高明(1860～1926) …… 197,198
加藤友三郎(1861～1923) ……… 198
金子堅太郎(1853～1942) … 175,184
狩野永徳(1543～90) ……………… 98
狩野山楽(1559～1635) …………… 98
狩野芳崖(1828～88) …………… 181
鴨長明(1155?～1216) …………… 71
賀茂真淵(1697～1769) ………… 130
川端康成(1899～1972) …… 224,242
観阿弥(1333～84) ………………… 82
ガンジー(1869～1948) …… 195,217
鑑真(688?～763) ………………… 12,45
桓武天皇(737～806) ………… 50,64

岸信介(1896～1987) …… 237
喜多川歌麿(1753～1806) …… ❺,127,128
北里柴三郎(1852～1931) …… 180
北村季吟(1624～1705) …… 34
キッシンジャー (1923～) …… 215
木戸孝允(桂小五郎)(1833～77) …… 138,147,158,184
紀貫之(?～945) …… 53
木村栄(1870～1943) …… 180
行基(668～749) …… 45
金玉均(1851～94) …… 170
欽明天皇(?) …… 59
空海(弘法大師)(774～835) …… 52,54
クーデンホーフ光子(1874～1941) …… 225
空也(903～972) …… 53
久坂玄瑞(1840～64) …… 149
楠木正成(?～1336) …… 74
国木田独歩(1871～1908) …… 180
国中連公麻呂(?～774) …… 48
久米邦武(1839～1931) …… 138,158
クラーク(1826～86) …… 182,199
鞍作鳥(止利仏師)(?) …… 40
黒澤明(1910～98) …… 242
黒田清隆(1840～1900) …… 138,166,197
黒田清輝(1866～1924) …… 181
景行天皇(?) …… 47
ケネディ(1917～63) …… 236
源信(942～1017) …… 53
小泉純一郎(1942～) …… 246
広開土王(好太王)(374～412) …… 30
光格天皇(1771～1840) …… 121
孝謙天皇(718～770) …… 49
孔子(前552?～前479) …… 23,110
洪秀全(1814～64) …… 143
香淳皇后(1903～2000) …… 240
高台院(北政所) (1549～1624) …… 135
幸徳秋水(1871～1911) …… 179
光明皇后(皇太后)(701～760) …… 45,49,59
孝明天皇(1831～66) …… 146,148
後三条天皇(1034～73) …… 64
小柴昌俊(1926～) …… 242
後白河天皇(上皇)(1127～92) …… 65,66
後醍醐天皇(1288～1339) …… 74,75
ゴッホ(1853～90) …… 128
後藤象二郎(1838～97) …… 148
後藤新平(1857～1929) …… 199
後鳥羽上皇(1180～1239) …… 68,69,71,85
小西行長(1558～1600) …… 97
近衛文麿(1891～1945) …… 210,213
小林一茶(1763～1827) …… 126
小林多喜二(1903～33) …… 201
小林秀雄(1902～83) …… 242
小林誠(1944～) …… 242
コペルニクス(1473～1543) …… 131
小村寿太郎(1855～1911) …… 169,173,174
ゴローニン(1776～1831) …… 122
コロンブス(1451～1506) …… 90,91
近藤重蔵(1771～1829) …… 122
コンドル(1852～1920) …… 183

さ

西園寺公望(1849～1940) …… 166,169,194,196,197
西行(1118～90) …… 71
西郷隆盛(1827～77) …… 12,147,148,150,151,158,161
西郷従道(1843～1902) …… 166
最澄(伝教大師)(766～822) …… 52,54
斎藤隆夫(1870～1949) …… 210
坂口安吾(1906～55) …… 242
坂田藤十郎(1647～1709) …… 111
坂上田村麻呂(758～811) …… 50
坂本龍馬(1835～67) …… 123,147,148
佐藤栄作(1901～75) …… 241,242
三条実美(1837～91) …… 150
シーボルト(1796～1866) …… 123,131
志賀潔(1870～1957) …… 180
志賀直哉(1883～1971) …… 201
式亭三馬(1776～1822) …… 126
重光葵(1887～1957) …… 216
始皇帝(前259～前210) …… 23,37
十返舎一九(1765～1831) …… 126
志筑忠雄(1760～1806) …… 105
幣原喜重郎(1872～1951) …… 198,206
持統天皇(645～702) …… 39,40
渋沢栄一(1840～1931) …… 178,184
島崎藤村(1872～1943) …… 180
下村脩(1928～) …… 242
シャカ(釈迦牟尼)(前463?～前383?) …… 32,33
シャクシャイン(?～1669) …… 107
周恩来(1898～1976) …… 240
シュリーマン(1822～90) …… 160
蔣介石(1887～1975) …… 206,208,209,217,234
将軍万福(?) …… ❷
定慶(?) …… ❸
定朝(?～1057) …… ❸,53
聖徳太子(厩戸皇子)(574～622) …… ❶,12,36,37,38,40,59
聖武天皇(上皇)(701～756) …… 12,39,44,45,48,49,59
昭和天皇(1901～89) …… 173,209,221,223,230,231,233,240,241
ジョン万次郎(1827/28～98) …… 123
白河天皇(上皇)(1053～1129) …… 64
白川英樹(1936～) …… 242
神武天皇(?) …… 46
親鸞(1173～1262) …… 70
推古天皇(554～628) …… 36,37,59
菅原道真(845～903) …… 52,53
杉田玄白(1733～1817) …… 12,130,131
杉原千畝(1900～86) …… 213
崇峻天皇(?～592) …… 59
調所広郷(1776～1848) …… 125
鈴木梅太郎(1874～1943) …… 180
鈴木貫太郎(1867～1948) …… 221
鈴木春信(1725?～70) …… 127,129
スターリン(1879～1953) …… 193,204,220
スティーブンソン(1781～1848) …… 141
崇徳上皇(1119～64) …… 65
世阿弥(1363～1443) …… 82
清少納言(?) …… 51,52
清和天皇(850～880) …… 64
関孝和(1640?～1708) …… 111
セザンヌ(1839～1906) …… 128,129
雪舟(1420～1506) …… ❹,82
千利休(1522～91) …… 98,100
蘇我入鹿(?～645) …… 38
蘇我馬子(?～626) …… 38
蘇我蝦夷(?～645) …… 38
孫文(1866～1925) …… 176,177,194,206

た

大黒屋光太夫(1751～1828) …… 122
醍醐天皇(885～930) …… 53

大正天皇(1879～1926) 196,202,233
大鵬(1940～) 243
平清盛(1118～81) 12,65,66,85
平将門(?～940) 64
高杉晋作(1839～67) 147,148,149,184
高田屋嘉兵衛(1769～1827) 122
高野長英(1804～50) 123
高橋是清(1854～1936) 175,197,211
高峰譲吉(1854～1922) 180
高村光雲(1852～1934) 181
高山右近(1552～1615) 104
滝沢(曲亭)馬琴(1767～1848) 126
滝廉太郎(1879～1903) 181
竹崎季長(1246～?) 72
武田勝頼(1546～82) 94
武田信玄(1521～73) 79,81
竹久夢二(1884～1934) 201
太宰治(1909～48) 242
伊達政宗(1567～1636) 105
田中角栄(1918～93) 240
田中義一(1864～1929) 197,206
田中耕一(1959～) 242
田中正造(1841～1913) 179
田中久重(1799～1881) 132
谷崎潤一郎(1886～1965) 201
田沼意次(1719～88) 120
田山花袋(1871～1930) 180
ダライ・ラマ14世(1935～) 245
俵屋宗達(?) ❺,110
近松門左衛門(1653～1724) 110,111
チャーチル(1874～1965) 220
チャンドラ・ボース(1897～1945) 217
中條景昭(1827～96) 159
張学良(1901～2001) 208
張作霖(1875～1928) 206,208
チンギス・ハン(ジンギスカン)(1167?～1227) 72
津田梅子(1864～1929) 138,185
坪内逍遙(1859～1935) 180
手塚治虫(1928～89) 243
寺内正毅(1852～1919) 197
寺島宗則(1832～93) 168
天智天皇(中大兄皇子)(626～671) 39,41,42
天璋院(篤姫)(1836～83) 185
天武天皇(大海人皇子)(631?～686) 37,39,40,44,45
トインビー(1889～1975) 217
道鏡(?～772) 50
道元(1200～53) 70
東郷平八郎(1847～1934) 172,174
東洲斎写楽(?) 127
東条英機(1884～1948) 214,216,232
ドガ(1834～1917) 128,129
徳川家定(1824～58) 185
徳川家斉(1773～1841) 121,126
徳川家光(1604～51) 9,102,110,135
徳川家茂(1846～66) 146,148
徳川家康(1542～1616) 12,102,104,107
徳川綱吉(1646～1709) 110,111
徳川斉昭(1800～60) 125
徳川秀忠(1579～1632) 135
徳川光圀(1628～1700) 111,131
徳川慶喜(1837～1913) 148,150,151,159
徳川吉宗(1684～1751) 119,121,130
徳富蘇峰(1863～1957) 223
利根川進(1939～) 242
富岡鉄斎(1836～1924) 181
朝永振一郎(1906～79) 242
豊田佐吉(1867～1930) 179
豊臣秀吉(1537～98) 12,95,96,98,102,135
豊臣秀頼(1593～1615) 102
トルーマン(1884～1972) 220

な

ナウマン(1854～1927) 182
中江兆民(1847～1901) 163
中江藤樹(1608～48) 111
長岡半太郎(1865～1950) 180
長嶋茂雄(1936～) 243
中臣(藤原)鎌足(614～669) 38
中大兄皇子(天智天皇)(626～671) 38,39
中村正直(1832～91) 163
長屋王(?～729) 45
夏目漱石(1867～1916) 180,181
ナポレオン(1769～1821) 141
南部陽一郎(1921～) 242
新美南吉(1913～43) 224
ニクソン(1913～94) 240
西田幾多郎(1870～1945) 201
日蓮(1222～82) 70
新田義貞(1301～38) 74
新渡戸稲造(1862～1933) 115,182,199
二宮尊徳(1787～1856) 134
ニュートン(1642～1727) 131
仁徳天皇(?) 29
ネルー(1889～1964) 176,195,217
乃木希典(1849～1912) 173
野口英世(1876～1928) 180
野間宏(1915～91) 242
野依良治(1938～) 242

は

バード(1831～1904) 160
パーマー(1838～93) 183
パール(1886～1967) 232
ハーン(小泉八雲)(1850～1904) 183
橋本左内(1834～59) 125,131,146
バスコ・ダ・ガマ(1469?～1524) 90
長谷川等伯(1539～1610) ❹,100
支倉常長(1571～1622) 105
秦佐八郎(1873～1938) 180
八田與一(1886～1942) 177
鳩山一郎(1883～1959) 237
塙保己一(1746～1821) 130
浜口雄幸(1870～1931) 197,205
林子平(1738～93) 131
林羅山(1583～1657) 111
原敬(1856～1921) 169,196,197
ハリス(1804～78) 144,145
稗田阿礼(654?～?) 44
ピカソ(1881～1973) 205
樋口一葉(1872～96) 180,185
樋口季一郎(1888～1970) 213
菱川師宣(1618～94) 111
敏達天皇(?) 59
ヒトラー(1889～1945) 204,212,220
日野富子(1440～96) 85
卑弥呼(?) 12,26
平賀源内(1728～79) 131,132
平塚らいてう(1886～1971) 197,225

武（雄略天皇？）（？）……29,31
フェノロサ（1853～1908）……181,183
溥儀（1906～67）……207
福井謙一（1918～98）……242
福沢諭吉（1834～1901）……12,13,131,163
藤田嗣治（1886～1968）……242
藤田東湖（1806～55）……131
藤原てい（1918～）……223
藤原純友（?～941）……64
藤原定家（1162～1241）……71
藤原時平（871～909）……53
藤原道長（966～1027）……12,51,52,59
藤原頼通（992～1074）……51,52,53
二葉亭四迷（1864～1909）……180
フビライ・ハン（1215～94）……72
フランシスコ・ザビエル（1506～52）……12,92,93
フルシチョフ（1894～1971）……236
古橋広之進（1928～2009）……243
ペリー（1794～1858）……12,138,144
ベルツ（1849～1913）……183
北条氏康（1515～71）……79
北条時政（1138～1215）……68,85
北条時宗（1251～84）……72
北条政子（1157～1225）……68,85
北条泰時（1183～1242）……68
法然（1133～1212）……70

ま

前島密（1835～1919）……163
前野良沢（1723～1803）……130,131
前畑秀子（1914～95）……224
正岡子規（1867～1902）……180,181
益川敏英（1940～）……242
マゼラン（1480?～1521）……90
松岡洋右（1880～1946）……208,213
松尾芭蕉（1644～94）……111,114,135
マッカーサー（1880～1964）……230,232,233
松方正義（1835～1924）……166,197
松平定信（1758～1829）……120,121
間宮林蔵（1775～1844）……122,123
マルクス（1818～83）……179,192
マルコ・ポーロ（1254～1324）……72
三島通庸（1835～88）……165
三島由紀夫（1925～70）……242,243
水野忠邦（1794～1851）……124
溝口健二（1898～1956）……242
美空ひばり（1937～89）……243
三井高利（1622～94）……118
源実朝（1192～1219）……68
源範頼（？）……66
源義家（1039～1106）……64
源義経（1159～89）……66,67
源義朝（1123～60）……65
源義仲（1154～84）……66
源頼朝（1147～99）……12,66,67,68,85
宮崎滔天（1870～1922）……177
宮崎駿（1941～）……243
宮崎安貞（1623～97）……111
武者小路実篤（1885～1976）……201
ムッソリーニ（1883～1945）……204
陸奥宗光（1844～97）……168,169
棟方志功（1903～75）……242,243
ムハンマド（マホメット）（570頃～632）……33
紫式部（？）……12,51,52,59
明治天皇（1852～1912）……148,150,151,167,196
毛沢東（1893～1976）……234,240
毛利元就（1497～1571）……79
モース（1838～1925）……160,183
最上徳内（1755～1836）……122
以仁王（1151～80）……66
本居宣長（1730～1801）……130
モネ（1840～1926）……128,129
森鷗外（1862～1922）……180
護良親王（1308～35）……74
文武天皇（683～707）……39,42

や

安井曾太郎（1888～1955）……201
柳沢吉保（1658～1714）……110
柳田国男（1875～1962）……201
柳宗悦（1889～1961）……201
山内豊信（1827～72）……125
山岡荘八（1907～78）……223
山鹿素行（1622～85）……115
山県有朋（1838～1922）……149,154,166,197
山口尚芳（1839～94）……138
山背大兄王（?～643）……38
山田耕筰（1886～1965）……201
山田長政（?～1630）……104
ヤマトタケル（日本武尊）（？）……47
山上憶良（660～733?）……44
山部赤人（？）……44
山本権兵衛（1852～1933）……197
雄略天皇（武？）（？）……29,31
湯川秀樹（1907～81）……242
煬帝（569～618）……37
用明天皇（?）……37
横光利一（1898～1947）……224
横山大観（1868～1958）……201
与謝野晶子（1878～1942）……180,225
与謝野鉄幹（1873～1942）……225
与謝蕪村（1716～83）……126
吉川英治（1892～1962）……201
吉田兼好（1283?～1352?）……71
吉田茂（1878～1967）……235,237
吉田松陰（1830～59）……146,147,149,184
吉野作造（1878～1933）……196

ら

頼山陽（1780～1832）……131
ラクスマン（1766～?）……122
力道山（1924～1963）……243
李鴻章（1823～1901）……171
李参平（?～1655）……97
李舜臣（1545～98）……97
李成桂（1335～1408）……77
ルーズベルト（セオドア）（1858～1919）……174,175,184,185
ルーズベルト（フランクリン）（1882～1945）……202,210,211,213,215,220
ルソー（1712～78）……163
ルター（1483～1546）……91
ルノアール（1841～1919）……128
レーガン（1911～2004）……241
レーニン（1870～1924）……192,193
レザノフ（1764～1807）……122
蓮如（1415～99）……78

わ

若槻礼次郎（1866～1949）……197
和気清麻呂（733～799）……50
ワシントン（1732～99）……140
渡辺崋山（1793～1841）……123
ワット（1736～1819）……141
王仁（？）……31

数字❶〜❺は口絵「日本の美の形」のページ数を表す。

事項

調べ学習に

インターネットを役立てよう

インターネットには，さまざまな博物館のホームページや，歴史に関する情報を手に入れることのできるサイトがある。調べ学習に役立ててみよう。

学習に役立つホームページ

ウェブ　画像・動画・ウェブ　［初期検索］

●歴史に関する展示《てんじ》のある国立博物館

東京《とうきょう》国立博物館（東京都）http://www.tnm.jp/
京都《きょうと》国立博物館（京都府）http://www.kyohaku.go.jp/
奈良《なら》国立博物館（奈良県）http://www.narahaku.go.jp/
国立歴史民俗《みんぞく》博物館（千葉《ちば》県）http://www.rekihaku.ac.jp/
国立民族学博物館（大阪《おおさか》府）http://www.minpaku.ac.jp/　など

●歴史に関する展示のあるその他の博物館

貨幣《かへい》博物館（日本銀行金融《きんゆう》研究所）（東京都）http://www.imes.boj.or.jp/cm/
逓信《ていしん》総合博物館（東京都）http://www.teipark.jp/
江戸《えど》東京博物館（東京都）http://www.edo-tokyo-museum.or.jp/
横浜《よこはま》市歴史博物館（神奈川《かながわ》県）http://www.rekihaku.city.yokohama.jp/
横浜開港資料館（神奈川県）http://www.kaikou.city.yokohama.jp/
鉄道博物館（埼玉《さいたま》県）http://www.railway-museum.jp/
博物館　明治《めいじ》村（愛知《あいち》県）http://www.meijimura.com/
大阪府立弥生《やよい》文化博物館（大阪府）http://www.kanku-city.or.jp/yayoi/
呉市海事歴史科学館　大和ミュージアム（広島県）http://www.yamato-museum.com/
アイヌ民族博物館（北海道《ほっかいどう》）http://www.ainu-museum.or.jp/
沖縄《おきなわ》県立博物館（沖縄県）http://www.museums.pref.okinawa.jp/　など
※みなさんの地元の博物館のホームページも探《さが》してみよう。

●歴史に関する情報のあるホームページ

国立国会図書館　http://www.ndl.go.jp/
国立公文書館　アジア歴史資料センター　http://www.jacar.go.jp/
特別史跡《しせき》　三内丸山《さんないまるやま》遺跡《いせき》　http://sannaimaruyama.pref.aomori.jp/
デジタル古墳《こふん》百科　http://www.city.sakai.lg.jp/kofun/　など

インターネットでの情報検索《けんさく》の方法としては，上に示したようなアドレスからたどっていくやり方のほかに，検索画面で単語を入力して情報を探す方法もあります。
たとえば，「織田信《おだのぶ》長《なが》」について調べてみたいときは，検索画面に「織田信長」と打ちこんで，検索をスタートしてみるといいのね。
たくさん情報がヒットしすぎるときは，調べたい事柄《ことがら》をしぼって，「織田信長　キリスト教」といったかんじで，複数の単語を打ちこんで検索してみるといいよ。

著作関係者

伊藤　　隆　東京大学名誉教授

飯嶋　　治	栃木県小山市立小山第二中学校教頭	中山　　理	麗澤大学学長
石井　昌浩	元拓殖大学客員教授	新田　　均	皇學館大学教授
江澤　博水	元千葉県市川市立第七中学校教頭	八木　秀次	高崎経済大学教授
大津寄章三	愛媛県松前町立岡田中学校教諭	渡部　昇一	上智大学名誉教授
岡崎　久彦	元駐タイ大使	渡辺　利夫	拓殖大学学長
笠谷和比古	国際日本文化研究センター教授	ほか1名	
田中　英道	東北大学名誉教授	株式会社 育鵬社	

表紙装丁　川上成夫　　**表紙写真**　興福寺　金井杜道

本文DTP　株式会社YHB編集企画　　**本 文 絵**　瀬川尚志

本文写真／アート・エフ　相川考古館　会津藩校日新館　浅草神社　浅沼光晴　朝日新聞社　足利市観光協会　飛鳥園　安土町観光協会　アマナイメージズ　新井太　あるす企画　石川県立歴史博物館　出雲大社　板橋区立郷土博物館　伊藤公資料館　上杉神社　植田英介　魚津歴史民俗博物館　梅原章一写真事務所　大阪市立美術館　大田ふるさと資料館　影山智洋　鹿児島県歴史資料センター黎明館　学研プロダクツサポート　神奈川近代文学館　金沢市ふるさと偉人館　川喜多記念映画文化財団　川越市立博物館　菊谷スタジオ　共同通信社　京都国立博物館　串本町役場　黒澤プロダクション　慶応義塾図書館　弘道館　神戸市教育委員会埋蔵文化財課　神戸新聞社　高野山持明院　国土交通省国土地理院　国立国会図書館　佐賀県教育庁　さっぽろ羊が丘展望台　三内丸山遺跡保存活用推進室　C.P.C　ＪＴＢフォト　渋沢史料館　島隆　島田市役所　尚古集成館　神宮司庁　新宿歴史博物館　新日本製鐵八幡製鐵所　浅草寺　早雲寺　造幣博物館　宝塚歌劇団　©田河水泡／講談社　ＷＰＥ　ＷＰＳ　種子島開発総合センター　淡交社　茅野市尖石縄文考古館　ＤＮＰアートコミュニケーションズ　逓信総合博物館　鉄道博物館　デコ　東京国立博物館　東芝　徳川記念財団　豊田市郷土資料館　長崎歴史文化博物館　夏目房之介　西田幾多郎記念哲学館　日本近代文学館　日本サッカー協会　日本地図センター　日本漫画資料館　野口英世記念会　萩市役所観光課　箱根町立郷土資料館　パナソニック　ＰＡＮＡ通信社　浜松市博物館　原敬記念館　ＰＰＳ通信社　樋口隆一　美術院　広島県立歴史博物館　フォッサマグナミュージアム　フォト・オリジナル　フォトカツラ　福井市立郷土歴史博物館　文京ふるさと歴史館　平和祈念展示資料館　便利堂　舞鶴市役所　毎日新聞社　マツダ映画社　松本城管理事務所　松山市教育委員会　マルチクリエイト　満鉄会　三菱史料館　南川三治郎　毛利博物館　山梨日日新聞　ユニフォトプレス　吉野ヶ里歴史公園事務所　読売新聞社　龍谷大学　麟祥院（その他は本文中に記載）

こんな教科書で学びたい　**新しい日本の歴史**

平成23年5月10日　初版第1刷発行

著 作 者　伊藤　隆　ほか14名（別記）

発 行 者　久保田榮一

発　　行　株式会社　育鵬社　〒105-0022　東京都港区海岸1－15－1
電話　03-3432-8681（編集）　http://www.ikuhosha.co.jp/

株式会社　扶桑社　〒105-8070　東京都港区海岸1－15－1
電話　03-5403-8859（販売）

発　　売　株式会社　扶桑社　〒105-8070　東京都港区海岸1－15－1（電話番号は同上）

印刷・製本　サンケイ総合印刷株式会社

ISBN978-4-594-06401-3

育鵬社は扶桑社の教科書事業を継承する出版社です。

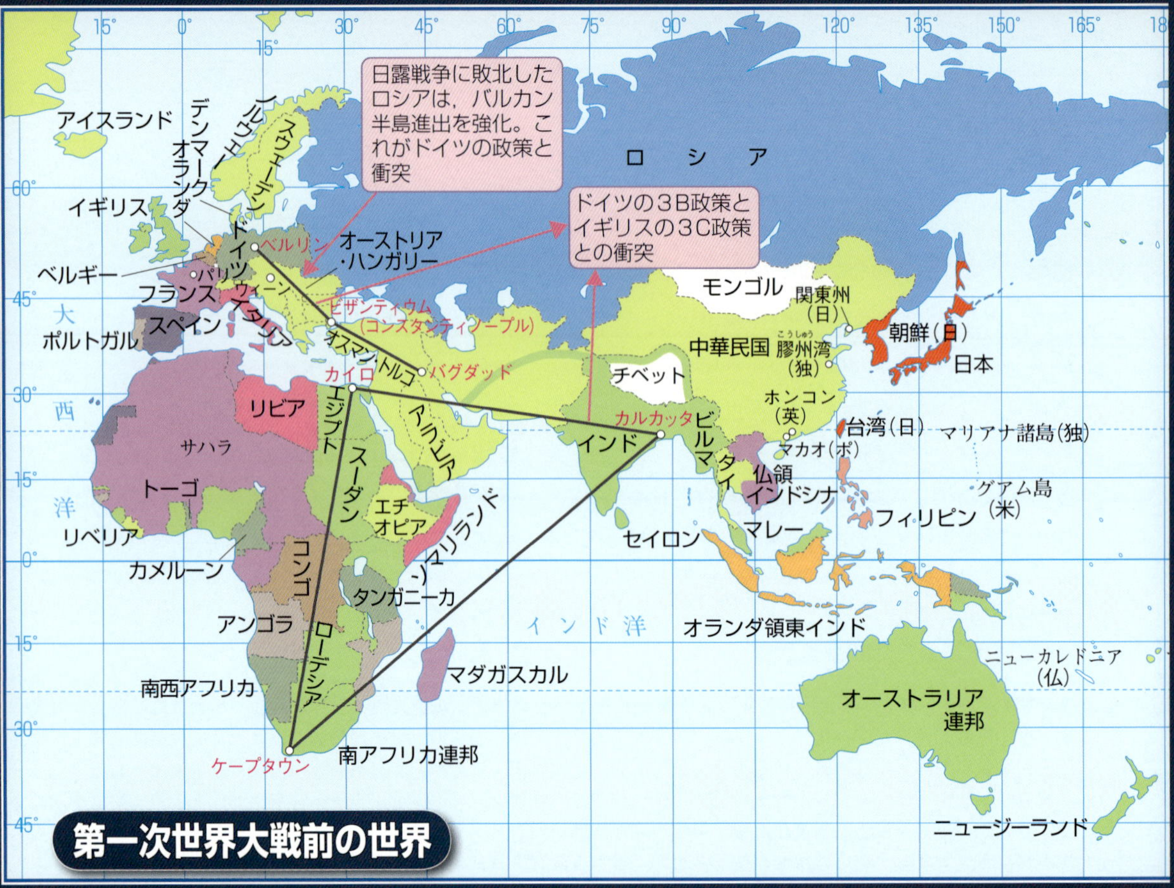
第一次世界大戦前の世界
日露戦争に敗北したロシアは、バルカン半島進出を強化。これがドイツの政策と衝突
ドイツの３Ｂ政策とイギリスの３Ｃ政策との衝突
ロシア
アイスランド
ノルウェー
スウェーデン
デンマーク
オランダ
イギリス
ドイツ
ベルリン
オーストリア・ハンガリー
ベルギー
パリ
フランス
ウィーン
イタリア
スペイン
ポルトガル
大西洋
ビザンティウム（コンスタンティノープル）
オスマントルコ
バグダッド
カイロ
エジプト
リビア
サハラ
トーゴ
リベリア
カメルーン
コンゴ
アンゴラ
南西アフリカ
ケープタウン
南アフリカ連邦
ローデシア
スーダン
エチオピア
ソマリランド
タンガニーカ
マダガスカル
アラビア
インド
カルカッタ
セイロン
ビルマ
タイ
仏領インドシナ
マレー
オランダ領東インド
インド洋
モンゴル
チベット
中華民国
関東州（日）
膠州《こうしゅう》湾（独）
ホンコン（英）
マカオ（ポ）
朝鮮（日）
日本
台湾（日）
マリアナ諸島（独）
グアム島（米）
フィリピン
ニューカレドニア（仏）
オーストラリア連邦
ニュージーランド

第二次世界大戦前の世界
ソビエト連邦
ロシア革命 1917
列強の中国大陸への介入強化
アイスランド
ノルウェー
スウェーデン
フィンランド
イギリス
アイルランド
ドイツ
ポーランド
オーストリア
フランス
イタリア
スペイン
ポルトガル
大西洋
モロッコ
アルジェリア
リビア
エジプト
トルコ
イラク
イラン
アフガニスタン
サウジアラビア
アングロエジプトスーダン
西アフリカ
リベリア
カメルーン（仏委）
コンゴ
アンゴラ
南西アフリカ（南ア委）
ローデシア
東アフリカ（英委）
マダガスカル
エチオピア 1935年イタリアに占領される
南アフリカ1934 カナダその他の自治植民地と同じく事実上独立
モンゴル
満州国
朝鮮（日）
日本
中華民国
チベット
インド
ビルマ
タイ
仏領インドシナ
ホンコン（英）
マカオ（ポ）
台湾（日）
フィリピン
マリアナ諸島
南洋諸島（日委）
グアム島（米）
セイロン
インド洋
シンガポール（英）
オランダ領東インド
ニューギニア
（オーストラリア委）
オーストラリア1931 カナダその他の自治植民地と同じく事実上独立
ニュージーランド

165°
150°
135°
105°
75°
60°
グリーンランド
アラスカ
カナダ
アリューシャン列島(米)
大
西
洋
60°
45°
アメリカ合衆国
太 平 洋
ミッドウェー諸島(米)
30°
メキシコ
北 回 帰 線
キューバ
プエルトリコ(米)
ハワイ諸島(米)
15°
パナマ
ベネズエラ
ギアナ
パナマ運河開通
1914
コロンビア
赤 道
0°
エクアドル
ペルー
ブラジル
15°
サモア諸島
(英・米・独)
ボリビア
パラグアイ
南 回 帰 線
チリ
アルゼンチン
30°
ウルグアイ
45°
日本領(日)
アメリカ領(米)
イギリス領(英)
フランス領(仏)
ドイツ領(独)
イタリア領(伊)
オランダ領(蘭)
ポルトガル領(ポ)
ロシア領(ロ)
スペイン領(西)
ベルギー領(ベ)
その他の独立国
およびその領土

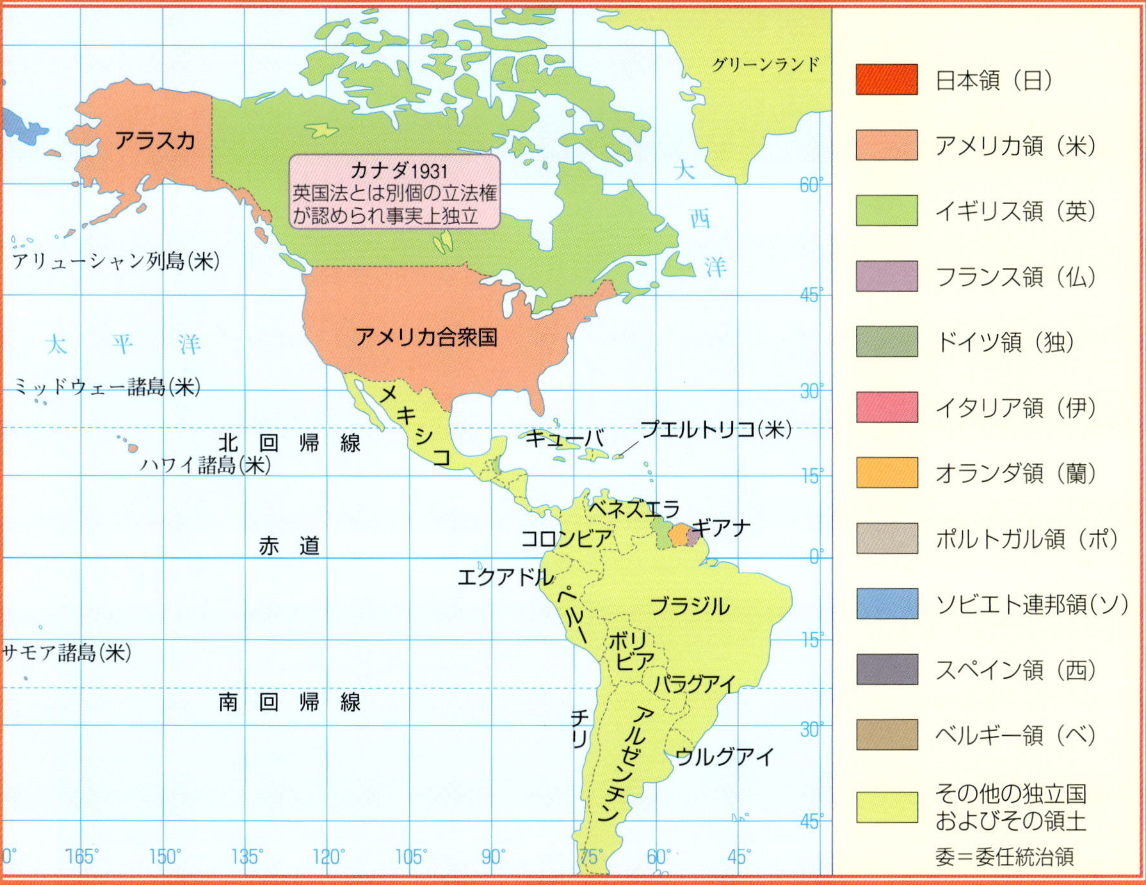

グリーンランド
アラスカ
カナダ1931
英国法とは別個の立法権
が認められ事実上独立
アリューシャン列島(米)
大
西
洋
60°
45°
アメリカ合衆国
太 平 洋
ミッドウェー諸島(米)
30°
メキシコ
北 回 帰 線
キューバ
プエルトリコ(米)
ハワイ諸島(米)
15°
ベネズエラ
ギアナ
コロンビア
赤 道
0°
エクアドル
ペルー
ブラジル
15°
サモア諸島(米)
ボリビア
パラグアイ
南 回 帰 線
チリ
アルゼンチン
30°
ウルグアイ
45°
165°
150°
135°
120°
105°
90°
75°
60°
45°
日本領(日)
アメリカ領(米)
イギリス領(英)
フランス領(仏)
ドイツ領(独)
イタリア領(伊)
オランダ領(蘭)
ポルトガル領(ポ)
ソビエト連邦領(ソ)
スペイン領(西)
ベルギー領(ベ)
その他の独立国
およびその領土
委=委任統治領

0 40km
下関条約(1895)
下関
壇ノ浦の戦い(1185)
元寇(1274・81)
志賀島
名護屋城跡
元寇防塁
福岡城跡
王塚古墳
須玖遺跡
大宰府跡
水城跡
菜畑遺跡
吉野ヶ里遺跡
板付遺跡
肥前陶器窯跡
大隈重信旧宅
八女古墳群
チブサン古墳
江田船山古墳
長崎
シーボルト宅跡
平和祈念像
熊本城跡
出島オランダ商館跡
キリシタン墓碑
原城跡

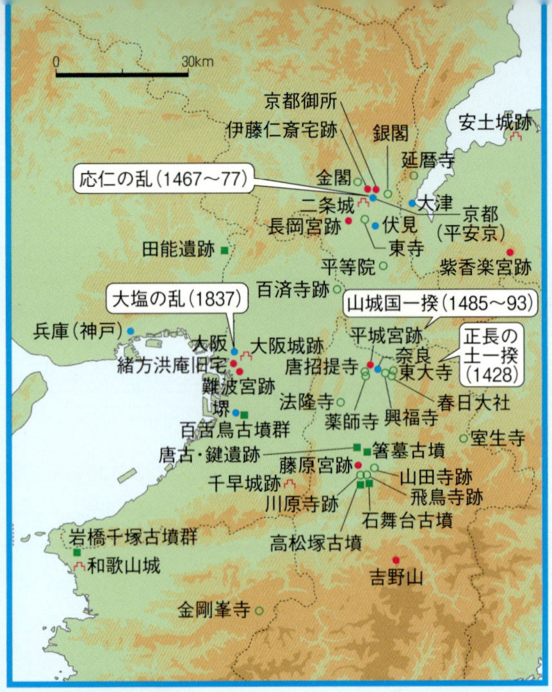
0 30km
京都御所
伊藤仁斎宅跡
銀閣
安土城跡
延暦寺
金閣
応仁の乱(1467〜77)
大津
二条城
京都(平安京)
長岡宮跡
伏見
東寺
田能遺跡
平等院
紫香楽宮跡
百済寺跡
大塩の乱(1837)
山城国一揆(1485〜93)
兵庫(神戸)
大阪
大阪城跡
平城宮跡
正長の土一揆(1428)
緒方洪庵旧宅
唐招提寺
奈良
東大寺
難波宮跡
春日大社
堺
法隆寺
薬師寺
興福寺
百舌鳥古墳群
室生寺
唐古・鍵遺跡
箸墓古墳
藤原宮跡
千早城跡
山田寺跡
飛鳥寺跡
川原寺跡
石舞台古墳
岩橋千塚古墳群
高松塚古墳
和歌山城
吉野山
金剛峯寺

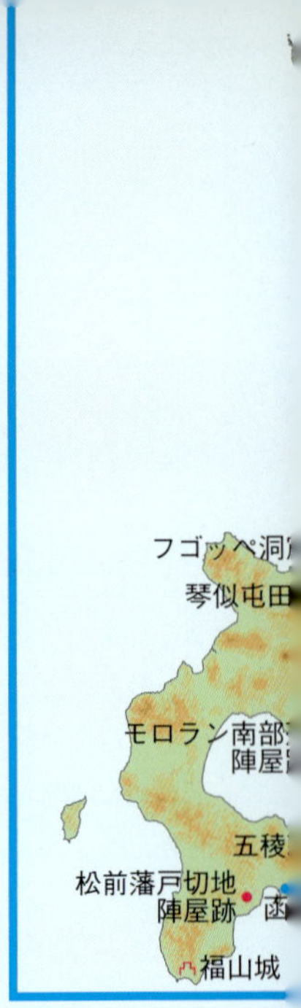
松前藩戸切地陣屋跡
福山城

厳島神社(広島県)

0 200km
首里城跡
中城城跡
ひめゆりの塔
港川人
川平貝塚

● おもな史跡
⛩ おもな城・砦
○ おもな寺院・神社
● おもな関係地
■ おもな遺跡
0 200km
石見銀山遺跡
津和野城跡
松下村塾
金田城跡
萩城跡
土井ヶ浜遺跡
森鷗外旧宅
広島
木戸孝允旧宅
厳島神社
伊藤博文旧宅
山口
原の辻遺跡
大内氏遺跡
平戸オランダ商館跡
福沢諭吉旧宅
富貴寺
泉福寺洞窟
宇佐神宮
岡城跡
臼杵磨崖仏
水前寺成趣園
富岡キリシタン供養碑
人吉城跡
西都原古墳群
城山
旧集成館
鹿児島
ザビエルの来航(1549)
指宿遺跡
鉄砲の伝来(1543)